365
NEUE EXPERIMENTE

365 NEUE EXPERIMENTE

für Kinder von 6 bis 12 Jahren

**Von E. Richard Churchill,
Louis V. Loeschnig und Muriel Mandell**

Illustriert von Frances Zweifel

h.f.ullmann

Dieses Buch ist eine Zusammenstellung aus verschiedenen
vorangegangenen Bänden, die unter den folgenden Originaltiteln erschienen sind:
Simple Physics Experiments with Everyday Materials © 1993 by Judy Breckenridge;
Simple Kitchen Experiments : Learning Science with Everyday Foods © 1994 by Muriel Mandell:
Simple Time Experiments with Everyday Materials © 1995 by Muriel Mandell:
Simple Nature Experiments with Everyday Materials © 1996 by Anthony D. Fredericks; und
Simple Space Experiments with Everyday Materials © 1998 Louis V. Loeschnig
Reprinted by Permission of Black Dog & Leventhal Publishers, Inc., New York and
Sterling Publishing Company, Inc., New York

Gestaltung: Liz Trovato

Originaltitel:
365 More Simple Experiments with Everyday Materials
ISBN 1-57912-035-0

Deutsche Erstausgabe © 2002
der deutschen Übersetzung by
Verlagsgruppe Weltbild GmbH

© 2007 für diese deutsche Ausgabe:
Tandem Verlag GmbH
h.f.ullmann ist ein Imprint der Tandem Verlag GmbH

Übersetzung ins Deutsche: Suzanne Bürger, München
Koordination und Bearbeitung der deutschen Ausgabe:
Der Buchmacher, Arthur Lenner, München
Redaktionelle Betreuung: Heike John, Brunnthal

Printed in China

ISBN 978-3-8331-3989-5

10 9 8 7 6 5 4 3 2
X IX VIII VII VI V IV III II I

Die in diesem Buch enthaltenen Ausführungen und Darstellungen in Wort und Schrift erfolgen nach bestem Wissen, gelten jedoch nur als unverbindliche Hinweise. Die Experimentieranleitungen befreien Sie nicht von der eigenen Prüfung der Durchführungsweise der Versuche im Hinblick auf ihre Sicherheit für Sie und die von Ihnen zu beaufsichtigenden Kinder. Lassen Sie niemals minderjährige Kinder Versuche, die in diesem Buch beschrieben sind, unbeaufsichtigt durchführen! Kinder sind nicht in der Lage, die mit einzelnen in diesem Buch beschriebenene Experimente verbundenen Gefahren für ihre Gesundheit und körperliche Unversehrtheit realistisch einzuschätzen. Die konkrete Durchführung der Versuche, insbesondere der Umgang mit den in den Versuchsanleitungen beschriebenen Hilfsmitteln, erfolgt außerhalb unserer Kontrollmöglichkeiten und entzieht sich daher unserem Verantwortungsbereich. Für hierbei entstehende Personen- oder Sachschäden wird keine Haftung übernommen.

www.ullmann-publishing.com

Inhalt

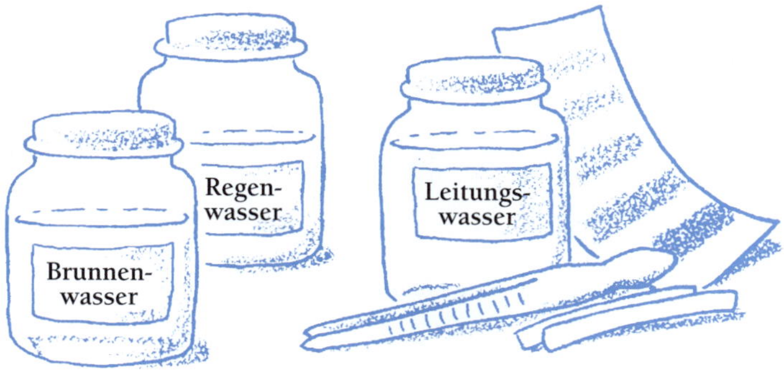

Bei Licht besehen *Seite 52*

Das hört sich ja toll an *Seite 56*

Eine Sache der Gravitation *Seite 65*

Bunter Physik-Mix *Seite 69*

Ist doch kristallklar! *Seite 74*

Brokkoli und anderes Gemüse *Seite 100*

Früchte aus Gärten und von Plantagen *Seite 115*

Getreide: Die Grundlage des Lebens *Seite 122*

Alles nur eine Sache der Schwerkraft *Seite 265*

Erforschung des Weltraums – Ready for Takeoff! *Seite 279*

Raketentechnik – Auf die Rampe! Takeoff! Neustart! *Seite 293*

Glossar *Seite 303*

Register *Seite 307*

Einleitung

»365 spannende Experimente« – dieses Buch stellt dir 365 Projekte, Tricks und Spiele vor, die alle auf wissenschaftlichen Prinzipien und Naturgesetzen beruhen. Sie werden dir auf faszinierende, manchmal schier unglaubliche Weise vermittelt. Hier kannst du jede Menge Experimente machen und jedes davon birgt eine Überraschung. Bei manchen ist verblüffend, wie sie funktionieren – bei anderen erstaunt das Ergebnis.

In den ersten sieben Kapiteln geht es um Physik. Wir leben in einer spannenden Welt – einer Welt voll Regenbogen und Raketen, Echos und elektrischer Zündfunken, Atomteilchen und Planeten sowie unsichtbaren Kräften und Schwingungen, die auf dich einwirken, obwohl du vielleicht nicht mal wusstest, dass es sie gibt!

Der Begriff Physik geht auf das griechische Wort »physica« zurück und bedeutet so viel wie »Naturlehre«. Die Physik befasst sich also mit den natürlichen Dingen auf dieser Welt, die in jedem Augenblick rings um uns herum ablaufen. Wie könnte man besser etwas darüber lernen als in Form von anschaulichen Experimenten in dem größten aller Labors – der Welt selbst? Erfahrung ist allemal besser als trockenes Studieren.

Mit diesen Experimenten lernst du die Natur kennen. Und das erfordert nicht einmal eine teure Ausrüstung! Alles, was du dazu brauchst, findest du wahrscheinlich bei euch zu Hause. (Wer zum Beispiel keine Pipette hat, nimmt einfach einen Strohhalm – siehe S. 44). Nimm einfach das, was verfügbar ist, und überlege dir im Bedarfsfall etwas anderes – unsere Anweisungen geben Tipps dazu und die Experimente funktionieren bestimmt genauso gut.

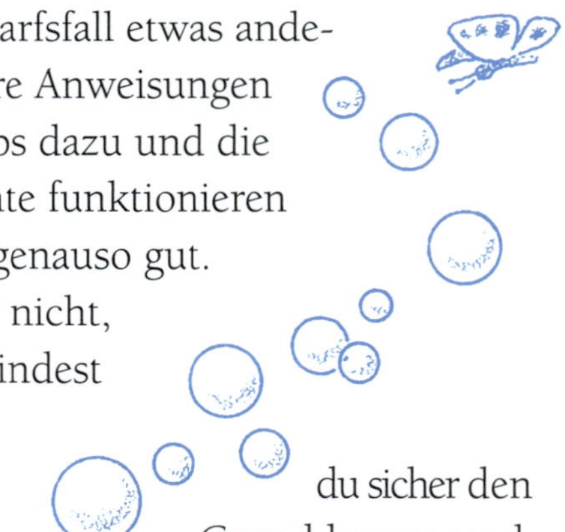

Und falls nicht, dann findest du sicher den Grund heraus und kannst das Problem auf pfiffige Art lösen.

Einige Versuche erfordern eine Wärmequelle – meistens in Form einer 100-Watt-Glühbirne mit einem Alufolienschirm (der schützt die Augen und die Glühbirne lässt sich damit besser anfassen). Ein Warnsymbol erinnert dich daran, dass bei diesen Experimenten besondere Vorsicht geboten ist.

In den nächsten acht Kapiteln geht es dann um Lebensmittel. Warum hat man Hunger oder Durst? Kocht Wasser immer bei gleicher Temperatur? Warum ist eine Tomate eine Frucht? Ist eine rohe Karotte gesünder als eine gekochte? Warum weinen wir beim Zwiebelschälen? – Das sind nur einige der Fragen, die in diesem Abschnitt beantwortet werden. Wir haben es dabei mit Kohlenstoff, Wasserstoff, Sauerstoff, Stickstoff, Phosphor und Schwefel zu tun. Aus diesen Elementen, die in der Küchenchemie eine wichtige Rolle spielen, besteht unsere Nahrung: Kohlenhydrate wie Zucker und Stärke, Fette und Öle, Eiweiße wie Fleisch und Eier sowie natürlich Wasser.

Beim Kochen werden im Grunde chemische Verbindungen so verarbeitet, dass wir sie gefahrlos – und mit Genuss! – essen können. Mithilfe dieses Buches wirst du entdecken, wie und warum diese Veränderungen vonstatten gehen. Obendrein gibts dabei etwas zu kosten!

Die Experimente in den darauf folgenden Kapiteln befassen sich mit der Zeit. Bei diesen Versuchen lernst du, wie die Leute ganz früher die Zeit gemessen haben, wie Sonne, Mond und Sterne sich auf die Zeit auswirken und warum es auf der Welt verschiedene Zeitzonen gibt.

In den nächsten sieben Kapiteln geht es dann um einige rätselhafte Dinge in der Natur. Wusstest du zum Beispiel, dass du mit Libellen verwandt bist? Und mit Kiefernbäumen? Und Pilzen? Dass überhaupt alle Lebewesen irgendwie untereinander verbunden sind? Unsere Existenz hängt von Pflanzen und Tieren ab, von denen wir uns ernähren, die uns aber auch das Material für unsere Kleidung liefern und zu unserer Unterhaltung dienen. Ebenso könnten Pflanzen nicht überleben, wenn es keine Tiere gäbe – und umgekehrt. Alle Tiere und Pflanzen (und auch wir Menschen) sind Teil eines komplexen Überlebenszyklus, den man auch als Ökosystem bezeichnet.

Die Experimente helfen dir, die Natur besser zu begreifen, und vermitteln dir, welche Wechselbeziehungen zwischen den Lebewesen untereinander und ihren Lebensräumen bestehen. Du wirst sehen, dass man schon als Einzelner viel dafür tun kann, die Umwelt zu erhalten und dafür zu sorgen, dass uns die Pflanzen und Tiere, mit denen wir diese Welt gemeinsam bewohnen, noch lange erhalten bleiben.

Dieses Buch steckt voller Entdeckungen. Die hier beschriebenen Experimente sind leicht durchführbar und dauern meist nur wenige Minuten – manche aber auch ein paar Tage oder Wochen. Bei den meisten Versuchen gibt es keine »richtigen« oder »falschen« Ergebnisse und als Hobbywissenschaftler kannst du so viele durchführen, wie du magst und so lange du Spaß daran hast!

Einige der Versuche erfordern ein schriftliches Protokoll oder eine Art Tagebuch, um Beobachtungen aufzuzeichnen. So gehen Wissenschaftler in der Praxis vor. Du könntest dir zu diesem Zweck ein Spiralheft kaufen und »Mein Naturtagebuch« vorne draufschreiben. Darin kannst du dann zum Beispiel den Wachstumsverlauf einer Pflanze festhalten, notieren, was für Tiere du in einem bestimmten Gebiet entdeckt hast oder wie viel Regen an einem bestimmten Tag fiel. Wenn du das gleiche Experiment Wochen oder Monate später wiederholst, kannst du anhand deiner Aufzeichnungen wissenschaftliche Vergleiche anstellen.

Bei allen Experimenten ist Vorsicht geboten. Für einige brauchst du einen Herd, ein Messer oder eine spitze Schere – da wäre es vielleicht ratsam, einen Erwachsenen um Hilfe zu bitten. Achte auf die Hinweise, die dich bei bestimmten Versuchen vor Gefahren warnen!

In den letzten Kapiteln geht es um die Weltraumwissenschaft. Die Raumfahrt ist ein alter Traum der Menschheit. In seinem Buch »Von der Erde zum Mond« beschrieb der französische Schriftsteller Jules Verne (1828–1905), schon sehr früh, wie er sich eine Reise in einer Rakete vorstellte.

Die Bewegungsgesetze des Physikers Sir Isaac Newton bilden die Grundlage für den Bau von Raketen, die auf dem Prinzip von Kraft und Gegenkraft beruhen. Der Amerikaner Robert Goddard konstruierte und startete 1926 erfolgreich die allererste kraftstoffbetriebene Rakete.

Als die Deutschen in den 1940er Jahren noch Langstrecken-Bodenraketen entwickelten, bauten die Russen bereits an größeren Flugkörpern, die es bis in den Weltraum schaffen sollten – und brachten schließlich 1957 mit Sputnik I den ersten unbemannten Satelliten auf die Erdumlaufbahn. 1961 entsandte Russland den ersten Menschen ins All, den Kosmonauten Juri Gagarin.

Am 20. Juli 1969 errangen die Amerikaner jedoch einen entscheidenden Vorsprung: Neil Armstrong betrat als erster Mensch den Mond! Weitere bemannte Mondlandungen folgten (die Apollo-Missionen). Seitdem haben sich die USA an zahlreichen Weltraummissionen beteiligt, etliche Satelliten und Weltraumfähren entsandt und einige Raumstationen gebaut. Die größte und eindrucksvollste Weltraumstation – die MIR – wurde jedoch von den Russen gebaut und betrieben.

Dieses Kapitel im Buch soll künftigen Astronauten und Raumfahrtexperten Stoff zum Nachdenken liefern. Hier bietet sich die Gelegenheit zum Experimentieren, Fragen, Überlegen und Träumen. Du lernst die Bernoulli-Gleichung kennen, um die niemand herumkommt, der die Grundprinzipien des Fliegens begreifen will. Du kannst einen Tragflügel und einen einfachen Helikopter basteln, erfährst etwas über Gravitation, Zentrifugal- und Zentripetalkraft sowie über Heißluftballons. Du baust Fluginstrumente, Gleitflieger und Flugzeuge, um herauszufinden, wie sie funktionieren. Mithilfe selbst gebastelter Drachen wirst du die aerodynamischen Gesetze verstehen lernen. Unsere Experimente erklären sogar einiges über Umlaufbahnen und Planeten!

Auch über den Mond, über die Bedingungen im tiefen Weltraum und die Schwerelosigkeit erfährst du hier einiges – außerdem geht es darum, was passiert, wenn Astronauten wieder in die Erdatmosphäre eintauchen und sich auf einer festen Umlaufbahn halten. Wir sagen dir sogar, wie du eine einfache Weltraumfähre entwerfen, bauen und anschließend starten kannst – und wie die NASA ihre Astronauten aussucht und trainiert!

Also los – du wirst sehen, es macht richtig Spaß, den Geheimnissen der Natur auf die Spur zu kommen! Und nun viel Erfolg bei unseren spannenden Experimenten!

Heisse Sache!

Wärme ist eine Form von Energie. Sie tritt auf, wenn sich die Moleküle in einem Körper sehr rasch bewegen. Je schneller sie dies tun, desto heißer wird er.

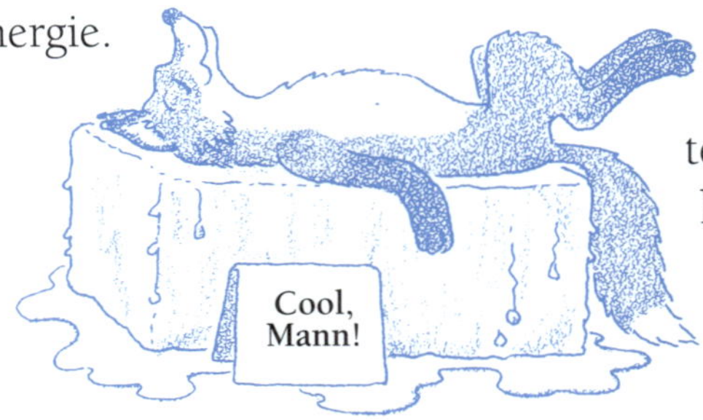

Wissenswertes über Wärme

Alle Dinge besitzen etwas Wärme. Sie geht von warmen Dingen auf kalte Dinge über. Wenn du zum Beispiel ein heißes Getränk in ein Glas mit Eiswürfeln gießt, wird die Wärme des Getränkes auf die Eiswürfel übertragen. Was passiert dabei? Das Eis schmilzt und das Getränk wird gekühlt – ihm wurde also ein Teil seiner Wärme entzogen.

Von der Wärme draußen hängt es ab, was wir anziehen und wie unsere Häuser beschaffen sind. Wärme ist für uns unverzichtbar – sollte sich die Sonne einmal abkühlen, dann würde alles Leben auf der Erde ausgelöscht. Wir sollten also wissen, was es mit der Wärme auf sich hat! Die Wissenschaft von der Wärme wird in der Physik als »Thermodynamik« bezeichnet.

Hinweis: Die Warnung **Heiß!** (siehe unten) soll dich daran erinnern, dass du bei den betreffenden Experimenten besonders vorsichtig vorgehen musst. Fasse alles, was dabei erhitzt wird, nur mit einer Zange, einem Ofenhandschuh oder einem Topflappen an. Schon kleine Verbrennungen können höllisch wehtun!

1 Lampe mit Folienkappe

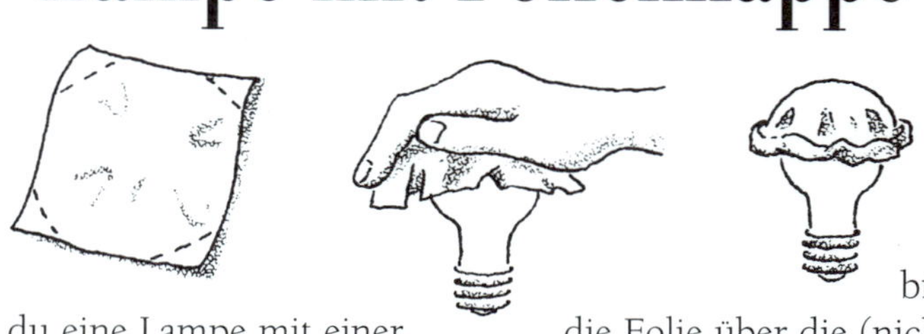

Für einige Experimente in diesem Buch brauchst du eine Lampe mit einer 100-Watt-Glühbirne als Wärmequelle. Um die Wärme der Birne sammeln und auf das jeweilige Objekt lenken zu können, bastelst du eine Art Schirmkappe. Dazu schneidest du von einem quadratischen Stück Alufolie die Ecken ab oder biegst sie um. Dann legst du die Folie über die (nicht brennende!) Glühbirne und schmiegst sie fest an. Nun den Rand ringsum etwas nach oben biegen – und fertig ist deine Wärmequelle! Achte bei den Experimenten auf den Warnhinweis und pass auf, dass du dich nicht verbrennst.

2

Löcher und Ritzen

Hast du dich schon mal gefragt, warum Gehwege aus einzelnen Platten bestehen, zwischen denen es Ritzen und Spalten gibt?

WAS DU BRAUCHST

- leere Dose
- großer Nagel
- Hammer
- Lampe (100-Watt-Birne) mit Folienkappe
- Küchenwecker
- Zange

So wirds gemacht: Hämmere den Nagel in den Boden der Dose und bewege ihn dann ein paarmal hin und her, bis er leicht hinein- und herausgleitet. Dann ziehst du den Nagel aus dem Loch heraus.

Schalte die Lampe an und stelle den Wecker auf 2 Minuten. Halte den Nagel mit der Zange über die Wärmequelle und erhitze ihn, bis der Wecker klingelt. Vorsicht – dabei nicht die heiße Glühbirne oder die Folienkappe berühren! Jetzt versuche, den Nagel wieder in das Loch einzuführen.

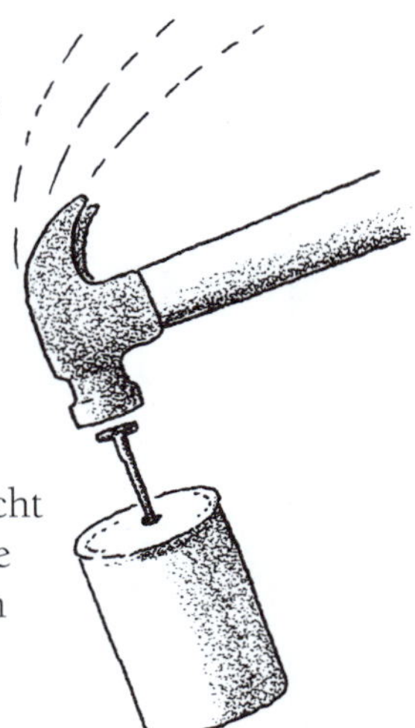

Das passiert: Der erwärmte Nagel lässt sich nicht mehr in das Loch einführen.

Warum? Die von der Glühbirne abgegebene Wärme hat die winzigen Moleküle, aus denen der Nagel besteht, in heftige Bewegung versetzt. Sie flitzen wild herum und nehmen dadurch mehr Raum in Anspruch – deshalb ist der Nagel jetzt ein wenig größer als vorher und passt nicht mehr durch das Loch.

Ähnlich dehnen sich an heißen Sommertagen die Moleküle in den Platten eines Gehwegs aus. Gäbe es keine Spalten zwischen den Platten, könnten sich die erwärmten Moleküle nicht ausbreiten und die Platten würden sich aufwerfen oder brechen.

3

Tag und Nacht in der Dose

Warum verwenden Modedesigner eigentlich dunkle Farben für Winterkleidung und helle Farben für Sommerkleidung?

WAS DU BRAUCHST

Lampe (100-Watt-Birne) mit Folienkappe
kleine Dose
schwarze Farbe
Pinsel
Vaseline
zwei 2-Cent-Münzen
Wattestäbchen

So wirds gemacht: Zunächst malst du die Innenseite der Dose zur Hälfte schwarz an (Aufpassen bei scharfen Kanten!), die andere Hälfte bleibt metallglänzend.

Sobald die Farbe ganz trocken ist, gibst du mit dem Wattestäbchen etwas Vaseline außen auf die Dose, und zwar einen münzengroßen Klecks in die Mitte der dunklen Dosenhälfte und einen in die Mitte der anderen Hälfte. Dann drückst du jeweils eine 2-Cent-Münze darauf, bis sie sicher festklebt. Wichtig ist, dass sich eine Münze außen auf der schwarz angemalten und eine außen auf der metallenen Innenfläche befindet.

Nun drehe die Dose um, setze sie behutsam auf die Alufolienkappe der Glühbirne und schalte die Lampe ein.

Das passiert: Die Vaseline schmilzt und die Münzen lösen sich natürlich beide – aber die auf der Seite mit der dunklen Innenfläche plumpst zuerst herunter!

Warum? Obwohl die Glühbirne ihre Wärme gleichmäßig in das Doseninnere abgibt, absorbiert die dunkle Fläche mehr Wärme als die hellere bzw. metallische Fläche. Deshalb schmilzt der Vaselineklecks außen an der schwarz angemalten Dosenwand rascher und die Münze auf dieser Seite rutscht eher herunter.

Dunkle Farben können die in Form von Sonnenstrahlen auf die Erde gelangenden Wärmewellen nicht nur besser »schlucken«, sondern auch länger speichern. Deshalb hält dich im Winter ein dunkler Mantel wärmer als ein hellfarbiger. Helle Farben werfen die meisten wärmenden Sonnenstrahlen gleich wieder in die Atmosphäre zurück – deshalb wird einem an heißen Sommertagen in heller Kleidung nicht so warm.

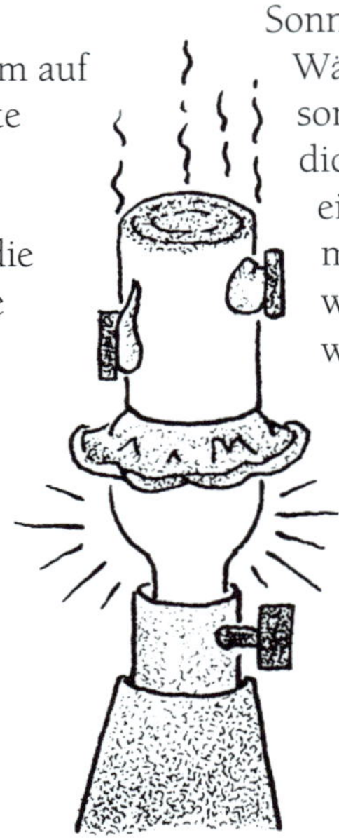

4

Gut behütet

Wie wird ein fester Körper unter Wärmeeinwirkung flüssig? Dieses Experiment erklärtnicht nur, wie Dinge schmelzen, sondern produziert auch noch einen schicken kleinen Hut.

WAS DU BRAUCHST

Lampe (100-Watt-Birne) mit Folienkappe
verschiedene bunte Kerzen

So wirds gemacht: Bevor du die Lampe einschaltest, biegst du den Folienrand ringsum nach oben, so dass sich eine breite Krempe ergibt. Dieser »Hut« muss oben ganz fest an die Birne angedrückt werden. Nun knipse die Lampe an und halte die Spitze einer Kerze gegen die Folienkappe.

Das passiert: Nach ein paar Sekunden beginnt sich das Wachs zu verflüssigen und rasch vom Docht herabzutropfen.

Warum? Die von der Glühbirne abgegebene Wärme regt die Wachsmoleküle an. Sie dehnen sich aus und geraten so heftig in Bewegung, dass sich das feste Wachs verflüssigt. Dieser Vorgang heißt »Schmelzen« und die Temperatur, bei der ein Stoff das tut, wird als Schmelztemperatur bezeichnet.

Und weiter? Du kannst den Folienhut so lange weiter mit Kerzenwachs betröpfeln, bis er überall eine kunterbunte Wachsschicht hat. Dann schaltest du die Lampe aus und wartest, bis das Wachs kalt geworden ist. Nun kannst du den Hut abnehmen, auf einen Apfel oder eine Kartoffel setzen und ein Gesicht draufmalen!

Weiche Schokolade

5

Unsere Erde wird von der Sonne erwärmt. Zum Glück dreht sich die Erde ständig um ihre Achse und besteht nicht aus Schokolade …

WAS DU BRAUCHST

kleine Papiertüte
Wasser
Lampe (100-Watt-Birne) mit Folienkappe
1 Stückchen Schokolade

So wirds gemacht: Nimm die Tüte, gieße etwas Wasser hinein und schwenke sie dann mehrmals herum, damit die Innenseiten gut benetzt werden. Dann schüttest du das Wasser weg und legst das Schokoladenstückchen auf den Tütenboden. Anschließend hältst du die Tüte vorsichtig über die Glühbirne. Sie darf die Folienkappe dabei nicht berühren!

Das passiert: Das Schokoladenstückchen in der Tüte beginnt zu schmelzen, aber die Tüte wird dabei nicht erhitzt.

Warum? Die von den Lichtwellen erzeugte Wärmeenergie wird von den Wassermolekülen an den Innenseiten der Tüte und von dem Schokostückchen absorbiert.

Diese Wärmeenergie, die man nicht sehen, sondern nur fühlen kann, entfernt sich in kreisförmigen Wellen von ihrer Quelle weg – ähnlich wie Kräuselwellen um einen Stein, der in einen ruhigen See geworfen wurde. Mit dieser Form von Wärme, die man Strahlung nennt, wird die Erde von der Sonne erwärmt – und das Schokoladenstückchen von der Lampe.

6 Warme Farbstrudel

Erwärmte Luft steigt nach oben, wird dort kühler und sinkt wieder nach unten. Bei diesem Experiment zeigen wir mithilfe von Wasser, wie Warmluft reagiert.

WAS DU BRAUCHST

2 durchsichtige Trinkgläser
heißes Wasser
eiskaltes Wasser
Lebensmittelfarbe
Messlöffel

So wirds gemacht: Dreh den Wasserhahn auf und lass ein Glas mit heißem Wasser und das andere mit eiskaltem Wasser voll laufen. Dann gibst du mit dem Messlöffel in jedes Glas ein wenig Lebensmittelfarbe.

Das passiert: In dem heißen Wasser wirbelt die Farbflüssigkeit heftig herum und vermischt sich dabei mit dem Wasser. In dem Glas mit dem kalten Wasser passiert nichts.

Warum? Da sich warme Wasserteilchen oder -moleküle viel rascher bewegen als kalte, ist das warme Wasser auf dem Glasboden heftig in Bewegung und wirbelt nach oben, wobei es die Lebensmittelfarbe mit sich reißt. Während das Wasser oben abkühlt, nimmt das warme Wasser darunter seinen Raum ein und das kühle Wasser sinkt nach unten. Diese Strömungsbewegung – man spricht hierbei von Wärmekonvektion – wiederholt sich so lange, bis das Wasser überall im Glas die gleiche Temperatur hat.

Da in dem kalten Wasser wesentlich weniger Bewegung stattfindet, sinkt die Lebensmittelfarbe auf den Glasboden und bleibt dort liegen.

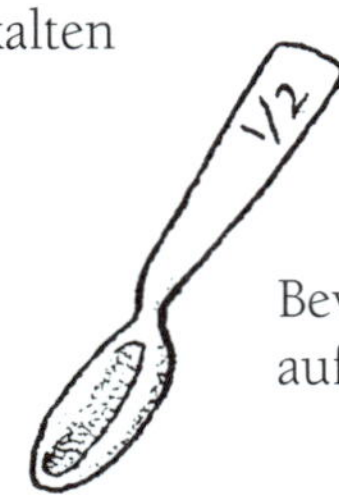

7

Vaseline-Vögelchen

Wenn du versehentlich einen heißen Pfannenstiel anfasst, spürst du eigentlich Hunderte von wild gewordenen Molekülen, die wie winzige Schrotkugeln deine Haut beschießen. Leider ist die Folge eines solchen »Fehlgriffs« meistens eine schmerzhafte Brandblase oder eine handfeste Verbrennung.

WAS DU BRAUCHST

- Büroklammer oder ein Stück Draht
- Wäscheklammer
- Vaseline
- kleiner Löffel
- Lampe (100-Watt-Birne) mit Folienkappe
- Stück Wachspapier

So wirds gemacht: Biege die Büroklammer zu einem geraden Stück und halte dieses an einem Ende mit der Wäscheklammer fest. Dann tupfst du mit dem Löffel drei erbsengroße Kleckse Vaseline auf das Drahtstück – möglichst in gleichen Abständen, so dass sie aussehen wie drei Vögelchen auf einer Leitung.

Jetzt legst du ein Ende des Wachspapiers unter die Lampe und knipst die Lampe an. Bewege die Wäscheklammer so nahe an die Lampe heran, dass das freie Drahtende die Birne berührt, und halte es dort eine Weile fest. Die »Vaseline-Vögelchen« müssen sich dabei über dem Wachspapier befinden, das unter der Lampe liegt.

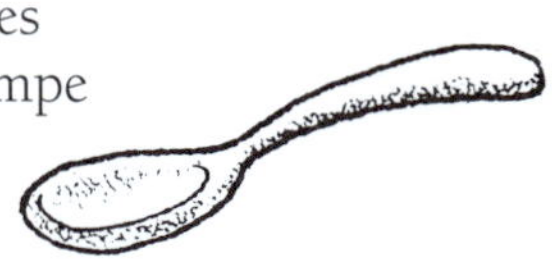

Das passiert: Die Vaselinekleckse auf dem Draht werden nacheinander schmelzen und auf das Wachspapier herabtropfen, bis alle drei weg sind. Als Erstes schmilzt dasjenige, dass sich am nächsten an der Birne befindet.

Warum? Wenn sich das Drahtende an der Birne erwärmt, geraten die Drahtmoleküle in diesem Bereich in heftige Bewegung. Schon bald prallen sie gegen ihre Nachbarmoleküle und regen auch diese an, sich schneller zu bewegen. So geht es weiter, bis sich die Wärme schließlich über den ganzen Draht ausgebreitet hat. Deshalb schmelzen die Vaselinekleckse einer nach dem anderen.

Diese Wärmeübertragung von einem angeregten, schubsenden Molekül zum nächsten kann man fast mit einem Staffellauf im Sport vergleichen. In der Physik spricht man hierbei von Konduktivität oder Wärmeleitfähigkeit.

WAS IST EIGENTLICH LUFT?

Reine Luft ist farblos und man kann sie weder schmecken noch riechen. Man kann sie auch nicht sehen, und wenn man mit der Hand durch die Luft fährt, spürt man rein gar nichts. Trotzdem ist Luft alles andere als »nichts«. Sie setzt sich aus verschiedenen Gasen zusammen, hauptsächlich aus Stickstoff und Sauerstoff. Diese bestehen wiederum aus winzigen Molekülen, die sich frei im Raum bewegen – in großen Abständen voneinander und mit ziemlich hoher Geschwindigkeit. Deshalb sind Gase so dünn und scheinen unsichtbar.

Wissenswertes über Luft

Die Wissenschaftler schätzen, dass 1 cm^3 Luft rund 70 Millionen Milliarden Moleküle enthält! Obwohl die Moleküle so winzig sind, befindet sich zwischen ihnen jede Menge Platz. Jedes Luftmolekül hat genügend Energie, um mit etwa 1 600 km/h durch den Raum zu flitzen.

8 Die verbogene Flasche

Mit dem folgenden Experiment schaffst du auch noch mehr Platz in eurem Mülleimer!

WAS DU BRAUCHST

2-l-Plastikflasche mit Deckel
sehr heißes Leitungswasser

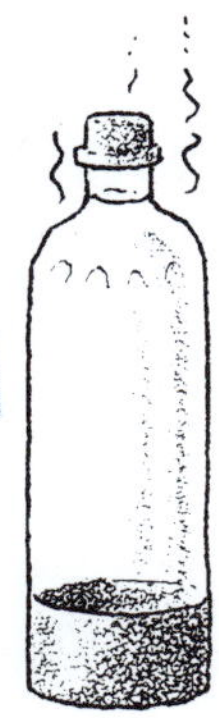

So wirds gemacht: Fülle die Flasche zur Hälfte mit heißem Wasser und schüttle sie etwa eine Minute lang. Dann gieße das Wasser aus, schraube rasch den Deckel drauf und drehe ihn fest zu.

Das passiert: Die Flaschenwände sacken plötzlich nach innen!

Warum? Durch das heiße Wasser wird die Luft im Flascheninneren erwärmt und füllt die ganze Flasche aus, solange diese noch unverschlossen ist. Wird dann das heiße Wasser ausgegossen und der Deckel aufgeschraubt, kühlt sich die warme Luft im Flascheninneren rasch ab. Und da kühle Luft weniger Raum einnimmt als die gleiche Menge warmer Luft, gibt es in der Flasche auf einmal zusätzlichen Raum!

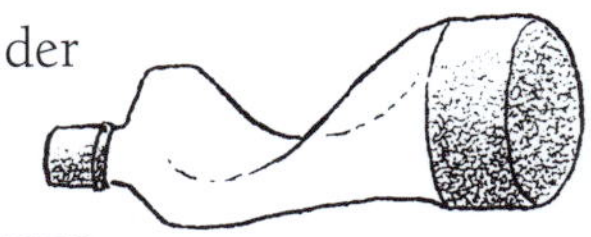

Um diesen zu füllen, werden die Flaschenwände aufgrund des Luftdrucks außerhalb der Flasche – der ständig in alle Richtungen wirkt – nach innen gedrückt.

9 Das pfundige Pfeifholz

Kann man ein Stück Holz in eine Pfeife verwandeln? Aber klar doch! Ein tolles Experiment, das dazu noch Spaß macht.

WAS DU BRAUCHST

schmale Holzleiste oder Rührlöffel
Hammer
großer Nagel
langer Bindfaden

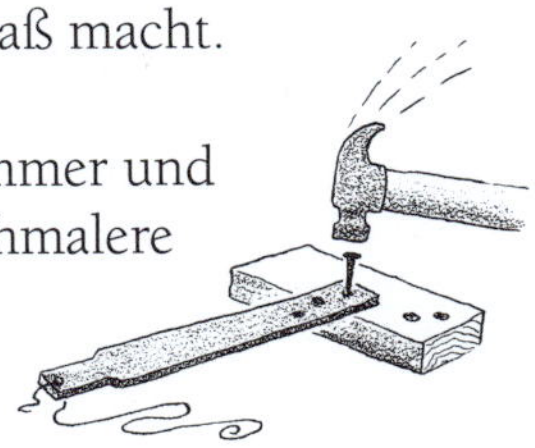

So wirds gemacht: Schlage mit Hammer und Nagel ein Loch in das eine, eventuell schmalere Ende der Holzleiste. Fädle ein Bindfadenende hindurch und verknote es fest. Nun schlage drei Löcher in das andere Ende. Sie können hintereinander liegen oder irgendein Muster bilden.

Gehe nach draußen und suche einen Platz, an dem du das Pfeifholz gefahrlos im Kreis schwingen kannst, ohne etwas kaputtzumachen. Halte es gut am Bindfaden fest und schwinge es vor deinem Körper oder um den Kopf herum. Aufgepasst – sofort aufhören, wenn Leute vorbeigehen!

Das passiert: Du hörst beim Schwingen immer wieder das gleiche Pfeifgeräusch.

Warum? Während du das Pfeifholz herumwirbelst, strömt Luft durch die Löcher, und zwar mit höherer Geschwindigkeit als die Luft, die um das Holzstück herumfließt. Das erzeugt ein Pfeifgeräusch.

Und weiter? Bei unterschiedlicher Anzahl und Größe der Löcher ergeben sich verschiedene Pfeifgeräusche. Du kannst dir deshalb gleich mehrere Pfeifhölzer anfertigen – ein paar mit nur wenigen kleinen Löchern und andere mit vielen – und anschließend vergleichen, welche Geräusche sie jeweils erzeugen.

10

Die sprechende Münze

Man sagt zwar manchmal: »nicht für Geld und gute Worte« – aber wahrscheinlich hast du noch nie eine Geldmünze sprechen gehört …

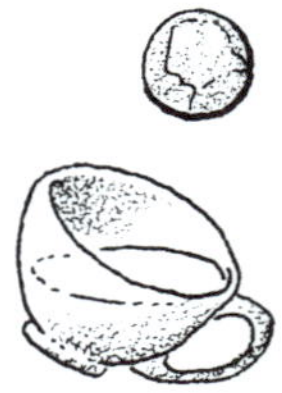

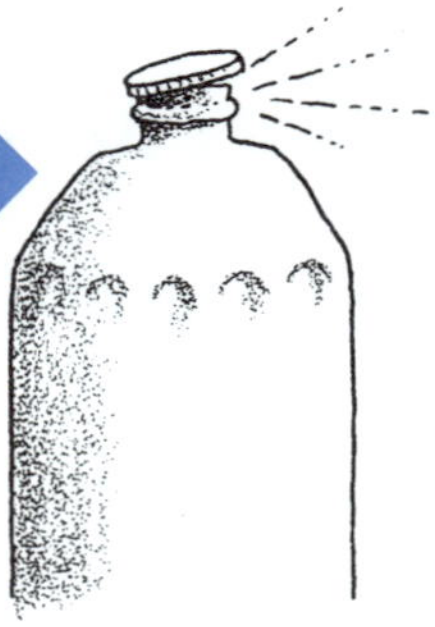

WAS DU BRAUCHST

2-l-Plastikflasche mit Deckel
2-Euro-Münze
Tasse Wasser
Tiefkühlfach
Küchenwecker oder Stoppuhr

So wirds gemacht: Lege die Münze in die Tasse mit Wasser und stelle die leere Plastikflasche fünf Minuten lang ins Tiefkühlfach des Kühlschranks.

Danach nimmst du die Flasche wieder heraus und deckst die Öffnung sofort mit der nassen Münze ab. (Wichtig: die Öffnung muss vollständig abgedeckt sein!)

Das passiert: Die Münze wirkt jetzt wie die Zunge der Flasche und beginnt zu »plappern«.

Warum? Während sich die Flasche im Tiefkühlfach befand, haben sich die Kunststoffmoleküle abgekühlt und sind enger zusammengerückt. Da die in der Flasche befindliche Luft dadurch weniger Raum einnahm, konnte zusätzliche Luft hineinströmen. Nimmt man die Flasche aus dem Tiefkühlfach heraus, können sich die Moleküle aufgrund der Umgebungswärme wieder ausbreiten.

Es ist also die »Extraluft« aus dem Kühlschrank, die beim Erwärmen wieder aus der Flasche herausgedrängt wird und die Münze dazu bringt, sich auf und ab zu bewegen und dabei zu plappern.

11

Das unheimliche Schrumpfgesicht

Luft hat manchmal fast magische Eigenschaften – sie kann weiche Materialien urplötzlich aufblähen oder schrumpfen lassen.

WAS DU BRAUCHST

heller Luftballon
Filzstift (wasserfest)

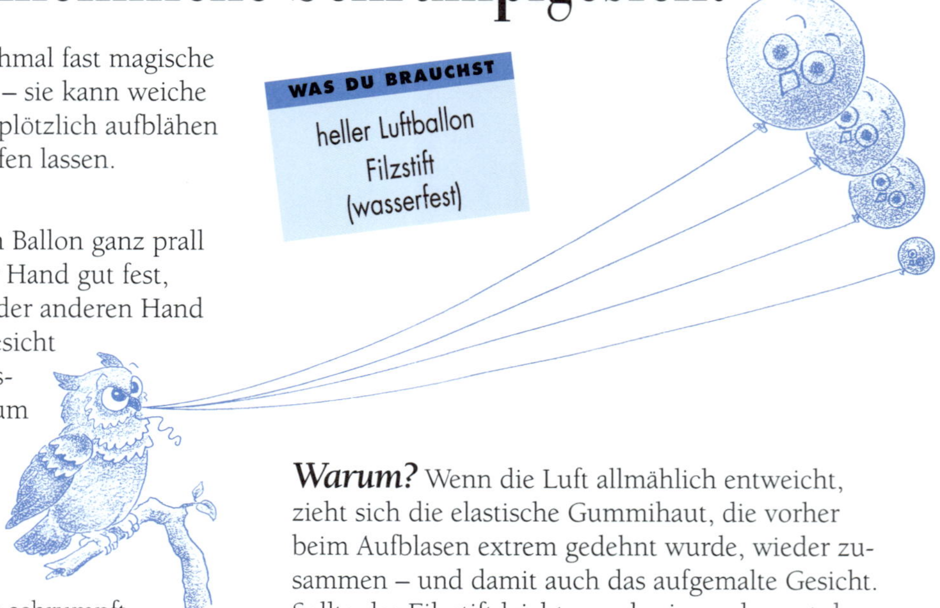

So wirds gemacht: Blase den Ballon ganz prall auf und halte ihn dann mit einer Hand gut fest, damit keine Luft entweicht. Mit der anderen Hand malst du mit dem Filzstift ein Gesicht auf, das eine Ballonseite ganz ausfüllt. Nun lockerst du den Griff um den Ballonzipfel etwas und lässt langsam und gleichmäßig die Luft entweichen.

Das passiert: Das ursprünglich riesige, aufgeblasene Gesicht schrumpft vor deinen Augen zu einer winzigen Fratze zusammen.

Warum? Wenn die Luft allmählich entweicht, zieht sich die elastische Gummihaut, die vorher beim Aufblasen extrem gedehnt wurde, wieder zusammen – und damit auch das aufgemalte Gesicht. Sollte der Filzstift leicht verschmieren, kannst du den Ballon, wenn er noch aufgeblasen ist, mit einem Klarsichtspray besprühen.

Pingpong-Astronauten

12

Ähnlich wie ein Orkan einen glatt wegblasen kann, kannst du deine lustige Astronautencrew in eine windige Luftkammer schicken.

WAS DU BRAUCHST

Pingpongbälle
Haarfön
Filzstift, (wasserfest)
(eventuell)

So wirds gemacht: Wer mag, malt seinen Pingpong-Astronauten jeweils ein Gesicht auf oder beschriftet die Bälle mit Namen. Dann den Fön einstecken, auf die höchste Stufe stellen und den Luftstrahl direkt nach oben richten.

Und nun hältst du einen deiner »Astronauten« in den Luftstrom und lässt ihn los …

Das passiert: Der Pingpong-Astronaut wird in Richtung Decke gepustet, bleibt dann aber auf halbem Wege im Luftstrom hängen und hüpft auf und ab.

Warum? Der Luftstrom aus dem Fön bläst den Ball entgegen der Schwerkraft in Richtung Decke, bis die nach oben wirkende Stoßkraft und die nach unten wirkende Schwerkraft gleich groß sind und der »Astronaut« in der Schwebe gehalten wird. Der hohe Druck in der unbewegten Luft, die den Luftstrom aus dem Fön umgibt, hält den Pingpong-Astronauten in der Mitte einer sichtbar abgegrenzten Luftkammer.

Und weiter? Du kannst versuchen, zwei oder mehr Pingpong-Astronauten gleichzeitig fliegen zu lassen. Das funktioniert aber nur, wenn der Luftstrom sehr breit ist oder der Fön einen Diffusoraufsatz hat, der den Luftstrom verbreitert. Ohne den werden deine Astronauten wahrscheinlich gegeneinander prallen und in unbekannte Galaxien davonschießen.

13 Die trickreiche Trinkwette

Dieser Wettbewerb wird zwar nur zum Spaß ausgetragen – aber suche dir lieber jemanden aus, von dem du weißt, dass er ein guter Verlierer ist!

WAS DU BRAUCHST

2 gleich große Trinkgläser
2 gestreifte Strohhalme
Stecknadel

So wirds gemacht: Vor dem Wetttrinken stichst du mit der Nadel 15- oder 20-mal in einen der Strohhalme – am besten dort, wo zwei verschiedenfarbige Streifen aufeinandertreffen, damit man die Löcher nicht so leicht erkennt. Dann steckst du den Strohhalm mit dem gelöcherten Ende nach oben in das Glas von deinem Freund und sagst: »Mal sehen, wer sein Glas zuerst leer trinken kann!«

Das passiert: Während sich dein Glas flugs leert, bleibt bei deinem Freund der größte Teil von dem Getränk in seinem Glas.

Warum? Wenn man an einem Strohhalm saugt, verringert sich der Druck der darin befindlichen Luft und das Getränk wird nicht mehr nach unten gedrückt, sondern kann durch den Halm nach oben steigen und in deinen Mund fließen. Bei dem präparierten Strohhalm entweicht die Luft durch die Löcher, so dass dein Freund trotz aller Mühe den Luftdruck in seinem Strohhalm nicht verringern kann – jedenfalls nicht so sehr, dass er das Wetttrinken gewinnen könnte.

14 Das platt gedrückte Zelt

WAS DU BRAUCHST

kleines Stück Papier
Tisch oder Arbeitsplatte

Jeder weiß, dass bewegte Luft mehr Kraft hat als unbewegte Luft … oder? Mit diesem Experiment kannst du deine eigene Schlussfolgerung ziehen.

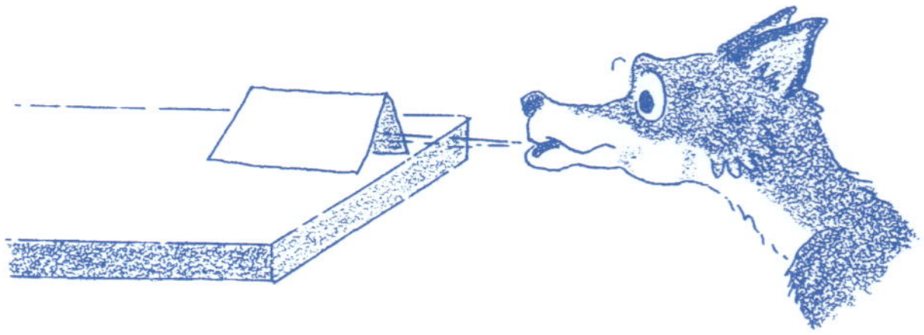

So wirds gemacht: Falte das Papier zur Hälfte um und ziehe die Kante mit den Fingern nach, so dass eine Art Zelt entsteht. Dieses stellst du auf den Tisch, mit einer offenen Seite zu dir gewandt. Hocke dich so hin, dass sich dein Mund auf gleicher Höhe mit der Tischkante befindet. Und nun blase gleichmäßig in das Zelt hinein.

Das passiert: Das Zelt fällt in sich zusammen und verwandelt sich wieder in ein flaches Blatt Papier.

Warum? Wenn die Luft durch das Zelt hindurchströmt, verringert sich der Luftdruck darin. In diesem Moment kann der höhere Luftdruck oberhalb des Zeltes auf das Papier einwirken – das daraufhin in sich zusammenfällt und flach gedrückt wird.

15 Fallschirmspiele

Rennwagen werden möglichst stromlinienförmig gebaut, damit sie auf geringen Luftwiderstand stoßen und somit höchste Geschwindigkeiten erreichen. Bei Fallschirmen ist das genau andersherum – ihr Schirm besteht aus vielen Metern Segeltuch, damit er sich beim Weg nach unten aufbläht und sich möglichst viel Luft darin fängt.

WAS DU BRAUCHST

Einkaufstüte aus dünnem Plastik
Schere
Nagel
8 Bindfäden

So wirds gemacht: Schneide aus der Vorderseite der Einkaufstüte ein großes Viereck heraus (ohne die verschweißten Randstücke). Dann werden die Ecken abgeschnitten, bis ein Oktogon – ein Achteck – entstanden ist. Mit dem Nagel stichst du dann ein Stückchen von der Außenkante entfernt in jede Spitze ein kleines Loch, so dass sich zum Schluss ringsherum acht gleichmäßig verteilte Löcher befinden.

An jedes Loch knüpfst du einen Bindfaden. Danach nimmst du die acht losen Enden zusammen und verknotest sie.

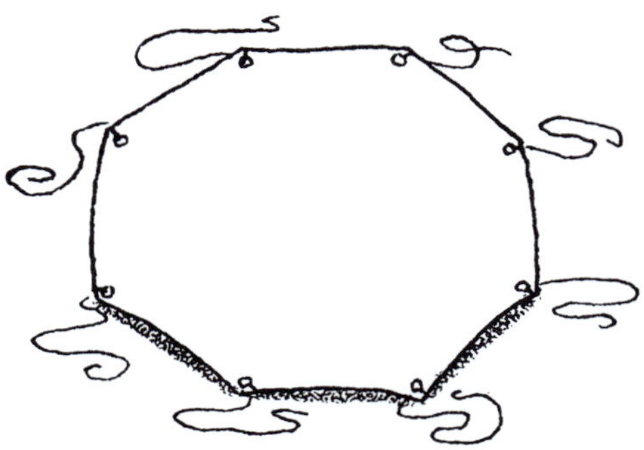

Zum Schluss steckst du den Nagel durch den Knoten hindurch – das ist dein Fallschirmspringer.

Um den Fallschirm auszuprobieren, stellst du dich auf einen stabilen Stuhl oder gehst ins Freie an eine Stelle, wo etwas Wind weht. Dort hältst du den Fallschirm hoch über deinen Kopf und lässt ihn los.

Das passiert: Der Plastikschirm bläht sich auf und schwebt langsam von dir weg zu Boden.

Warum? Laut einem physikalischen Gesetz bewegt sich ein Objekt umso langsamer durch die Luft, je mehr von seiner Oberfläche der Luft ausgesetzt ist. Deshalb fliegt ein Fallschirm umso gemächlicher, je größer er ist – was im Interesse des Fallschirmspringers ist, der sich aus großer Höhe in einen Sturzflug nach unten begibt!

Unter der schirmartigen Kappe eines Fallschirms, an dem ein Gewicht hängt, wird aber auch Luft eingefangen. Diese wird seitlich abgedrängt und aus diesem Grund driftet der Fallschirm von dir weg.

Und weiter? Wenn du in die Mitte des Fallschirms ein kleines Loch stichst, bewegt er sich geradliniger nach unten. Du kannst dann eine Landefläche markieren und versuchen, diese möglichst zielgenau zu treffen.

16 Der singende Ballon

Die meisten Ballons schweben einfach stumm vor sich hin – aber dieser hier quietscht und jodelt in den höchsten Tönen!

WAS DU BRAUCHST
Luftballon
Musik

So wirds gemacht: Blase den Ballon so prall wie möglich auf. Dann nimmst du den Ballonzipfel zwischen die Finger und bewegst die Hände etwas nach außen. Dabei entweicht aus dem Ballon ein langsamer, gleichmäßiger Luftstrom. Wenn du die Hände entsprechend bewegst, kannst du den Ballonzipfel im Takt der Musik dehnen – und mitsingen lassen.

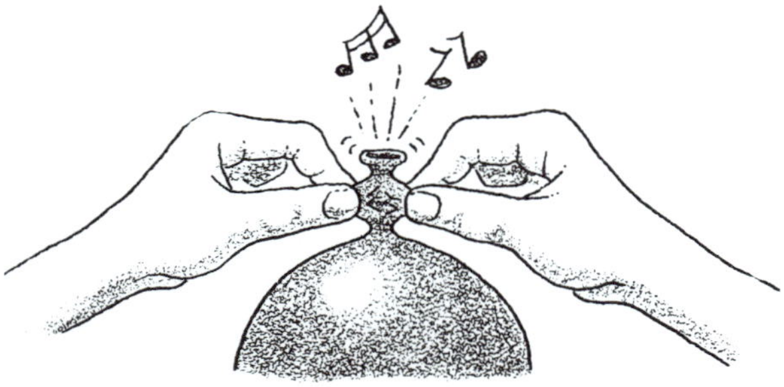

Das passiert: Du hörst hohe, quietschende Töne, die sich verändern, je nachdem, wie stark du den Ballonzipfel dehnst.

Warum? Wenn Luft aus dem Ballon herausströmt, reiben sich die Luftmoleküle an den Molekülen, aus denen die Gummihaut des Ballons besteht. Dadurch wird das Gummimaterial im Ballonzipfel in Schwingung oder Vibration versetzt und dies ruft die Quietschtöne hervor. Bei unterschiedlicher Dehnung entstehen verschiedene Schwingungen und somit verschiedeneTöne.

Wie wärs, wenn du mit deinen Freunden eine Ballon-Band gründest?

17 Das magische Schulheft

WAS DU BRAUCHST
Schulheft
mittelgroßer Luftballon
Tisch oder Arbeitsplatte

Die Luft rings um uns herum gilt als harmlos und unsichtbar – aber wenn man sie unter Druck setzt, kann sie ganz schöne Kräfte entfalten!

So wirds gemacht: Lege den Luftballon auf den Tisch, mit dem Zipfel zur Tischkante. Dann legst du das Schulheft darauf und bläst den Ballon auf.

Das passiert: Das Schulheft wird wie von Zauberhand angehoben.

Warum? Die Luft, die aus deinen Lungen unter Blasdruck in den Ballon strömt, dehnt diesen aus und dabei wird das Schulheft nach oben bewegt. In Kfz-Werkstätten kann man nach dem gleichen Prinzip die schwersten Autos anheben!

Leider lassen sich mithilfe des Luftdrucks in einem Ballon nicht gleichzeitig die Schulnoten anheben …

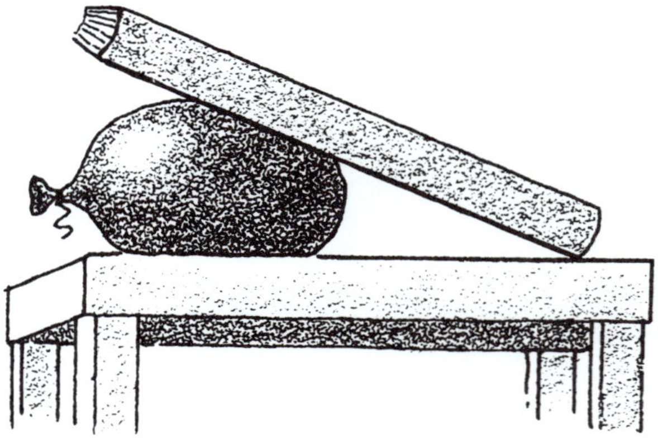

Lustige Luftikusse

18

WAS DU BRAUCHST

Luftballons
Viereck aus dicker Pappe
dicker Nagel
durchsichtiges Klebeband
Schere
Filzstifte (wasserfest)

Obwohl man Luft eigentlich nicht sieht, kann sie selbst, wenn man sie einfängt, andere Formen sichtbar machen. Diese Formen kann man sogar lebendig werden lassen – na ja, fast jedenfalls!

So wirds gemacht: Blas einen Ballon auf und knote ihn fest zu.

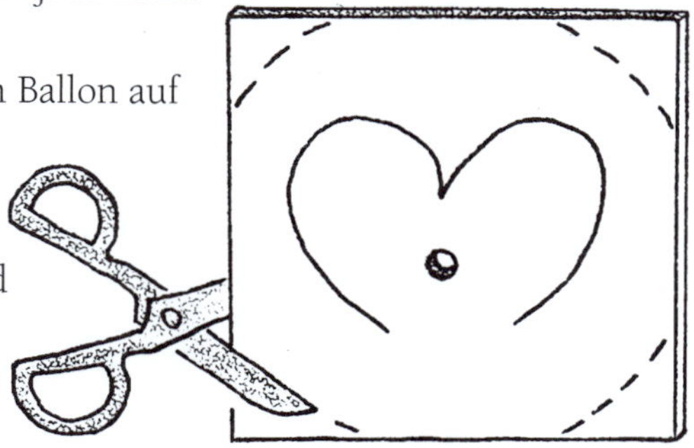

Das passiert: Der Ballon, der erst ganz schlaff war, ist nun rund und prall.

Warum? Die Luft, die du unter Druck aus deinen Lungen in den Ballon hineingeblasen hast, ist darin gefangen. Sie wird von dem elastischen Ballon auf kleinstmöglichem Raum zusammengepresst, und da sie in allen Richtungen gleichmäßig gegen seine Innenwand drückt, nimmt der Ballon eine runde Form an.

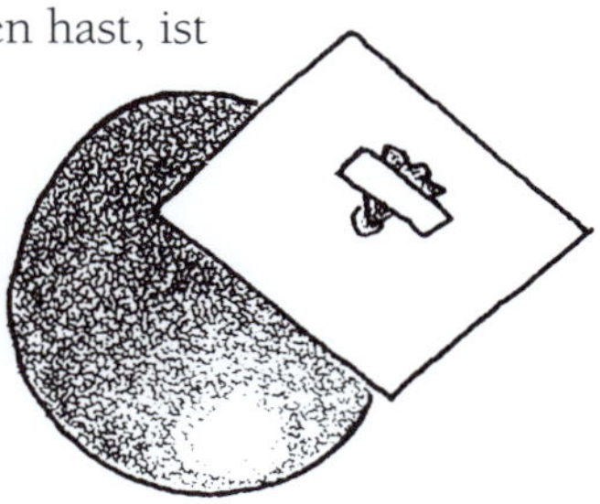

Und weiter? Aus einem einfachen Luftballon lässt sich im Handumdrehen ein Luftikus mit Füßen basteln. Hierzu malst du ein großes Herz auf das Pappquadrat und schneidest es aus. Dann stichst du mit dem Nagel in die Mitte der Herzform ein Loch und drückst vorsichtig den zugeknoteten Ballonzipfel hindurch. Zieh den Knoten etwas nach vorne in Richtung der »Zehen« und klebe ihn an der Unterseite mit Klebeband fest. Zum Schluss malst du mit den Filzstiften noch ein Gesicht auf den Ballon (Augen, Nase, Mund, Ohren, Haare, Brille, Schnurrbart, was dir einfällt). Auf die Pappfüße kannst du noch den Namen des Luftikusses schreiben.

Diese luftigen Gesellen eignen sich auch als Dekoration für dein Zimmer oder für eine Geburtstagsparty. Kommt natürlich drauf an, wie viel Luft du entbehren kannst …!

19 Schnurseife aus der Flasche

WAS DU BRAUCHST

leere Spülmittelflasche mit Deckel
weiße Schnur
Schere
Assistent (eventuell)

Wer ein bisschen was über Luftdruck weiß, kann seine Freunde mit diesem tollen Trick erschrecken …

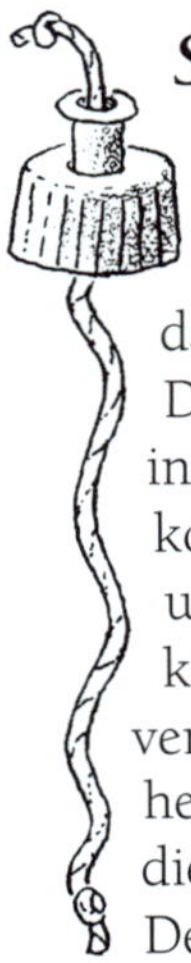

So wirds gemacht: Schraube den Deckel von der Flasche ab. Biege den Plastikstreifen darin mit einer Schere zur Seite oder schneide ihn ganz ab (wenn du dabei Schwierigkeiten hast, lass dir helfen). Dann ziehst du ein Ende der Schnur von innen durch den Deckel, bis es oben herauskommt. Wichtig – die Schnur muss leicht und ungehindert durch die Öffnung gleiten können! Nun jedes Schnurende dick verknoten, damit es auf keiner Seite mehr herausrutschen kann. Schiebe die Schnur in die Flasche, bis der Knoten oben auf dem Deckel aufsitzt und ihn verschließt. Den Deckel wieder auf die Flasche schrauben. Jetzt die Flasche ausrichten und schnell zusammendrücken.

Das passiert: Vorsicht! Aus der Flasche kommt ein Strahl »Schnurseife« herausgeschossen!

Warum? Wenn die Flasche zusammengedrückt wird, strömt Luft oben aus dem Flaschenhals und aus der Öffnung im Deckel und katapultiert dabei den Knoten ins Freie. Beim Zusammendrücken der Flasche übersteigt der darin herrschende Luftdruck den Luftdruck außerhalb der Flasche. Auch dieser Luftdruckunterschied trägt dazu bei, dass die Schnur aus der Flasche herausgeschleudert wird.

20 Blubber-Ei

WAS DU BRAUCHST

frisches Ei
tiefe Glasschüssel
heißes Wasser
gelbe Lebensmittelfarbe (eventuell)

Dass sich in einem Ei Eiweiß befindet, ist sicher nichts weltbewegend Neues – aber hast du gewusst, dass ein Ei auch ganz normale Luft enthält? Mit diesem Experiment kannst du das nachprüfen.

So wirds gemacht: Lege das Ei behutsam in die Schüssel, drehe den Wasserhahn auf und lasse die Schüssel mit heißem Wasser voll laufen. Sofern verfügbar, kannst du rasch noch ein paar Tropfen gelbe Lebensmittelfarbe hineingeben. Nun beobachte das Ei aufmerksam ein paar Minuten lang.

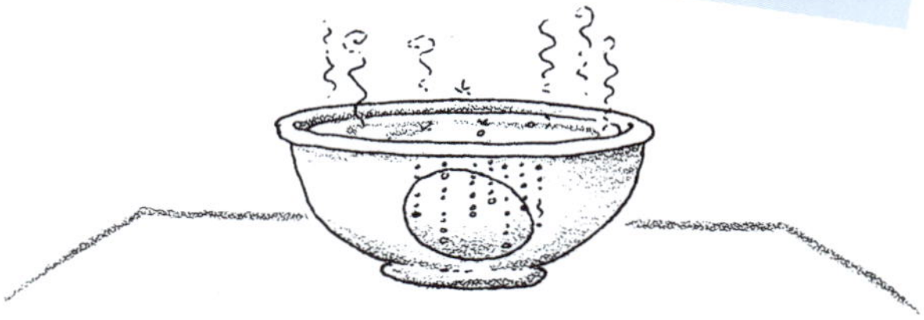

Das passiert: Aus dem Ei wandern kleine Bläschen an die Wasseroberfläche – wie winzige Perlenschnüre.

Warum? Das heiße Wasser erwärmt die Luft im Inneren des Eies und die Luftmoleküle dehnen sich aus. Einigen Molekülen wird es dann im Ei allmählich zu eng und sie dringen durch ein paar der etwa 7 000 Poren, die sich in einer Eierschale befinden, nach außen. Meistens entweichen die erwärmten Luftmoleküle, ohne dabei die Schale aufzubrechen, und steigen zur Wasseroberfläche auf.

21 Akupunktur-Ballon

WAS DU BRAUCHST

kleiner Luftballon
Klebstoff oder starkes Klebeband
5 oder 6 Stecknadeln
Faden

Akupunktur ist eine uralte chinesische medizinische Heilmethode. Auch ohne ärztliche Zulassung kannst du das praktizieren – an einem Luftballon!

So wirds gemacht: Blase den Ballon zu etwa drei Viertel auf, binde ihn dann fest zu und knüpfe zur Sicherheit noch eine Schnur um den Ballonzipfel. Nun schneidest du von dem starken Klebeband fünf oder sechs Stücke ab und drückst sie möglichst gleichmäßig außen auf dem Ballon fest. Achte darauf, dass jedes vollflächig auf der Ballonhaut festklebt. Und jetzt steche in die Mitte jedes Klebestückes vorsichtig eine Nadel, bis der Ballon ringsherum durchstochen ist.

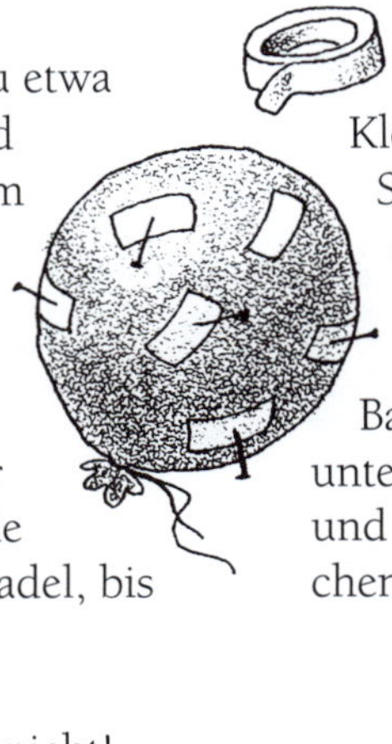

Das passiert: Nichts! Der Ballon platzt nicht!

Warum? Wenn die Nadelspitzen durch die Klebestücke dringen, bildet deren klebrige Schicht eine Art Abdichtung. Diese verhindert, dass an der winzigen Einstichstelle Luft aus dem Ballon nach außen entweichen kann. Wie du weißt, platzt ein Ballon ja nur, wenn Luft unter hohem Druck steht und ganz plötzlich entweichen kann.

22 Wasser, das ohne Hitze kocht!

Wie kann man Wasser zum Kochen bringen, ohne den Herd einzuschalten? Hier ist das Geheimnis dieses uralten Tricks.

WAS DU BRAUCHST

durchsichtiges Trinkglas (möglichst schmal und hoch)
Wasser
Stück Stoff, taschentuchgroß
Gummiband
Küchenspüle

So wirds gemacht: Fülle das Glas zur Hälfte mit Wasser. Lege das Stoffstück gleichmäßig über das Glas und drücke es in der Mitte nach unten, bis es ins Wasser hineinreicht. Dann legst du das Gummiband straff um den Stoff, damit dieser außen eng an dem Glas anliegt. Halte das Glas ins Spülbecken und drehe es um. Es wird ein wenig Wasser herauströpfeln, aber das meiste Wasser wird im Glas bleiben.

Jetzt halte den Stoff außen am Glas zwischen Gummiband und Oberkante des Glases gut fest und drücke mit der Handkante kräftig auf den umgedrehten Glasboden (siehe unten rechts).

Das passiert: Das Wasser beginnt zu kochen! (Es kann sein, dass es nicht gleich beim ersten Mal klappt – nicht aufgeben!)

Warum? Das Wasser »kocht« natürlich nicht richtig, weil ja keine Hitze vorhanden ist. Während du kräftig auf den Boden des Glases drückst und dabei fest an dem Stoff ziehst, erzeugt die Luft, die dabei durch den Stoff in das Wasser gelangt, kleine Bläschen. Diese erwecken den Eindruck, als würde das Wasser in dem Glas sieden.

Und weiter? Wenn du diesen Trick richtig gut beherrschst, kannst du unser Experiment als Lügendetektor verwenden. Stelle deinen Freunden ein paar Fragen und sage ihnen, dass das Wasser kochen wird, wenn sie schwindeln, aber nichts passiert, wenn sie die Wahrheit sagen.

Hinweis: Besonders eindrucksvoll wirkt dieser Trick, wenn du dem Wasser etwas Lebensmittelfarbe zufügst.

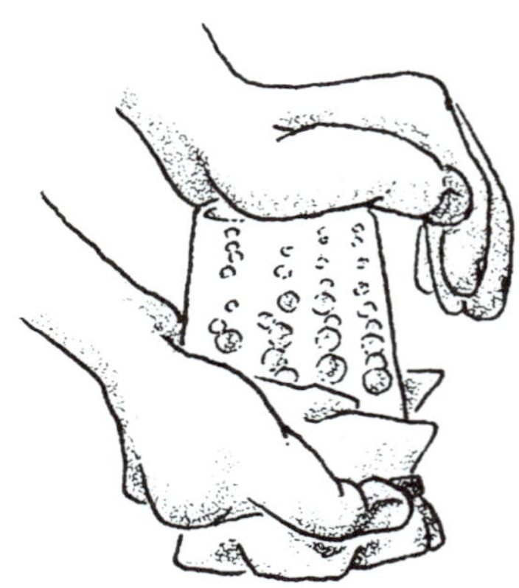

Wasser, Wasser überall!

Wasser ist die am häufigsten vorkommende Substanz auf der Erde – sie bedeckt fast 70 % ihrer gesamten Oberfläche! Obwohl Wasser manchmal grünlich oder bläulich aussieht, ist es in Wirklichkeit eine durchsichtige, farblose Flüssigkeit. Wasser hat eine Eigenschaft, durch die es sich von den meisten anderen Flüssigkeiten unterscheidet – es ist in festem Zustand (Eis) leichter als in flüssigem!

Wissenswertes über Wasser

Wasser ist für die Erhaltung des Lebens unverzichtbar – es findet sich sowohl im Blut der Tiere als auch in den Säften der Pflanzen. Und der menschliche Körper besteht sage und schreibe zu zwei Dritteln aus Wasser!

Auch in unserer Umwelt und in der Atmosphäre ist Wasser überall zu finden. Es fällt als Regen, Hagel oder Schnee auf die Erde oder tritt in Form von Frost, Nebel, Tau, Dampf, Feuchtigkeit oder als Wolke in Erscheinung. Auf der Erde gibt es nicht nur Flüsse, Seen, Ozeane und Sümpfe, die den Großteil der Erdoberfläche bedecken, sondern auch Wasserspeicher in der oberen Erdkruste oder in Gesteinsspalten, die Quellen und Wasserfälle speisen und dafür sorgen, dass Flüsse und Seen in den Trockenperioden nicht austrocknen.

Wasser befindet sich auf unserer Erde in einem fortwährenden Kreislauf – es wird ständig gebraucht, aber niemals aufgebraucht. Wenn du heute ein Glas Wasser trinkst, könnte es durchaus dieselben Wassermoleküle enthalten, mit denen vor Tausenden von Jahren ein Höhlenmensch seinen Durst gelöscht hat!

»Ich war zuerst da!«

23

WAS DU BRAUCHST

durchsichtiges Trinkglas
mehrere Murmeln
Wasser
Kreppband

Dieses Experiment beweist, dass zwei verschiedene Arten von Materie nicht gleichzeitig den gleichen Raum einnehmen können.

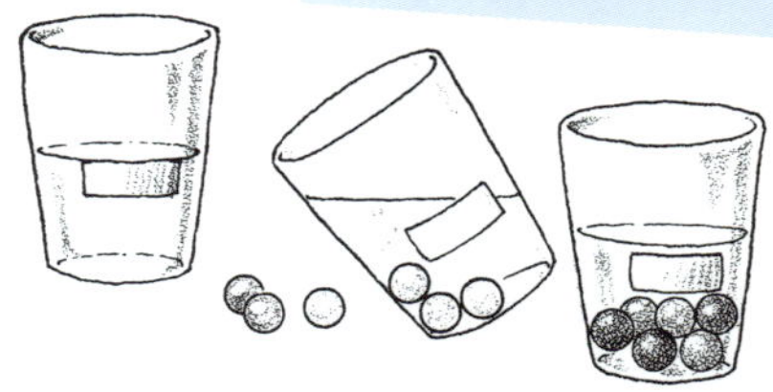

So wirds gemacht: Lass das Glas zur Hälfte mit Wasser voll laufen und markiere dann die Füllstandslinie (Pegel) außen am Glas mit einem Stück Kreppband. Als Nächstes neigst du das Glas vorsichtig etwas zur Seite und lässt nacheinander die Murmeln ins Wasser gleiten. Nun stelle das Glas wieder gerade hin und kontrolliere den Wasserpegel.

Das passiert: Der Pegel ist höher als vorher.

Warum? Wasser und Murmeln sind Dinge, die sich nicht den gleichen Raum teilen können. Da die Murmeln schwerer sind als Wasser, fallen sie auf den Glasboden und drängen das Wasser nach oben weg. Deshalb hat sich der Wasserpegel nach oben verschoben.

24

Spritziger Springbrunnen

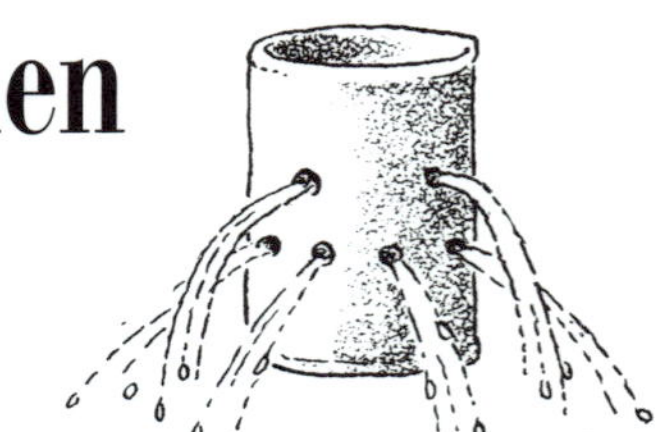

WAS DU BRAUCHST

leere Dose
Hammer
dicker Nagel
Klebeband
Wasser
Spülbecken

Der französische Physiker Blaise Pascal (1623–1662) entdeckte, dass Flüssigkeiten durch Luftdruck beeinflusst werden. Jedes Mal, wenn wir also aus einem Brunnen Wasserfontänen heraushüpfen sehen, sollten wir dieses großen Physikers dankbar gedenken …

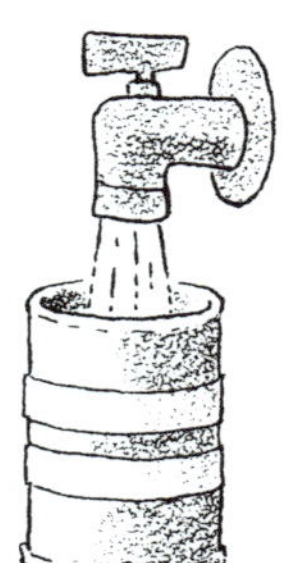

So wirds gemacht: Schlage mithilfe von Hammer und Nagel acht Löcher in die Dose. Sie sollen möglichst gleich weit auseinander liegen und etwa zwei Fingerglieder (ca. 4 cm) vom Dosenboden entfernt sein. Dann kommt eine zweite Reihe mit Löchern – diesmal aber nur vier, die du etwa ein Fingerglied oberhalb der ersten Lochreihe einschlägst. Auch diese Löcher möglichst gleichmäßig verteilen. Dann schneidest du zwei Klebestreifen ab, die lang genug sind, um rings um die ganze Dose zu reichen. Mit diesen Klebestreifen werden die beiden Lochreihen abgedeckt. Nun füllst du die Dose mit Wasser, hältst sie ins Spül- oder Waschbecken und ziehst gleichzeitig beide Klebestreifen ab (lass dir dabei am besten von jemandem helfen).

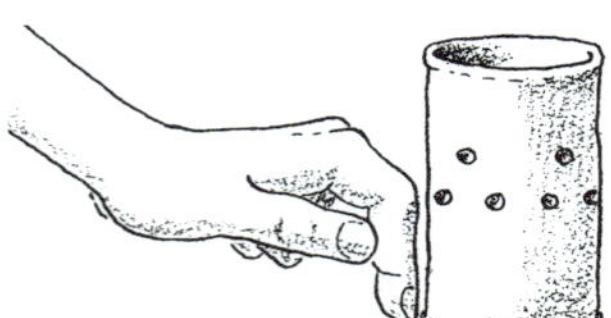

Das passiert: Aus den unteren Löchern sprudelt das Wasser ein wenig schneller als aus den oberen.

Warum? Das Wasser im unteren Teil der Dose steht unter höherem Druck – und der ergibt sich aus dem Gewicht des darüber liegenden Wassers.

25

Zwei Wassertürme

Wassertürme gibt es in unterschiedlichsten Höhen, aber macht die Höhe für das Wasser einen Unterschied? Probiere es aus!

WAS DU BRAUCHST

eine schmale, hohe und eine kleine, breite leere Dose
Hammer
dicker Nagel
Klebeband
Wasser
Spülbecken

So wirds gemacht: Schlage mit Hammer und Nagel ein Loch in jede Dose – jeweils etwa ein Fingerglied (etwa 1,5 cm) vom Dosenboden entfernt. Diese beiden Löcher müssen möglichst gleich groß sein!

Anschließend überklebst du jedes Loch mit einem Stück Klebeband.

Nun fülle beide Dosen bis oben hin mit Wasser, stelle sie auf den Spülbeckenrand – mit den Löchern zum Becken weisend – und ziehe die Klebestreifen ab.

Das passiert: Aus der schmalen, hohen Dose schießt das Wasser in einem längeren Strahl heraus als aus der kleinen, breiten Dose.

Warum? Wie schnell das Wasser aus dem Loch herausschießt, hängt von der Höhe der Wassersäule ab – und in der hohen, schmalen Dose steht das Wasser höher. Kleinere, aber breitere Dosen können zwar genauso viel oder sogar noch mehr Wasser enthalten als eine schmale Dose, aber das Wasser strömt trotzdem langsamer und weniger kraftvoll aus. Das liegt daran, dass das Wassergewicht, das Druck nach unten ausübt, in der breiteren Dose einfach geringer ist.

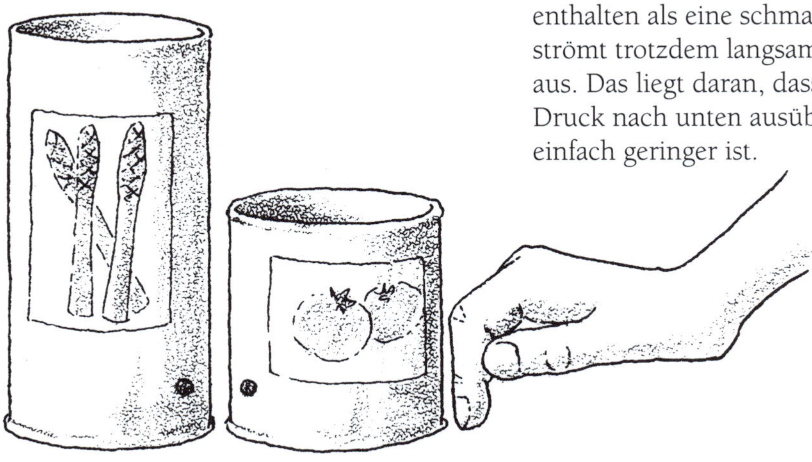

WAS DU BRAUCHST

ein paar gekochte Spaghetti
tiefe Glasschüssel
1 Tasse klaren Essig
1 Tasse Wasser
Lebensmittelfarbe, rot und blau (eventuell)
2 Esslöffel Natron (Bikarbonat)

26

»Ich ess jetzt ein paar Würmer ...«

Nach diesem Experiment, bei dem Spaghetti zum Leben erweckt werden, kannst du deine Freunde verblüffen, indem du die »Würmer« einfach aufisst! Sie schmecken allerdings wahrscheinlich ein bisschen nach Essig.

So wirds gemacht: Zerteile die Spaghetti in mehrere wurmlange Stücke. Dann den Essig und das Wasser in die Schüssel geben, gut verrühren und eventuell jeweils einen Tropfen rote und blaue Lebensmittelfarbe hinzufügen, bis die Flüssigkeit violett ist.

Nun rührst du langsam zwei Esslöffel Natron darunter und gibst zum Schluss die Spaghettistücke hinzu.

Das passiert: Die »Würmer« verfärben sich violett und scheinen lebendig zu werden! Sie schwimmen hin und her, kommen an die Wasseroberfläche und tauchen wieder ab.

Warum? Wenn sich Essig und Natron vermischen, erzeugen sie winzige Gasbläschen. Diese bleiben an den Spaghettistückchen haften und schleppen sie mit, während sie nach oben steigen. Dort platzen die Bläschen und die »Würmer« fallen wieder auf den Boden der Schüssel – wo sich neue Gasbläschen an sie anhaften und das Spiel von neuem beginnt.

27 Die Kraft des Wassers

WAS DU BRAUCHST

große Dose
Hammer
dicker Nagel
Klebeband
Wasser
Spülbecken

Dreh einen Wasserhahn nur so weit auf, dass ganz wenig Wasser herauskommt. Und nun halte den Wasserhahn mit der Handfläche zu und versuche das Wasser zurückzuhalten. Geht nicht? Nach diesem Experiment wirst du verstehen, warum man dazu den Hahn abdrehen muss – auch wenn wirklich nur ein kleines bisschen Wasser herauskommt.

So wirds gemacht: Schlage mit Hammer und Nagel übereinander drei Löcher in die Dose – das erste knapp oberhalb des Dosenbodens und die beiden anderen in einem Abstand von jeweils etwa 1 cm darüber.

Nun klebst du die drei Löcher mit einem langen Streifen Klebeband zu und lässt die Dose mit Wasser voll laufen.

Stelle die Dose auf den Beckenrand – mit den Löchern zum Becken hin – und ziehe den Klebestreifen ab.

Das passiert: Der Wasserstrahl aus dem untersten Loch ist am längsten; der aus dem mittleren Loch ist der zweitlängste und der aus dem obersten Loch der kürzeste.

Warum? Unten in der Dose lastet auf dem Wasser mehr Gewicht und daher mehr Druck als weiter oben. Und je höher der Druck, desto länger der Wasserstrahl.

Der Wasserhahn entspricht gewissermaßen dem Strahl aus dem untersten Loch in der Dose. Manche Stadtwerke pumpen das Wasser in hohe Speichertanks bzw. Wassertürme. Der Druck der großen Wassermasse in diesen Reservoiren drückt das Wasser durch lange unterirdische Rohre bis in die einzelnen Häuser. Hinter dem Wasser, das aus einem Wasserhahn kommt, steckt demnach ein ungeheurer Druck – und deshalb kann man ihn nicht einfach mit der Hand »abstellen«.

Du wärst sicher nie drauf gekommen, dass all dieses Wasser in den Mauern eures Hauses fließt, oder?

28 Eiswürfelboot

WAS DU BRAUCHST

großes Einweckglas, gefüllt mit eiskaltem Wasser

1 Eiswürfel

Was schützt jeden Winter Abermillionen von Fischen in Flüssen und Seen vor dem Erfrieren? Dieses Experiment verrät es …

So wirds gemacht: Lass den Eiswürfel in das Glas fallen.

Das passiert: Der Eiswürfel schwimmt obenauf – wie ein Boot.

Warum? Beim Gefrieren dehnen sich Wassermoleküle aus. Das bedeutet, dass gefrorenes Wasser – also Eis – leichter ist als flüssiges Wasser. Deshalb kann Eis auf Wasser schwimmen! Dank dieses Naturgesetzes gefriert Wasser im Winter von oben nach unten. Wenn sich nun die oberste Wasserschicht in Eis verwandelt, schützt sie die unteren Wasserschichten vor Frost. Und so können in den Seen die Fische im Winter unter der schützenden Eisdecke überleben und ungestört herumschwimmen.

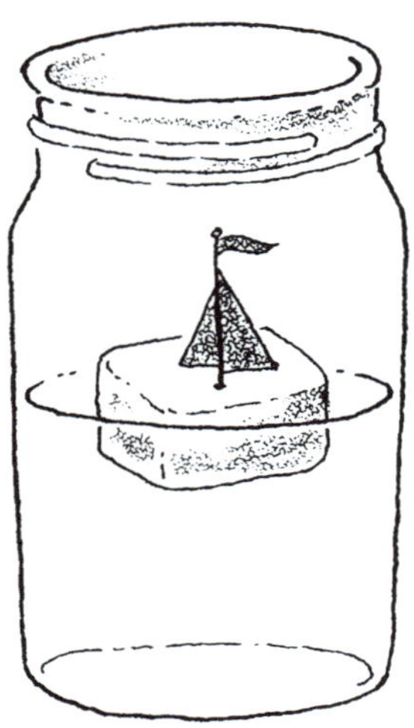

29 Das schwebende Glas

WAS DU BRAUCHST

2 Trinkgläser, von denen eins ins andere hineinpasst

Wasser

Luftballons schweben, klar … aber Gläser??

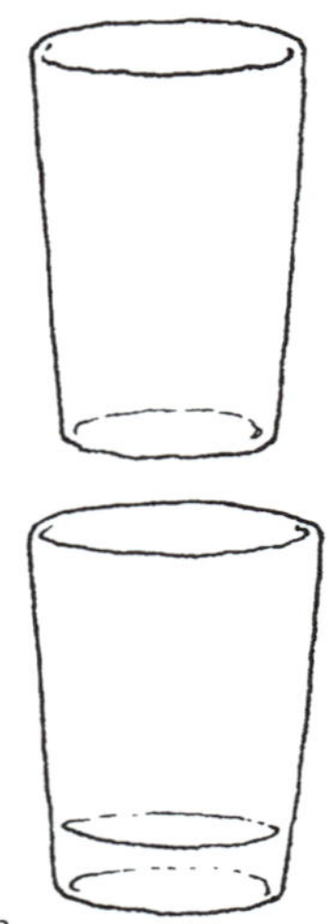

So wirds gemacht: Schütte in das größere Glas etwas Wasser – aber nur so viel, dass der Boden bedeckt ist. Dann setze das andere Glas hinein.

Das passiert: Das innere Glas scheint in der Luft zu schweben (falls nicht, schütte etwas mehr Wasser nach und probiere es noch mal).

Warum? Das Wasser auf dem Boden des großen Glases wiegt schwerer als das Gewicht des kleinen Glases.

Der griechische Mathematiker Archimedes, der vor über 2000 Jahren lebte (285–212 v. Chr.), entdeckte, dass die Masse der Wassermenge, die ein schwimmender Körper verdrängt, genau seiner eigenen Masse entspricht.

Wo ist das Salz hin?

30

WAS DU BRAUCHST

warmes Wasser
farbloses Trinkglas
Trinkhalm
1 Tasse Salz
Messbecher

Wenn du schon einmal im Meer geschwommen bist, hast du wahrscheinlich bemerkt, dass das Wasser salzig schmeckt. Aber nirgendwo war Salz zu entdecken, oder? Warum eigentlich?

So wirds gemacht: Drehe den Wasserhahn auf und lass das Glas bis oben hin mit warmem Wasser voll laufen. Dann misst du eine halbe Tasse Salz ab, schüttest es sehr langsam in das Glas und rührst das Wasser dabei vorsichtig mit dem Trinkhalm um.

Das passiert: Wenn du das Salz sehr behutsam ins Wasser rieseln lässt, kannst du eine ganze Tasse Salz in das randvolle Glas geben, ohne dass das Wasser überläuft.

Warum? Das Wasser läuft nicht über, weil das Salz keinen zusätzlichen Platz beansprucht. Zwischen den Wassermolekülen befinden sich Zwischenräume – und die werden einfach von den Salzmolekülen aufgefüllt. Das ist etwa so, als wenn man Sand in ein Glas mit Murmeln schütten würde – die winzigen Körnchen gleiten einfach in die Lücken zwischen den Murmeln. Wenn sich zwei Stoffe so gut »verstehen«, bezeichnet man das Ergebnis als eine Lösung.

Eiskalt zerplatzt

31

Sind bei euch im Winter schon mal die Rohre geplatzt, weil das Wasser darin gefroren war? Mit dem folgenden Experiment kannst du herausfinden, warum so etwas passieren kann.

WAS DU BRAUCHST

Glas
Wasser
Pappviereck (etwas größer als die Öffnung des Glases)
Zugang zu einem Tiefkühlfach

So wirds gemacht: Drehe den Wasserhahn auf und lass das Glas bis oben hin mit Wasser voll laufen. Dann decke die Öffnung vollständig mit dem Pappviereck ab, stelle das Glas vorsichtig ins Tiefkühlfach und warte, bis das Wasser zu Eis gefroren ist.

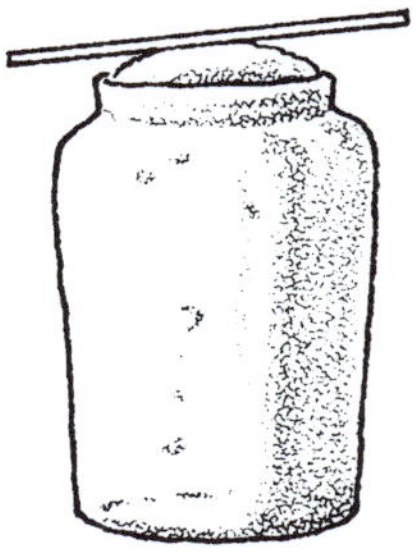

Das passiert: Das gefrorene Wasser hebt den Pappdeckel nach oben.

Warum? Wenn das Wasser gefriert, also seine Temperatur unter 0 °C sinkt, dehnen sich seine Moleküle aus und beanspruchen deshalb mehr Raum. (Interessanterweise passiert das Gleiche, wenn sie erhitzt werden – Wasser ist schon ein ganz besonderer Stoff!) Die gefrierenden Wassermoleküle drängen also nach oben aus dem Behälter und heben dabei den Pappdeckel an.

Was wäre wohl passiert, wenn du den Behälter nicht nur mit einem lose aufliegenden Pappstück, sondern mit einem festen Schraubdeckel verschlossen hättest? Nun, die gefrierenden Wassermoleküle hätten sich genauso ausgedehnt und den Behälter irgendwann zum Platzen gebracht. Genau das kann im Winter mit zugefrorenen Wasserrohren passieren.

32 1 + 1 ergibt nicht immer 2

Du magst ja in Mathe ganz fit sein – aber um herauszufinden, was es mit diesem Versuch auf sich hat, braucht man eher gute Physikkenntnisse.

WAS DU BRAUCHST

großer Glasbehälter
Kreppband
Stift
Tasse Zucker
Messbecher
Papiertuch
Trinkhalm
warmes Wasser

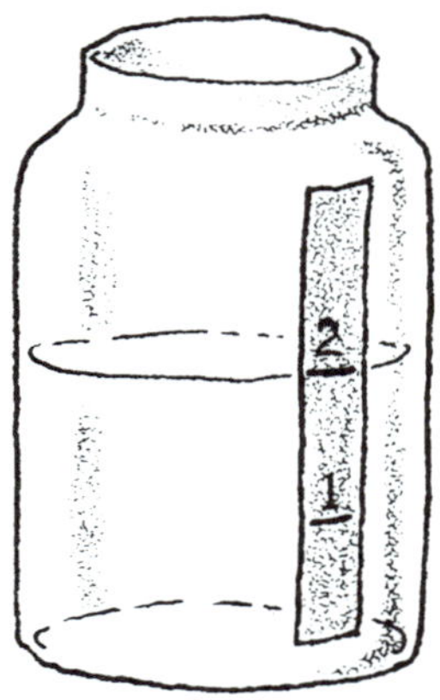

So wirds gemacht: Klebe einen Streifen Kreppband senkrecht außen auf die Glaswand. Dann gießt du eine Tasse warmes Wasser in den Behälter und markierst die Wasserlinie auf dem Kreppband. Anschließend gießt du eine zweite Tasse Wasser hinzu und markierst erneut die Wasserlinie. Nun gießt du das ganze Wasser aus und reibst das Glas innen mit dem Papiertuch trocken.

Jetzt gießt du eine Tasse warmes Wasser in das Glas – aber diesmal gefolgt von einer Tasse Zucker. Rühre diese Lösung mit dem Trinkhalm gut um und schau dann nach, wo sich die Wasserlinie befindet.

Das passiert: Die Wasserlinie, die sich bei einer Tasse Wasser und einer Tasse Zucker ergibt, ist niedriger als die Wasserlinie, die du bei zwei Tassen Wasser markiert hattest.

Warum? Bei dem Wort »Lösung« – links bei der Anweisung, dass du Zucker und Wasser gut umrühren sollst – bist du bestimmt hellhörig geworden und kennst daher wahrscheinlich schon die Antwort. Die Stoffe in einer Lösung passen perfekt zusammen, wie Puzzlestücke. Die Zuckermoleküle beanspruchen keinen zusätzlichen Raum, sondern schlüpfen einfach in die freien Räume zwischen den Wassermolekülen. So entsteht eine ganz neue Verbindung – Zuckerwasser. Davon gibt es aber zum Schluss weniger, als du gedacht hattest, als du Wasser und Zucker zusammengegeben hast, stimmts?

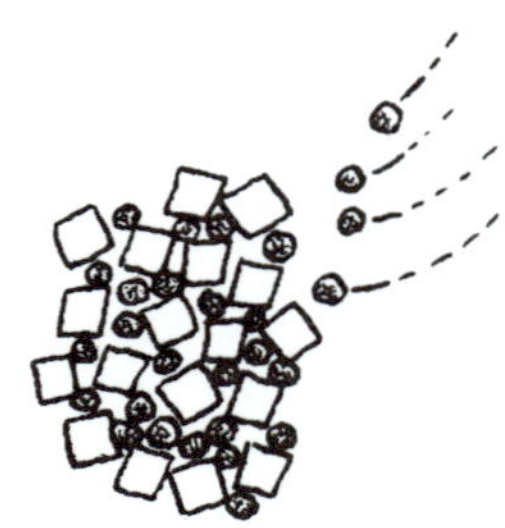

33 Ich brauche mehr Platz!

WAS DU BRAUCHST

kleines Glas
Kochtopf (oder tiefe Pfanne)
Wasser
Herdbenutzung (um Erlaubnis oder Hilfe bitten)

Dir gefällt es wahrscheinlich auch nicht, dicht neben jemandem sitzen zu müssen, wenn dir sehr heiß ist und du heftig schwitzt. Nun, einem Wassermolekül geht es nicht viel anders, wenn es erhitzt wird.

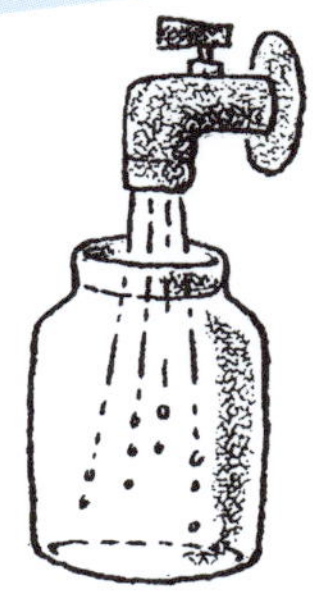

So wirds gemacht: Lass etwas Wasser in den Kochtopf laufen und stelle diesen dann auf den Herd. Dann füllst du das Glas bis oben hin mit Wasser und stellst es vorsichtig und ohne etwas zu verschütten in die Mitte des Topfes. Nun schalte die Herdplatte ein und warte ein paar Minuten, bis das Wasser auf dem Topfboden zu sieden beginnt. Was passiert mit dem Wasser in dem Glas?

Das passiert: Das Wasser fließt über und läuft in den Topf.

Warum? Wie andere Flüssigkeiten dehnt sich Wasser beim Erhitzen aus und beansprucht dabei mehr Raum. Den Wassermolekülen in dem Glas wird es dabei immer heißer; sie brauchen dringend mehr Platz und prallen hektisch gegeneinander – bis das Wasser schließlich überläuft.

Warnung: Vergiss nicht, die Herdplatte abzuschalten und nimm den Topf erst dann herunter, wenn sich das Wasser abgekühlt hat!

34 Das schrumpfende Molekül

Wenn einem sehr kalt ist, kauert man sich gerne zusammen und macht sich so klein wie möglich, um möglichst viel Körperwärme zu erhalten. Was macht wohl ein Wassermolekül, wenn ihm kalt ist?

WAS DU BRAUCHST

Glas
Wasser
Zugang zu einem Tiefkühlfach
Küchenwecker oder Stoppuhr

So wirds gemacht:
Drehe den Wasserhahn auf, lass das Glas bis oben hin voll laufen und stelle es dann unbedeckt ins Tiefkühlfach. Dann stellst du die Uhr auf 30 Minuten. Sobald die Zeit um ist, nimmst du das Glas heraus.

Das passiert: Der Wasserpegel ist gesunken, obwohl kein Tröpfchen Wasser verschüttet wurde.

Warum? Wenn die Temperatur etwa 4 °C erreicht, ziehen sich Wassermoleküle vor Kälte zusammen – oder kuscheln sich näher aneinander. (Vielleicht um sich gegenseitig warm zu halten?) Dabei nehmen sie weniger Raum ein als vorher. Sinkt die Temperatur unter 4 °C, dehnen sich die Wassermoleküle wieder aus.

35 Das schüchterne Blau

Warst du schon mal so richtig verlegen und hättest dich am liebsten verkrümelt – zum Beispiel bei einer großen Familienfeier? Na, dann wirst du das »schüchterne Blau« ja gut verstehen.

WAS DU BRAUCHST

weißer Teller
Wasser
blaue Lebensmittelfarbe
Alkohol zum Desinfizieren oder Reinigen (Isopropylalkohol)
Pipette oder Trinkhalm

So wirds gemacht: Gieße etwas Wasser in die Mitte des Tellers; ein kleiner Kreis genügt. Dann gibst du drei oder vier Tropfen blaue Lebensmittelfarbe hinzu. Zum Schluss nimmst du mit der Pipette etwas Alkohol auf und gibst davon nacheinander mehrmals einen Tropfen in den blauen Wasserkreis.

Das passiert: Nach jedem Tropfen zieht sich das blaue Wasser »schüchtern« an den Rand des Wasserkreises zurück.

Warum? Zwischen dem Wasser und dem Alkohol besteht etwas, das man Oberflächenspannung nennt. Man kann sich das vorstellen wie ein hauchdünnes, unsichtbares »Häutchen«, das sich an der Grenzlinie dieser beiden nicht mischbaren Flüssigkeiten befindet und diese zusammenhält. Da die Oberflächenspannung des Wassers stärker ist als die des Alkohols, werden die Wassermoleküle vom Alkohol weggezogen, um eine Berührung zu vermeiden.

36 Behelfspipette

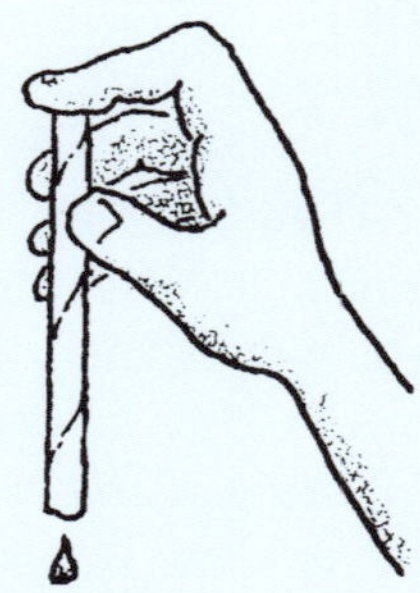

Wer keine Pipette hat – das ist ein kleines Glasröhrchen mit verengter Spitze zum Aufnehmen und Übertragen kleiner Flüssigkeitsmengen, wie es oft für Medikamente benutzt wird – kann zu diesem Zweck auch einen Trinkhalm verwenden. Hierzu tauchst du zunächst ein Ende in die aufzunehmende Flüssigkeit und saugst am anderen Ende mit dem Mund vorsichtig etwas davon in den Trinkhalm hinauf. Dann verschließt du das obere Ende des Trinkhalms ganz rasch mit einem Finger. Der Luftdruck hält die Flüssigkeit im Röhrchen fest! Anschließend bewegst du die untere Trinkhalmöffnung dorthin, wo die Flüssigkeit gebraucht wird, und löst den Finger etwas. Durch vorsichtiges »Tippen« mit dem Finger lassen sich sogar einzelne Tropfen abgeben.

Eckige Seifenblasen?

37

WAS DU BRAUCHST

Stück Draht oder Pfeifenreiniger
Spülmittel
Glyzerin (eventuell, in Drogerien erhältlich)
Wasser
Untertasse

… ob so was funktioniert? Mit diesem Experiment kannst du versuchen, ob du eine viereckige Seifenblase hinbekommst.

So wirds gemacht: Biege den Draht oder den Pfeifenreiniger zu einem Viereck mit einem Stiel daran. Dann vermischst du auf der Untertasse mit den Fingern ein paar Tropfen Spülmittel mit etwas Wasser. Wenn du zwei oder drei Tropfen Glyzerin hinzufügst, halten die Seifenblasen länger. Nun tauchst du das Drahtviereck kurz in die Seifenlösung – es muss dabei vollständig bedeckt sein. Jetzt halte die Form vor deinen Mund und blase hindurch.

Das passiert: Die Seifenblase, die sich nun bildet, ist rund – nicht eckig!

Warum? Hier liefert wieder die Oberflächenspannung die Erklärung – jene gegenseitige Anziehung zwischen Molekülen, die diese wie eine unsichtbare »Haut« zusammenhält. In diesem Fall ist es die Oberflächenspannung des Seifenwassers, die die daraus bestehenden Seifenblasen in eine runde Form zwingt – egal, welche Form der Halter hat. Die molekulare Anziehung sorgt dafür, dass die Seifenblasen rund werden, weil die Moleküle dann aneinander liegen.

Genug ist genug!

38

WAS DU BRAUCHST

Tasse und Untertasse
Wasser
Pipette oder Trinkhalm
Tisch oder Arbeitsplatte

Ist eine Tasse Wasser wirklich voll, wenn sie voll ist? Oder kann sie vielleicht auch mehr als voll sein? Überprüfe es selbst!

So wirds gemacht: Stelle die Untertasse auf den Tisch und darauf die Tasse. Fülle die Tasse bis zum Rand mit Wasser. Nimm mit der Pipette oder dem Trinkhalm ein wenig Wasser auf und gib mindestens 20 Tropfen davon in die randvolle Tasse. Nun bück dich etwas, bis du mit der Tasse auf Augenhöhe bist und sieh dir die Wasseroberfläche von der Seite an.

Das passiert: Das Wasser erhebt sich – ohne überzulaufen! – über den Tassenrand, fast wie eine Blase.

Warum? Wenn sich die Wassermoleküle auf der Oberfläche aufgrund der Oberflächenspannung miteinander verbinden, sind sie stark genug, um das Wasser zurückzuhalten, so dass es sich über dem Tassenrand aufwölben kann, ohne überzufließen. Fügt man immer weitere Wassertropfen hinzu, wird diese Erhebung jedoch irgendwann so hoch und schwer, dass die Oberflächenmoleküle ihren Zusammenhalt verlieren und aus der Tasse heraus in die Untertasse purzeln. Oje …

39 Wasser-Klebstoff

WAS DU BRAUCHST

Wasserhahn
großer Metalllöffel

Wasser und Mehl zusammen vermischt ergeben einen prima Leim, mit dem man alles Mögliche zusammenkleben kann. Reiner Wasserleim (ohne Mehl) dagegen ist eher eine optische Täuschung.

So wirds gemacht: Halte die Rückseite, also den bauchigen Teil des Löffels, unter das fließende Wasser.

Das passiert: Das Wasser bleibt am Löffel haften – wie festgeklebt.

Warum? Der verminderte Luftdruck unter dem Wasser an der Löffelrückseite hält das fließende Wasser am Löffel fest und verhindert, dass es wegspritzt. Weil das Wasser aber extrem rasch über den Löffel fließt, können deine Augen der Bewegung der Wassermoleküle nicht folgen. Und deshalb sieht es eigentlich nur so aus, als würde das Wasser am Löffel festkleben.

Und weiter? Dreh den Löffel um und halte ihn erneut unter den Wasserstrahl. Löst sich das Wasser nun vom Löffel?

40 Kameradschaftlich verbunden

WAS DU BRAUCHST

Styroporbecher
Bleistift oder Nagel
Becher oder Trinkglas
Wasser
Spülbecken

Bestimmt hast du dir oft schon deine klebrigen Finger mit Wasser abgewaschen – aber hättest du gedacht, dass auch Wasser selbst ziemlich gut kleben kann? Hier kannst du das selbst ausprobieren!

So wirds gemacht: Mit dem Nagel oder dem Bleistift stichst du zunächst zwei kleine Löcher in den Boden des Styroporbechers. Sie sollten möglichst nahe beieinander liegen, dürfen sich aber nicht berühren. Danach füllst du das andere Gefäß mit Wasser, hältst den Styroporbecher mit den Löchern über das Becken und gießt das Wasser hinein. Nun drückst du mit Daumen und Zeigefinger die beiden herausfließenden Wasserstrahlen zusammen.

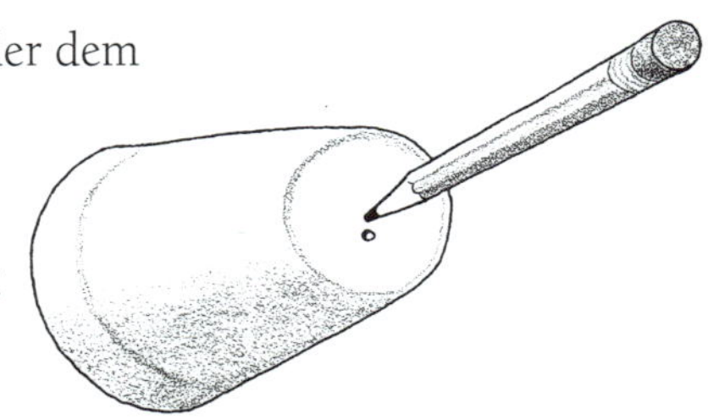

Das passiert: Die beiden Wasserstrahlen vereinigen sich zu einem einzigen Strahl. (Es kann sein, dass du den Becher ein paarmal mit Wasser füllen musst, bis du den Bogen heraushast).

Warum? Wassermoleküle ziehen sich gegenseitig so stark an, dass sie sich sofort miteinander verbinden, wenn sie nahe genug aneinander geraten. Diesen Zusammenhalt bezeichnet man als Kohäsion.

41 Klammern angeln

Bei diesem Experiment kannst du nach Herzenslust angeln – auf dem Küchentisch, auf dem Balkon oder wo auch immer!

WAS DU BRAUCHST

6 Büroklammern (am besten bunte, dann macht das Angeln noch mehr Spaß)
große Schüssel mit Wasser
Papiertücher
Bleistift

So wirds gemacht: Biege eine Büroklammer so zurecht, dass daraus ein gerades Stück Draht mit einem Haken an einem Ende wird. Falte das Papiertuch auf und breite es über die Schüssel. Darauf legst du nun rasch, aber behutsam nacheinander die übrigen Büroklammern. Mit dem Bleistift tupfst du dann vorsichtig ringsum auf den Rand des Papiertuches, bis dieses auf den Boden der Schüssel sinkt und die »Klammerfische« obenauf treiben.

Und jetzt versuche, mit dem Angelhaken möglichst viele davon aus dem Wasser zu bekommen!

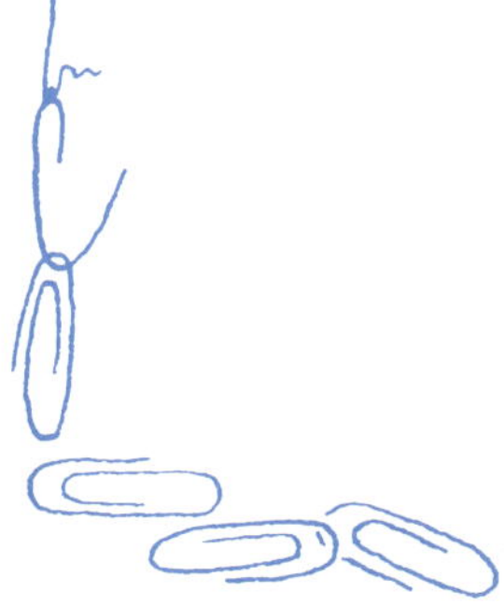

Das passiert: Wenn du geschickt bist, kannst du alle fünf Klammerfische herausangeln. – Andernfalls nehmen sie Reißaus und sinken auf den Boden der Schüssel.

Warum? Die Oberflächenspannung, die wie eine unsichtbare, elastische Membran über der Wasserfläche liegt, hält die Klammerfische gerade noch in Reichweite deines Angelhakens. Solange du diese »Membranschicht« nicht zerstörst, wird es dir gelingen, alle fünf »Fische« an Land zu ziehen.

Wenn du deine Angel jedoch zu unsanft eintauchst, wird die Oberflächenspannung zerstört und das Gewicht der »Fische« zieht diese nach unten.

42 Tropfenkunst

WAS DU BRAUCHST

großer Bogen Wachspapier
Zahnstocher aus Holz
5 kleine Becher mit Wasser
Lebensmittelfarben
(rot, grün, gelb, blau)
Pipette oder Trinkhalm
Papiertücher (eventuell)

Wahrscheinlich hast du zum Malen bisher meistens Stifte benutzt. Mit dem folgenden Experiment kannst du erleben, dass man auch mit Wasser Bilder malen kann!

So wirds gemacht: In den ersten Becher gibst du drei bis vier Tropfen rote Lebensmittelfarbe, in den zweiten die gleiche Menge grüne Lebensmittelfarbe und so weiter, bis du zum Schluss vier Becher mit verschiedenfarbigem Wasser hast. Das Wasser im fünften Becher bleibt farblos. Nun breitest du das Wachspapier auf einer ebenen Fläche aus und gibst mit der Pipette oder dem Trinkhalm aus jedem Farbenbecher jeweils drei bis vier Tropfen darauf. Nicht vergessen – vor jedem Farbwechsel die Pipette mit klarem Wasser sauber spülen.

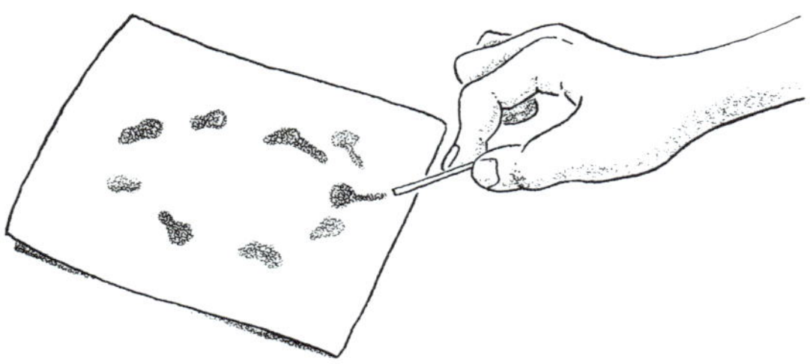

Jetzt tauchst du ein Ende des Zahnstochers in den Becher mit dem klaren Wasser und hältst es dann neben einen Farbtropfen, aber ohne diesen zu berühren.

Das passiert: Der farbige Wassertropfen bewegt sich auf den Zahnstocher zu und gleitet dabei ganz leicht über das Wachspapier. Auf diese Weise entstehen interessante Muster.

Warum? Der Wassertropfen kann über die Oberfläche gleiten, weil er aufgrund der glatten Wachsschicht nicht aufgesaugt wird. Und es drängt ihn in Richtung des nassen Zahnstochers, weil Wassermoleküle dazu neigen, sich miteinander zu verbinden. Das bezeichnet man als Kohäsion.

Und weiter? Du kannst das Bild zu Ende »malen«, indem du mit dem Zahnstocher weitere Wassertropfen in die Nähe der übrigen Farbtropfen bringst.

Wenn du dein Bild aufheben möchtest, legst du zum Schluss ein Papiertuch darüber – das saugt das Wasser auf. Du kannst aber die verschiedenfarbigen Wassertropfen auch so nahe zusammenziehen, bis sie ineinander fließen und sich gegenseitig »auffressen«.

WAS DU BRAUCHST

Pipette oder Trinkhalm
Glas Wasser
Alkohol zum Desinfizieren oder Reinigen (Isopropylalkohol)
Speiseöl
Plastik- oder Pappbecher

43

Öl scheut Wasser

»Öl und Wasser mischen sich nicht« – nach diesem Experiment wirst du genau wissen, warum das so ist.

So wirds gemacht: Nimm mit der Pipette etwas Alkohol auf und lass diesen knapp unterhalb der Wasseroberfläche langsam in das Glas tröpfeln.

Danach gießt du etwas Speiseöl in den Becher, nimmst mit der Pipette eine kleine Menge auf und gibst davon ebenfalls ein paar Tropfen in das Wasser, genau wie vorhin den Alkohol.

Das passiert: Der Alkohol verschwindet scheinbar spurlos, während das Öl sichtbar oben auf dem Wasser schwimmt.

Warum? Wasser und Alkohol ziehen sich an. Wenn die Tropfen aus der Pipette ins Wasser gleiten, schnappen sich die Alkoholmoleküle sofort die nächstgelegenen Wassermoleküle und bilden mit diesen eine perfekte Lösung.

Bei Öl und Wasser passiert das Gegenteil – sie stoßen sich gegenseitig ab. Die Ölmoleküle schmiegen sich gegen den Druck des sie umgebenden Wassers eng zusammen und bilden Bläschen. Weil Wasser schwerer ist als Öl, übt es nach unten Druck aus – deshalb bleiben die Ölbläschen oben und treiben geschlossen auf der Wasseroberfläche.

44

Lustiges Wasserrad

WAS DU BRAUCHST

Styropor- oder Plastikteller
Schere
Bleistift
Wasserhahn
Spülbecken

An breiten Flüssen baut man oft riesige Wasserräder, die elektrischen Strom erzeugen. Im ganz kleinen Maßstab kannst du so ein »hydroelektrisches Kraftwerk« in eurem Spülbecken nachbauen.

So wirds gemacht: Schneide außen in den Teller sechs Schlitze, jeweils etwa 2,5 cm tief und in möglichst gleichmäßigen Abständen. Das werden die Schaufeln des Wasserrades. Biege sie etwas von der Tellerfläche weg, damit sie später besser funktionieren. Als Nächstes stichst du den Bleistift durch den Mittelpunkt des Tellers und bewegst ihn ein paarmal vor und zurück – er muss ungehindert durch das Loch gleiten können.

Nun drehst du den Wasserhahn auf, bis ein kräftiger Strahl herausströmt. Halte den Bleistift so, dass der Wasserstrahl voll auf eine Schaufel des Wasserrades trifft.

Das passiert: Das Wasserrad beginnt sich zu drehen!

Warum? Das Wasser fällt aus dem Hahn und drückt erst gegen eine Schaufel, dann gegen die nächste und die übernächste und so weiter, bis das Wasserrad in Bewegung versetzt wird. Mithilfe der dabei auftretenden Bewegungsenergie lässt sich Elektrizität erzeugen. Deswegen baut man in der Nähe von Dämmen oder an Flüssen mit besonders rascher Strömung oft Wasserkraftwerke.

45

Flaschentaucher

Wenn du jemals in der Badewanne »Tiefseetaucher« gespielt hast, wird dir das folgende Experiment garantiert Spaß machen.

WAS DU BRAUCHST

2-l-Plastikflasche mit Deckel
Wasser
Pipette

So wirds gemacht: Fülle die Flasche randvoll mit Wasser. Dann nimmst du mit der Pipette ein paar Tropfen Wasser auf und lässt sie in die Flasche gleiten, so dass die Pipette obenauf schwimmt. Nun die Flasche gut verschließen, mit beiden Händen seitlich eindrücken und wieder loslassen.

Das passiert: Wenn du die Flasche eindrückst, sinkt der »Pipettentaucher« nach unten; beim Loslassen schwebt er wieder nach oben.

Warum? Wenn die Flaschenwände eingedrückt werden, erhöht sich dadurch der Wasserdruck in der gesamten Flasche. Dabei werden ein paar Tropfen Wasser in die Pipette gedrückt. Diese Wassermenge in der Pipette kannst du kontrollieren, indem du den Wasserdruck in der Flasche veränderst: Eindrücken = höherer Druck, Loslassen = geringerer Druck.

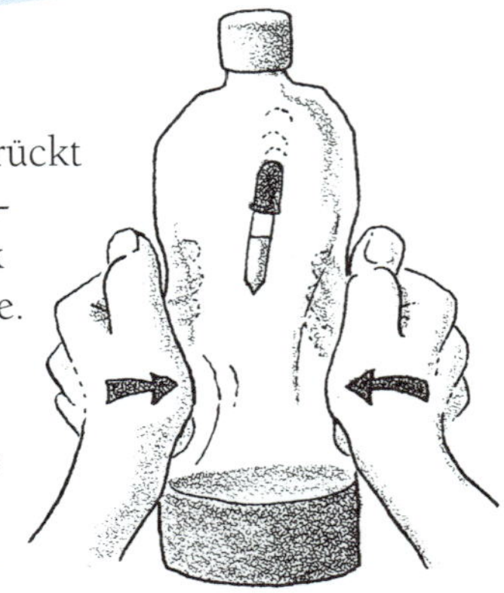

Komisches Wechselbad

46

WAS DU BRAUCHST

2 kleine Luftballons
2 große, hohe Glasbehälter
kaltes und warmes Wasser

Wenn du schon mal in einem See geschwommen bist, ist dir vielleicht aufgefallen, dass das Wasser weiter unten viel kälter ist als an der Oberfläche. Woran liegt das?

So wirds gemacht: Fülle die beiden Ballons mit kaltem Wasser und knote sie dann fest zu, damit das Wasser nicht auslaufen kann. (Wenn das Wasser aus eurem Hahn nicht besonders kalt ist, gieße etwas davon in eine Schüssel und lass ein paar Eiswürfel darin schmelzen, bevor du es für die Ballons verwendest.) Dann fülle den einen Glasbehälter zur Hälfte mit warmem Wasser und den anderen zur Hälfte mit kaltem Wasser und lege schließlich in jedes Glas einen Luftballon.

Das passiert: In dem Glas mit dem warmen Wasser sinkt der Ballon ganz nach unten, in dem Glas mit dem kalten Wasser bleibt er in der Schwebe.

Warum? Kaltes Wasser ist schwerer als warmes Wasser, weil kalte Wassermoleküle dichter gepackt sind, d. h. sie hängen näher zusammen. Deshalb zieht es den Luftballon mit dem kalten Wasser in dem Glasbehälter mit dem warmen Wasser aufgrund seines höheren Gewichtes nach unten. Auf welcher Höhe der Ballon in dem Glasbehälter mit dem kalten Wasser schwebt, hängt von dem Temperaturunterschied zwischen dem Wasser im Ballon und dem Wasser im Glas ab.

47

Lila Schwabbelmonster

An einem Regentag kannst du dir mit diesem gruseligen Schwabbelmonster wunderbar die Langeweile vertreiben …

WAS DU BRAUCHST

rote Lebensmittelfarbe
blaue Lebensmittelfarbe
2/3 Tasse mit Wasser
Schüssel
Löffel
1 Tasse Maisstärke
2 Murmeln (eventuell)

So wirds gemacht: Gib von der roten und der blauen Lebensmittelfarbe jeweils drei Tropfen in die Tasse mit dem Wasser. Schütte die Maisstärke in die Schüssel, gieße langsam das lila Wasser hinzu und rühre alles gut um. Nun nimmst du dir einen Klumpen von dieser Masse und rollst ihn zwischen den Handflächen zu einer Kugel. Lass sie dann auf der ausgestreckten Handfläche ruhig liegen.

Das passiert: Während du die Stärkemasse zwischen den Handflächen rollst, fühlt sie sich trocken an. Sobald du aber mit der Rollbewegung aufhörst, verwandelt sich die Kugel auf einmal in eine schlabbrige Masse!

Warum? Wie du bereits weißt, lösen sich Salz und Zucker in Wasser und bilden dabei Lösungen. Maisstärke und Wasser bilden jedoch keine Lösung. Die Stärketeilchen werden vom Wasser lediglich zusammengehalten und bilden eine so genannte Suspension. Solange du die Stärkemasse zwischen deinen Handflächen rollst, wird sie überall gleichmäßig zusammengedrückt und fühlt sich trocken an. Sobald du jedoch mit dem Rollen aufhörst, fließen die Stärketeilchen wieder auseinander und das Ganze verflüssigt sich.

Und weiter? Wer mag, kann der lila Schwabbelmasse noch zwei Murmelaugen verpassen und damit ein gruseliges Monster erschaffen, auf das sogar Frankenstein stolz gewesen wäre! Jetzt kannst du es mal deinen Freunden vorführen!

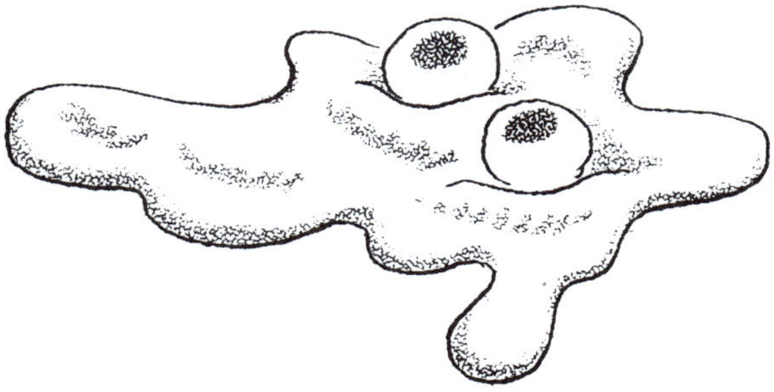

Bei Licht besehen

Genau wie Wärme, Schall und Elektrizität ist auch Licht eine Form von Energie, ohne die kein Leben auf der Erde möglich wäre. Im Gegensatz zum Schall kann sich Licht sogar im luftleeren Raum fortbewegen, und zwar rasend schnell – mit 300 000 km/s, der höchsten Geschwindigkeit, die wir kennen.

Wissenswertes über Licht

Wir können Dinge nur deshalb sehen, weil sie Licht reflektieren und dieses auf unser Auge trifft. Jahrhundertelang glaubten die meisten Wissenschaftler, dass Licht aus winzigen Teilchen bestünde. Allgemein herrschte lange Einigkeit darüber, dass Licht sich geradlinig ausbreitet. Heute wissen wir, dass Licht manchmal wie ein Strom von Teilchen und manchmal wie eine Welle erscheint. Vielleicht wirst du ja einst derjenige sein, der herausfindet, was Licht denn nun wirklich ist!

48 Größer ist besser – manchmal!

WAS DU BRAUCHST

Lebensmittelpackung mit Auflistung der Inhaltsstoffe

durchsichtiges Glas voll Wasser

Hast du dich auch schon mal gefragt, was für Zutaten sich eigentlich in unseren Lebensmitteln befinden? Die Inhaltsstoffe sind aber oft so winzig auf die Packungen aufgedruckt, dass sie kaum jemand entziffern kann. Mit dem folgenden Experiment kannst du sie lesbarer machen!

So wirds gemacht: Halte die Lebensmittelpackung nahe an das Glas heran und sieh durch das Wasserglas hindurch auf die Zutatenliste.

Das passiert: Die Buchstaben auf der Packung erscheinen größer und sind viel leichter zu lesen.

Warum? Da das Glas gekrümmt ist, treffen die Lichtstrahlen in einem Winkel auf und werden auf ihrem Weg vom Glas in das Wasser gebrochen. Das Ergebnis: Eine selbst gemachte Lupe.

49 Heimkino

Hast du dich im Kino auch schon gewundert, wie der schmale Lichtstrahl aus dem Projektor im Hinterzimmer die riesige Leinwand erhellen und ausfüllen kann, obwohl sie sich viele Meter davon entfernt befindet? Hier wird erklärt, wie das funktioniert.

WAS DU BRAUCHST

Schuhkarton mit Deckel

Lineal

Bleistift

kleines Messer oder Schere

Taschenlampe

Bogen kariertes Papier

Assistent

So wirds gemacht: Markiere mit Lineal und Bleistift an den beiden schmalen Seiten des Kartons ein kleines Viereck und schneide es jeweils säuberlich aus. Dann lege den Deckel auf, schalte die Taschenlampe ein und richte den Lichtstrahl genau durch diese beiden Öffnungen, während dein Assistent versucht, den Lichtstrahl auf dem karierten Papier aufzufangen. Er soll sich dabei zuerst ganz nahe vor den Karton stellen und sich dann schrittweise um je eine Lineallänge weiter weg bewegen. Beobachte dabei den Lichtkegel auf dem Papier!

Das passiert: Je weiter sich dein Assistent von dem Karton entfernt, desto mehr Karos auf dem Papier werden vom Licht erfasst; das Licht wird aber zunehmend schwächer.

Warum? Sobald der Lichtstrahl aus der zweiten Öffnung im Karton austritt, beginnt er sich zu verbreitern. Dabei verliert das Licht zunehmend an Helligkeit, da es einen größeren Raum erfüllen muss. Sobald das Licht auf das Papier trifft, wird ein Teil der Lichtenergie von den Papiermolekülen »verschluckt«, während andere Lichtstrahlen vom Papier abprallen bzw. ins Zimmer zurückgeworfen werden. Das nennt man Lichtstreuung oder Diffusion. Nur weil deine Augen dieses reflektierte Licht wahrnehmen können, kannst du überhaupt etwas sehen.

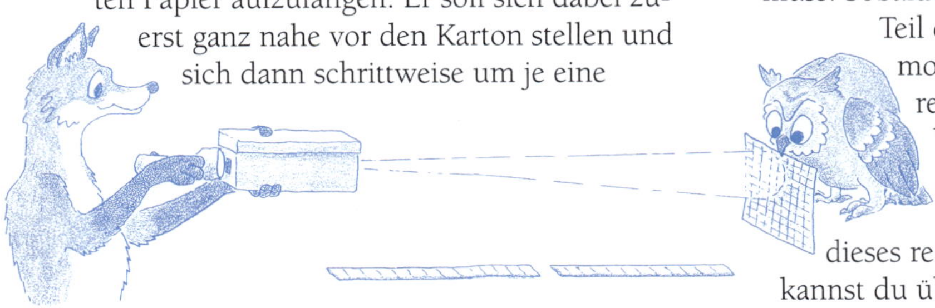

50 Die verschwundene Münze

WAS DU BRAUCHST

- kleiner Teller (nicht durchsichtig)
- Tisch oder Arbeitsplatte
- Wasser
- 1 Münze
- Assistent

Mit diesem tollen Trick kannst du deine Freunde im wahrsten Sinne hinters Licht führen!

So wirds gemacht: Lege die Münze auf den leeren Teller und stelle diesen auf einen Tisch. Sage deinem Freund, er soll sich langsam von dem Tisch wegbewegen, dabei aber die Münze ständig im Auge behalten, bis sie von der Kante verdeckt wird. An diesem Punkt soll er stehen bleiben und sich nicht rühren, während du die Münze wie von Zauberhand wieder auftauchen lassen wirst! Und dann schüttest du etwas Wasser auf den Teller.

Das passiert: Dein Freund wird die Münze allmählich wieder auftauchen sehen!

Warum? Wenn du Wasser auf den Teller schüttest, bricht es die Lichtstrahlen, die von der Münze reflektiert werden, so dass diese Lichtstrahlen wieder die Augen deines Freundes erreichen.

51 Riesenbuchstaben

WAS DU BRAUCHST

- Pflanzenöl
- Zeitungsseite (vor dem Rausreißen um Erlaubnis fragen!)
- Pipette oder Trinkhalm
- Wasser

Dicke, fette Buchstaben sind leichter zu lesen als kleine, dünne. Mit diesem Experiment kannst du winzige Buchstaben größer erscheinen lassen.

So wirds gemacht: Tupfe mit der Fingerspitze einen Tropfen Öl auf ein Wort auf der Zeitungsseite und reibe es behutsam in das Papier ein. Dann gibst du mit der Pipette einen Tropfen Wasser darauf.

Das passiert: Das Wort, das du durch den Wassertropfen liest, erscheint nun größer.

Warum? Das eingeriebene Öl hat das Papier so präpariert, dass es kein Wasser mehr aufsaugen kann. Deshalb bleibt der Wassertropfen darauf sitzen und bildet eine Art Linse. Diese verändert den Weg der Lichtstrahlen, die vom Papier reflektiert werden und auf deine Augen treffen, und deshalb wirken die Buchstaben dicker.

Nach dem gleichen Prinzip stellt man auch Brillen her. Hier werden die Lichtstrahlen, damit sie das Auge im richtigen Winkel erreichen, allerdings nicht von Wasser, sondern von Glas gebrochen.

52

3-Farben-Lightshow

Wenn man blaue, rote und grüne Farbe vermischt, entsteht – Schwarz. Wenn man blaues, rotes und grünes Licht vermischt, entsteht … etwas völlig Verblüffendes! Kannst du es erraten?

WAS DU BRAUCHST

3 gleiche Taschenlampen
farbige Zellophanfolie oder durchscheinende Plastikhüllen – 1 blaue, 1 rote und 1 grüne
3 Gummibänder
weiße Wand
kleiner Tisch oder Bank
1 oder 2 Assistenten

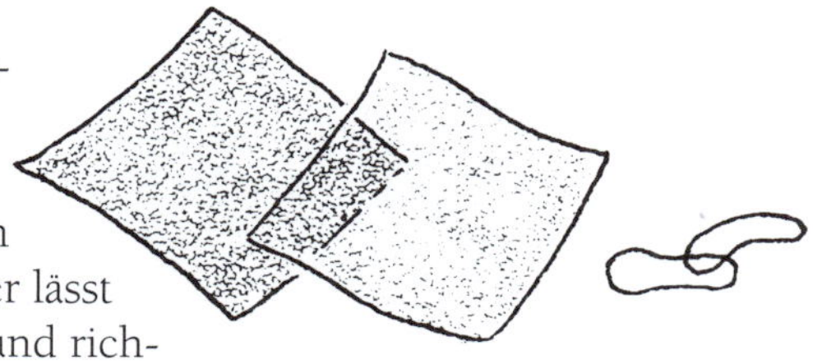

So wirds gemacht: Befestige mithilfe der Gummibänder vor jeder Taschenlampe jeweils eine farbige Folie. Dann legst du die drei Lampen nebeneinander auf einen Tisch – oder lässt sie von deinen Assistenten halten – und richtest sie auf die Wand aus. Die beiden außen liegenden Lampen drehst du ein ganz klein wenig zur mittleren hin (die ihrerseits ganz gerade zur Wand zeigt). Nun schaltest du alle Lampen ein und verschiebst die beiden äußeren, bis sich die drei Lichtkreise auf der Wand überlappen.

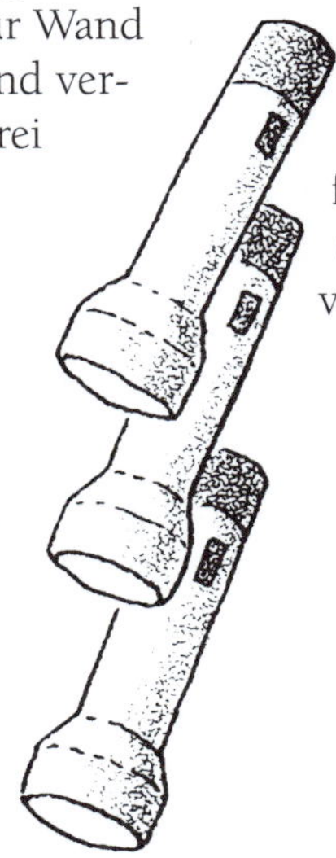

Das passiert: In der Mitte der drei sich überlappenden Farbkreise erscheint ein abgerundetes Dreieck aus weißem Licht.

Warum? Da Licht sämtliche Farben enthält, kann es manchmal ein so genanntes kontinuierliches Spektrum bilden – mit anderen Worten, einen Regenbogen.

Schickt man weißes Licht durch eine rote Folie, lässt diese nur den roten Lichtanteil durch. Das Gleiche passiert bei den beiden anderen Folien. Auf diese Weise ergeben sich die drei Grundfarben Rot, Grün und Blau. Das weiße Dreieck entsteht dort, wo sich diese Farben wieder vereinigen.

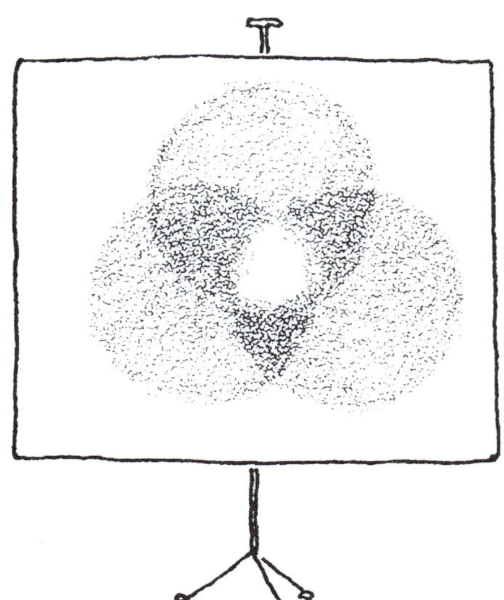

DAS HÖRT SICH JA TOLL AN

Was wir als Töne wahrnehmen, sind in Wirklichkeit Schwingungen, die sich in einem Medium fortpflanzen und in unser Ohr gelangen. Luft ist hierbei der häufigste, aber auch der langsamste »Schallträger«. Im Wasser zum Beispiel breiten sich Schallwellen viermal schneller aus als in der Luft! Auch bei höheren Temperaturen wandern Schallwellen rascher; langsamer werden sie allerdings auf Berggipfeln oder gar hoch oben in der Atmosphäre – klar, weil es da weniger Luftmoleküle gibt, die sie in Schwingung versetzen können.

Wissenswertes über Schall

Schallwellen von schwingenden Körpern breiten sich gleichförmig in alle Richtungen aus. Könnte man sie sehen, dann erschienen sie wie die runden Kräuselwellen, die entstehen, wenn man einen Stein in einen ruhigen See wirft. Das Objekt, das die Schallschwingungen – oder Töne – erzeugt, befände sich genau in der Mitte dieser Kreise.

Schall wird in Dezibel (db) gemessen. Das reicht von 1 db (kaum hörbar) bis zu 130 db und darüber. Bei 120 db tun den meisten Menschen bereits die Ohren weh. Manche Töne sind so hoch, dass wir Menschen sie gar nicht mehr wahrnehmen können – wohl aber einige Tiere.

Tiefes C, hohes C

53

WAS DU BRAUCHST
großer Glasbehälter
kleiner Glasbehälter

Schall besteht aus Wellen, die sich durch die Luft fortpflanzen wie die kräuselnden Wellen um einen Stein, der in ein stilles Gewässer plumpst.

So wirds gemacht: Halte dir die Öffnung des größeren Glases vor den Mund und summe hinein. Danach machst du das Gleiche mit dem anderen Glas.

Das passiert: In dem größeren Glas klingt der Summton tiefer, in dem kleineren Glas klingt er höher.

Warum? Die Tonhöhe hängt von der Höhe und vom Umfang des Glasbehälters ab. Da in einem größeren Glas mehr Platz ist, erzeugt dein Summton dort längere Schwallwellen – und hört sich deshalb dumpfer an.

In dem kleineren Glas haben die Schallwellen weniger Platz, um sich auszubreiten. Sie sind deshalb kürzer und ihre Schwingungszahl – oder Frequenz – ist größer. Deshalb klingt der Summton höher.

Und weiter? Führe diesen Versuch noch mit weiteren verschieden großen Glasbehältern durch. Wie klingen die?

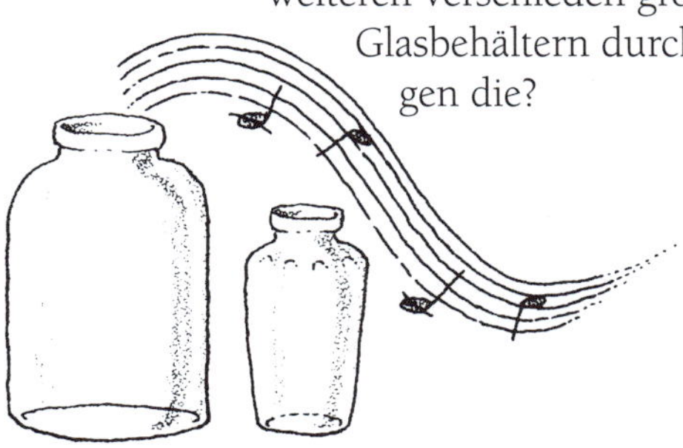

54

Künstliches Echo

WAS DU BRAUCHST
2 Pappröhren
Wand
Uhr oder Wecker mit möglichst lautem Tickgeräusch
Assistent

Mit diesem Experiment kannst du ein Echo erzeugen – und das, ohne dass du dazu das Haus verlassen oder dich in eine Schlucht bemühen musst!

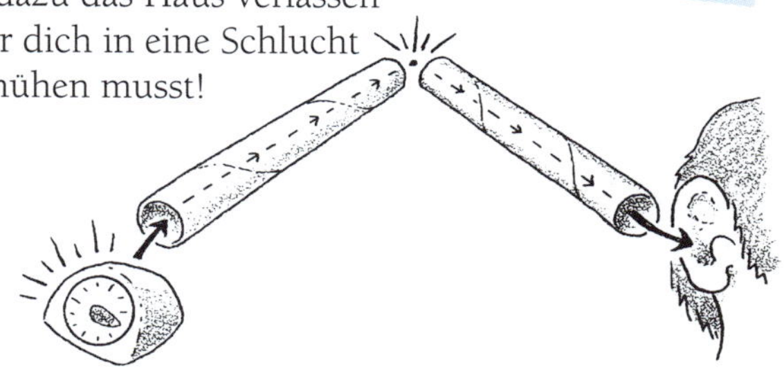

So wirds gemacht: Die Pappröhren müssen in einem Winkel von etwa 45 Grad so gehalten werden, dass sich je eine Öffnung ganz nahe an der Wand befindet. Dann lässt du den Assistenten die laut tickende Uhr an das andere Ende seiner Röhre halten, während du ein Ohr an deine Röhre legst. Das passiert: Durch die Papphröhre kannst du das Ticken der Uhr deutlich vernehmen.

Warum? Normalerweise würden sich die von der Uhr ausgehenden Schallwellen in alle Richtungen ausbreiten und mit zunehmender Entfernung von der Uhr immer schwächer werden. Mithilfe der Röhren lassen sich die Schallwellen jedoch einfangen und auf kleinem Raum weitergeben. Wenn ihr die Röhren im richtigen Winkel haltet, prallen die Schallwellen von den Innenwänden der ersten Röhre ab und pflanzen sich durch die zweite Röhre fort, von wo sie direkt in dein Ohr gelangen – wie ein Echo.

Tauscht die Plätze, damit dein Assistent das Echo ebenfalls hören kann!

Der sagenhafte Summ-Kamm

55

WAS DU BRAUCHST

Seidenpapier
Taschenkamm

Du brauchst weder Privatstunden noch teure Notenhefte und noch nicht mal einen Lehrer, um im Nu virtuos auf einem Musikinstrument zu spielen …

So wirds gemacht: Umwickle den Kamm – mit den Zähnen nach unten – mit dem Seidenpapier. Dann hältst du die Kämmzähne gegen die Lippen und beginnst laut zu summen.

Das passiert: Obwohl du gar nicht gegen das Seidenpapier bläst, spürst du es vibrieren. Auch deine Summtöne klingen anders als normal.

Warum? Das Seidenpapier vibriert, ähnlich wie deine Stimmbänder, weil die Schallwellen deines Summtons auf das dünne Papier auftreffen. Die Schwingungen der Moleküle in dem Seidenpapier verleihen deinem Summen eine ganz neue Klangqualität.

Und weiter? Auf deinem Summ-Kamm kannst du jede beliebige Melodie »spielen«. Wie wärs, wenn du dich mit deinen Freunden zusammentust und ihr ein Kamm-Summ-Konzert veranstaltet?

Zum Zerreißen gespannt

56

WAS DU BRAUCHST

altes Stück Stoff
(aber vorher fragen!)

Wenn du mit der Kleidung irgendwo hängen bleibst, macht es »Ratsch!« – und auch ohne nachzuschauen weißt du sofort, ob der Stoff nur eingerissen oder durchgerissen ist. Wie das? Nun, so was hört man an den Schallwellen …

So wirds gemacht: Halte einen Stoffzipfel mit beiden Händen fest und ziehe gleichmäßig daran, so dass der Stoff langsam zerreißt. Und nun packe den Stoff sehr fest und ziehe schnell und heftig daran, so dass er sofort durchreißt.

Das passiert: Wenn du langsam an dem Stoff ziehst, ist das Zerreißgeräusch tiefer, als wenn du ihn ganz plötzlich zerreißt.

Warum? Jedes Mal, wenn ein Gewebefaden zerstört wird, geraten die Moleküle in der Luft, die den Faden umgibt in Schwingung. Beim langsamen Zerreißen werden die Luftmoleküle nicht so heftig herumgewirbelt und deshalb klingt das Geräusch tiefer. Bei einem abrupten Durchriss geraten die Luftmoleküle stärker und schneller in Bewegung und lassen das Reißgeräusch höher klingen.

57 Bau dir dein eigenes Tonstudio!

Singst du gerne unter der Dusche? Dort klingt es meistens besser als im Wohnzimmer … aber warum eigentlich?

WAS DU BRAUCHST

Kassettenrekorder mit zusätzlichem Mikrofon
Metalleimer (groß und neu, oder sauber)
Assistent

So wirds gemacht: Halte das Mikrofon vor den Mund, schalte den Rekorder auf Aufnahme und singe irgendein Lied. Dann schalte das Gerät wieder ab.

Nun halte dir erneut das Mikro vor den Mund, stülpe dir den Metalleimer über den Kopf und schalte das Gerät wieder auf Aufnahme (mit dem Eimer auf dem Kopf ist das etwas schwierig; lass dir am besten dabei helfen). Nun singst du das gleiche Lied noch einmal. Nimm den Eimer weg, spule zurück und höre dir die Aufnahmen an.

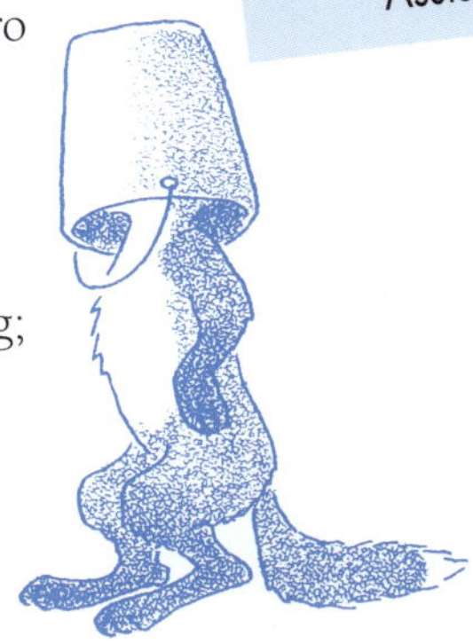

Das passiert: Mit dem Eimer über dem Kopf hört sich das Lied wesentlich volltönender und lauter an als ohne Eimer.

Warum? Die Schallwellen von deiner Stimme versetzen die Moleküle des Eimers und der darin befindlichen Luft in Schwingung und verstärken deine normale Singstimme. Ähnliches findet bei Aufnahmen in Tonstudios mit professionellen Sängern statt – und in eurer Dusche!

58 Stummer Schnee

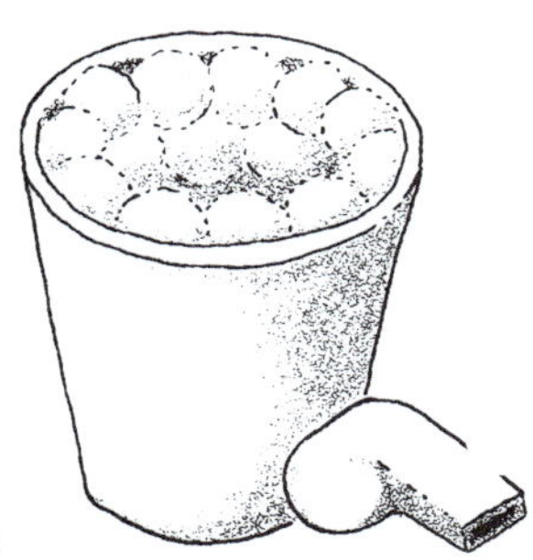

WAS DU BRAUCHST

2 Pappbecher
18–20 Wattebäusche
Kleber
Pfeife

Ist es nach einem heftigen Schneefall draußen tatsächlich stiller? Klar, eine weiche Schneedecke verschluckt beim Gehen die Schrittgeräusche – aber was geschieht mit all den anderen Tönen ringsherum?

So wirds gemacht: Klebe die Wattebäusche an der Innenseite eines Pappbechers fest, bis er ganz mit »Watteschnee« bedeckt ist. Blase mit der Pfeife einmal in den anderen, leeren Becher hinein und merke dir das Geräusch. Anschließend pfeifst du in den Becher mit der Watte hinein.

Das passiert: Beim ersten Becher ertönt ein schrilles Pfeifgeräusch. Bei dem ausgepolsterten Becher klingt die Pfeife eher wie eine Flöte in einem winzigen, abgeschlossenen Raum.

Warum? Die Wattebäusche enthalten – wie Schneeflocken – zahlreiche winzige Hohlräume, so dass Schallwellen, die sich darin fangen, gedämpft werden. Ähnliches passiert im Winter, wenn dir jemand etwas durch einen dicken Schal hindurch mitteilt und du kein Wort verstehst. Jetzt weißt du auch, warum Autos Schalldämpfer haben müssen!

59 Musikalische Zigarrenkiste

Früher bauten sich viele Leute ihre eigenen Musikinstrumente, denn »richtige« Instrumente waren damals oft unerschwinglich. Wer kein Taschengeld mehr übrig hat, aber etwas Herumklimpern möchte, kann sich auch heute selbst behelfen.

WAS DU BRAUCHST

Zigarrenkiste (oder einen ähnlichen Kasten mit starren Seitenwänden)

6 verschiedene Gummibänder (darunter 1 sehr breites und 1 sehr schmales)

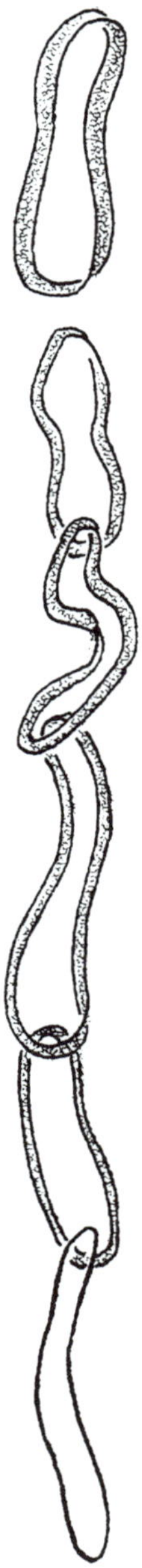

So wirds gemacht: Halte den Deckel von der Zigarrenkiste geöffnet oder entferne ihn gleich ganz. Lege die Gummibänder längs um die offene Kiste, und zwar in abnehmender Breite, beginnend mit dem breitesten. Die Gummis sollten möglichst gleichmäßig einen Fingerbreit auseinander liegen. Wenn alle sechs »Gitarrensaiten« in Position sind, werden sie angezupft.

Das passiert: Das breiteste Gummiband erzeugt einen sehr tiefen Ton, das schmalste einen ganz hohen – und die Töne der anderen Gummibänder liegen irgendwo dazwischen.

Warum? Das breite Gummiband hat nur eine geringe Schwingungszahl und erzeugt nicht viele Schallwellen.

Das schmale Gummiband dagegen hat eine erheblich höhere Schwingungszahl und erzeugt auch mehr Schallwellen, was einen höheren Ton hervorbringt.

Aber das ist noch nicht alles. Die Tonhöhe hängt nämlich auch davon ab, wie straff ein Band gespannt ist. Ein kurzes breites, aber sehr straff gespanntes Band kann einen höheren Ton erzeugen als ein schmales, das nicht ganz so straff gespannt ist.

Und weiter? Hör dir noch mal gut an, welche Töne die einzelnen Gummisaiten beim Anzupfen hervorbringen. Danach kannst du sie so anordnen, dass eine Art Tonleiter entsteht – vom höchsten zum niedrigsten Ton. Nun kannst du ein Lied singen und dich dabei auf deiner eigenen Zigarrenkisten-Gitarre begleiten!

Auf zum Streuseltanz!

60

Geht dir eine bestimmte Musik manchmal so in die Beine, dass du am liebsten sofort tanzen willst? Alles reine Physik!

WAS DU BRAUCHST

runde Pappdose mit Deckel

scharfes Messer (um Erlaubnis fragen oder helfen lassen!)

bunte Zuckerstreusel

So wirds gemacht: Schneide in die Dose seitlich ein eiergroßes Loch – etwa zwei Fingerbreit bzw. 4 cm vom Dosenboden entfernt. Dann gibst du ein paar Zuckerstreusel oben auf den Deckel.

Lege den Mund über die Öffnung und summe laut in die Dose hinein – zuerst niedrige und dann zunehmend höhere Töne.

Das passiert: Bei einer bestimmten Tonhöhe beginnen die Zuckerstreusel auf dem Deckel herumzuhüpfen!

Warum? Die Schallwellen versetzen die Moleküle, aus denen der Deckel besteht, ab einem ganz bestimmten Ton in Bewegung. Dieser Ton entspricht der so genannten Resonanzfrequenz des Dosendeckels. Er ist der Auslöser, denn sobald der Deckel vibriert, tanzen die Zuckerstreusel.

Die anderen Summtöne bringen die Streusel zwar auch in Bewegung – aber nur dieser eine lässt sie vor Freude hochhüpfen!

Eigenfrequenzen

61

Weißt du, warum Soldaten beim Überqueren einer Brücke absichtlich nicht mehr im Gleichschritt marschieren? Nicht? Dann lies weiter …

WAS DU BRAUCHST

2 gleiche, kleine Flaschen

Assistent

So wirds gemacht: Halte eine Flasche ans Ohr und höre gut hin, während dein Assistent über die Mündung der zweiten Flasche bläst, bis deutliche Töne erklingen.

Das passiert: Die Flasche, die du an dein Ohr hältst, wird ebenfalls in Schwingung versetzt. Auch sie erzeugt einen Ton – allerdings schwächer und tiefer als der, den dein Assistent seiner Flasche entlockt.

Warum? Jeder Körper besitzt eine natürliche Eigenfrequenz. Diese hängt von seiner Form und Größe ab. Wenn zwei Gegenstände die gleiche Eigenfrequenz aufweisen – wie zum Beispiel die beiden identischen Flaschen – kann der eine den anderen zum Mitschwingen anregen. Wenn das passiert, spricht man von »Resonanz«.

Soldaten, die sich einer Brücke nähern, wissen, dass diese je nach ihrer Eigenfrequenz ab einem bestimmten Punkt so stark vibrieren kann, dass sie einstürzt (Resonanzkatastrophe). Sollte der Marschschritt zufällig der Eigenfrequenz der Brücke entsprechen, könnte sie in so starke Schwingung versetzt werden, dass sie einbricht! Deshalb erhalten Soldaten immer den Befehl, Brücken mit normalen Schritten zu überqueren.

62 Musikalische Nägel

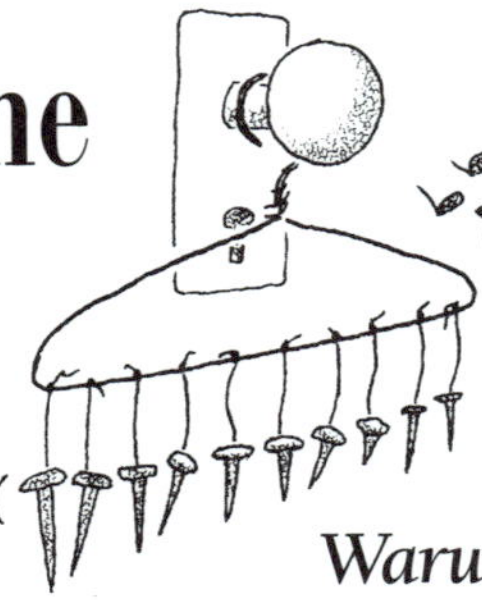

An der Haustür können Besucher klopfen oder klingeln, aber an einer Terrassen- oder Verandatür hat man meist keine Möglichkeit, sein Kommen anzukündigen. Hier kann ein Glockenspiel aus Nägeln Abhilfe schaffen!

WAS DU BRAUCHST

Drahtbügel
10 Nägel unterschiedlicher Größe
10 Fäden

So wirds gemacht: Knote die Fäden mit einem Ende jeweils an einen Nagel und mit dem anderen Ende an den unteren Teil des Drahtbügels. Den hängst du dann an eine Klinke und machst die Tür einmal auf und einmal zu.

Das passiert: Beim Hin- und Herschaukeln erzeugen die Nägel ein angenehmes Geklingel.

Warum? Wenn du die Tür öffnest und wieder schließt, werden die Nägel in Bewegung versetzt und stoßen gegeneinander. Dabei entstehen Schwingungen, wobei jeder Nagel je nach Länge, Form und Material einen anderen Ton hervorbringt. Alle Nägel zusammen erzeugen ein sanftes Geklingel.

Würdest du die Nägel einfach lose in deiner Hand halten, könnten sie weder alle zusammen noch besonders lange schwingen. Auch wären die dann erzeugten Töne sehr viel leiser und kürzer.

63 Plastikmegafon

Schon mal jemandem aus weiter Ferne etwas Wichtiges zugerufen? Dann hast du dabei sicher die Hände vor dem Mund zu einer Muschel geformt. Sehr pfiffig …

WAS DU BRAUCHST

Plastikbehälter oder Plastikflasche, sauber ausgespült
breites Gummiband
kräftige Bastel- oder Küchenschere

So wirds gemacht: Lege das Gummiband um die Mitte des Plastikbehälters – es dient als Hilfslinie zum Abschneiden. Dann stichst du mit dem spitzen Teil der Schere in den unteren Behälterteil, führst sie nach oben und schneidest den Behälter unterhalb des Gummibandes auseinander. Den unteren Teil kannst du danach wegwerfen.

Jetzt sage in ganz normalem Ton irgendetwas zu einem Freund, der am anderen Ende des Zimmers sitzt. Anschließend sprichst du das Gleiche durch die Mündung des Behälteroberteils und richtest dieses dabei auf deinen Freund.

Das passiert: Mit dem Megafon vor dem Mund klingt deine Stimme lauter und ist auch in weiter Entfernung noch hörbar.

Warum? Wenn du ohne Hilfsmittel sprichst, verteilen sich die Schallwellen sofort in alle Richtungen und werden mit zunehmender Entfernung immer leiser. Ein Megafon lenkt alle Schallwellen länger in eine bestimmte Richtung. Schallwellen, die sich durch ein Megafon fortpflanzen, verlieren weniger Energie und erreichen ihr Ziel mit größerer Lautstärke.

Tanzende Popcornflocken

64

Luftmoleküle sind ja eigentlich unsichtbar, aber bei diesem Experiment hüpfen sie als Popcornflocken verkleidet umher und geben dabei noch für jedermann sichtbar Schallwellen weiter!

WAS DU BRAUCHST

10 Popcornflocken
10 Fäden
Drahtbügel
Gummiband
Assistent (eventuell)

So wirds gemacht: Binde jeweils ein Fadenende um eine Popcornflocke und das andere Fadenende an den Kleiderbügel. Den hängst du dann an ein Regal oder an die Rückenlehne eines Stuhls – oder du bittest einfach deinen Assistenten, ihn für dich zu halten.

Nun klemmst du das Gummiband an einem Ende zwischen den Zähnen fest, während du das andere Ende bis ganz nah an die mittlere Popcornflocke ziehst – aber es darf sie nicht berühren. Nun zupfe an dem gestrafften Gummiband, aber pass dabei gut auf, dass es dir nicht zwischen den Fingern wegschnalzt!

Das passiert: Die Popcornflocke beginnt sich zu bewegen und berührt dabei die Flocken rechts und links von ihr.

Warum? Die von dem angezupften Gummiband ausgehenden Schwingungen versetzen die Luftmoleküle, die sich in dem Popcorn selbst und in seiner unmittelbaren Umgebung befinden, in Bewegung. Deshalb tanzt die Popcornflocke – bzw. die Luftmoleküle – hin und her und überträgt die Schwingungen an ihre Nachbarflocken.

Die Flocken bewegen sich so lange, bis die Vibration oder die Schwingungsenergie von dem angezupften Gummiband gewissermaßen »verhallt« ist.

Wenn du erneut an dem Gummiband zupfst – diesmal vielleicht sogar etwas kräftiger –, werden gleich mehrere der Popcornflocken in Bewegung geraten, weil sich die Schallwellen und die schwingenden Luftmoleküle dann weiter fortpflanzen. Allerdings wird keine der Popcornflocken besonders weit schwingen.

65 Schräge Urwaldgeräusche

WAS DU BRAUCHST

großer Einweg-Kunststoffbecher
fester Baumwollfaden, etwa 30 cm lang
Bleistift oder langer Nagel
Zahnstocher
nasses Papiertuch

Wenn du gerne Dschungel oder Safari spielst, findest du hier eine Möglichkeit, Geräusche zu produzieren, die genau zu solchen Abenteuern passen …

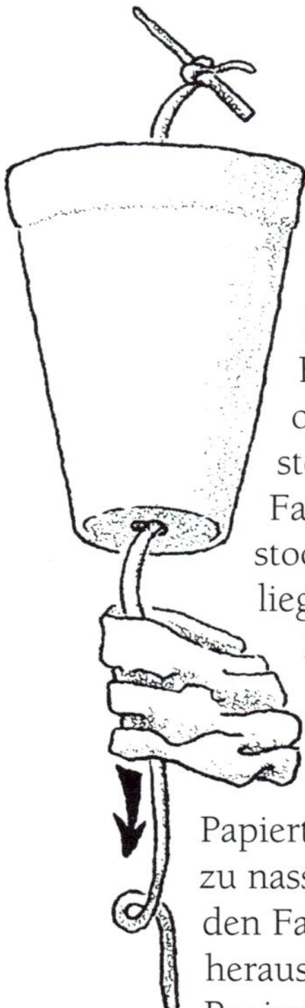

So wirds gemacht: Stich mit dem Bleistift oder Nagel ein Loch mitten durch den Becherboden. Schiebe den Faden hindurch und knote das obere Ende fest um den Zahnstocher. Dann ziehst du den Faden nach unten, bis der Zahnstocher unmittelbar auf dem Loch liegt (eventuell die Enden des Zahnstochers abbrechen, damit dieser gerade liegen kann). Drücke danach das überschüssige Wasser aus dem Papiertuch (der Faden sollte nicht allzu nass sein) und wickle das Tuch um den Faden, der unten aus dem Becher heraushängt. Jetzt drückst du das Papiertuch fest zusammen und ziehst es kräftig an dem Faden nach unten.

Das passiert: Es ertönt ein lautes, »kreischendes« Geräusch.

Warum? Die Reibung, die entsteht, wenn du das Tuch an dem Faden entlangziehst, erzeugt Schwingungen, welche von dem Faden auf den Zahnstocher im Becher übertragen werden. Von dort wandern sie weiter in den Boden und die Wände des Bechers. Dabei wird das erzeugte Geräusch zudem noch lauter, weil der Becher wie ein Megafon wirkt, das die Schallwellen nach außen in die umgebenden Luftmoleküle lenkt.

Und weiter? Mit unterschiedlich großen Plastikbechern kannst du die wildesten »Tiergeräusche« produzieren. Auch die Beschaffenheit des Fadens spielt eine Rolle dabei, welche Art von Tönen erzeugt wird.

Eine Sache der Gravitation

Die Gravitation, die Schwerkraft ist die Anziehungskraft, die ein Objekt auf andere Objekte in seinem Umkreis ausübt. Alle Objekte besitzen eine solche Massenanziehungskraft – das bedeutet, dass sie stets bestrebt sind, andere Objekte zu sich herzuziehen. Je größer ein Objekt, umso stärker seine Gravitation. Da die Erde selbst innerhalb unserer Wahrnehmungswelt das größte Objekt ist, ist ihre Anziehungskraft die stärkste, die wir verspüren können.

Wissenswertes über Gravitation

Im Jahre 1666 entdeckte und bewies Isaac Newton die Existenz dieser Kraft. Angeblich saß er unter einem Apfelbaum und beobachtete die Mondbewegungen am Nachthimmel, als ihn ein herabfallender Apfel um ein Haar am Kopf getroffen hätte. Schon viele Menschen hatten Äpfel zu Boden fallen sehen, aber er war der Erste, der sich fragte, warum sie das eigentlich tun … und es herausfand.

Wenn du einen Ball in die Luft wirfst, fällt er aufgrund der Erdanziehung wieder nach unten. Wenn du auf dem Sofa sitzt, dann hält dich ebenfalls die Erdanziehung darauf fest, und wenn du gehst, hält sie deine Füße auf dem Erdboden. Ohne Gravitation würden wir einfach so abheben und in den Weltraum entschweben.

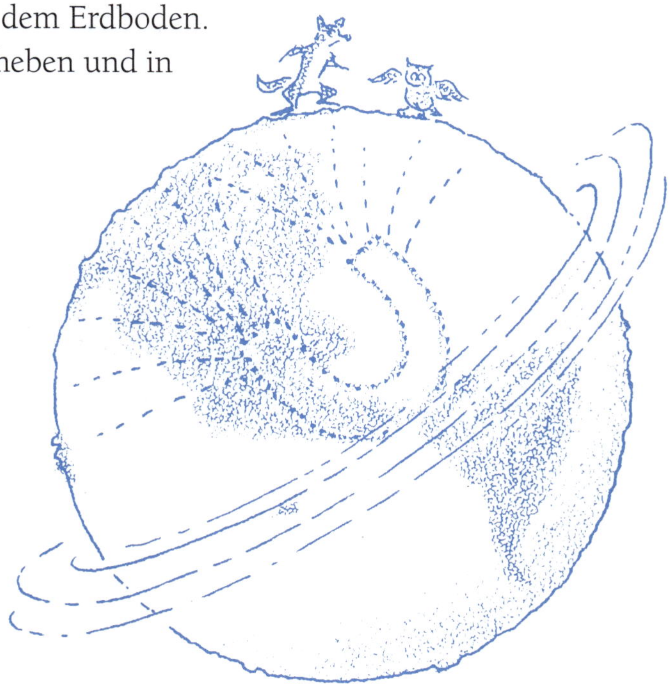

Spürst du die Kraft?

66

WAS DU BRAUCHST

niedriger, stabiler Stuhl

Sehen kannst du die Gravitationskraft nicht, aber sie wirkt überall um dich herum. Willst du einen Beweis?

So wirds gemacht: Stelle den Stuhl vor dich hin, nimm etwas Anlauf und springe auf ihn hinauf. Dann drehst du dich herum und springst wieder herunter. Merkst du den Unterschied?

Jetzt wiederhole das Ganze, schließe aber diesmal beim Herunterspringen die Augen. Fühlst du es jetzt?

Das passiert: Es ist weitaus anstrengender, auf den Stuhl hinaufzuspringen als herunter.

Warum? Die Gravitation ist die Kraft, die alle Objekte (– die Physiker sprechen von »Massen« –) in Richtung Erdmittelpunkt zieht. Wenn du nach oben springst, musst du dabei die Erdanziehungskraft überwinden, die dich eigentlich nach unten zieht. Beim Herunterspringen dagegen bewegst du dich praktisch in gleicher Richtung wie die Gravitation, das heißt du brauchst im Grunde nur einen Schritt zu tun und den Rest erledigt die Erdanziehung.

Was fällt schneller?

67

Der griechische Philosoph Aristoteles (384–322 v. Chr.) glaubte, dass ein Objekt umso schneller zu Boden fällt, desto schwerer es ist. Hatte er damit Recht?

WAS DU BRAUCHST

zerknüllter Papierball
Schuh
stabiler Stuhl

So wirds gemacht: Stelle dich auf einen Stuhl – mit dem zerknüllten Papierball in der einen Hand und dem Schuh in der anderen Hand. Halte beide Gegenstände so hoch du kannst vor dich hin und lass sie gleichzeitig fallen.

Das passiert: Beide Gegenstände treffen gleichzeitig auf dem Boden auf, obwohl der Schuh doch viel schwerer ist als der Papierball.

Warum? Aristoteles hatte Unrecht (na ja, er war ja auch Philosoph, kein Physiker). Das Gewicht eines Körpers hat keinen Einfluss auf seine Fallgeschwindigkeit, denn diese ist eine Konstante.

Was die Geschwindigkeit jedoch beeinflusst, ist die Form eines Körpers. Wäre das Papier nicht zu einem Ball zerknüllt gewesen, hätte die Luft unter dem herabschwebenden Blatt den Fall abgebremst und der Schuh wäre zuerst auf dem Boden aufgetroffen. Wie wärs, wenn du einen Bogen Papier holst und das Experiment wiederholst?

68

WAS DU BRAUCHST

irgendein unzerbrechlicher Gegenstand

Tisch oder Arbeitsplatte

Wo ist das Zentrum der Schwerkraft?

Willst du herausfinden, wo bei einem Körper der Schwerpunkt (Massenmittelpunkt) liegt? Klingt kompliziert, ist aber ganz einfach …

So wirds gemacht: Schiebe den Gegenstand langsam in Richtung Tischkante – so lange, bis …

Das passiert: Der Gegenstand fällt plötzlich zu Boden!

Warum? Wenn der Schwerpunkt eines Gegenstandes die Tischkante überschreitet, fällt der Gegenstand herunter. Versuche ihn auf der Tischkante zu balancieren … genau an dem Punkt, wo das möglich ist, liegt sein Schwerpunkt.

69

Der launische Ball

WAS DU BRAUCHST

Tischtennisball

Nagel mit flachem Kopf

Tischplatte

Hast du schon mal probiert, mit einem Tischtennisball zu spielen, der eine Delle hat? Dann kennst du dich ja mit eigensinnigen Bällen schon etwas aus.

So wirds gemacht: Drücke den Nagel fest in den Ball hinein, egal wo. Und jetzt lass den Ball über den Tisch rollen.

Das passiert: Der Ball kommt immer dann zum Stillstand, wenn der Nagelkopf die Tischplatte berührt.

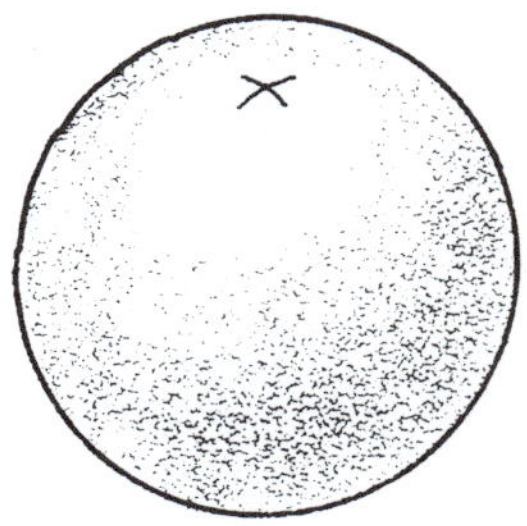

Warum? Bevor der Ball von dem Nagel durchstochen wurde, konzentrierte sich seine gesamte Masse genau im Mittelpunkt – seinem Schwerpunkt.

Durch den Nagel wurde der Schwerpunkt in Richtung derjenigen Seite verlagert, in der der Nagel steckt. Deshalb hört der Ball nun in dem Moment auf zu rollen, wenn der Nagel am niedrigsten Punkt liegt – dort, wo ihn die Schwerkraft hinzieht. Er ist also eigentlich gar nicht launisch, er kann nicht anders!

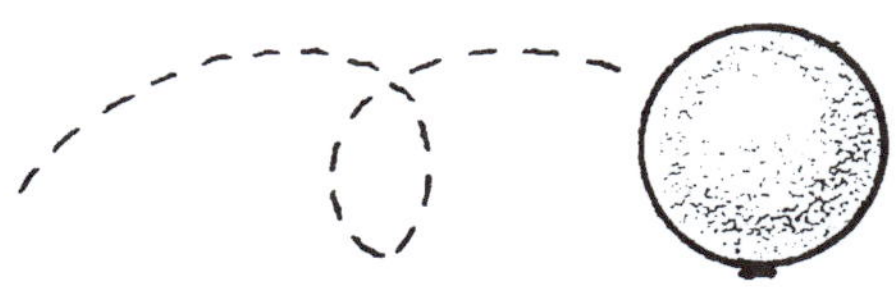

70 Antigravitations-Magie

Jedermann weiß: Wasser fließt immer abwärts – und zwar wegen der Erdanziehung. Mit diesem Experiment kannst du dieses Naturgesetz kurz mal auf den Kopf stellen …

WAS DU BRAUCHST

- 2 kleine durchsichtige Plastikflaschen
- Schüssel
- blaue Lebensmittelfarbe (oder einen anderen dunklen Ton)
- Karteikarte oder ein Stück Karton
- Wasserhahn mit heißem und kaltem Wasser
- Trichter
- Assistent

So wirds gemacht: Etwa 30 Minuten vor der Durchführung des eigentlichen Experiments lässt du die eine Flasche mit kaltem Wasser voll laufen und stellst sie in den Kühlschrank, damit das Wasser kalt bleibt. Kurz vor Beginn des Experimentes drehst du den Heißwasserhahn auf und lässt das Wasser laufen, bis es richtig heiß ist. Dann drehst du den Hahn wieder zu. Stecke den Trichter in die zweite Flasche, halte sie unter den Wasserhahn und lasse sie vorsichtig mit heißem Wasser voll laufen.

Diese Flasche stellst du in eine Schüssel auf den Tisch oder die Arbeitsplatte und gibst drei bis vier Tropfen Lebensmittelfarbe hinzu. Ein paar Sekunden warten, bis sich die Farbe verteilt hat.

Jetzt holst du die erste Flasche aus dem Kühlschrank. Drücke die Karteikarte ganz fest auf die Flaschenöffnung, drehe die Flasche mit Unterstützung deines Assistenten rasch um und setze sie auf die Flasche mit dem warmen Wasser – so, dass die beiden Öffnungen genau aufeinander liegen und nur durch die Karte voneinander getrennt sind. Nun bitte deinen Assistenten, die beiden Flaschen gut festzuhalten, während du die Karte mit einem Ruck wegziehst.

Das passiert: Das warme, blau gefärbte Wasser fließt sichtbar nach oben in die Flasche mit dem kalten Wasser hinein, als würde es der Schwerkraft trotzen!

Warum? Warmes Wasser ist leichter als kaltes Wasser und seine Moleküle sind erheblich mehr in Bewegung. Deshalb steigt es nach oben und nimmt dabei die blaue Lebensmittelfarbe mit.

Mit der Zeit werden sich die kalten und warmen Moleküle vermischen, bis das Wasser in beiden Flaschen die gleiche Temperatur hat und gleichmäßig blau ist.

Bunter Physik-Mix

In den vorangegangen Experimenten hast du schon mal einiges über Wärme und Luft, Wasser und Licht, Schall und Schwerkraft erfahren.

Wissenswertes über Physik

Aber zur Physik gehört noch viel mehr. Da gibt es zum Beispiel die Bewegungsgesetze, die Erdrotation und allerlei andere merkwürdige Kräfte, die rings um uns herum wirken und die du erforschen und anwenden kannst.

Mit den Versuchen, die in dem folgenden Kapitel beschrieben werden, können wir diese anderen Bereiche der Physik lediglich streifen. Du wirst dabei erfahren, was ein Ballon und eine Rakete gemeinsam haben, wie man beim Haarekämmen Energie erzeugt und wie ein Pendel funktioniert. Und diese Experimente sind erst der Anfang, denn die Physik hält noch unendlich viel mehr zum Untersuchen und zum Begreifen bereit. Du brauchst dich nur umzuschauen ...

Ein dunkles, tiefes Loch

71

WAS DU BRAUCHST

große Schüssel
Wasser
großer Löffel

Hast du schon mal versucht, ein Loch ins Wasser zu machen? Es ist ganz einfach.

So wirds gemacht: Fülle die Schüssel zur Hälfte mit Wasser und rühre es mit dem Löffel ganz schnell im Kreis herum.

Das passiert: Das Wasser »klettert« an den Schüsselwänden hoch und in der Mitte entsteht ein »Loch«.

Warum? Durch die kreisförmige Rührbewegung wird das Wasser unter dem Einfluss der Zentrifugalkraft vom Mittelpunkt der Schüssel nach außen weggedrängt. Dabei entsteht ein Wirbel.

Unten hat das »Loch« einen kleineren Durchmesser als im oberen Teil des Wirbels. Dies ist auf den unterschiedlich hohen Wasserdruck zurückzuführen: Auf dem Wasser am Schüsselboden lastet ja das Gewicht des darüber liegenden Wassers, so dass es sich unten nicht so stark ausbreiten kann.

Kreisel für die Hosentasche

72

WAS DU BRAUCHST

2-Euro-Münze

Wusstest du, dass du nur deshalb aufrecht auf einem fahrenden Rad sitzen kannst, weil du dabei auf zwei Kreiseln sitzt? Lies weiter …

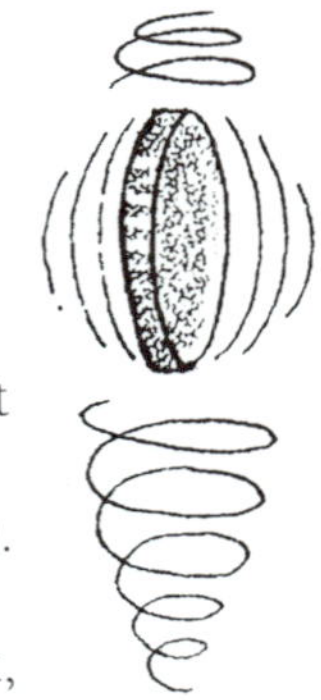

So wirds gemacht: Versuche die Münze hochkant hinzustellen. Klappt es? Okay, dann bringe sie durch Anschnippen zum Drehen (siehe unten).

Das passiert: Als du versucht hast, die Münze auf der Kante zu balancieren, fiel sie zuerst um, aber wenn sie sich dreht, bleibt sie einen Augenblick stehen, bevor sie langsamer wird.

Warum? Beim Drehen verhält sich die Münze wie ein Kreisel. Ihr Schwerpunkt verläuft dabei gerade von Kante zu Kante, so dass sich die Münze auf derselben Stelle um ihre Achse drehen und dabei aufrecht stehen bleiben kann.

Und weiter? Wenn du den Dreh mit der Münze erst einmal so richtig heraushast, kannst du versuchen, sie auf immer kleineren Flächen kreisen zu lassen – zum Beispiel auf dem Boden eines Glases, auf einem Buchrücken oder einem Lineal.

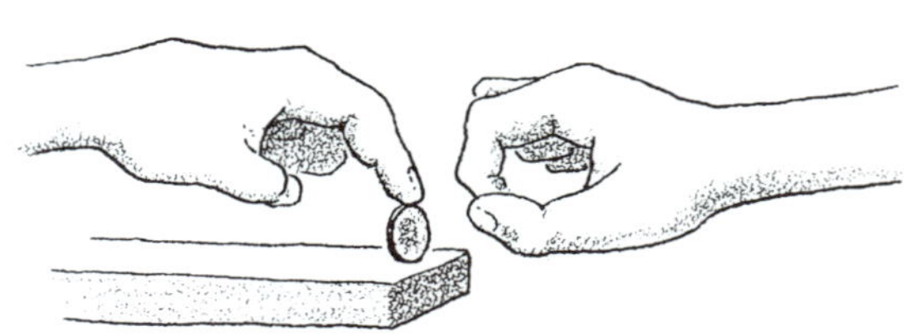

73 Die verliebten Luftballons

Du meinst, Luftballons können sich nicht verlieben?
Dann warte mal ab, wie sich die Luftballons in diesem Experiment verhalten …

WAS DU BRAUCHST

2 helle Luftballons
2 Bindfäden
Stück Stoff aus Flanell oder Reyon (Kunstseide aus Viskose)
Filzstift, (wasserfest)

So wirds gemacht: Blase beide Ballons auf und knote an die Zipfel jeweils einen Bindfaden zum Festhalten. Dann malst du mit dem Filzstift auf den einen Ballon ein Jungengesicht und auf den anderen ein Mädchengesicht.

Sobald die Farbe trocken ist, reibst du den Ballons mit dem Stoff mehrmals über die Gesichter. Dann hältst du sie so, dass sie sich anschauen.

Das passiert: Das Ballonpärchen beginnt sich zu küssen! Und wenn du es zulässt, tun sie das Gleiche mit deinen Haaren und mit deinem Pullover.

Warum? Wenn die Ballons mit dem Stoff abgerieben werden, laden sie sich aufgrund der dabei auftretenden Reibung mit statischer Elektrizität auf. Dabei entstehen positive und negative Ladungen, die im wahrsten Sinne ganz schön anziehend sind! Anders als die »normalen« elektrischen Ladungen, die durch Stromleiter fließen und höchst gefährlich sind, haben wir es hier mit ruhenden elektrischen Ladungen zu tun. Statische Elektrizität kann zwar bisweilen kurz »bitzeln« und einen erschrecken, ist aber vollkommen harmlos.

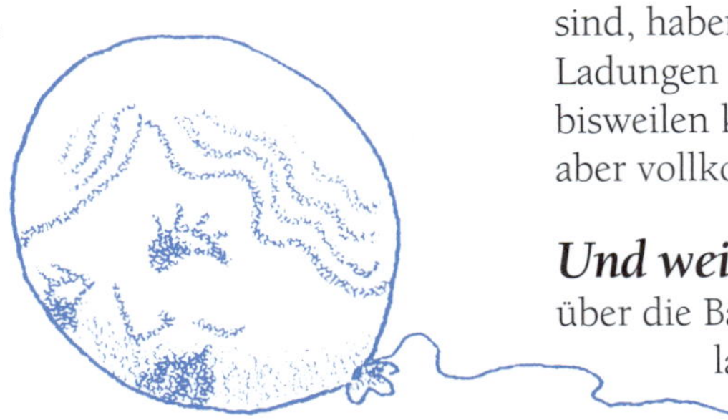

Und weiter? Reibe mit dem Stoff erneut kräftig über die Ballons, um sie noch mehr statisch aufzuladen, und finde heraus, welche anderen Materialien oder Gegenstände sie in eurer Wohnung noch »küssen« wollen.

Kann man statische Elektrizität sichtbar machen? Klar – du brauchst die Experimente nur im Dunkeln durchzuführen.

74 Luftbetriebene Rakete

Eine Luftballonrakete funktioniert im Prinzip genauso wie eine echte Rakete – nur dass sie mit Luft anstatt mit Kraftstoff betrieben wird.

WAS DU BRAUCHST

Luftballon

So wirds gemacht: Blase den Ballon so prall wie möglich auf und halte ihn zunächst mit den Fingern gut geschlossen. Und jetzt lass ihn los!

Das passiert: Obwohl er es nicht gerade bis zum Mond schaffen wird, hebt der Ballon ab wie eine Rakete und schießt davon.

Warum? Beim Aufblasen drückt die Luft im Inneren des Ballons gleichmäßig in alle Richtungen gegen die Gummihaut, die sich dabei rund und prall ausdehnt. Alles ist dabei so perfekt im Gleichgewicht, dass der Ballon einfach nur in der Luft schwebt, solange er festgehalten wird. Sobald er jedoch losgelassen wird, entweicht die Luft ebenso plötzlich wie heftig – und der ausgeglichene Luftdruck gerät aus dem Lot. Während es die Luft in eine Richtung drängt, bewegt sich der Ballon in die entgegengesetzte. Aufgrund dieses Kraft-Gegenkraft-Prinzips saust der Ballon vorwärts, bis alle Luft entwichen ist und er zu Boden fällt.

Hier hast du das 3. Newtonsche Bewegungsgesetz in Aktion erlebt, wonach jede Kraft eine gleich große Gegenkraft hervorruft, die in entgegengesetzter Richtung wirkt.

75 Der magische Wassereimer

Wasser ausschütten ist keine Kunst – aber kannst du es auch ausschleudern?

WAS DU BRAUCHST

kleiner Eimer
Seil
Wasser

So wirds gemacht: Fülle den Eimer zur Hälfte mit Wasser. Knüpfe dann das Seil um die Mitte des Griffs, hebe den Eimer am Seil hoch und schleudere ihn mit einer schnellen Kreisbewegung um dich herum. Drehe und ziehe das Seil dabei so, dass die Kreisbahn etwa auf deiner Hüfthöhe verläuft.
Das passiert: Es wird kein Tropfen verschüttet!

Warum? Durch die Drehbewegung wird der Eimer samt dem darin befindlichen Wasser aufgrund der Zentrifugalkraft nach oben und außen gepresst, so weit das Seil dies zulässt. Da die Öffnung des Eimers zu dir weist, drückt die Kraft das Wasser gegen den Eimerboden – und das sogar entgegen der Schwerkraft! So weit, so gut … aber wenn die Kreisbewegung langsamer wird, lässt die Zentrifugalkraft irgendwann nach oder verschwindet ganz, und die Schwerkraft tritt wieder in Aktion. Wenn du dann nicht aufpasst, kann es ein großes Geplansche geben!

76

Sandpendel-Gemälde

WAS DU BRAUCHST

- Kaffeedose mit Plastikdeckel
- Hammer
- mittelgroßer Nagel
- Bindfaden
- feiner Sand (am besten sauberer gekaufter Sand)
- große Pappe
- Besenstiel
- 2 Stühle
- rot und blau gefärbter Sand

Sandgemälde sind eine ganz besondere Kunstform. Mit etwas Physik kannst du dein eigenes Sandkunstwerk gestalten.

So wirds gemacht: Schlage mit dem Hammer und dem Nagel ein Loch mitten durch den Dosenboden. Dann schlägst du – in gleichmäßigen Abständen – drei weitere Löcher in die Dose, diesmal knapp unterhalb der Oberkante.

Schneide drei kurze Bindfadenstücke zurecht und verknüpfe sie in den drei Löchern unter dem Dosenrand. Die losen Enden knotest du zusammen. Dann schneidest du ein längeres Stück Bindfaden ab und knüpfst es an diesem Knoten fest.

Jetzt stellst du die beiden Stühle in einigem Abstand Rücken an Rücken gegenüber und steckst den Besenstiel durch die Leisten, so dass er fest und sicher aufliegt.

Als Nächstes knotest du den Faden mit der daran befestigten Dose an die Mitte des Besenstiels. Der Dosenboden sollte nur etwa 2,5 bis 5 cm über dem Boden hängen.

Stecke den Deckel auf den Dosenboden und fülle die Dose mit (trockenem!) rotem oder blauem Sand.

Zu guter Letzt verstreust du auf der Pappe eine dünne Schicht von dem hellen Sand und legst die Pappe unter die Kaffeedose. Ziehe die sandgefüllte Dose etwas zur Seite, halte sie fest und nimm den Kunststoffdeckel von der Unterseite ab, damit der Sand herausrieseln kann. Dann lässt du die Dose los.

Um der Dose etwas mehr Schwung zu verleihen oder das Sandmuster zu verändern, kannst du vorsichtig an einem der drei Fäden oben am Dosenrand ziehen. Wenn du die Sandfarbe wechseln möchtest, verschließt du die Dosenunterseite wieder mit dem Deckel, füllst den Sand ein, nimmst den Deckel wieder ab und versetzt die Dose sanft in Bewegung.

Das passiert: Während der Sand aus der Dose herausrieselt, »malt« er mehrere Bögen auf Pappe. Vor deinen Augen entsteht ein einzigartiges Sandkunstwerk.

Warum? Die Kaffeedose ist eine verkleinerte Version des Pendels, wie es Jean Bernard Léon Foucault 1851 in einer Kirche aufhängte, um die Erdrotation nachzuweisen. Wenn es ununterbrochen in Bewegung ist, beschreibt so ein Pendel im Laufe eines Tages einen kompletten Kreis aus Bögen.

Das Kurvenmuster, das in deinem Experiment auf dem weißen Sand entsteht, gehorcht ebenfalls physikalischen Gesetzen.

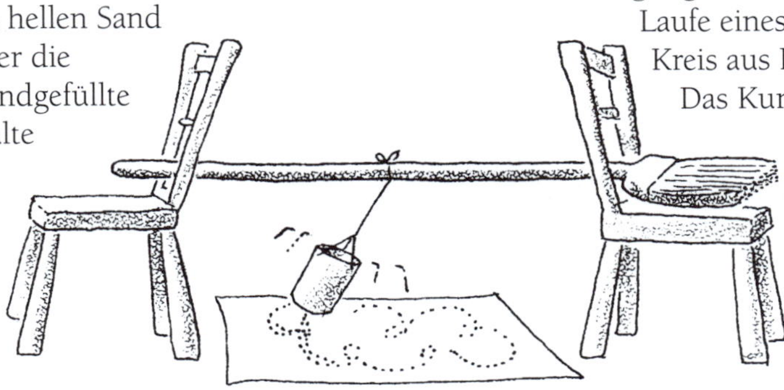

Ist doch kristallklar!

Kristalle sind überall: Schnee, Zucker, Salz, Juwelen und viele Gesteine – all das sind Kristalle. Kristalle bestehen aus Atomen, die auf ganz besondere Weise angeordnet sind.

Wissenswertes über Kristalle

In diesem Kapitel wirst du Kristalle aus Koch- und Steinsalz, aus Waschblau, Zucker, Waschsoda und Alaun herstellen – zum Teil also aus bekannten, zum Teil aus ungewöhnlichen Substanzen. Danach kannst du alle deine Freunde zu einer Super-Kristall-Ausstellung einladen und ihnen deine Schätze zeigen!

Dein neuer Diamantring? Kostet nur ein wenig Kohle …

Diamanten sind nichts anderes als Kohlenstoffkristalle. Kohlenstoff ist ein chemisches Element. Als Chemiker waren hier Vulkane am Werk – die Hitze und der hohe Druck, die in so einem Vulkan herrschen, haben den Kohlenstoff in Diamanten verwandelt. Wenn Lava an die Erdoberfläche dringt, kühlt sie ab und wird zu einem harten Gestein, das man Kimberlit nennt. Das ist das Ausgangsmaterial für Diamanten. Um einen einzigen kleinen Diamanten zu finden, muss man allerdings Tonnen von Kimberlit auswaschen und zerstoßen.

Der Diamant ist die härteste Substanz der Erde. Aus fehlerhaften Diamanten, die sich nicht als Schmucksteine eignen, kann man hervorragende Werkzeuge herstellen, denn mit Diamanten lassen sich selbst die härtesten Metalle schneiden. (Wenn du etwas findest, das ein Diamant sein könnte, versuche damit etwas anzuritzen. Wenn es nicht klappt, handelt es sich wahrscheinlich nur um ein Stück Glas.)

77

Glitzerndes Soda

Das Waschsoda, das du für dieses Experiment brauchst, bekommst du in der Apotheke. Und obwohl es dabei völlig aufgelöst wird, kann es trotzdem glitzern!

WAS DU BRAUCHST

Wegwerfbecher, zur Hälfte mit heißem Wasser gefüllt
Löffel
1/2 Tasse Waschsoda (auch Kristallsoda oder Natriumkarbonat-Dekahydrat genannt)
Handlupe

So wirds gemacht:

Lass das Waschsoda langsam in das heiße Wasser rieseln und rühre dabei gut um, bis sich nichts mehr darin auflöst. Stelle den Becher beiseite und sieh im Verlauf der nächsten paar Stunden mehrmals nach, was sich tut.

Das passiert: Während sich das Wasser abkühlt und verdunstet, bilden sich an den Wänden und am Boden des Bechers Kristalle.

Warum? Wenn du das Waschsoda (gelöster Stoff) im heißen Wasser (Lösungsmittel) umrührst, bis es sich nicht weiter auflöst, dann gibst du von dem zu lösenden Stoff mehr ins Wasser, als dieses nach dem Abkühlen gelöst »halten« kann. Wenn sich diese gesättigte Lösung abkühlt, verbinden sich die Soda-Moleküle miteinander und bilden Kristalle.

Und weiter? Schütte die Waschsodakristalle aus dem Becher in eine flache Wegwerfschale (z. B. von einem Tiefkühlmenü). Stelle sie 24 Stunden an einen warmen, sonnigen Platz und lass das restliche Wasser dort verdunsten (siehe »Weiße Asteroiden«).

78

Weiße Asteroiden

Asteroiden sind unregelmäßig geformte, felsige Körper im Weltraum, welche die Sonne wie eine Art kleine Planeten umkreisen.

Nach ihrer chemischen Verwandlung sehen deine Waschsodakristalle ganz ähnlich aus wie diese kosmischen Gebilde. Und wie es im Weltraum unterschiedlich große Asteroiden gibt, werden auch in deinem Becher kleine und große Kristalle entstanden sein.

Die kleinsten Asteroiden haben übrigens einen Durchmesser von weniger als 2 km und die größten von etwa 800 km. Diese Informationen könntest du auf der Erklärungstafel in deiner Kristall-Ausstellung verwenden!

79 Irre Tropfsteine

Hier kannst du deine eigenen Höhlenkristallsäulen wachsen lassen (Stalagmiten und Stalaktiten) und gleichzeitig vorführen, wie die Höhlenchemie funktioniert.

WAS DU BRAUCHST

heißes Wasser aus dem Hahn
2 Gläser (je 0,5 l)
Geschirrtuch
1 Tasse Waschsoda (auch Kristallsoda oder Natriumkarbonat-Dekahydrat genannt)
kleiner runder Teller
3 kurze Stücke Bindfaden

So wirds gemacht: Drehe den Wasserhahn auf und lasse die beiden Gläser bis fast oben hin mit heißem Wasser volllaufen. Rühre in jedes Glas so viel Waschsoda, bis sich nichts mehr darin auflöst. Verdrille das Geschirrtuch ganz fest und binde es in der Mitte und an den Enden mit Bindfaden fest. Die beiden Enden tauchst du nun jeweils in eines der Gläser, so dass zwischen den Gläsern eine »Tuchbrücke« hängt. Achte darauf, dass die Tuchenden jeweils bis zum Glasboden reichen. Dann stelle den Teller unter die »Brücke«, um die Tropfen aufzufangen. Und jetzt: drei bis fünf Tage abwarten.

Das passiert: Das Wasser und die Waschsodalösung wandern auf beiden Seiten in das verdrillte Tuch hinauf und tropfen etwa in der Mitte davon nach unten. Diese Tropfen verwandeln sich mit der Zeit in festes Soda, wobei sich die zwei Säulen in der Mitte treffen. Etwas Ähnliches passiert in einer Tropfsteinhöhle – nur dauert es dort viel länger (siehe unten).

Warum? Das Wasser wandert durch das verdrillte Tuch, indem es nach und nach die winzigen Lufträume darin ausfüllt. Diesen Vorgang bezeichnet man als Kapillarwirkung. Das gelöste Waschsoda wird dabei mitgeschleppt und gelangt mit den Tropfen auf den Teller. Wenn dieser verdunstet ist, bleibt etwas Waschsoda zurück und so wächst mit der Zeit eine Säule. Wenn du so viel Waschsoda in heißes Wasser rührst, bis sich nichts mehr darin auflösen kann, stellst du eine gesättigte Lösung her. Wenn das Wasser anschließend abkühlt, bilden die Moleküle dieser Lösung harte Kristalle.

Höhlenchemie

Die meisten Höhlen bestehen aus Kalkstein. Kalkstein wird sehr leicht von Wasser ausgewaschen. Im Laufe von Tausenden von Jahren kann diese Lösung aus Wasser und Kalziumbikarbonat in riesigen Gesteinsstücken große Hohlräume herausformen. Manchmal tröpfelt eine solche Lösung durch Gesteinsspalten in der Höhlendecke. Beim Herabfallen gibt das Wasser Kohlendioxid ab und es bildet sich ein festes Mineral namens Kalzit oder Kalkspat. Daraus bestehen die von Höhlendecken herabhängenden zapfenförmigen Stalaktiten. Ähnlich entstehen Stalagmiten – das sind die vom Höhlenboden emporwachsenden, eher stumpfen Tropfsteinsäulen. Sie entstehen aus übereinander geschichteten kalkigen Ablagerungen.

80 Die Diamantenmine

WAS DU BRAUCHST

- kleines Fläschchen Alaun (gibts in der Apotheke)
- Wegwerfbecher, zur Hälfte mit warmem Wasser gefüllt
- Löffel
- kleines Glas
- Stück Nylonfaden
- Bleistift
- Papiertuch
- Millimeterpapier
- Handlupe

Alaun (Kaliumaluminiumsulfat) ist eine Art Mineral bzw. ein Doppelsalz des Schwefels, das unter anderem zum Einlegen von Gurken verwendet wird und einem im Mund das Gefühl vermitteln kann, als würde sich alles zusammenziehen. Es sieht fast so aus wie normales Tafelsalz (Natriumchlorid) und fühlt sich auch so an – aber während weiße Salzkristalle unter dem Mikroskop wie winzige Würfel aussehen, weisen Alaunkristalle abgeschrägte Kanten auf (Facetten). Wie wärs mit einer eigenen Diamantenmine aus Alaunkristallen?

So wirds gemacht: Das Alaun langsam und behutsam in den Becher geben und dabei rühren, bis sich im Wasser nichts mehr auflöst. Dass es so weit ist, erkennst du daran, dass einige Alaunkörnchen oben auf dem Wasser schwimmen – und wenn du den Finger ins Wasser steckst, fühlst du Körnchen auf dem Boden des Bechers. Lass die Lösung über Nacht im Becher ruhen.

Am nächsten Tag gießt du das Wasser vorsichtig in das Glas ab. Dann knotest du ein Ende des Nylonfadens um den größten Alaunkristall, der sich auf dem Boden oder an den Wänden des Bechers gebildet hat. (Hierbei ist Geduld angesagt. Wer schon mal einen Faden durch ein Nadelöhr fädeln musste, weiß, was ich damit meine. Es ist etwas knifflig, einen Nylonfaden um einen Alaunkristall zu knoten.) Anschließend knotest du das andere Fadenende um den Bleistift und legst diesen quer über die Glasöffnung. Nun wickelst du den Faden um den Bleistift, bis der Alaunkristall tief im Wasser hängt. Dann lässt du das Glas einige Tage lang an einem ruhigen Ort stehen und siehst gelegentlich nach, wie sich deine Kristalle entwickeln.

Hinweis: Die anderen Alaunkristalle aus dem Becher lässt du auf einem Papiertuch trocknen. Danach kannst du sie auf ein Blatt Millimeterpapier legen und unter der Handlupe studieren – und sie später als funkelnde »Alaun-Diamanten« in deiner Kristall-Ausstellung präsentieren!

Das passiert: Wenn du den Faden vors Licht hältst und dir die Alaunkristalle anschaust, sehen sie aus wie winzige glitzernde Edelsteinchen.

Warum? Auch hier entstehen die Kristalle aus einer gesättigten Lösung – das heißt, es wurde so viel von einem Feststoff (Alaun) in warmem Wasser aufgelöst, wie dieses maximal aufnehmen kann. Beim Abkühlen lagern sich die Alaunmoleküle an dem Nylonfaden an und verbinden sich miteinander. Auf diese Weise entstehen Kristalle, bis die gesamte Lösung verdunstet ist.

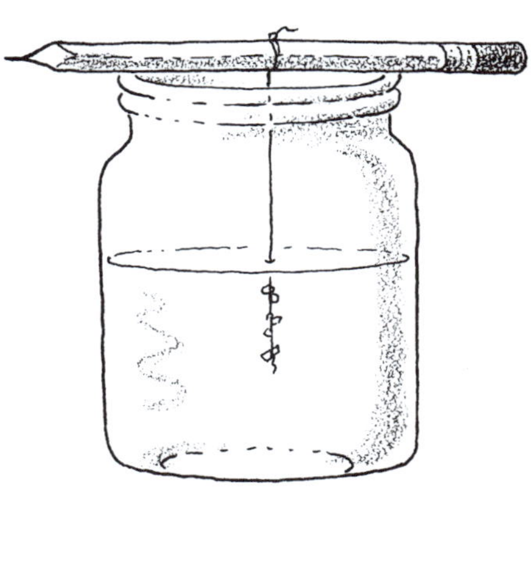

81

Blaues Mondgestein

WAS DU BRAUCHST

Aluminiumschale (z. B. von einem Tiefkühlmenü)
Papiertücher
Wegwerfbecher
3 Esslöffel Salz
3 Esslöffel Wasser
3 Esslöffel Waschblau
Löffel
Handlupe
Zeitungspapier

Diese Kristalle sehen aus, als stammten sie direkt vom Mond! Du solltest allerdings deinen Arbeitsbereich gut mit Zeitungspapier auslegen, sonst wachsen zum Schluss überall Kristalle!

So wirds gemacht: Lege ein gefaltetes Papiertuch in die Schale. Das zweite Papiertuch zerknüllst du und legst es obendrauf. Nun die drei Zutaten in den Wegwerfbecher geben und gut miteinander verrühren. Anschließend träufelst du die Mischung mit dem Löffel langsam über das Papier. Danach kannst du mit der Lupe beobachten, was passiert.

Das passiert: In der Schale »erblühen« sofort blaue, schäumende Kristalle (um die Schale richtig voll zu bekommen, musst du deinem »Kristallgarten« aber mindestens 24 Stunden Zeit lassen).

Warum? Die wässrige Lösung ist gesättigt, das heißt sie enthält die maximale Menge an Salz und Waschblau, die sie aufnehmen kann. Das Wasser wird von den Papiertüchern aufgesaugt und verdunstet – und zurück bleibt das Salz, das um das pulverförmige Waschblau neue, eindrucksvolle Kristalle bildet.

82

Rocky Mountains

Willst du faszinierenden Steinsalzkristallen dabei zuschauen, wie sie an einem Faden emporwachsen und sich in glitzernde diamantähnliche Gebilde verwandeln? Halte dich an die Anweisungen für das Experiment »Die Diamantenmine« (S. 77), verwende aber anstatt des Alauns 1/2 Tasse Steinsalz und nimm einen kräftigeren Faden. Bei diesem Versuch heißt es Geduld haben! Richtig eindrucksvolle Kristallformationen brauchen zum Wachsen etwa zwei bis vier Wochen.

Kristalle züchten und aufbewahren

Du kannst Kristalle entweder an einer Schnur entlangwachsen lassen, die an einem Bleistift befestigt ist und in ein Gefäß hineinhängt, oder sie mit einem Löffel von den Wänden oder vom Boden des Gefäßes abkratzen. Stelle die Flüssigkeiten möglichst an einen warmen, sonnigen Ort. Je länger die Kristalllösung steht und verdunsten kann, desto größer werden die Kristalle.

Bewahre die fertigen Kristalle an einem trockenen Ort auf und gehe sehr behutsam mit ihnen um. Wenn deine Hände feucht sind, solltest du sie lieber nur mit einer Pinzette oder einem Plastiklöffel berühren.

83

Hei, Süßer!

Nun, mit gesättigten Lösungen hast du ja inzwischen einige Erfahrungen gesammelt – wie wäre es zur Abwechslung einmal mit Zuckerkristallen? Auch die kannst du an einem Faden wachsen lassen, der von einem Bleistift in den Behälter mit der Lösung hineinhängt, oder sie später, wenn das Wasser verdunstet ist, vom Boden oder von den Wänden des Behälters »ernten« und mit den übrigen Kristallen ausstellen.

Im Gegensatz zu den würfelförmigen Salzkristallen sind Zuckerkristalle eher nadelförmige Gebilde mit flachen, abgeschrägten Kanten.

84

Die Kristall-ausstellung

Lade alle deine Freunde zu einer privaten Kristall-Ausstellung ein! Dazu braucht es gar keinen großen Aufwand und du wirst sehen, es macht echt Spaß.

Besonders gut kommen deine Zucker-, Salz-, Alaun- und Waschsodakristalle zur Geltung, wenn du sie in kleinen Schachteldeckeln präsentierst, die du vorher mit dunklem Papier oder Stoff ausgeschlagen hast. Am besten zu betrachten sind sie im Freien auf einem Tisch, wenn die Sonne scheint – dann glitzern und funkeln sie am eindrucksvollsten! Anhand der Informationen aus diesem Buch kannst du die einzelnen Schachteln sogar wissenschaftlich beschriften und die einzelnen Kristalle identifizieren. Sorge dafür, dass genügend Vergrößerungsgläser zur Verfügung stehen. Vielleicht willst du deinen Freunden auch vorführen, wie Kristalle aus einer gesättigten Lösung entstehen?

Du könntest einige Kristalle auf Ringe kleben und eine Schmuckausstellung veranstalten (in Geschäften für Bastelbedarf oder in den Hobbyabteilungen von Kaufhäusern gibt es einfache Ringe zum Selbergestalten; du kannst dir aber auch Ringe aus Pfeifenreinigerdraht zurechtbiegen). Wenn du den Kristalllösungen ein oder zwei Tropfen Lebensmittelfarbe hinzufügst, kannst du sogar Rubin-, Smaragd- oder Saphir-Imitationen »züchten«! Die kannst du für Ringe oder als originellen Weihnachtsschmuck verwenden … mit etwas Fantasie sind dir hier keine Grenzen gesetzt!

DEIN PRIVATLABOR: CO_2 UND MEHR

In diesem Kapitel wirst du einen Druckmesser bauen – ganz einfach und aus preiswerten Materialien. Er wird dir bei den chemischen Forschungen und Untersuchungen, die du in deinem eigenen Labor anstellen wirst, wertvolle Dienste leisten und es macht obendrein noch Spaß, ihn zu benutzen! Mit dem Druckmesser kannst du Substanzen auf ihren Kohlendioxid-Gehalt (CO_2) überprüfen.

Zunächst einmal wollen wir jedoch herausfinden, warum Teige eigentlich aufgehen und welche wohl am meisten CO_2-Gas enthalten – eine im wahrsten Sinne des Wortes luftige Angelegenheit!

85 Dynamitknödel

WAS DU BRAUCHST

kleine Tasse zum Anmischen
Tasse mit sehr heißem Wasser
1/2 Esslöffel Backpulver
1/2 Esslöffel Natron
1/2 Esslöffel Trockenhefe
Mehl
kaltes Wasser
Teelöffel
Esslöffel

Welche der Stoffe, die man Mehl und Wasser beimengt, enthalten wohl am meisten CO_2, also Kohlendioxidgas? In diesem Experiment wirst du drei verschiedene Mehl-Wasser-Teige anrühren. Die Utensilien sind dabei immer die gleichen; was sich jeweils ändert, ist die Zutat, die einen Teig aufgehen lässt: Backpulver, Natron und Trockenhefe. Bevor du beginnst, rate einmal – oder stelle aufgrund wissenschaftlicher Überlegungen eine Vermutung darüber an –, welcher dieser Stoffe wohl am meisten Kohlendioxidgas enthält. Und nun finde heraus, ob du Recht hast!

So wirds gemacht: Gib einen vollen Esslöffel Mehl und die erste Testzutat – das Backpulver – in die Tasse und vermische beides mit dem Teelöffel. Nun gib tropfenweise kaltes Wasser dazu und verknete die Masse zu einer Teigkugel. Wenn sie zu nass ist, gibst du einfach etwas mehr Mehl dazu. Dann legst du diese Teigkugel auf einen Esslöffel. Diesen bewahrst du an einem kühlen Ort auf und füllst in der Zwischenzeit einen anderen Becher mit sehr heißem Wasser (auf dem Herd oder in der Mikrowelle erhitzt oder direkt aus dem Wasserhahn). Danach hältst du den Löffel mit der Teigkugel zwei Minuten lang über das dampfende Wasser. Der Löffel soll das Wasser dabei berühren und es kann auch etwas Wasser in den Löffel laufen. Anschließend legst du die Teigkugel beiseite.

Wiederhole das Experiment mit den beiden anderen Testzutaten – zuerst mit dem Natron und zum Schluss mit der Trockenhefe.

Das passiert: Alle Teigkugeln werden dabei etwas größer.

Warum? Das Backpulver enthält Natriumhydrogenkarbonat, das sich in Kombination mit Mehl, Wasser und Wärme chemisch verändert und dabei Kohlendioxidgas freisetzt. Dies erkennst du an den Gasbläschen (Löchern) im Teig, die ihn aufblähen. Auch das Natron und die Trockenhefe unterliegen chemischen Veränderungen und geben dabei CO_2 ab. Die Teigkugel mit dem Natron wird dabei wahrscheinlich nicht so stark anschwellen wie die Teige mit dem Backpulver bzw. mit der Trockenhefe, die sogar um das Doppelte wachsen können. Von den beiden Letztgenannten dürfte der Teig mit der Trockenhefe sogar noch etwas größer werden. Na, hast du mit deiner Vermutung richtig gelegen?

86 So baut man einen Druckmesser

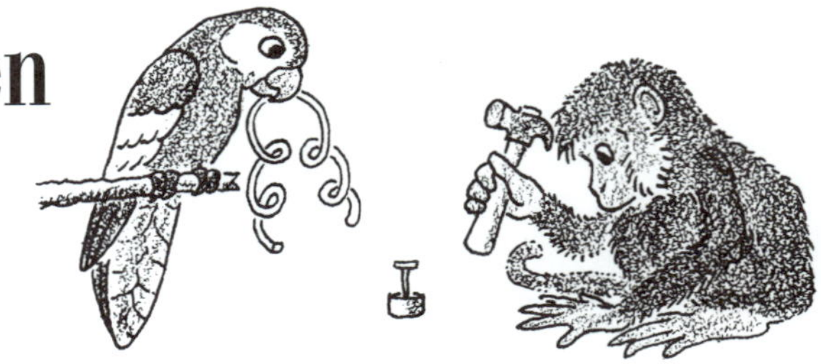

Ein Druckmesser besteht aus einem Plastikschlauch, der mit einem Ende in einer Glasflasche steckt und mit dem anderen Ende an einem Stab festgebunden wird – ganz einfach. Auf diese Weise kannst du verschiedene Substanzen auf ihren CO_2-Gehalt untersuchen und gefärbtes Wasser dabei beobachten, wie es den Plastikschlauch hochwandert – ähnlich wie Quecksilber in einem Thermometer. Du kannst den Messstab sogar eichen, also mit Strichen versehen, um zu messen und zu dokumentieren, wie viel Kohlendioxidgas sich in einer bestimmten Substanz befindet. Wenn das gefärbte Wasser regelrecht den Plastikschlauch hinaufschießt oder sogar oben herausspritzt, weißt du, dass die getestete Substanz ganz besonders viel CO_2 enthält!

WAS DU BRAUCHST

- Glasflasche (1/2 l) mit Schraubdeckel
- durchsichtiger Plastikschlauch, 70 cm lang (Aquarienhandel)
- kleines Trinkglas, zur Hälfte mit Wasser gefüllt
- Lebensmittelfarbe
- breiter Dosendeckel
- großer Hammer
- dicker Nagel
- Stab, etwa 40 cm lang
- Gummibänder
- Pipette
- Modellierton
- Schere
- Filzstift

So wirds gemacht: Wasche die Flasche sorgfältig aus. Lass jemanden mit Hammer und Nagel ein Loch in den Flaschendeckel schlagen (groß genug, dass der Plastikschlauch hindurchpasst). Dann drücke etwa 10 cm des insgesamt ca. 70 cm langen Plastikschlauches durch das Loch im Deckel in die Glasflasche hinein (dabei den Schlauch etwas hin und her biegen, damit er gerade wird). Aus dem Modellierton eine dünne Wurst formen und um das Loch bzw. den Schlauch herumlegen, damit die Flasche luftdicht verschlossen ist. Dann drückst du etwas Modellierton auf der Unterseite des breiten Dosendeckels fest. Anschließend gibst du einen weiteren Klumpen Ton oben in die Mitte des Deckels. Als Nächstes wird der Stab mit einer Messskala versehen. Hierzu malst du mit dem Filzstift Striche auf den Stab. Sie sollten ab der Stabmitte beginnen und jeweils etwa 1 cm auseinander liegen. Diese Striche werden nummeriert, angefangen mit »1« in der Mitte. An dieser Messskala kannst du später ablesen, wie viel CO_2 die verschiedenen Substanzen enthalten.

Nun drückst du den Stab in den Tonklumpen im Deckel, bis er senkrecht und sicher steht. Biege den Schlauch, der aus der Glasflasche kommt, nach unten und wieder nach oben, so das ein »U« entsteht. Mithilfe der Gummibänder wird das andere Ende des Schlauches am Messstab festgebunden, wobei die Schlauchöffnung mit dem oberen Stabende abschließen sollte. Als Nächstes wird der U-förmige Schlauchteil mit angefärbtem Wasser gefüllt.

Hierzu tröpfelst du etwas Lebensmittelfarbe in das halb volle Wasserglas, nimmst dann mit der Pipette etwas davon auf und gibst ein oder zwei Tropfen in das offene Schlauchende oben am Messstab. Sollten sich die Tropfen im Schlauch trennen, brauchst du nur leicht in den Schlauch hineinzublasen oder kurz daran zu saugen, damit sich die Tropfen verbinden.

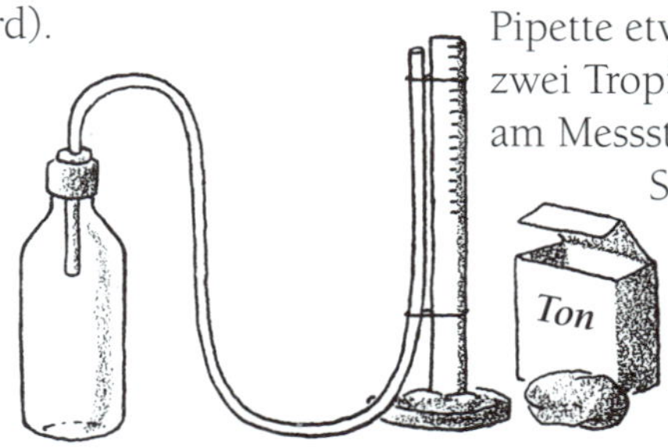

87 Gebrauch eines Druckmessers

1. Führe die Versuche immer auf der Arbeitsplatte in der Küche durch, falls aus dem Druckmesser oben Flüssigkeit herausspritzt!
2. In einer kleinen, dicht verschlossenen Flasche solltest du stets etwas angefärbtes Wasser in Reserve haben, damit Wasser, das verschüttet wird oder verdunstet, immer gleich nachgefüllt werden kann.
3. Wenn du den Deckel von der Flasche abschraubst, um Lösungen einzufüllen, dann setze den Schlauch samt Deckel immer auf eine ähnliche leere Flasche, damit die farbigen Wassertropfen im Schlauch nicht auslaufen oder sich trennen können.
4. Um den Schlauch nicht zu verdrehen und womöglich die Abdichtung zu beschädigen, solltest du immer die Flasche auf den Deckel schrauben und nicht anders herum.
5. Bewahre deinen Druckmesser in einem Kasten oder Karton auf und vergewissere dich vor dem Verstauen stets, dass der Deckel mit dem Schlauch sicher auf der Flasche festgeschraubt ist.
6. Gib nicht mehr als ein oder zwei Tropfen Farbwasser in die Schlauchöffnung oben am Messstab. Sollten sich die beiden Tropfen trennen, bläst du behutsam in den Plastikschlauch hinein und saugst danach daran – dann dürften sich die Tropfen verbinden.
7. Bei den Experimenten solltest du immer zuerst die pulverförmigen Substanzen und danach die Flüssigkeiten in die Glasflasche einfüllen und die Flasche sofort danach fest zuschrauben. Wenn du die Lösungen in anderen Behältern anmischst und erst dann in deine Druckmesserflasche gibst oder die Flasche nicht rasch genug verschließt, werden deine Versuche misslingen.

88 CO_2-Auftrieb

WAS DU BRAUCHST

Druckmesser
1 Esslöffel Backpulver
1/2 Tasse Essig
leere Reserveflasche
gefärbtes Wasser
Pipette

Wie hoch lassen bestimmte Substanzen in der Druckmesserflasche das angefärbte Wasser ansteigen?

Egal, ob du die folgenden Versuche an einem oder an mehreren Tagen durchführst – wichtig ist, dass du alles sorgfältig protokollierst, also in einem wissenschaftlichen Tagebuch schriftlich festhältst, was genau bei welchem Versuch passiert. So machen das auch Berufschemiker in ihren Labors!

So wirds gemacht: Stelle deinen Druckmesser in der Küche auf oder lege Zeitungspapier unter für den Fall, dass du etwas verspritzt oder verschüttest. Die Glasflasche und der Messstab sollten so nahe nebeneinander stehen, dass der Schlauch dazwischen ein tiefes »U« bildet. Nun gibst du mit der Pipette ein oder zwei Tropfen Farbwasser in die Schlauchöffnung am oberen Stabende. Es sollten wirklich nur ein paar Tropfen sein, die bis in den unteren Teil des »Us« hinablaufen müssen. Tun sie das nicht oder trennen sie sich, musst du vorsichtig in das Schlauchende blasen oder daran saugen, bis sich die Tropfen verbinden und an den Punkt fließen, wo sie hin sollen.

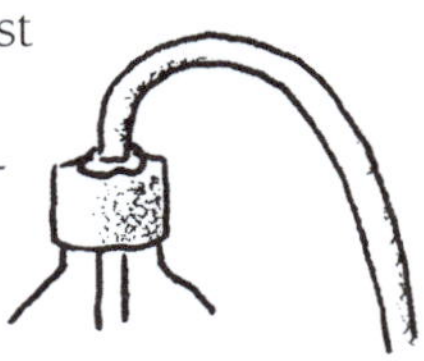

Als Nächstes misst du einen Esslöffel Backpulver ab und stellst die halbe Tasse Essig bereit.

Schraube die Druckmesserflasche vom Deckel ab und stecke den Deckel samt dem daranhängenden Schlauchende auf eine andere Flasche. Nun schütte das Backpulver in die Flasche, gefolgt von dem Essig (nicht vergessen – Flüssigkeiten immer zuletzt!). Dann schraubst du ganz schnell den Deckel auf und schüttelst die Flasche etwas. Schreibe auf, was passiert und bis zu welchem Messstrich deine farbige Tropfenmarkierung am Messstab emporsteigt.

Vor jedem neuen Experiment musst du die Glasflasche zuerst gründlich ausspülen, andernfalls könnten deine Ergebnisse verfälscht werden.

Mit den folgenden Lösungen kannst du insgesamt fünf Experimente durchführen:

Testsubstanzen:

- 1 Esslöffel Natron und 1/2 Tasse Essig
- 2 Alka-Seltzer®-Tabletten und 1/2 Tasse Wasser
- 1/2 Tasse kohlensäurehaltiges Erfrischungsgetränk
- 1 Esslöffel Natron und der Saft von einer Zitrone
- 1 Esslöffel Natron und 1/2 Tasse Wasser

Hinweis: Zur Abwechslung könntest du die Mengen der trockenen und der flüssigen Zutaten etwas verringern oder erhöhen und schauen, was dabei herauskommt und ob sich die Testergebnisse dadurch verändern.

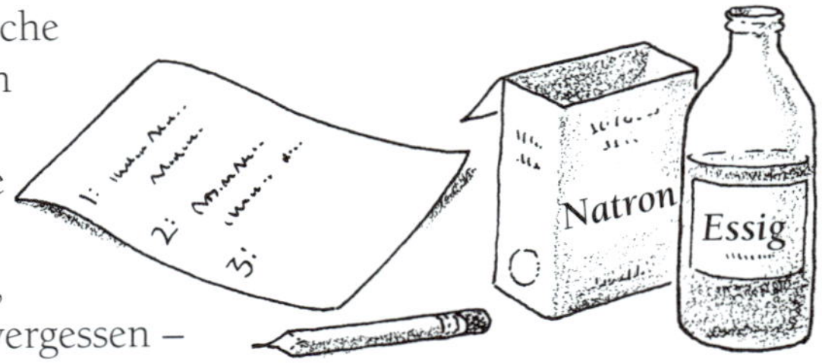

Das passiert: Das angefärbte Wasser steigt in dem Schlauch nach oben – zuweilen mit viel Geblubber und Aufschäumen, oder auch ganz langsam und gleichmäßig. Manchmal tut sich überhaupt nichts.

Warum? Offensichtlich wird bei manchen chemischen Reaktionen erheblich mehr CO_2 freigesetzt als bei anderen. Die Kombinationen Essig-Natron und Essig-Backpulver dürften bei diesen Experimenten die heftigsten Reaktionen hervorrufen – in beiden Fällen steigt die farbige Wassermarkierung geräuschvoll und unter heftiger Blasenbildung im Schlauch empor.

Auch die Mischung aus Alka-Seltzer®-Tabletten und Wasser sowie die Natron-Zitronensaft-Lösung geben einiges an Kohlendioxidgas ab, aber die farbigen Wassertropfen steigen dabei sicher nicht so hoch wie bei den vorgenannten Mischungen – und tun es auch wesentlich gemächlicher und leiser. Absolut gar nichts regt sich bei der Natron-Wasser-Lösung, bei der offenbar überhaupt kein CO_2 freigesetzt wird

Hinweis: Wenn die Experimente bei dir anders verliefen als oben beschrieben, solltest du sie wiederholen. Und nicht vergessen – immer zuerst die trockenen Zutaten in die Flasche geben, dann die flüssigen und die Flasche unmittelbar danach ganz schnell zuschrauben, bevor das CO_2-Gas entweichen kann!

Küchenchemie

Die meisten Menschen denken beim Kochen sicher nicht an chemische Reaktionen, aber nichts anderes passiert, wenn zum Beispiel aus Teigen leckere Torten, Plätzchen und Pfannkuchen werden oder wenn Zucker kristallisiert und sich in Karamell verwandelt.

Wissenswertes über Kochen und chemische Reaktionen

Bei den meisten Vorgängen in der Küche sind chemische Veränderungen und Reaktionen im Spiel. Wenn die Pizza zu lange im Ofen bleibt, entsteht eine kohlrabenschwarze Substanz namens Kohle. Mithilfe von Hefe und Kohlendioxidgas gehen Brotteige auf und durch einen Vorgang namens Osmose sorgt Salz dafür, dass aus ganz normalen Gurken eingelegte Gurken werden, die ganz anders schmecken als vorher.

Wundere dich nicht, wenn deine Familie das eine oder andere der hier verwendeten Testrezepte zur Lieblingsspeise erklärt! Was bei den folgenden chemischen Experimenten herauskommt, ist nämlich nicht nur total spannend, sondern auch richtig lecker!

89 Würzige Aufgüsse

Von einem Aufguss (oder auch »Infusum«) sprechen Chemiker, wenn sie Pflanzen mit heißem Wasser übergießen, um auf diese Weise bestimmte Bestandteile aus ihnen herauszulösen – oder zu »extrahieren«. Manche Leute nehmen so etwas täglich zu sich – in Form von Tee oder Kaffee. In diesem Experiment wirst du deine eigenen Aufgüsse brauen und feststellen, dass sie gar nicht übel schmecken!

WAS DU BRAUCHST

Teekessel mit kochendem Wasser

kleines Küchen- oder Teesieb

1/2 Teelöffel von mindestens 6 der folgenden Kräuter und Gewürze: Blätter von Lorbeer, Oregano, Basilikum, Minze oder Petersilie; Samen wie Nelken und Anis, Senf- oder Fenchelkörner, Zimtrinde etc.

Teetassen oder Henkelbecher

Löffel

Papier und Stift, um Merkmale wie Löslichkeit und Geschmack zu protokollieren

So wirds gemacht: Gib ein Gewürz bzw. ein Kraut in das Sieb und lege es auf einen Becher. Nun gieße etwas heißes Wasser aus dem Teekessel darüber und lass die Zutat drei oder vier Minuten darin ziehen. Dann hebst du das Sieb heraus und spülst es unter kaltem fließendem Wasser sauber. Anschließend kannst du deinen »Gewürztee« probieren und seinen Geschmack beschreiben. Das Gleiche machst du mit all den übrigen Zutaten.

Das passiert: Die Kräuter und Gewürze geben im heißen Wasser ihr Aroma sowie Farbstoffe ab.

Warum? Einige Kräuter bzw. Gewürze lösen sich in heißem Wasser leichter als andere. Die Löslichkeit einer Substanz hängt von ihrer chemischen Zusammensetzung ab, das heißt davon, wie ihre Moleküle angeordnet sind. Ein Tee kann leicht und süß, aber auch stark und bitter sein. Manche Tees erzeugen im Mund ein pelziges Gefühl, andere sind so schwach, dass man kaum etwas wahrnimmt.

90 Lustiges Probetrinken

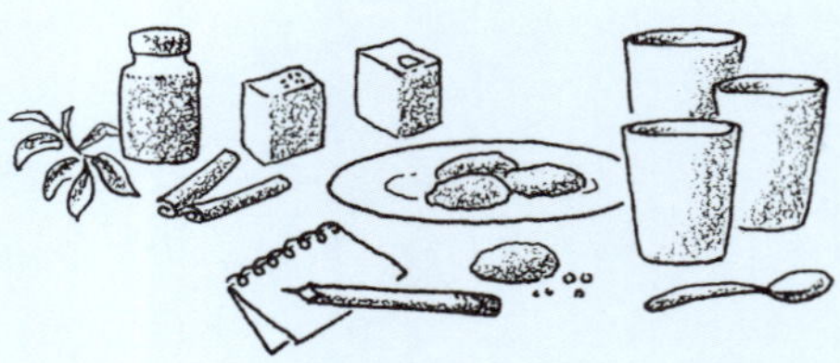

Wie wärs, wenn du an einem kalten, regnerischen Tag ein paar Freunde zu einer Teeprobe einlädst? Besorge dazu möglichst viele Kräuter und Gewürze, aber sage nicht, was du für die verschiedenen Aufgüsse jeweils verwendet hast. Du könntest zu diesem Probetrinken zum Beispiel »Tees« aus Muskat, Anis, Pfefferminz, Fenchel, Zimt und Nelken vorbereiten – oder auch ungewöhnlichere Zutaten wie Piment oder Ingwerwurzel verwenden. Zum Süßen stellst du Honig oder Zucker bereit. Serviere die Tees in Wegwerfbechern und gib jedem einen Löffel zum Umrühren. Dazu kannst du leichte Plätzchen mit neutralem Geschmack anbieten. Lege Zettel und Bleistifte bereit und bitte jeden deiner Gäste, die jeweilige Teezutat herauszufinden und aufzuschreiben, wie stark sie sich gelöst hat und wie es schmeckt. Viel Spaß bei dieser Teeparty!

Alles in Butter!

91

Hast du schon mal selbst Butter angerührt? Das ist gar nicht schwer und bei diesem Experiment (lass dir dabei helfen!) wird mit kleinen Mengen gearbeitet, die man sich gleich aufs Brot schmieren kann! Es dauert etwa zehn Minuten – aber es lohnt sich auf alle Fälle!

WAS DU BRAUCHST

- 1 Becher kalte, vollfette Schlagsahne
- kleine Schüssel, kalt aus dem Kühlschrank
- Elektro-Handmixer
- Messbecher

So wirds gemacht: Gieße die Sahne in die gut gekühlte Schüssel und rühre sie mit dem Mixer auf höchster Stufe, bis sich gelbliche Klumpen bilden. Das kann bis zu zehn Minuten dauern. Die Flüssigkeit, die sich während des Rührens bildet, gießt du zwischendurch in den Messbecher ab und rührst dann weiter.

Das passiert: Die Sahne verwandelt sich in Butter – und in dem Messbecher befindet sich zum Schluss ganz schön viel Flüssigkeit.

Warum? Sahne besteht aus Butterfettkügelchen und Wasser. Es ist eine Suspension – also eine Aufschwemmung feinstverteilter fester Stoffe in einer Flüssigkeit. Beim Mixen prallen die Fettmoleküle aufeinander und vereinigen sich zu Klumpen. Diese werden mit der Zeit immer größer – und fertig ist die Butter, eine feste Substanz. Die wässrigen Sahnebestandteile befinden sich jetzt (als Buttermilch) im Messbecher. Nun – wie viel von der Sahne war Butterfett und wie viel war Wasser?

92

Mayo mal anders

Für diese Mayonnaise brauchst Du keine frischen Eier, sondern einfach etwas Eier-Ersatzpulver. Das Ergebnis dieses Experiments kannst du als Brotaufstrich oder Salatsauce verwenden. Bereite deine Mayonnaise am besten immer ganz frisch und nur in kleinen Mengen zu.

WAS DU BRAUCHST

- kleine Schüssel zum Anmischen
- Löffel zum Umrühren
- 2 Esslöffel Eier-Ersatzpulver (Naturkostläden/Reformhaus)
- 1/2 Teelöffel Senf
- 1 Teelöffel Zitronensaft
- Salz und Pfeffer nach Geschmack
- 1/2 Tasse Speiseöl
- 1 Teelöffel kochendes Wasser

So wirds gemacht: Gib das Eier-Ersatzpulver in die Schüssel und füge Senf, Zitronensaft, Salz und Pfeffer hinzu. Nach und nach etwas Öl einrühren und das Ganze dann kräftig schlagen. Mehr Öl hinzufügen und erneut schlagen, bis die Mayonnaise etwas fester wird. Nun kann das Öl etwas rascher zugegeben werden. Falls sich das Öl immer wieder abtrennt (hier lernst du aus erster Hand, wie sich Emulsionen verhalten!), füge noch etwas Senf hinzu und verrühre die Zutaten weiter. Zum Schluss gibst du einen Teelöffel kochendes Wasser hinzu, um die Mayonnaise zu stabilisieren.

Das passiert: Aus den ursprünglich nicht miteinander mischbaren Substanzen entsteht Mayonnaise. Dabei handelt es sich um eine Emulsion, in der Substanzen in Form feinster Tröpfchen in einer Flüssigkeit schweben bzw. verteilt sind.

Warum? Bei deiner Mayonnaise wirken der Senf und das kochende Wasser als »Emulgatoren«. Sie verhindern, dass sich Öl und Zitronensaft wieder trennen. Ohne diese Hilfsstoffe wäre die Mischung instabil, d. h. ihre Bestandteile würden sich wieder trennen.

Mit zerkleinertem Estragon (ein Würzkraut) wird deine Mayonnaise zum leckeren leichten Salatdressing.

Eingelegte Delikatesse

93

Das passiert: Die Gurkenscheiben verwandeln sich in eine vereinfachte Version knackiger, eingelegter Gewürzgurken.

WAS DU BRAUCHST

- 1 große, ungeschälte Salatgurke
- 1 Esslöffel Salz (15 g)
- 1 Esslöffel Zucker (15 g)
- 1/2 Tasse Apfelwein oder heller Essig
- kleine, abdeckbare Servierschale
- 1 Esslöffel (15 g) zerhackter Dill, Petersilie oder Estragon (frisch oder getrocknet)
- Gabel, Messer, Löffel
- tiefe Schüssel
- kleiner Teller und ein Gewicht

So wirds gemacht: Wasche die Gurke gründlich. Stich mit den Gabelzinken am oberen Ende ein und ziehe lange Rillen bis zum anderen Ende und rings um die Gurke herum. Schneide die Gurke in hauchdünne Scheiben, lege sie in die tiefe Schüssel und bestreue sie mit Salz, Zucker und gieße den Wein oder den Essig darüber. Alles gut vermengen. Nun legst du den kleinen Teller umgedreht über die Gurkenscheiben und stellst etwas Schweres darauf – z. B. eine volle Konservendose. Etwa eine Stunde lang ziehen lassen, die Flüssigkeit abgießen, die Gurkenscheiben in die Servierschale geben und diese zwei oder drei Stunden kühlen. Vor dem Servieren nochmals abgießen und zum Schluss mit zerhackter Petersilie, Dill oder Estragon garnieren.

Warum? Das Salz, der Zucker und Essig fermentieren die Gurkenscheiben. Bei einem Vorgang, den man als Osmose bezeichnet, wird den Gurken Wasser entzogen – deshalb sind sie so schön knackig und bissfest.

Fermentation (Vergärung)
Salz verhindert das Verderben von Lebensmitteln. Eingelegtes Gemüse wird meist dadurch hergestellt, dass man Gemüse in Salzwasser, die Salzlake, gibt. Das Salz entzieht dem Gemüse Flüssigkeit und unterstützt die Vergärung.

Apfel-Atome

94

Die Atome eines Apfels kann man im Handumdrehen neu anordnen und auf diese Weise ein leckeres warmes Dessert für vier Personen zaubern …

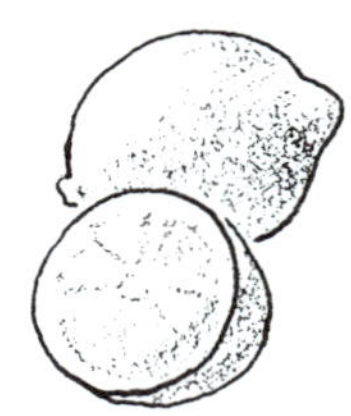

WAS DU BRAUCHST

- großer Topf
- 1 1/2 Tassen Wasser
- 1/2 Tasse Zucker
- Zitronenscheibe
- 6 mittelgroße Äpfel
- Schäler und Messer
- Herdbenutzung (vorher um Erlaubnis fragen!)
- Zimt

So wirds gemacht: Wasser, Zucker und Zitrone in den Topf geben und fünf Minuten lang kochen. Dann die Zitronenscheibe herausfischen. Nun schälst du die Äpfel, entfernst die Kerngehäuse und schneidest die Äpfel in Scheiben. Gib sie in die aufgekochte Zuckermasse und lasse sie köcheln, bis das Fruchtfleisch weich ist. Bei Bedarf etwas Wasser zufügen. Zum Schluss werden die Apfelscheiben auf Teller gelegt, mit dem warmen Zuckersirup übergossen und mit etwas Zimt bestreut.

Das passiert: Die festen Fruchtscheiben werden weich und schmecken köstlich.

Warum? Zitronensäure und Zucker verbinden sich mit Pektin – einer Substanz, die in den Äpfeln enthalten ist. So entsteht eine gelartige Masse. Auch das kochende Wasser trägt dazu bei, die Struktur der Apfel-Atome bzw. Moleküle aufzubrechen, wobei das feste Fruchtfleisch weich wird.

95 Instant-Limo

WAS DU BRAUCHST

Topf
2 Tassen Zucker
1 Tasse Wasser
Herdbenutzung (um Erlaubnis oder Hilfe bitten!)
Sieb
1 Tasse Zitronensaft
große saubere Glaskanne oder verschließbarer Behälter

Wie du siehst, hat alles in der Küche irgendwie mit Chemie zu tun. Wie Bonbons sind auch Sirupe im Grunde nur extrem gesättigte Lösungen aus Zucker und Wasser. Diese beiden Stoffe unterscheiden sich nur durch die Temperatur, bei der sie anfangen, sich chemisch zu verändern. Bei dem folgenden Experiment entsteht Zitronensirup, aus dem du eine erfrischende Limonade mixen kannst.

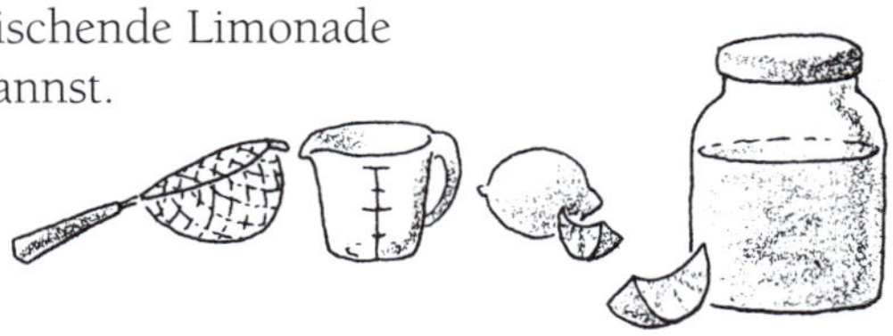

So wirds gemacht: Gib Zucker und Wasser in den Topf und lass beides fünf Minuten kochen. Anschließend abkühlen lassen, den Zitronensaft einrühren und den Sirup dann durch ein Sieb in den Behälter abgießen. Im Kühlschrank aufbewahren. Wenn der große Durst kommt, einfach zwei Teelöffel Sirup in einem Glas mit eiskaltem Wasser verrühren. Hmmmmm!

Das passiert: Zucker, Zitronensaft und Wasser verbinden sich zu einem dicken Sirup mit Zitronenaroma.

Warum? Durch die Hitze werden Zucker und Wasser zunächst sehr gut miteinander vermischt; mit der Zeit verkocht ein Teil des Wassers und entweicht in Form von Wasserdampf. Sobald sich die eingedickte Lösung abkühlt, findet eine chemische Reaktion mit dem Zitronensaft statt und es entsteht eine zähflüssige Mischung.

96 Kräuterdressing

WAS DU BRAUCHST

Glas mit Deckel
1 Teelöffel Kräuter (zerhackte Petersilie, Schnittlauch, Minze, Estragon oder eine Mischung)
1/2 Tasse Öl
1/2 Tasse Essig
Salz und Pfeffer nach Geschmack

Salatdressings wissen manchmal nicht so recht, ob sie Emulsionen sind oder nicht … machen wir doch die Probe aufs Exempel und sehen, was dabei herauskommt!

So wirds gemacht: Sämtliche Zutaten ins Glas geben und gründlich schütteln. In den Kühlschrank stellen und vor Gebrauch erneut schütteln.
Das passiert: Beim Schütteln verbinden sich Öl und Essig, später trennen sich die beiden wieder.
Warum? Essig, Öl und Wasser verhalten sich nur vorübergehend wie eine Emulsion – eigentlich handelt es sich um eine Suspension. Dabei kommt es zu einer Aufschwemmung feinstverteilter fester Stoffe, die sich mit anderen feinstverteilten festen Stoffen in einer Flüssigkeit verbinden – aber nur eine Zeit lang. Deshalb ist ein Dressing keine echte Emulsion (wie Mayonnaise), sonst würden sich seine Bestandteile nicht wieder trennen.

97 Lecker!

Jetzt wird's süß: Ein endothermes Eisdessert neben dem auf Seite 90 erhältst du, wenn du die Säfte aus dem Zitronen-Preiselbeer-Rezept (von Seite 90) durch 1 Esslöffel Vanillepuddingpulver, 1/2 Tasse kalte Kondensmilch, 1/2 Tasse Magermilch, 1 Esslöffel Zucker und 1/2 Teelöffel Vanilleextrakt ersetzt. Alle Zutaten gründlich vermischen, in einen Behälter füllen und ins Eisbett stellen. Ergibt ein köstliches Vanille-Softeis!

98 Endothermes Zitronen-Preiselbeer-Eisdessert

Klingt spannend – dabei bedeutet »endotherm« nichts anderes, als dass bei einem Vorgang Wärme aufgenommen anstatt freigesetzt wird. Kannst du dir vorstellen, dass man auf diese Art aus Frucht- und Zitronensaft ein delikates Eisdessert herstellen kann?

WAS DU BRAUCHST

kleines, sauberes Glas mit Deckel

mittelgroße Schüssel

mehrere Papierhandtücher oder 2 kleine Geschirrtücher (um die Schüssel darin einzuwickeln)

Löffel

1/2 Tasse Saft von Preiselbeeren oder anderen Früchten

1 Esslöffel Zitronensaft

1/2 Tasse Steinsalz (aus der Gewürzabteilung im Supermarkt)

6 Tassen zerstoßenes Eis

So wirds gemacht: Frucht- und Zitronensaft in das Glas geben und gut schütteln. Den Deckel abnehmen und das Glas in die Schüssel setzen. Rings um das offene Glas bis oben hin zerstoßenes Eis aufhäufeln und darüber das Steinsalz streuen. Die Papierhandtücher einmal längs falten und um die Schüssel wickeln. Ein oder zwei schwere Gegenstände gegen die Schüssel lehnen, damit die Tücher nicht auseinander fallen. Und nun: Zwei Stunden warten!

Das passiert: Die Säfte verwandeln sich in ein kaltes Dessert – halb Eis, halb Flüssigkeit.

Warum? Das Salz auf dem zerstoßenen Eis entzieht den Säften im Glas die Wärme, so dass deren Temperatur unter den Gefrierpunkt sinkt.

99 Ahornsirup-Zuckerl

Die frühen amerikanischen Siedler machten sich im Winter gerne »Jack Wax«. Für diese Süßigkeit wurde Ahornsirup aufgekocht und dann auf frischen Schnee geschüttet, wo er sofort erhärtete – und die leckersten Bonbons lieferte. Das Ganze dauert nur wenige Minuten!

WAS DU BRAUCHST

1/2 Tasse Ahornsirup

1 Behälter, mikrowellengeeignet

mittelgroße Schüssel, zur Hälfte mit zerstoßenem Eis gefüllt

Löffel

Gabel

ein Erwachsener als Assistent

So wirds gemacht: Gieße den Sirup in den Behälter und lass ihn auf höchster Stufe fünf Minuten lang kochen. Anschließend wird der Ahornsirup mit dem Löffel ganz vorsichtig über das Eis gegossen. (Dabei muss man sehr vorsichtig sein – heißer Zucker kann zu schmerzhaften Verbrennungen führen!)

Das passiert: Der heiße Sirup wird sofort hart und zieht karamellartige Fäden. Diese kannst du mit der Gabel aus dem Eis fischen. Besonders gut schmecken die Ahornsirup-Zuckerl als Leckerei zwischendurch, zum Frühstück oder zu den köstlichen Apfelschorle-Pfannkuchen aus dem nächsten Rezept!

Warum? Der Ahornsirup wird beim Erhitzen chemisch verändert, wobei sich die Zuckerkristalle zu einer festen Masse verbinden.

100 Mondkrater-Pfannkuchen

WAS DU BRAUCHST

2 Tassen Pfannkuchenmischung
1 1/3 Tassen Apfelschorle (kohlensäurehaltiges Mineralwasser und Apfelsaft gemischt)
Schneebesen
Messbecher
Bratpfanne sowie Herdbenutzung (um Erlaubnis oder Hilfe bitten)
Schüssel zum Anmischen
1 Ei
1/2 Tasse Speiseöl
Pfannenwender

Nein, sie stammen natürlich nicht vom Mond, obwohl sie fast genauso viele Krater aufweisen – aber diese Apfelschorle-Pfannkuchen schmecken einfach außergalaktisch gut! Der Teig wird bei der Zubereitung chemisch verändert, wobei sich Löcher und Bläschen bilden. (Das Rezept ergibt 16 Stück.)

So wirds gemacht: Alle Zutaten in die Schüssel geben und gründlich miteinander verrühren – aber nicht übertreiben. Anschließend gießt du den flüssigen Teig in den Messbecher. Nun die Bratpfanne leicht einfetten und die Herdplatte einschalten. Sobald die erforderliche Hitze erreicht ist (lass dir am besten helfen!}, gibst du den Teig darauf – genug für Pfannkuchen von je 10–15 cm Durchmesser. Eine Seite backen lassen, bis sich Blasen bilden und die Oberfläche leicht trocken erscheint. Dann mit dem Pfannenwender umdrehen und weiterbacken, bis sich die Pfannkuchen leicht lösen lassen.

Das passiert: Wenn du den Teig anmischst, bilden sich darin zahlreiche Luftbläschen. Beim Erhitzen wird der Teig gegart und es entstehen luftige Pfannkuchen. Sie schmecken köstlich mit Butter, Sirup oder Apfelmus – oder mit selbst gemachten Ahornsirup-Zuckerln (siehe S. 90)!

Warum? Die Apfelschorle enthält Kohlensäure. Die »Krater« oder Löcher auf den Pfannkuchen entstehen durch das beim Anmischen und Erhitzen freigesetzte Kohlendioxidgas.

Das macht die Pfannkuchen auch so schön locker und luftig. Wenn du Teig für später aufhebst, werden die damit gebackenen Pfannkuchen schwerer und flacher, weil das CO_2-Gas dann bereits teilweise oder ganz entwichen ist. Ähnliches passiert ja auch mit kohlensäurehaltigen Getränken, wenn die Flasche nicht zugeschraubt wurde – sie schmecken später abgestanden.

101 Zerstoßenes Eis

Wenn ihr keinen speziellen Icecrusher habt, kannst du zerstoßenes Eis auch aus normalen Eiswürfeln herstellen, indem du sie in einen Mixer oder eine Küchenmaschine gibst – oder einfach in ein sauberes Geschirrtuch einwickelst und mit einem Hammer zerkleinerst.

Gib zwei Tassen Eiswürfel und eine Tasse Wasser in den Elektromixer oder in den Behälter der Küchenmaschine. Dann drückst du auf die »ICE«-Taste oder stellst die höchste Stufe ein. Du solltest das Gerät zwischendurch mehrmals abschalten und die Eisstückchen mit einem Teigschaber oder einem Holzlöffel auflockern, damit sie möglichst gleichmäßig zerkleinert werden.

Falls nötig, lass dir beim Eiszerkleinern von jemandem helfen.

Wissensnahrung fürs Gehirn

Im folgenden Kapitel geht es um Fragen wie: Warum verspüren wir Hunger? Warum machen salzige Kartoffelchips durstig? Beeinflusst die Temperatur den Geschmack einer Mahlzeit? Was verursacht Salz im Kochtopf – und in unserem Körper? Ist Honig gesünder als Zucker? …

Wissenswertes über Hunger und Nahrung

Warum kochen wir eigentlich? Nun, in erster Linie werden viele Nahrungsmittel so für uns erst verdaulich. Wir kochen aber auch, weil die Speisen dadurch besser schmecken. Aber warum wird man überhaupt hungrig?

Unsere körpereigenen Chemikalien – im Blut, in den Verdauungshormonen und im Nervensystem – geben uns entsprechende Signale, zum Beispiel in Form von Magenbewegungen. Unser Gehirn interpretiert diese Signale als das Bedürfnis, etwas zu essen.

Hunger und Sättigung unterliegen jedoch auch noch anderen Einflüssen. Oft verspüren wir Appetit und essen etwas, obwohl es gar nicht nötig wäre. Vielleicht liegt das daran, dass wir etwas ganz besonders mögen oder weil wir uns über etwas ärgern und meinen, dass wir uns besser fühlen, wenn wir etwas essen. Oder wir essen, weil alle anderen auch gerade etwas essen. Manchmal wiederum lehnen wir Nahrung ab, obwohl wir welche bräuchten – vielleicht, weil wir krank sind, Kummer haben oder nicht zunehmen wollen. So manches Mal essen wir auch nicht genug, weil wir den Geruch oder den Geschmack von etwas nicht ausstehen können.

Über Geschmack …

… lässt sich bekanntlich nicht streiten. Ob und wie uns etwas schmeckt, hängt größtenteils von unserer Zunge ab, auf der sich etwa 3 000 Geschmacksknospen befinden. Die Geschmacksempfindungen werden ausgelöst durch winzige Sinneszellen, die in kleinen rundlichen Erhebungen (Papillen) der Zungenschleimhaut eingebettet sind. Übrigens spielt auch die Nase beim Geschmackssinn eine entscheidende Rolle! Das merkst du spätestens bei einer Erkältung, wenn du kaum riechen oder schmecken kannst, was du isst.

102 Schmecken durch die Nase

WAS DU BRAUCHST

- kleine Kartoffel, geschält und gerieben
- kleiner Apfel, geschält und gerieben
- Reibe
- 2 Löffel

Der Geruch einer Speise ist genauso wichtig wie ihr Geschmack! Mehr noch, von ihrem Geruch hängt sogar weitgehend ab, wie sie schmeckt! Wer das nicht glaubt, der sollte dieses Experiment durchführen.

So wirds gemacht: Lege etwas von der geriebenen Kartoffel auf einen Löffel und etwas von dem Apfel auf den anderen Löffel. Schließe die Augen und vertausche die Löffel so, dass du nicht mehr weißt, was sich auf welchem befindet. Nun halte dir die Nase zu und probiere von jedem Löffel.

Das passiert: Es wird dir schwerfallen, zwischen Apfel und Kartoffel zu unterscheiden!

Warum? Nase und Mund hängen insofern zusammen, als sie beide in den Rachen (Pharynx) münden. Deswegen können wir Speisen gleichzeitig riechen und schmecken.

Es gibt vier grundlegende Geschmacksqualitäten: salzig, süß, bitter und sauer. Alle anderen Geschmacksempfindungen sind Kombinationen aus Geschmack und Geruch.

103 Manche mögens heiß

WAS DU BRAUCHST

- Glas kaltes Wasser mit 1/2 Teelöffel Salz
- Glas kaltes Wasser mit 1/2 Teelöffel Zucker
- Glas kaltes Wasser mit dem Saft einer halben Zitrone
- Kochtopf
- Lebensmittelthermometer (eventuell)
- Herdbenutzung (um Erlaubnis oder Hilfe bitten!)

So wirds gemacht: Trinke einen Schluck von dem kalten Salzwasser. Lass das Glas etwa eine Stunde bei Raumtemperatur stehen und nimm dann nochmals einen Schluck. Dann bringe es zum Kochen und probiere erneut davon. Anschließend lässt du es wieder abkühlen und versuchst es ein viertes Mal.

Das Gleiche machst du mit dem Zuckerwasser und dem Zitronenwasser.

Das passiert: Das Salzwasser schmeckt bei Raumtemperatur salziger als bei den anderen Temperaturen. Das Zuckerwasser schmeckt am süßesten und das Zitronenwasser am sauersten, wenn sie jeweils leicht erwärmt sind.

Warum? Zwischen 22 °C und 40 °C sind die Geschmacksqualitäten am intensivsten. »Salzig« und »bitter« treten im unteren Temperaturbereich, d. h. etwa bei Raumtemperatur, stärker hervor, »süß« und »sauer« bei höheren Temperaturen. Ist eine Speise sehr heiß oder kalt, schmeckt man nicht viel von ihr, weil die Rezeptorzellen in unserer Zunge die Moleküle dann nur schwer wahrnehmen können. Deshalb müssen Eisfabrikanten z. B. doppelt so viel Zucker verwenden, als wenn Eis bei Raumtemperatur gegessen würde. Unabhängig von der Temperatur reagieren wir auf »bitter« stärker als auf die übrigen drei Geschmacksrichtungen.

104 Verschrumpelte Gurke

WAS DU BRAUCHST

Gurke oder Salat
Salz

Unser Körper braucht die beiden Substanzen Natrium und Chlorid, die ihm das Salz liefert. Zu viel Salz – oder ein Zuviel an Nahrungsmitteln, die mit Salz haltbar gemacht sind – kann aber auch gesundheitsschädlich sein. Salz ist ein ganz besonderer Stoff! Mal sehen, was es einem harmlosen Gemüse antun kann.

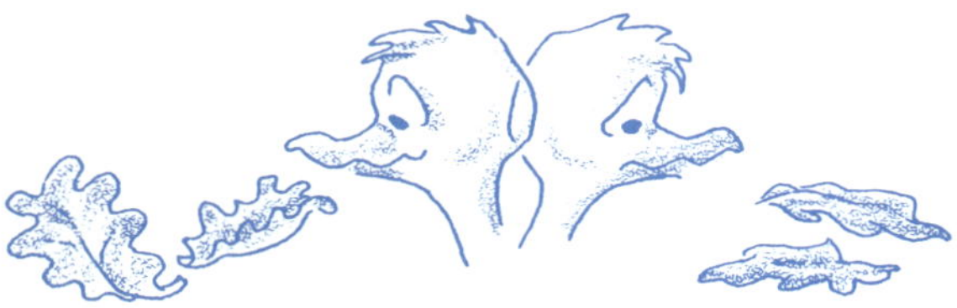

So wirds gemacht: Schneide zwei bis drei Scheiben von der Gurke ab oder zupfe ein paar Blätter vom Salat. Dann bestreue sie mit Salz und lasse sie eine Weile liegen.

Das passiert: Sie verwelken!

Warum? Das Salz entzieht den Pflanzenzellen Wasser. Genau das Gleiche macht es mit unseren Körperzellen, wenn wir zu viel Salz essen, d. h. wenn sich in der Flüssigkeit, die unsere Zellen umgibt, zu viel Natrium befindet. Und verschrumpelte Körperzellen können nicht mehr richtig funktionieren.

Salz ist ein lebenswichtiger Bestandteil unseres Blutes und anderer Körperflüssigkeiten, aber im Übermaß raubt es den Zellen zu viel Wasser und Kalium. Das führt zu Bluthochdruck oder schädigt die Niere.

105 Zu viele Kartoffelchips!

WAS DU BRAUCHST

salzbestreute Brezel
oder
Kartoffelchips

Hier erfährst du, mit welchem Trick sich der Körper vor zu hohen Salzkonzentrationen schützt.

So wirds gemacht: Iss eine Salzbrezel oder drei bis vier Kartoffelchips.

Das passiert: Du bekommst Durst!

Warum? Dein Körper verlangt das zusätzliche Wasser, um das überschüssige Salz auflösen zu können. Durst verhindert also, dass die Salzkonzentration im Körper zu stark ansteigt, was ihn funktionsuntüchtig machen könnte.

Wenn unsere Körperflüssigkeiten zu viel Natrium und Kalium enthalten, löst der Hypothalamus (ein Teil unseres Zwischenhirns) ein Durstgefühl aus.

Zu einer erhöhten Natriumkonzentration kann es auch kommen, wenn jemand heftig ins Schwitzen gerät. Manche raten dann Salz zu essen, aber das ist falsch. Folge deinem Durstgefühl!

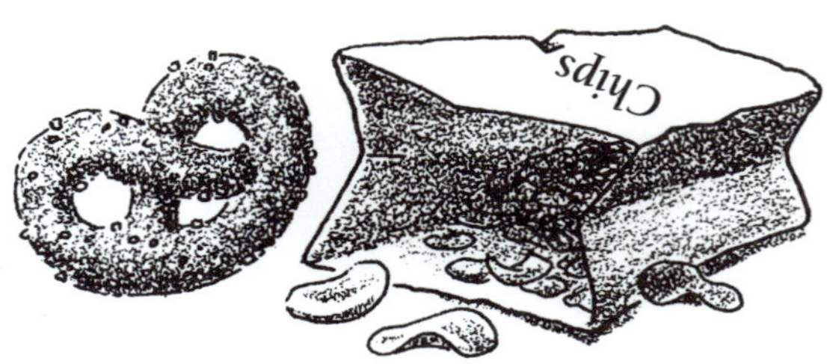

106 Igitt, wie salzig!

Abgesehen davon, dass wir so manches Mal viel zu viel Salz verwenden – warum schmecken manche Nahrungsmittel extrem salzig?

WAS DU BRAUCHST

Salz
Wasser
Messbecher
2 Kochtöpfe
Herdbenutzung (um Erlaubnis oder Hilfe bitten!)

So wirds gemacht: Zwei Esslöffel Salz in einen Messbecher mit zwei Tassen Wasser geben und gut umrühren. Die Flüssigkeit dann auf die beiden Töpfe verteilen, so dass sich in jedem die Hälfte befindet. Das Salzwasser im ersten Topf 20 Minuten und das im zweiten Topf 10 Minuten kochen lassen. Nach dem Abkühlen aus jedem Topf einen Schluck probieren.

Das passiert: Das Wasser aus dem ersten Topf schmeckt viel salziger als das aus dem zweiten.

Warum? Nach Beginn des Kochvorgangs verwandelt sich das Wasser in Dampf – ein unsichtbares Gas – und entschwindet in die Luft (es verdampft). Fortwährendes Kochen erhöht nicht die Temperatur, sondern beschleunigt lediglich die Verdunstung. Je länger man Salzwasser kochen lässt, umso mehr kann verdampfen und umso salziger schmeckt das zurückgebliebene Wasser.

Wasser, Wasser, Wasser!

Früher ging man davon aus, dass Sportler und Tänzer nach intensiver körperlicher Betätigung nichts trinken sollten. Heute wissen wir jedoch, dass Trinken ganz wichtig ist, und zwar vor und nach jeder sportlichen Betätigung – und am besten auch noch währenddessen, wenn sie sich länger hinzieht!

Wenn ein Sportler nicht genug trinkt, kann er das Rennen verlieren, den Ball verpassen oder vom Reck fallen. Muskeln, die nicht genügend Wasser bekommen, werden schwach und müde.

Beim Schwitzen geht zwar schon Salz verloren, aber diese Menge ist immer noch geringer als das Salz, das noch im Blut zirkuliert. Viel wichtiger ist es daher, bei starkem Schwitzen das verlorene Wasser zu ersetzen. Und laut Meinung der Ärzte ist einfaches Wasser ohne Zusätze dazu am besten geeignet.

Welcher Topf? 107

Macht es einen Unterschied, was für einen Topf wir zum Kochen benutzen?

WAS DU BRAUCHST

hoher, schmaler Topf
2 Tassen Wasser
niedriger, breiter Topf
Herdbenutzung (um Erlaubnis oder Hilfe bitten!)

So wirds gemacht: Schütte in jeden Topf eine Tasse Wasser. Dann stelle jeden Topf auf eine Herdplatte und schalte beide auf mittlere Hitze.

Das passiert: In dem niedrigen Topf kocht das Wasser zuerst!

Warum? Im niedrigeren Topf befindet sich weniger Luft. Auf den Wassermolekülen lastet daher weniger Luftdruck und sie können leichter nach oben entweichen (als Dampf). In dem hohen, schmalen Topf ist die Luftsäule über dem Wasser höher, also unterliegt das Wasser hier mehr Druck von oben. Deshalb ist der Siedepunkt hier um etwa 1 °C höher.

Vorsicht, Salz!

Bei Raumtemperatur ist der Salzgeschmack am intensivsten. Wenn wir warme Speisen salzen, die später kalt gegessen werden – zum Beispiel Kartoffelsalat –, können wir weniger Salz verwenden, denn es schmeckt ja später ohnehin salziger. Wenn wir jedoch kalte Speisen salzen, die später erwärmt werden, können wir etwas mehr Salz verwenden.

108 Was kocht schneller?

WAS DU BRAUCHST

2 kleine Töpfe, zur Hälfte mit kaltem Wasser gefüllt
2 Esslöffel Salz
Herdbenutzung (um Erlaubnis oder Hilfe bitten!)

Wie wirkt sich Salz auf kochendes Wasser aus?

So wirds gemacht: Schütte die zwei Esslöffel Salz in einen der Töpfe. In den anderen Topf kommt nichts hinein. Nun bringe das Wasser in beiden Töpfen gleichzeitig zum Kochen. In welchem kocht das Wasser zuerst?

Das passiert: Das ungesalzte Wasser kocht zuerst!

Warum? Den Zeitpunkt, an dem ein Stoff vom flüssigen in den gasförmigen Zustand übergeht, bezeichnet man als Siedepunkt. Je mehr Salz sich im Wasser befindet, umso höher ist sein Siedepunkt, da sich Salzmoleküle erst bei viel heißeren Temperaturen in Gas verwandeln als Wassermoleküle.

Wenn wir also etwas möglichst rasch kochen wollen, fügen wir dem kalten Wasser Salz hinzu, weil es dann bei einer höheren Temperatur kocht. Deshalb kocht man Spaghetti und andere Nudeln zum Beispiel am besten in sprudelndem Salzwasser. Der Temperaturunterschied zwischen gesalzenem und ungesalzenem Wasser kann wichtig werden, wenn wir Saucen und Puddings zubereiten, die exakte Temperaturen oder ein präzises Timing erfordern.

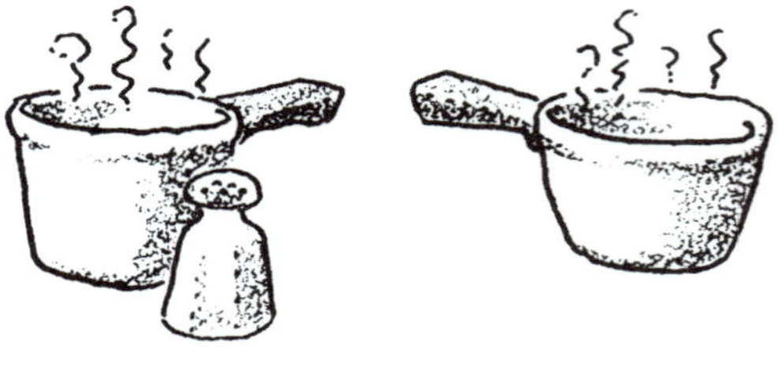

109

Pochierte Eierphysik

WAS DU BRAUCHST

hoher, schmaler Topf
niedriger, breiter Topf
4 Tassen Wasser
Schaumlöffel
2 rohe Eier
Wecker (eventuell)
Herdbenutzung (um Erlaubnis oder Hilfe bitten!)

In welchem Topf kann man ein Ei rascher pochieren, d. h. in siedendem Wasser garen – in einem breiten niedrigen oder in einem schmalen hohen?

So wirds gemacht: Gieße 2 Tassen kaltes Wasser in jeden Topf. Stelle den niedrigen, breiten Topf auf die Herdplatte und schalte diese auf mittlere Hitze. Wenn das Wasser kocht, schlage vorsichtig eines der Eier auf und lass es ins Wasser gleiten. Stelle den Wecker auf 2 Minuten oder zähle 120 Sekunden ab (indem du vor dich hin sagst »Und 1, und 2, und 3, ...« und so weiter, bis 120). Dann holst du das Ei mit dem Schaumlöffel rasch aus dem Wasser.

Wiederhole das Ganze mit dem hohen, schmalen Topf und dem zweiten Ei, das du ebenfalls exakt zwei Minuten kochen lässt.

Das passiert: Das Eiweiß von dem Ei in dem hohen Topf gerinnt schneller als das von dem in dem niedrigeren Topf!

Warum? Weil das Wasser in dem schmalen, hohen Topf einen höheren Siedepunkt hat (siehe »Welcher Topf?«, Seite 96), kocht das Ei darin bei einer höheren Temperatur als in dem niedrigen, breiten Topf. Und deshalb gerinnt das Eiweiß dort schneller.

110

Salz oder Zucker ...?

WAS DU BRAUCHST

1/2 Teelöffel Salz
1/2 Teelöffel Zucker
2 kleine Pfannen
Herdbenutzung (um Erlaubnis oder Hilfe bitten!)

Vor dir stehen zwei identische, unbeschriftete Behälter, von denen einer Salz und der andere Zucker enthält. Kannst du herausfinden, was sich in welchem Behälter befindet – ohne davon zu probieren?

So wirds gemacht: In die eine Pfanne gibst du das Salz und in die andere den Zucker. Dann stellst du beide Herdplatten auf niedrige Hitze und wartest ein paar Minuten.

Das passiert: In der einen Pfanne passiert gar nichts – das ist die mit dem Salz. Die weißen Körner in der anderen Pfanne dagegen werden braun und beginnen zu schmelzen – das ist der Zucker.

Warum? Alle Formen von Zucker sind einfache Kohlenhydrate und bestehen aus Kohlenstoff, Wasserstoff und Sauerstoff. Beim Erhitzen werden die Zuckermoleküle aufgebrochen und bei 189 °C spaltet sich der Zucker in Wasser (Wasserstoff und Sauerstoff) und Kohlenstoff. Der Kohlenstoff führt dabei zur Braunfärbung, d. h. der Zucker karamellisiert. Schon mal Marshmallows über dem Lagerfeuer geröstet? Dabei passiert genau das Gleiche!

111

Zucker oder Salz ...?

WAS DU BRAUCHST

1 Esslöffel Salz
1 Esslöffel Zucker
2 Tassen
Lebensmittelfarbe (2 Farben)
Wasser
leerer Eiswürfelbehälter (mit Fächern)

Hier noch eine weitere Möglichkeit, wie du Zucker und Salz auseinander halten kannst!

So wirds gemacht: Fülle die Tassen zur Hälfte mit Wasser und gib in jede ein paar unterschiedliche Tropfen Lebensmittelfarbe. Dann löst du in der einen Tasse den Zucker und in der anderen das Salz auf. Gieße diese Lösungen in die Fächer des Eiswürfelbehälters und stelle diesen ein oder zwei Stunden ins Gefrierfach.

Das passiert: Die Zuckerlösung gefriert zu Würfeln, die Salzlösung bleibt flüssig.

Warum? Reines Wasser gefriert bei 0 °C zu Eis. Sowohl Zucker als auch Salz setzen seinen Gefrierpunkt herab. Zuckermoleküle sind jedoch schwerer als Salzmoleküle. In einen Löffel passen mehr Salzmoleküle als Zuckermoleküle. Deshalb senkt Salz den Gefrierpunkt etwa doppelt so stark wie Zucker.

112

Die Bonbonfalle

WAS DU BRAUCHST

mittelgroßer Apfel
mittelgroße Banane
Schokoriegel
Schokoladenstücke

Wenn einen der kleine Hunger zwischendurch überkommt, greift man gerne zu einem Schokoriegel ... Was wäre, wenn man stattdessen etwas Obst essen würde?

So wirds gemacht: Iss als Nachmittagsimbiss heute einen Schokoriegel und morgen einen Apfel. Am dritten Tag isst du dann etwas Schokolade und am vierten Tag die Banane.

Das passiert: Alles schmeckt prima – aber nach der Schokolade verspürst du weiterhin Hunger und isst dann womöglich noch mehr davon. Nach dem Apfel bzw. nach der Banane fühlst du dich dagegen wahrscheinlich satt.

Warum? Der Zucker in der Schokolade ist hoch raffiniert und wird im Nu verdaut. Er verbleibt also nicht lange im Magen, so dass dieser gleich wieder Hunger signalisiert. Rosinen, Äpfel, Bananen, Birnen und Melonen enthalten Fruktose. Das ist eine Zuckerart, die langsamer verdaut wird und den Körper erst nach und nach mit Brennstoff versorgt. In drei Schokoriegeln steckt die gleiche Menge an Kalorien wie in einem knappen Pfund Äpfel!

Salz und Eiscreme

Bei der Herstellung von Eiscreme werden Milch oder Sahne, Zucker, Aromastoffe und Gelatine in einen speziellen Behälter gegeben, der in einem Eiswasserbad sitzt. Um das Wasser flüssig zu halten, wird so viel Salz zugegeben, dass die Temperatur auf unter – 3 °C sinkt. Deshalb spielt Salz bei der Eisherstellung eine wichtige Rolle!

113

Der Plätzchentest

Vergleiche einmal, wie Plätzchen schmecken, die mit ganz unterschiedlichen Stoffen gesüßt werden!

WAS DU BRAUCHST

2 Tassen Mehl (170 g)
170 g Margarine oder Butter
2 Esslöffel weißer Zucker
2 Esslöffel brauner Zucker
1 Esslöffel Honig
1 1/2 Teelöffel Zitronensaft
Schüsseln
Holzlöffel
Backbleche
Teelöffel
Herdbenutzung (um Erlaubnis oder Hilfe bitten!)

So wirds gemacht: Heize den Ofen auf 175 °C vor. Lass die Margarine bzw. Butter bei Raumtemperatur etwas weich werden, bevor du sie mit den anderen Zutaten vermengst.

Zunächst 4 Esslöffel Fett mit dem weißen Zucker cremig rühren – entweder in der Küchenmaschine oder mit dem Holzlöffel in einer Schüssel. Einen halben Teelöffel Zitronensaft hinzufügen und nach und nach eine halbe Tasse Mehl unterrühren, bis sich der Teig zu einer Kugel formen lässt.

Dann wiederholst du das Ganze, verwendest aber anstatt des weißen Zuckers beim zweiten Mal den braunen Zucker und beim dritten Mal den Honig.

Verteile mit dem Teelöffel kleine Teighäufchen auf dem Backblech, jeweils im Abstand von etwa 5 cm. Danach wird jedes Häufchen mit dem Löffelrücken flachgedrückt. Das ergibt insgesamt etwa 36 Plätzchen. Die werden nun 15 Minuten gebacken bzw. bis sie goldbraun sind. Abkühlen lassen und dann probieren!

Das passiert: Die Plätzchen sind alle gleich süß, schmecken aber jeweils anders!

Warum? Die Süßungsmittel sind unterschiedlichen Ursprungs.

Weißer Zucker – Saccharose – wird aus Zuckerrohr oder aus Zuckerrüben gewonnen. Bei seiner Verarbeitung werden Fremdsubstanzen entfernt; anschließend wird der Zucker raffiniert (verfeinert) und im Supermarkt als Würfelzucker oder lose angeboten.

Brauner Zucker ist im Grunde nichts anderes als weißer Zucker, nur dass die Zuckerkristalle noch Melasse enthalten. Das ist der braune Sirup, der bei der Herstellung von weißem Zucker beim Zentrifugieren entfernt wird.

Honig stammt von Bienen, die diese süße, zähe Masse aus Blütennektar herstellen. Er enthält pro Esslöffel 18-mal mehr Kalorien als Zucker, aber da er auch süßer ist, braucht man weniger davon (siehe Plätzchenrezept!). Honig enthält Vitamine und Mineralien, aber nur sehr wenig. Mit Honig gesüßte Plätzchen bleiben allerdings länger weich, weil der Honig während des Backvorgangs mehr Feuchtigkeit speichert als Zucker. Sogar danach kann Honig Feuchtigkeit aus der Luft anziehen. Deshalb werden mit Honig gesüßte Bonbons so leicht klebrig.

Brokkoli und anderes Gemüse

Wie ernähren sich eigentlich Pflanzen? Wann stinken Rüben nach faulen Eiern? Und wie kann man Linsen leichter verlesen? Hier findest du die Antworten auf diese Fragen – und noch viel mehr.

Wissenswertes über Gemüse

Wir bauen Gemüse an, weil Teile von diesen Pflanzen essbar sind – ihre Wurzeln, Stiele, Blätter, Blüten, Samen oder ihre Früchte. Oft ist das, was wir als Frucht bezeichnen, eigentlich ein Gemüse und ein Gemüse eigentlich eine Frucht!

In der Botanik – das ist die Lehre von den Pflanzen – gelten diejenigen Teile einer Pflanze als Früchte, in denen die Samen enthalten sind. Aber oft entscheidet der Geschmack, ob wir etwas Frucht oder Gemüse nennen. So gehören zum Beispiel Zuckermelone und Kürbis zur gleichen Pflanzenfamilie, aber da ein Kürbis alles andere als süß schmeckt, wird er als Gemüse serviert.

Viele essbare Pflanzen werden roh verzehrt. Salat und anderes Gemüse, Tomaten und Gurken sind die üblichen Salatzutaten. Oft fügen wir auch Zwiebeln und Paprika dazu. Blumenkohl und Brokkoli werden häufig als Rohkost gegessen und in leckere Saucen gedippt. Viele Gemüsearten sind jedoch in gegartem Zustand für uns leichter verdaulich und manche können wir nur gekocht essen, zum Beispiel Kartoffeln.

114 Das Gemüsequiz

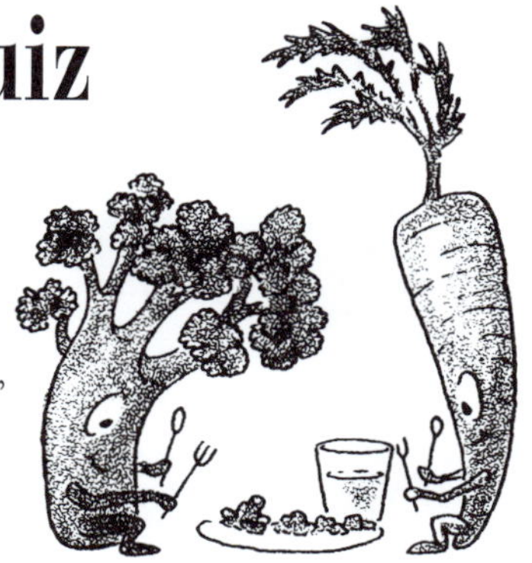

Die Botaniker unterscheiden folgende Gemüsegruppen: Blattgemüse, Stängelgemüse, Wurzel- und Knollengemüse, Gemüse aus Blüten und Blütenständen, Samen und Hülsenfrüchte, Fruchtgemüse und Pilze, Zwiebelgemüse. Die Karotte gehört beispielsweise zu den Wurzelgemüsen, Sellerie zu den Stängelgemüsen. Kartoffeln sind unterirdische fleischige Knollen mit Knospen. Pilze leben auf anderen Pflanzen, weil sie kein Chlorophyll haben. Das ist der grüne Farbstoff, mit dessen Hilfe sich alle anderen Pflanzen selbst ernähren können (siehe rechts »Selleriefütterung«). Kennst du dich mit Gemüse aus? Hier ist ein Quiz: Ordne die folgenden Gemüsearten jeweils den essbaren Pflanzenteilen zu (Lösung auf Seite 102).

a. Wurzel
b. Knolle
c. Stängel
d. Blatt
e. Blütenstand
f. Samen
g. Frucht
h. Pilz

---

1. Spargel
2. Rüben
3. Brokkoli
4. Rosenkohl
5. Karotten
6. Blumenkohl
7. Weißkohl
8. Sellerie
9. Mais
10. Gurke
11. Aubergine
12. Grünkohl
13. Lauch
14. Salat
15. Speisemorchel
16. Champignons
17. Okra
18. Zwiebel
19. Pastinake
20. Erbsen
21. Paprika
22. Kartoffel
23. Kürbis
24. Radieschen
25. Spinat
26. Speisekürbis
27. Süßkartoffel
28. Tomate
29. Steckrübe
30. Wasserkastanie
31. Batate

115 Selleriefütterung

WAS DU BRAUCHST

Selleriestange mit grünen Blättern
Glas, halb voll mit Wasser
1 Teelöffel rote Lebensmittelfarbe

Wir essen Pflanzen – aber was essen eigentlich Pflanzen?

So wirds gemacht: Mische die Lebensmittelfarbe in das Wasser und stelle die Selleriestange hinein. Mache das bei hellem Tageslicht und lass den Sellerie dann über Nacht im Glas stehen.

Das passiert: Die Blätter verfärben sich rötlich.

Warum? Der dicke Stängel nimmt Wasser und Mineralien auf, die er dem Boden mit seinen haarfeinen Wurzeln mittels Osmose entzieht. Bei der Osmose dringt eine Flüssigkeit oder ein Gas durch eine Membran – eine Art feines Häutchen. Das Wasser gelangt so in die Pflanze und wird dann durch die röhrenförmigen Zellen im Selleriestängel bis in die Blätter hinauftransportiert.

Das in den Blättern enthaltene grüne Chlorophyll verwandelt das Sonnenlicht in Energie. Diese Energie nutzt die Pflanze, um einen Teil des aus dem Boden aufgenommenen Wassers mit dem Kohlendioxid aus der Luft zu verbinden. Dabei reagieren der Kohlenstoff und der Sauerstoff aus dem Kohlendioxid mit dem Wasserstoff und dem Sauerstoff aus dem Wasser. Das Ergebnis sind Kohlenhydrate in Form von Zucker und Stärke.

Diese Stoffe dienen der Pflanze als Nahrung und damit letztlich auch uns. Du kannst den Sellerie gleich essen oder in einen Salat schnippeln.

116 Karotten lagern

Wie hält man Karotten, Rüben und andere Wurzelgemüse frisch und saftig?

WAS DU BRAUCHST

2 Karotten mit grünem Kraut
2 Karotten ohne Kraut
4 Plastiktüten, groß genug für die Karotten

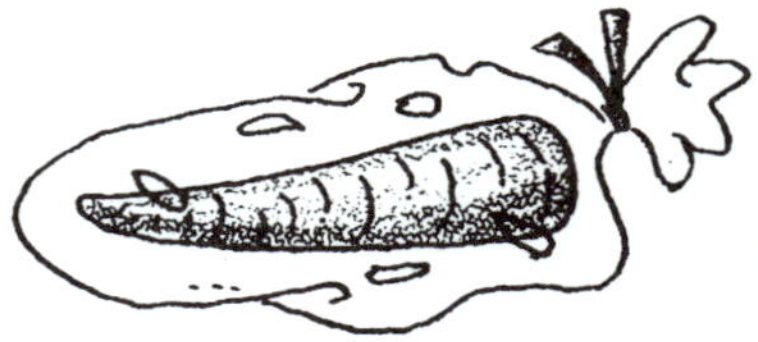

So wirds gemacht: Stich ein paar Luftlöcher in zwei der Plastiktüten. In die eine Tüte kommt eine von den Karotten mit Kraut und in die andere eine Karotte ohne Kraut. Lege beide Tüten ins Gemüsefach eures Kühlschrankes.

Die beiden übrigen Karotten kommen in die unversehrten Plastiktüten und werden ebenfalls im Gemüsefach verstaut.

Schaue eine Woche lang täglich nach den Karotten und mache dann mit allen eine Geschmacksprobe.

Das passiert: Die knackigste und schmackhafteste Karotte ist diejenige ohne Kraut aus der durchlöcherten Plastiktüte.

Warum? Wenn man das Grüne an einer Karotte dranlässt, werden weiterhin nährstoffreicher Pflanzensaft und damit Geschmacksstoffe aus der Wurzel in die Blätter transportiert. Dort kommen sie uns nicht mehr zugute, wenn wir die Karotte später essen. Außerdem verwelkt das grüne Kraut lange vor den kräftigen Wurzeln, was schließlich auch die Karotte selbst zum Faulen bringt.

In der Tüte mit den Löchern kann die Luft zirkulieren. Dies verhindert die Bildung von Terpenoiden – das sind bitter schmeckende chemische Verbindungen.

Karotten hassen Obst!

Wenn Karotten möglichst süß schmecken sollen, muss man sie von Äpfeln, Birnen, Melonen, Pfirsichen oder Avocados fern halten. Diese Früchte verströmen beim Nachreifen Ethylengas, das die Bildung von Terpenoiden beschleunigt (siehe oben).

Lösung des Gemüsequiz

1. c	9. f	17. g	25. d
2. a	10. g	18. c*	26. g
3. e	11. g	19. a	27. b
4. d	12. d	20. f	28. g
5. a	13. c	21. g	29. a
6. e	14. d	22. b	30. b
7. d	15. h	23. g	31. b
8. c	16. h	24. a	

* Zwiebel – ein Pflanzenstängel, der von dicken fleischigen Blättern umschlossen ist

Sei nett zu deinem Salat!

117

WAS DU BRAUCHST

2 Salatblätter
2 Schüsseln

Salat essen die Menschen schon seit Urzeiten. Es gibt unzählige Salatsorten – Endivie, Romana, Radicchio, Eisbergsalat, Feldsalat, Lollo Rosso und noch viele andere. Meistens werden die Blätter roh als Salat gegessen, aber manche kann man auch zum Kochen und sogar in Suppen verwenden. Allerdings muss man sie richtig behandeln!

So wirds gemacht: Zerpflücke eines der Blätter in mundgerechte Stücke und lege diese in eine Schüssel. Das andere Blatt bleibt unversehrt und kommt in die andere Schüssel. Etwa eine Stunde stehen lassen.

Das passiert: Die zerpflückten Salatblätter sind schlaff und verwelken, während das ganze Blatt noch recht knackig ist.

Warum? Die zerkleinerten Blätter bieten der Luft mehr Angriffsfläche, so dass aus den angerissenen Pflanzenzellen mehr Feuchtigkeit entweichen und verdunsten kann. Beim Zerreißen wird zudem ein Enzym freigesetzt, das Vitamin C zerstört. Deshalb sollte man Salatblätter immer erst kurz vor dem Anrichten zerpflücken.

Auch wenn man Salat schon im Voraus salzt, wird er rascher welk.

So bleibt Salat schön frisch

Um angewelkten Salat wieder knackig zu bekommen, legt man ihn zunächst in kaltes Wasser. Die Blätter nehmen das Wasser auf und werden wieder fest und prall.

Wenn Salat schon etwas älter ist, verfärbt er sich gelblich, weil das grüne Chlorophyll schwindet und die gelben Farbpigmente stärker sichtbar werden. Salat hält sich etwa eine Woche lang im Kühlschrank – aber nur, wenn seine Blätter noch zusammenhängen. Am besten wickelst du den Salatkopf in feuchtes Küchenpapier und bewahrst ihn in einer Tüte mit Luftlöchern auf. Auf diese Weise bekommt er genügend Feuchtigkeit und Luft, um frisch zu bleiben.

118 Zwiebelzähmung

WAS DU BRAUCHST

2 Zwiebeln
fließendes Wasser
Messer
Schneidebrett

Auch Zwiebeln gibt es schon seit Jahrtausenden und in zahllosen Arten. Die bekanntesten sind die gelblichen und die roten Küchenzwiebeln. Sie aufzuschneiden ist im wahrsten Sinne zum Heulen. Aber es gibt da einen Trick …

So wirds gemacht:
Zunächst entfernst du von beiden Zwiebeln die trockenen Außenschalen. Danach schneidest du beide Zwiebeln in Stücke – eine unter fließendem Wasser und die andere normal auf einem Schneidebrett.

Das passiert: Deine Augen beginnen zu tränen – aber nur bei der Zwiebel auf dem Schneidebrett!

Warum? Beim Zerschneiden einer Zwiebel werden deren Zellwände verletzt. Dabei wird ein Gas namens Propanthial-Schwefeloxid freigesetzt, das sich bei Luftkontakt in Schwefelsäure verwandelt. Wenn du die Zwiebel jedoch unter fließendem Wasser zerschneidest, wird dieser Tränenreizstoff fortgespült, bevor er in die Luft entweichen kann.

Schon gewusst?

Einige Zwiebelsorten bringen uns nicht zum Weinen – zum Beispiel die Vidalia aus Georgia, die Walla Walla aus Washington und die Maui aus Hawaii. Sie enthalten aufgrund des Klimas und der Bodenbeschaffenheit in ihrer Heimat einen erhöhten Zuckergehalt, der dies verhindert.

Zwiebeln sind übrigens gut fürs Herz! In mehreren Studien ergaben sich Hinweise darauf, dass die in Zwiebeln enthaltenen Öle den LDL-Spiegel im Blut senken (LDL steht für die »schlechten« Low-Density-Lipoproteine, die Cholesterin in den Blutkreislauf transportieren). Die »guten« High-Density-Lipoproteine (HDL) wurden dagegen erhöht: Diese transportieren Cholesterin aus dem Blut heraus.

Immer cool bleiben …

Eine weitere Möglichkeit, Tränen zu vermeiden, besteht darin, die Zwiebeln vor dem Zerschneiden eine Stunde lang im Kühlschrank aufzubewahren. Die niedrige Temperatur verlangsamt die Bewegung der Gasatome, so dass sie nicht so rasch in die Luft aufsteigen können.

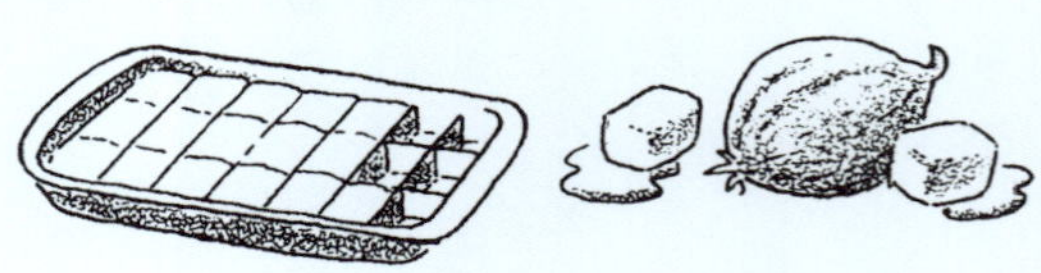

119 Raus mit der Kartoffelstärke!

Was ist eigentlich Stärke? Sie ist Bestandteil aller möglichen Arzneimittel und manche Hausfrau verwendet sie beim Hemdenwaschen und Bügeln … aber Stärke ist auch ein wichtiger Nährstoff!

Pflanzen bauen Stärke aus Zuckermolekülen, um Nahrung für den Winter zu speichern. Und sie ernähren damit ihre Keime und Sämlinge. Viel Stärke befindet sich in den Körnern von Mais und Weizen, in den Stielen von Sorghum (eine Getreideart, auch Mohrenhirse genannt) und in den Wurzeln oder Knollen von Kartoffeln.

Woher wissen wir, dass Kartoffeln Stärke enthalten?

WAS DU BRAUCHST

Kartoffel (geschält)
Sieb oder Baumwolltuch
Aluminiumfolie
Küchenpapier
1/2 Teelöffel Mehl
Reibe
Schüssel
3 Tropfen Jodtinktur
1/2 Teelöffel Salz

So wirds gemacht: Reibe die Kartoffel, bis du einen oder zwei Esslöffel voll hast. Diese Masse drückst du durch ein feines Sieb oder durch das Baumwolltuch auf ein Stück Alufolie. Tupfe das Kartoffelmus mit Küchenpapier trocken und gib dann einen Tropfen Jodtinktur darauf.

Nun schütte das Salz und das Mehl auf die Alufolie und gib jeweils einen Tropfen Jod darüber.

Das passiert: Das Salz nimmt etwa den hellbraunen Ton der Jodtinktur an, während sich das Kartoffelmus und das Mehl tief dunkelblau verfärben.

Warum? Die blauschwarze Farbe beweist das Vorhandensein von Stärke. Wenn Jod und Stärke miteinander in Kontakt kommen, löst das eine chemische Reaktion aus. Stärke ist ein Kohlenhydrat, das sich aus Kohlenstoff, Sauerstoff und Wasserstoff zusammensetzt. Vielleicht hast du im Supermarkt schon einmal Packungen mit der Aufschrift »Kartoffelstärke« gesehen. Sie enthalten ein weißes Pulver aus maschinell fein zermahlenen Kartoffeln. Die Faserstoffe filtert man vorher heraus und lässt die übrig gebliebene Stärke danach in großen Bottichen trocknen. Mit Kartoffelstärke kann man Saucen andicken und manchmal dient sie beim Kuchenbacken auch als Ersatz für Weizenmehl, weil das nicht jeder gut verträgt.

Kartoffel-wettlauf

120

Stärkehaltige Gemüse wie Kartoffeln kann kein Mensch roh essen. Um sie verdauen zu können, muss man sie vorher kochen – und dabei ihre Zellwände aufbrechen.

Wasser kocht bei 100 °C. Im Ofen kann man bis zu 260 °C erreichen. Welche Garmethode ist wohl schneller – kochen oder backen?

WAS DU BRAUCHST

Topf mit kochendem Wasser

2 kleine, gleich große Kartoffeln

Löffel

Herdbenutzung (um Erlaubnis oder Hilfe bitten!)

So wirds gemacht: Heize den Backofen auf 230 °C vor. Die Kartoffelhaut wird sorgfältig sauber geschrubbt, aber nicht geschält. Eine der Kartoffeln legst du auf einen Löffel und tauchst sie vorsichtig in das kochende Wasser. Die andere legst du in die Mitte des Backblechs in den heißen Backofen. Jede Kartoffel alle zehn Minuten mit einer langstieligen Gabel anstechen, um zu prüfen, ob sie gar ist.

Das passiert: Die gekochte Kartoffel ist schneller gar als die gebackene – obwohl es im Ofen fast doppelt so heiß ist wie im Kochwasser!

Warum? Beim Kochen wie beim Backen geraten Gas- oder Flüssigkeitsmoleküle in Bewegung und geben dabei ihre Wärme an die Nahrungsmittel ab. Weil Wasser eine sehr viel höhere Dichte hat als Luft (1 000 zu 1!), bewegen sich die Moleküle von kochendem Wasser allerdings heftiger als die Luftmoleküle im heißen Ofen. Daher kann Wasser seine Wärme effizienter abgeben.

Zeit sparen und Vitamine schonen!

Um Kartoffeln rascher gar zu bekommen, solltest du sie stets in den schon vorgeheizten Backofen oder in bereits sprudelndes Wasser geben. Der Garvorgang lässt sich noch weiter beschleunigen, wenn du zwei oder drei Nägel in die Kartoffel stichst. Diese leiten die Wärme in die Kartoffel hinein.

Manche Leute wickeln Kartoffeln in Alufolie ein, in dem Glauben, sie würden dann schneller gar. Durch die Folie wird die Wärmeübertragung jedoch eher verlangsamt. Außerdem verhindert sie das Verdampfen von Feuchtigkeit, was die Kartoffelschale so schön knusprig macht. Alufolie also nur verwenden, um die Kartoffeln nach dem Garwerden heiß zu halten.

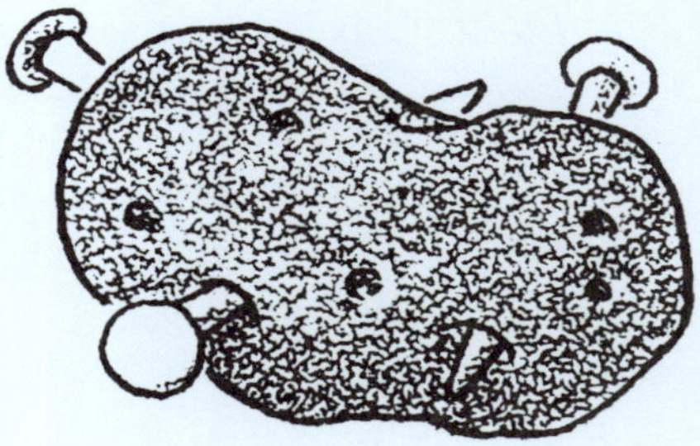

121 Kartoffeln melken

WAS DU BRAUCHST

3 rohe Kartoffelwürfel, alle gleich groß
3 Glas Wasser
Lineal
Salz

Mittels Osmose ziehen die Pflanzen Wasser aus dem Boden. Nährstoffe gelangen per Osmose in unsere Körperzellen. Auf Seite 101 war schon einmal von Osmose die Rede. Was passiert dabei eigentlich genau und was hat dieser Vorgang mit dem Kochen zu tun?

So wirds gemacht: Lege in jedes Glas einen Kartoffelwürfel. Füge in das 1. Glas eine große Hand voll Salz hinzu, in das 2. nur ein oder zwei Prisen, in das 3. Glas kommt nichts. Miss nach einer Stunde die Größe der Kartoffelwürfel nach.

Das passiert: Der Kartoffelwürfel im 1. Glas wird geschrumpft sein, der im 2. Glas ist genauso groß wie am Anfang und der im 3. Glas ist etwas größer als vorher.

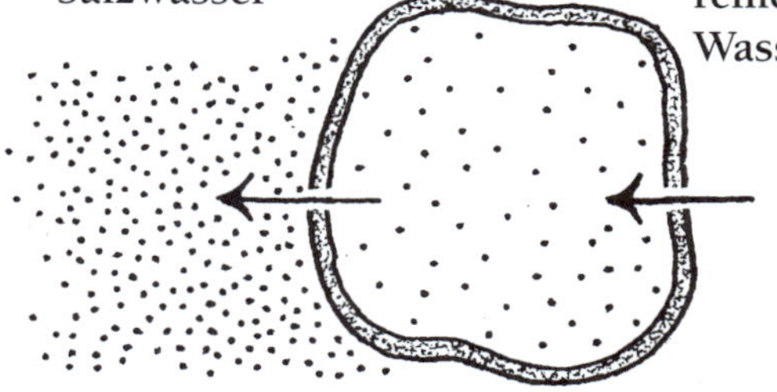

Pfeil zeigt in Richtung der wandernden Flüssigkeit

Warum? Je mehr Salz du ins Wasser gibst, umso stärker wird die Lösung (das Salz-Wasser-Gemisch). Und je stärker eine Lösung, umso geringer ist die Wasserkonzentration.

Bei der Osmose wandert eine Flüssigkeit durch eine Membran (eine dünne Wand). Dabei bewegt sich die Flüssigkeit immer in Richtung der stärkeren Lösung – also der Mischung, die weniger Flüssigkeit enthält.

Im 1. Glas schrumpft das Kartoffelstück, weil das in ihm enthaltene Wasser von der schwächeren Lösung (Kartoffelsaft) zur stärkeren Salz-Wasser-Lösung drängt. Im 2. Glas sind die Konzentrationen fast gleich, es passiert also nichts. Im 3. Glas ist der Kartoffelsaft die stärkere Lösung, so dass Wasser aus dem Glas in das Pflanzengewebe hineinwandert: Der Kartoffelwürfel quillt auf.

Jedem sein Süppchen

Beim Suppekochen kommt es darauf an, dass die Gemüseeinlage oder das Fleisch Flüssigkeit abgeben und dem Wasser somit Geschmack verleihen. Aus diesem Grund fügt man zu einer kochenden Suppe Salz hinzu. Bereitet man jedoch als Hauptgang ein Stück Fleisch zu, soll der Saft natürlich möglichst drinbleiben. Deshalb wird Fleisch immer erst nach dem Garen gesalzen. Kochen verändert die Zellwände in den Geweben, so dass keine Osmose mehr stattfinden kann – das heißt, die Flüssigkeit kann nicht mehr wandern.

122 Kartoffelsuppe

WAS DU BRAUCHST

Kartoffelwürfel, geviertelt
2 Tassen Wasser
Salz und Pfeffer
Schüssel
Holzlöffel
1 Tasse Milch
2 Teelöffel Mehl
2 Teelöffel Butter oder Margarine
3 oder vier Esslöffel Milch
2 Esslöffel geriebene Zwiebel
1 oder 2 Teelöffel Schnittlauchröllchen oder gehackte Petersilie (eventuell)

Aus den Kartoffelwürfeln kannst du im Handumdrehen eine leckere Suppe kochen!

Zunächst das Wasser zum Kochen bringen, dann eine Prise Salz und Pfeffer sowie die Kartoffelstücke hineingeben. Wenn die Kartoffeln nach 20 oder 25 Minuten weich sind, holst du sie heraus, gibst sie in eine Schüssel und zerdrückst sie zu Mus. Von dem Kochwasser wird eine Tasse beiseite gestellt. Die Milch erhitzen, bis sie gerade zu blubbern beginnt. Das Kartoffelwasser dazugießen, das Kartoffelmus hineinrühren und das Ganze bei niedriger Hitze weitererhitzen.

Lass das Fett in einer kleinen Pfanne zergehen und verrühre es mit dem Mehl und 3 bis 4 Esslöffeln Milch. Diese Mischung kochen lassen, bis sie glatt und locker ist. Dann gibst du sie unter ständigem Rühren in den Suppentopf. Zum Schluss die geriebene Zwiebel hinzufügen, den Topf abdecken und bei niedriger Hitze zehn Minuten weiterköcheln lassen. Nach Geschmack salzen und pfeffern und vor dem Servieren mit dem Schnittlauch oder der Petersilie bestreuen.

123 Warum stinken manche Gemüse so?

WAS DU BRAUCHST

kleine Steck- oder Kohlrübe (Kohlrabi)
Topf mit kochendem Wasser
Gabel
Herdbenutzung (um Erlaubnis oder Hilfe bitten!)

Viele nährstoffreiche und eigentlich sehr leckere Gemüsesorten kommen nur deshalb so selten auf den Tisch, weil sie uns im wahrsten Sinne des Wortes stinken!

So wirds gemacht: Die Rübe schälen und zur Hälfte durchschneiden. Die eine Hälfte schneidest du in Würfel. Die andere Hälfte bleibt ganz. Alle Rübenstücke in das kochende Wasser geben und nach etwa 15 Minuten mit einer Gabel testen, ob sie schon weich sind. Weiterkochen lassen, bis alle Rübenstücke gar, aber noch bissfest sind.

Das passiert: Die Rübenwürfel sind in weniger als einer halben Stunde gar. Die unversehrte Hälfte braucht viel länger und beginnt nach einer halben Stunde unangenehm zu riechen.

Warum? Steck- oder Kohlrüben enthalten Schwefelwasserstoff, der nach verfaulten Eiern riecht. Beim Kochen wird dieses Gas freigesetzt – und je länger der Kochvorgang dauert, umso mehr von diesen chemischen Verbindungen werden erzeugt und umso unangenehmer treten Geruch und Geschmack hervor.

Bei einem kürzeren Kochvorgang werden auch Vitamine und Mineralstoffe geschont.

Andere übel riechende Gemüse

Rot-, Weiß- und Blumenkohl enthalten ebenfalls streng riechende Schwefelwasserstoffverbindungen. Hier gilt allerdings: Je länger man Kohl kocht, umso schlimmer riecht er zwar, aber umso besser schmeckt er auch!

Eine Scheibe Brot im Kochwasser kann den Geruch etwas abmildern. Und immer den Deckel auf dem Topf lassen, damit die Geruchsmoleküle nicht entweichen und sich überall in der Küche verbreiten können!

Es grünt so grün ...

124

Grüngemüse wie Brokkoli, Zucchini, Spinat, Bohnen und Erbsen machen sich auf dem Teller manchmal ziemlich blässlich. Wie kommts?

WAS DU BRAUCHST

mehrere Brokkolistrünke
Topf mit kochendem Wasser
Schaumlöffel
Herdbenutzung (um Erlaubnis oder Hilfe bitten!)

So wirds gemacht: Die festen Strünke abschneiden, die Brokkoliröschen zerteilen und in das kochende Wasser geben. Nach 30 Sekunden etwa die Hälfte mit dem Schaumlöffel herausfischen und den Rest weiterkochen lassen.

Das passiert: In den ersten 30 Sekunden verfärbt sich der Brokkoli tiefgrün. Die länger gekochten Stücke sind zum Schluss ziemlich farblos.

Warum? Die Farbe wird intensiv grün, weil sich die Gase in den Zellzwischenräumen durch die Hitze schlagartig ausdehnen und freigesetzt werden. Diese Gase wirken sonst als »Luftkissen« und lassen den grünen Pflanzenfarbstoff nur schwach durchschimmern. Werden diese Gase verdrängt, treten die grünen Pigmente deutlicher hervor.

Bei längerem Kochen werden irgendwann chemische Reaktionen ausgelöst. Der grüne Blattfarbstoff – das Chlorophyll – verwandelt sich in Säuren. Wasser ist von Natur aus schwach sauer. Beim Erhitzen von Brokkoli oder Zucchini reagiert das Chlorophyll also mit seinen eigenen Säuren und den Säuren im Kochwasser. Dabei entsteht eine bräunliche Substanz namens Pheophytin. Sie ist der Grund dafür, dass verkochter Brokkoli eine unschöne olivgrüne Farbe annimmt.

125

Schön, aber glitschig

WAS DU BRAUCHST

Brokkoliröschen oder Zucchinistreifen
Topf mit kochendem Wasser
1 Teelöffel Natron
Herdbenutzung (um Erlaubnis oder Hilfe bitten!)

Restaurantköche fügen Gemüsen manchmal Natron zu, damit sie besser aussehen und schneller gar werden. Funktioniert das wirklich?

So wirds gemacht: Die Brokkoliröschen ins kochende Wasser geben und das Natron hinzufügen.

Das passiert: Der Brokkoli bleibt schön grün, wird aber nach kurzer Zeit matschig.

Warum? Natron ist basisch – also chemisch das Gegenteil von sauer. Gibt man es in den Kochtopf, neutralisiert es einige der im Wasser und in den Gemüsen enthaltenen Säuren. Da dann nur noch wenig Säure vorhanden ist, bleibt das Gemüse schön grün – allerdings löst die basische Substanz seine festen Zellwände auf. Folge: Die pflanzlichen Gewebe weichen ziemlich rasch auf und das Gemüse wird matschig.

Natron zerstört außerdem die Vitamine – alles in allem ein hoher Preis für schönes Aussehen!

126

Kalt oder heiß

Warum kommen rohe Grüngemüse immer in Wasser, das schon kocht?

WAS DU BRAUCHST

Brokkoli oder Spinat
Topf mit kaltem Wasser
Topf mit kochendem Wasser
Herdbenutzung (um Erlaubnis oder Hilfe bitten!)

So wirds gemacht: Die eine Hälfte des Brokkolis bzw. Spinats in einen Topf geben, der halb mit kaltem Wasser gefüllt ist. Die andere Hälfte in einen Topf geben, der halb mit kochendem Wasser gefüllt ist. Beide Gemüseportionen kochen, bis sie gar sind.

Das passiert: Das Gemüse, das in dem Topf mit dem kalten Wasser zum Kochen gebracht wurde, verliert mehr Farbe als das Gemüse, das ins bereits sprudelnde Wasser kam.

Warum? Pflanzen enthalten Enzyme – das sind Eiweißverbindungen, die chemische Reaktionen auslösen. Sie können die Farbe der Pflanzen verändern und ihre Vitamine zerstören. Das Enzym, das hier am Werk ist, heißt Chlorophyllase. Bei Temperaturen zwischen 66 °C und 77 °C ist es aktiver als bei anderen Temperaturen. Wird grünes Gemüse beim Erhitzen nicht diesem Temperaturbereich ausgesetzt, geht weniger Farbstoff verloren. Da Wasser bei 100 °C kocht, kann man den »chlorophyllfeindlichen« Temperaturbereich von vornherein umgehen, wenn man das Gemüse in Wasser gibt, das bereits kocht.

127 Eins auf den Deckel

Wie bleibt die Gemüsefarbe besser erhalten – wenn man es ohne oder mit Topfdeckel kocht?

WAS DU BRAUCHST

Brokkoli oder Zucchini
2 Töpfe mit kochendem Wasser – einen mit Deckel, einen ohne
Herdbenutzung (um Erlaubnis oder Hilfe bitten!)

So wirds gemacht: Vom Brokkoli den Strunk abschneiden und die Röschen zerteilen bzw. die Zucchini vierteln.

Die Hälfte der Gemüsestücke lässt du dann in einem Topf mit reichlich kochendem Wasser bei aufgelegtem Deckel fünf bis sieben Minuten lang kochen.

Die andere Hälfte gibst du in einen Topf mit reichlich kochendem Wasser und lässt sie – ohne Deckel! – ebenfalls fünf bis sieben Minuten lang kochen.

Das passiert: Das Gemüse in dem offenen Topf behält seine Farbe, das in dem abgedeckten Topf sieht eher blässlich aus.

Warum? In dem unbedeckten Topf hält sich die Farbe besser, weil in den ersten zwei Minuten ein Teil der in der Pflanze enthaltenen Säuren mit dem Wasserdampf entweicht. Bleibt der Topf zugedeckt, kondensieren die Säuren in den Dampftröpfchen an der Innenseite des Deckels und fallen zurück in die Kochflüssigkeit.

Leider können aber ohne Deckel auch mehr Vitamine in die Luft entweichen – und da der Kochvorgang ohne Deckel zudem noch länger dauert, gehen viele Nährstoffe aus dem Gemüse verloren.

128 Gibts da nichts Besseres?

WAS DU BRAUCHST

Brokkoli
Dampfkochtopf (oder Sieb und Topf mit Deckel)
1/2 Tasse Wasser
Herdbenutzung (um Erlaubnis oder Hilfe bitten!)

In unserem letzten Experiment hast du erfahren, dass man bei grünem Gemüse die Farbe erhalten kann, wenn man es in reichlich Wasser in einem unbedeckten Topf kocht – dass dabei aber viele Vitamine verloren gehen. Wie bleibt es grün und vitaminreich?

So wirds gemacht: Die Brokkoliröschen zerteilen und in das Gemüsesieb geben. Eine halbe Tasse Wasser in den Topf gießen und den Herd auf mittlere bis hohe Hitze stellen. Sobald das Wasser anfängt zu kochen, stellst du rasch das Gemüsesieb hinein und legst einen dicht schließenden Deckel auf. Dann sieben bis neun Minuten lang kochen lassen.

Das passiert: Der Brokkoli bleibt schön grün.

Warum? Dämpfen ist nicht so effektiv wie Kochen im Wasser, was die Wärmeübertragung anbelangt – der Garvorgang kann also ein paar Minuten länger dauern. Da das Gemüse aber beim Dämpfen nicht mit den Säuren im Wasser in Kontakt kommt, bleiben Farbe und Vitamine erhalten!

129 Farbenfrohe Karotten

Im Gegensatz zu grünen und roten Gemüsearten verlieren Karotten beim Kochen nicht ihre Farbe!

WAS DU BRAUCHST

1 bis 2 Karotten, geschält und in Scheiben geschnitten
Topf mit Wasser
langstieliger Löffel
langstielige Gabel
Herdbenutzung (um Erlaubnis oder Hilfe bitten!)

So wirds gemacht: Bringe einen Topf Wasser zum Kochen. Dann tauche mit dem Löffel die Karottenscheiben hinein und lass sie 15 bis 20 Minuten darin kochen.

Das passiert: Die Karotten bleiben orange, aber sie sind jetzt so weich gegart, dass sie sich mit der Gabel anstechen lassen.

Warum? Die Karottenfarbstoffe (Karotine) lösen sich zwar in Fett, aber nicht in Wasser und auch normale Kochwärme kann ihnen nichts anhaben. Deshalb bleiben die Karotten schön orange.

Da durch die Hitze das Fasergerüst (genannt »Hemizellulose«) in den Zellwänden der harten, rohen Karotte teilweise zerstört wird, sind gekochte Karotten leichter verdaulich und auch nährstoffreicher als gekochte. Aber ob roh oder gekocht – Karotten enthalten viel Vitamin A und Kalium. Wer einige Monate täglich zwei Bund Karotten essen würde, bekäme davon eine gelbliche Haut! Zum Glück verschwindet diese Verfärbung aber wieder, wenn man den Karottenkonsum einschränkt.

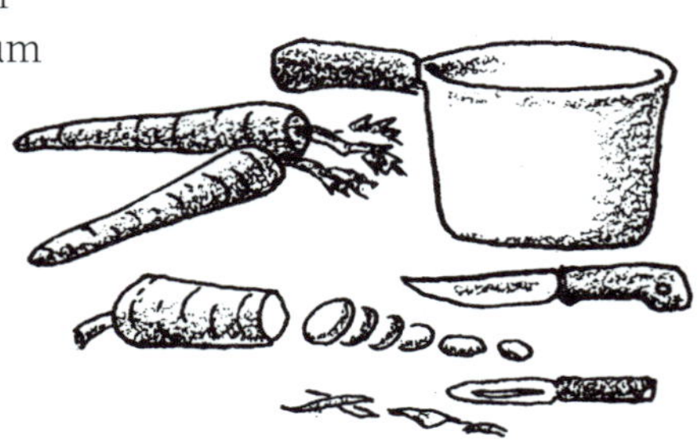

130 Hülsenfrüchte

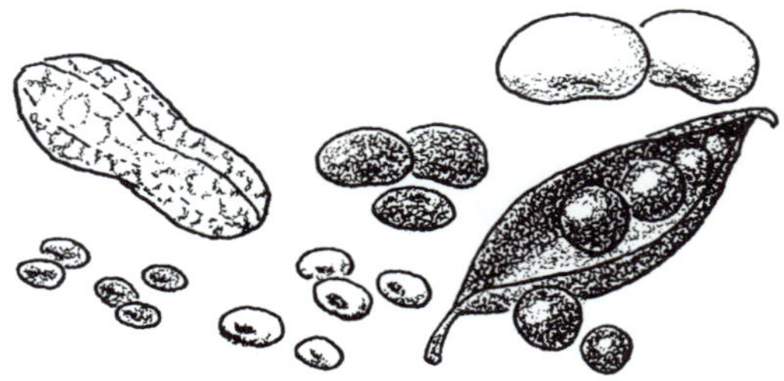

Erbsen, Bohnen und Linsen sind die essbaren Samen von Pflanzen, die zur Familie der Hülsenfrüchtler gehören. Die heißen so, weil ihre Früchte die Form einer Hülse haben. Wir können sie frisch oder getrocknet verzehren. Kidneybohnen zum Beispiel sind die getrockneten Samen von grünen Bohnen. Dabei bezeichnen wir die grüne Bohne als Gemüse, die Kidneybohne aber als Hülsenfrucht!

Nach Getreide gehören Hülsenfrüchtler zu den wichtigsten Nahrungspflanzen. Ihr besonderer Vorteil ist, dass sie Stickstoff aus der Luft aufnehmen. Stickstoff ist der wichtigste Mineralstoff von Aminosäuren – den Eiweißbausteinen, die wir für das Wachstum und die Reparatur unserer Körperzellen benötigen. Daher versorgen uns Bohnen nicht nur mit Ballaststoffen und lebenswichtigen Mineralien und Vitaminen, sondern auch mit Eiweiß.

Von den Tausenden von Bohnenarten, die zur Familie der Hülsenfrüchtler gehören, werden nur 22 zum Verzehr angebaut. Das Sortenspektrum reicht von Limabohnen, Erbsen und Kichererbsen bis zu den süßen Adzukibohnen, die in asiatischem Konfekt verwendet werden, und den Sojabohnen, die zu Sojasauce und Tofu verarbeitet werden.

Trotz ihres Namens gehört die Erdnuss ebenfalls zu den Hülsenfrüchten. Welche Hülsenfrüchte isst du am liebsten?

131 Bohnen verlesen

Bohnen werden verlesen, um schlechte Exemplare und Verunreinigungen auszusondern. Dafür gibt es eine schnelle, sichere Methode: Du gibst die Bohnen (oder auch Linsen) in eine durchsichtige Schüssel oder in ein Glas und gießt ein halbes Glas Wasser darüber. Die meisten Bohnen bleiben auf dem Boden des Glases liegen, aber die schlechten steigen nach oben – sie sind innen hohl und daher leichter. Mit einem Seiher kannst du sie zusammen mit anderen Verunreinigungen herausfischen.

132 Zarte Böhnchen

WAS DU BRAUCHST

6 Esslöffel Linsen oder eingeweichte Bohnen
4 Esslöffel Tomatensauce oder Zitronensaft
2 kleine Töpfe
Wasser
Herdbenutzung (um Erlaubnis oder Hilfe bitten!)

Ungewürzt schmecken die meisten Hülsenfrüchte ziemlich fade. Die Mexikaner würzen sie daher mit Chili und Knoblauch, die Italiener mit Knoblauch und Oregano, während die Briten Senf und Lorbeerblätter bevorzugen. Neuengland ist berühmt für seine gebackenen Bohnen mit braunem Zucker und Sirup. Auch mit Tomaten und Zitronensaft schmecken Hülsenfrüchte sehr lecker – und zudem sorgt das darin enthaltene Vitamin C dafür, dass unser Körper das in den Bohnen enthaltene Eisen besser aufnimmt. Allerdings nur dann, wenn man beim Kochen auf das richtige Timing achtet!

So wirds gemacht: Als Erstes werden die Linsen verlesen (siehe oben) und alle obenauf schwimmenden weggeworfen. Dann drei Esslöffel in jeden Topf geben und mit Wasser bedecken.

In den 1. Topf gibst du die Tomatensauce bzw. den Zitronensaft. In den 2. Topf kommt nichts hinein.

Den Inhalt beider Töpfe bei niedriger Hitze köcheln lassen. Nach 20 Minuten kannst du mit einer Gabel testen, ob die Linsen schon weich sind. Den Gabeltest alle zehn Minuten wiederholen. Nimm die Linsen vom Herd, sobald sie gar, aber noch bissfest sind. Schreibe auf, wie lange sie dazu gebraucht haben.

Das passiert: Die ungewürzten Linsen sind nach etwa 30 bis 40 Minuten gar. Die mit der Tomatensauce brauchen dazu sehr viel länger.

Warum? Wenn man Hülsenfrüchten vor dem Garen Tomaten, Tomatensauce oder Zitronensaft zufügt, findet zwischen der in diesen Zutaten enthaltenen Säure und der in den Hülsenfrüchten enthaltenen Stärke eine chemische Reaktion statt. Dadurch wird die Samenhülle der Linsen zäh. Sie werden zwar trotzdem weich, aber es dauert viel länger. Deshalb sollte man säurehaltige Nahrungsmittel erst nach dem Garen hinzugeben. Auch die Zugabe von Sirup vor dem Garen verzögert das Weichwerden, weil dieser Kalzium enthält.

Salz reagiert ebenfalls mit der Samenhülle – sie wird zäh und es bildet sich eine Art Flüssigkeitsbarriere. Also Bohnen immer erst salzen, wenn sie gar sind.

WAS DU BRAUCHST

1/2 Tasse gekochte Linsen

Essig

1 Esslöffel zerhackte Zwiebel (eventuell)

oder

1 bis 2 Teelöffel (5–10 ml) Zitronensaft

oder

1 Teelöffel (5 ml) Tomatensauce

Linsenimbiss

Getrocknete Linsen quellen beim Kochen auf das 2- bis 3fache ihrer ursprünglichen Größe auf. Wenn sie gar sind, kannst du nach Belieben Zitronensaft, Tomatensauce, Essig oder Zwiebeln hinzufügen und die Linsen auf Crackern servieren. Fast noch besser schmecken sie kalt am nächsten Tag.

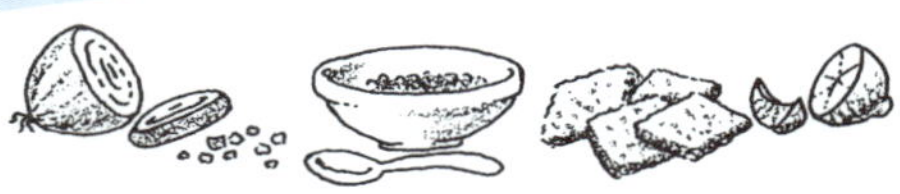

Sojabohnen

Im Gegensatz zu anderen Hülsenfrüchten liefern uns Sojabohnen »vollständiges« Eiweiß. Sie enthalten sämtliche Aminosäuren, die wir zur Nahrungsverdauung brauchen.

Sojabohnen sind ein perfekter Fleischersatz und ideal für die vegetarische Küche. Tofu, eine Art Quark aus vergorenen Sojabohnen, ist in Japan sehr beliebt und hat sich auch bei uns durchgesetzt. Er bietet den Vorteil, dass er keinen Eigengeschmack besitzt, aber Aroma und Geruch der mit ihm zubereiteten Speisen annimmt. Tofu kann also nach Eiern, Käse oder Hühnchen schmecken – oder sogar nach Schokoladenpudding!

133

Bohnensprossen

Die Sprossen, die wir gerne unter Salate mischen, stammen alle aus Bohnen! Hast du Lust, deine eigenen Sprossen zu ziehen?

WAS DU BRAUCHST

6 Esslöffel Mungobohnen, Kichererbsen oder Linsen (nur frisch oder getrocknet, nicht aus der Dose und nicht gefroren)

Baumwollstoff

Gummiband oder Bindfaden

Klebeetiketten und Stift

3 saubere Trinkgläser

lauwarmes Wasser

So wirds gemacht: Zunächst werden die Bohnen sorgfältig verlesen.

Lass vier Esslöffel Bohnen über Nacht in warmem Wasser einweichen. Anschließend seihst du sie ab und gibst jeweils die Hälfte davon in ein sauber gespültes Glas. Über die Öffnung jeweils ein Stück Baumwollstoff legen und mit Gummiband oder Bindfaden befestigen.

Das 1. Glas stellst du an einen warmen, dunklen Ort, das 2. Glas kommt in den Kühlschrank. Die übrigen zwei Esslöffel Bohnen gibst du uneingeweicht in ein 3. Glas. Kennzeichne es mit einem entsprechenden Etikett und stelle es neben das 1. Glas.

Um die Bohnen feucht zu halten, gibst du zweimal täglich lauwarmes Wasser in die Gläser, schüttelst sie leicht und lässt das überschüssige Wasser durch den Baumwollstoff ablaufen, damit die Bohnen nicht verfaulen oder schimmlig werden. Schreibe auf, was sich nach vier oder fünf Tagen tut.

Das passiert: Die Bohnen im 1. Glas sprießen und ergeben bis zu 120 g Sprossen! Die Bohnen aus dem Kühlschrank und diejenigen, die nicht eingeweicht worden waren, sprießen nicht.

Warum? Beim Einweichen platzt die äußere Schale auf, die in den Bohnen enthaltene Stärke absorbiert das Wasser und die Bohnen quellen auf. Der Keim in den Bohnen kann nun Wasser aufnehmen. Bohnen brauchen zum Wachsen aber nicht nur Feuchtigkeit, sondern auch Wärme und Dunkelheit.

Du kannst deine Sprossen roh als Brotbelag verwenden, in einen Salat mischen oder auf asiatische Art mit Sojasauce, Knoblauch und Frühlingszwiebeln anbraten.

Früchte aus Gärten und von Plantagen

Wer bezeichnet eine Tomate als Frucht? Warum haben Bananen im Kühlschrank nichts zu suchen? Wie geliert eine Ananas? Wo kommt Essig her? Ist eine Frucht an einem Ende süßer als am anderen? Diese und noch mehr Fragen werden wir hier klären.

Wissenswertes über Früchte

Für Botaniker zählen Tomaten, Auberginen, Gurken und Kürbisse zu den Früchten, weil sich darin die Samen der jeweiligen Pflanzen befinden.

Für Köche und uns Normalverbraucher sind das jedoch Gemüsearten. »Früchte« sind für uns alle Pflanzenteile, die süß schmecken.

Früchte befinden sich grundsätzlich oberhalb der Erde. Trauben, Beeren und Melonen werden von Reben und Sträuchern gepflückt. Äpfel, Birnen, Zitrusfrüchte, Bananen, Feigen, Datteln und Kirschen holt man von Bäumen bzw. Stauden herunter. Die größte Baumfrucht der Welt ist die Brotfrucht. Sie ist in Südostasien beheimatet und wiegt bis zu 2 kg.

Die meisten Früchte werden nach dem Ausreifen roh verzehrt. Einige kann man aber auch schmoren, dünsten, backen, trocknen, einmachen, einfrieren, kandieren, zu Saft pressen, zu Marmelade oder Gelee verarbeiten oder als Geschmacksträger für andere Nahrungsmittel verarbeiten.

Manche Früchte sind wiederum nur im gegarten Zustand genießbar – etwa Kochbananen, Quitten, Rhabarber und Sauerkirschen.

134 Kochen oder knabbern?

Es gibt Hunderte von Apfelsorten … Welche isst man besser roh und welche kann man backen?

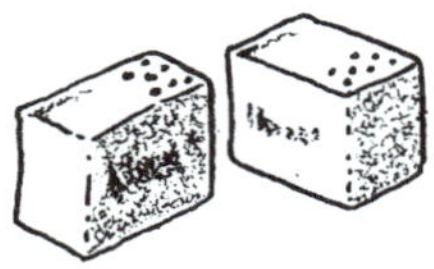

WAS DU BRAUCHST

1 Delicious-Apfel
1 Jonathan-Apfel (oder eine andere säuerliche Apfelsorte)
2 bis 3 Esslöffel Zucker oder Rosinen
Prise Muskat (eventuell)
Wasser
Auflaufform
Herdbenutzung (um Erlaubnis oder Hilfe bitten!)

So wirds gemacht: Stelle den Herd auf 200 °C. Entferne bei beiden Äpfeln das Kerngehäuse und schneide oben einen Kringel Schale ab. Fülle die Öffnungen in der Mitte mit Zucker oder Rosinen und streue etwas Muskat darüber. Fülle die Auflaufform mit Wasser, bis der Boden bedeckt ist. Stelle nun die Auflaufform in den vorgeheizten Ofen und lasse die Äpfel darin etwa eine Stunde lang backen – oder so lange, bis sie weich sind. Dann probierst du von jedem.

Das passiert: Der Delicious ist ganz weich und hat seine Form verloren. Der Jonathan dagegen ist noch bissfest und schmeckt prima.

Warum? Der Delicious-Apfel wird aus zwei Gründen breiig: 1. in seinen Zellwänden nicht befindet sich nicht genügend Fasergerüststoff (Zellulose), um die Schale fest zusammenzuhalten; 2. er besitzt nicht genügend Säure, um den hinzugefügten Zucker auszugleichen. Der weniger süße Apfel bleibt daher fester und sein Fasergerüst ist widerstandsfähiger. Faserstoffe sind unverdauliche Ballaststoffe, die gut sind für unsere Verdauung.

Übrigens – ein roher Apfel enthält natürlich am meisten Ballaststoffe!

135 Apfelmatsch

Falls es dich mal nach leckerem Apfelmus gelüstet …

WAS DU BRAUCHST

2 Äpfel
Wasser
Messer
Topf mit Deckel
1 Teelöffel Zitronensaft oder Prise Zimt und Muskat
Herdbenutzung (um Erlaubnis oder Hilfe bitten!)

So wirds gemacht: Beide Äpfel waschen, schälen und vierteln. Die Kerngehäuse herausschneiden und jedes Apfelviertel in Würfel zerteilen. Diese lässt du dann in wenig Wasser in einem bedeckten Topf kochen, bis sie weich sind. Zum Schluss Zimt und Muskat – oder Zitronensaft – darüber geben und noch ein paar Minuten weiterköcheln lassen.

Das passiert: Es entsteht Apfelmus.

Warum? Ohne Schale löst sich das Pektin auf – das ist das Bindemittel zwischen den Zellen, das die Frucht in Form hält. Das in den Apfelzellen enthaltene Wasser dehnt sich aus, die Zellwände platzen auf und das Fruchtfleisch wird weich. So kann man einen Apfel zu Mus machen!

136 Apfel in der Keksdose

WAS DU BRAUCHST

2 verschließbare Dosen
1 Scheibe Brot
2 Apfelscheiben
1 Stück Kuchen (oder 1 Keks)

Ein Apfel im Brotkasten oder in der Keksdose kann eine Menge bewirken …!

So wirds gemacht: In die eine Dose legst du die Brotscheibe und dazu eine Apfelscheibe. In die andere Dose kommt der Kuchen oder Keks und die zweite Apfelscheibe. Dann lässt du beide Dosen etwa einen Tag ungeöffnet stehen.

Das passiert: Das Brot ist altbacken – der Keks dagegen ist schön feucht geblieben.

Warum? Zucker entzieht der Luft Feuchtigkeit. Zuckerreichere Nahrungsmittel nehmen also Wasser von weniger zuckrigen Nahrungsmitteln auf. Da der Apfel mehr Zucker enthält als das Brot, entzieht er diesem Feuchtigkeit. In der anderen Dose musste der Apfel seine Feuchtigkeit an den zuckerreicheren Keks abgeben.

137 Hier bin ich süßer!

WAS DU BRAUCHST

1 Orange (am besten eine Navelorange)
Messer

Wusstest du schon, dass ein und dieselbe Frucht an verschiedenen Stellen unterschiedlich schmeckt?

So wirds gemacht: Schäle die Orange und schneide dann zwei Scheiben ab – eine vom Ende mit dem Stielansatz und eine vom Ende mit dem Blütenansatz. Probiere beide Scheiben.

Das passiert: Die Scheibe vom Ende mit dem Blütenansatz schmeckt süßer!

Warum? Am Blütenansatz wird mehr Zucker gebildet, weil dieses Ende mehr der Sonne zugewandt ist. Aus diesem Grund enthalten Früchte aus gemäßigten Zonen nur 10 bis 15 % Zucker, während die Früchte aus den tropischen Regionen – z. B. Bananen, Feigen und Datteln – zwischen 20 und 60 % aus Zucker bestehen.

Warum schmecken grüne Äpfel sauer?

Was verleiht einem unreifen Apfel den säuerlichen Geschmack? Die Apfelsäure. Die ist zwar in jedem Apfel enthalten, aber während der Reifung am Baum nimmt sie immer mehr ab und der Apfel wird süßer. Je nach Boden und Klima sind einige Apfelsorten von Haus aus säuerlicher als andere. Einige Leute bevorzugen Sorten wie Granny Smith. Die behalten deshalb ihre grüne Schale, weil sie sauer sind.

138

So wird Obst reif

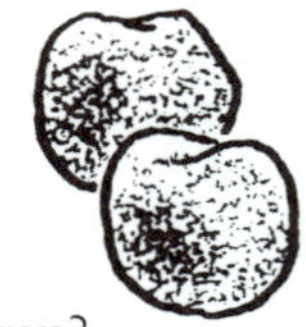

Oft kommt es vor, dass frisch gekauftes Obst noch zu hart ist, um es zu essen. Wie kann man den Reifungsprozess beschleunigen?

WAS DU BRAUCHST

2 unreife Pfirsiche, Nektarinen oder andere Früchte
braune Papiertüte
Kühlschrank

So wirds gemacht: Eine der unreifen Früchte legst du ein oder zwei Tage in das Gemüsefach vom Kühlschrank. Die andere Frucht packst du in die Papiertüte und verschließt diese gut. Lege sie ein oder zwei Tage an einen Ort, wo sie niemandem im Weg ist. Anschließend probierst du beide Früchte.

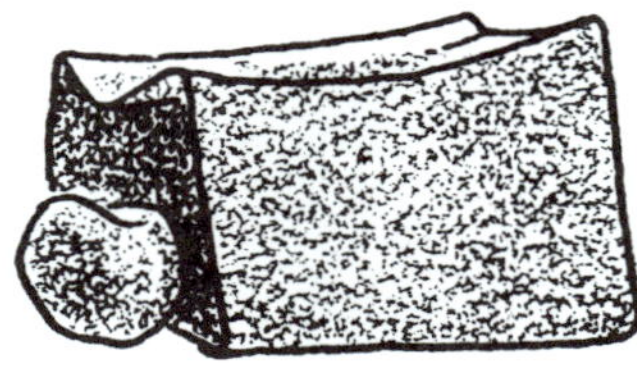

Das passiert: Die Frucht aus dem Kühlschrank ist zwar etwas weicher geworden, schmeckt aber eher fade. Die aus der Tüte ist nicht nur weich, sondern auch süß.

Warum? In der Papiertüte sammelt sich Ethylengas an, das Früchten von Natur aus entströmt. Dieses Gas beschleunigt den Reifungsprozess. Im Kühlschrank dagegen verflüchtigt es sich und wird auch von den anderen Nahrungsmitteln aufgenommen.

139

Zitronensaft pur

WAS DU BRAUCHST

2 Zitronen
Messer

Wie kriegt man am meisten Saft aus einer Zitrone heraus?

So wirds gemacht: Schneide eine Zitrone zur Hälfte durch und presse so viel Saft heraus, wie du kannst. Die zweite Zitrone rollst du vor dem Aufschneiden auf einer harten Oberfläche mit der Handfläche etwas hin und her und drückst sie erst dann aus.

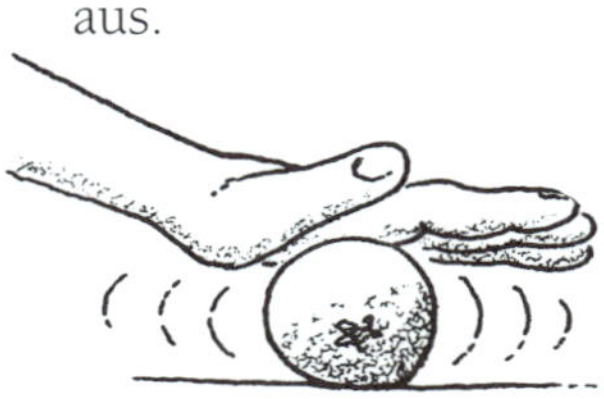

Das passiert: Aus der zweiten Zitrone lässt sich viel leichter und auch viel mehr Saft auspressen!

Warum? Beim Herumrollen werden die Zellgewebe zerquetscht, so dass der Saft danach leichter austreten kann.

Zitroneneis

WAS DU BRAUCHST

frisch abgeriebene Zitronenschale
1/2 Tasse Zitronensaft (von 1 oder 2 Zitronen)
1 Tasse Zucker (nach Geschmack auch weniger)
4 Tassen Wasser
Eiswürfelbehälter ohne Trennwände oder eine metallene Auflaufform
kleine Papierbecher
Herdbenutzung (um Erlaubnis oder Hilfe bitte!)

Aus dem ausgedrückten Zitronensaft kannst du erfrischendes Zitroneneis herstellen!

Zunächst reibst du die Schale einer Zitrone in eine Schüssel. Dann bringst du das Wasser und den Zucker bei mittlerer Hitze zum Köcheln, bis sich der Zucker ganz aufgelöst hat. Diesen Sirup abkühlen lassen und dann etwa eine Stunde lang in den Kühlschrank stellen.

Den kalten Sirup, die abgeriebene Zitronenschale und den Zitronensaft miteinander vermischen und in den Eiswürfelbehälter gießen. Den stellst du etwa 30 Minuten in das Gefrierfach – bis sich Eiskristalle bilden. Dann herausnehmen, die Masse gut umrühren und wieder ins Gefrierfach stellen. Diese Prozedur alle halbe Stunde wiederholen, bis die Mischung nach 2 bis 2 1/2 Stunden durchgefroren ist.

140

Rettet den Apfel!

Wie verhindert man, dass ein angeschnittener Apfel braun wird?

WAS DU BRAUCHST

1 Apfel
Zitronensaft
Messer

So wirds gemacht:
Zerschneide den Apfel in vier Teile. Ein Stück lässt du auf dem Küchentisch liegen und eins legst du in den Kühlschrank.

Die beiden übrigen Stücke beträufelst du mit Zitronensaft. Das eine davon legst du zu dem anderen auf den Küchentisch und das andere in den Kühlschrank.

Das passiert: Das unbehandelte Apfelstück auf dem Tisch wird als Erstes braun. Das Apfelstück, dass mit Zitronensaft beträufelt und im Kühlschrank aufbewahrt wurde, hält sich am längsten.

Warum? Wenn du einen Apfel zerschneidest, werden seine Zellwände zerstört. Dabei wird ein Enzym namens Polyphenoloxidase freigesetzt. Dieses Enzym beschleunigt die chemische Reaktion bestimmter Apfelverbindungen (Phenole) mit dem Luftsauerstoff. Dabei entsteht der braune Farbstoff, der den Apfel so unansehnlich macht und auch seinen Geschmack beeinträchtigt.

In der Kälte laufen diese Reaktionen viel langsamer ab als bei Raumtemperatur.

Eine saure Substanz wie Zitronensaft kann die chemische Reaktion sogar fast unterbinden.

Zur Not kannst du auch Orangensaft verwenden – aber mit Zitronensaft geht es besser, weil er mehr Säure enthält.

141

Nichts für den Kühlschrank!

Bananen werden grün geerntet und verschifft – aber im grünen Zustand sind Bananen unverdaulich. Du kannst sie innerhalb weniger Tage nachreifen lassen – aber stimmt es eigentlich, dass man Bananen nicht in den Kühlschrank legen darf?

WAS DU BRAUCHST

2 grüne Bananen
Kühlschrank

So wirds gemacht: Eine Banane lässt du auf dem Küchentisch liegen, die andere legst du in den Kühlschrank.

Das passiert: Nach einigen Tagen hat sich die Banane auf dem Küchentisch gelb gefärbt und ihr Fruchtfleisch ist weich geworden. Die Banane aus dem Kühlschrank verfärbt sich schwarz und bleibt innen hart.

Warum? Bananen setzen Ethylengas frei, das den Reifeprozess beschleunigt. Bei der Banane auf dem Küchentisch wird das grüne Chlorophyll aus der Schale abgebaut und die gelben Pflanzenfarbstoffe (Karotine und Flavone) treten stärker hervor. Außerdem verwandelt sich die Stärke in Zucker und das Pektin, das die Bananenzellwände festigt, wird zersetzt. Dadurch wird das Fruchtfleisch weich und leicht verdaulich.

Im Kühlschrank erleiden tropische Früchte wie Bananen Zellschäden, wobei unter anderem bräunende Enzyme freigesetzt werden. Die Frucht kann nicht reifen und die Schale wird schwarz anstatt gelb. Sobald eine Banane ausgereift ist, kann man sie übrigens ohne weiteres im Kühlschrank aufbewahren. Sie wird zwar außen etwas dunkler, aber das Fruchtfleisch bleibt einige Tage lang genießbar.

142

Starkes Früchtchen

WAS DU BRAUCHST

1 Packung Gelatine
1/2 Tasse kaltes Wasser
ein paar frische Ananasstücke
eine Dose Ananas, gewürfelt
1 1/2 Tassen kochendes Wasser
2 Dessertschälchen

Gelatine ist ein Eiweißstoff, der aus Bindegewebe, Knochen, Sehnen und Knorpeln von Tieren hergestellt wird. Pflanzliche Gelatine, Agar-Agar genannt, wird aus Seetang gewonnen. Gelatine löst sich in heißem Wasser auf und wird in kaltem Wasser fest. Zusammen mit Früchten kann man daraus köstliche Desserts zaubern. Aber warum steht auf den Packungen eigentlich immer, dass man keine Ananas verwenden darf?

So wirds gemacht: Rühre die Gelatine in das kalte Wasser ein und lass sie dann 1 oder 2 Minuten stehen. Danach gießt du das kochende Wasser dazu und rührst um, bis sich die Gelatine ganz aufgelöst hat. Anschließend verteilst du die Flüssigkeit auf zwei Dessertschälchen.

In das eine Schälchen gibst du frische Ananasstückchen. In das andere kommen Ananaswürfel aus der Dose oder etwas Dosensaft. Stelle beide Schälchen in den Kühlschrank.

Das passiert: Die Gelatine in dem Schälchen mit der Dosenananas wird fest (geliert). In dem anderen Schälchen bleibt sie flüssig.

Warum? Ananasfrüchte enthalten – wie Feigen und Papayas – ein Enzym, das Eiweiß in kleine Fragmente zersetzt. Wenn du also frische Ananasstücke in eine Gelatinelösung oder in einen Obstsalat gibst, »verdaut« dieses Enzym die Moleküle in der Gelatine und verhindert, dass sie fest wird.

Da dieses Enzym beim Kochen zerstört wird, kann man Dosenananas ohne weiteres mit Gelatine zusammen verwenden. Dosenananas wurde durch Erhitzen haltbar gemacht und dabei wurde das Enzym außer Kraft gesetzt.

Raffinierter Ananas-Trick

Küchenchefs lassen in einem Fleischeintopf manchmal rohe Ananasstückchen mitköcheln, damit das Eiweiß rascher abgebaut und das Fleisch schneller mürbe wird. Weiterer Vorteil: Der süße Geschmack!

143 Curry und Limone

Manchmal fängt das »Kochen« schon Stunden vor dem Einschalten des Herdes an …

WAS DU BRAUCHST

2 Hühnerbrüstchen
1 Esslöffel Limonensaft
2 Teelöffel Olivenöl
Prise Chilipulver (eventuell)
Prise Kurkuma oder Kreuzkümmel (eventuell)
Schüssel
1/2 Teelöffel zerhackter Knoblauch
1 Teelöffel Rosmarin (eventuell)
Salz und Pfeffer
Holzlöffel
Herdbenutzung (um Erlaubnis oder Hilfe bitten!)

So wirds gemacht: Limonensaft und Olivenöl vermischen, die Gewürze hinzufügen und alles gut verrühren. Eines der Hühnerbrüstchen in die Schüssel legen und die Marinade darüber gießen, bis das Fleisch bedeckt ist.

Die andere Hühnerbrust kannst du mit Salz und Pfeffer und, wenn du magst, mit Kräutern würzen. Dann stellst du beide Fleischstücke etwa eine Stunde lang in den Kühlschrank. Anschließend werden sie beide gebraten. Nach zehn Minuten wenden und noch fünf bis zehn Minuten weiterbraten. Wenn sie so zart sind, dass sie sich mit einer Gabel leicht anstechen lassen, kannst du sie vom Herd nehmen.

Das passiert: Das marinierte Fleischstück gart rascher. Die Limone gibt dem Fleisch nicht nur mehr Geschmack, sondern verkürzt auch die Bratzeit.

Warum? Der wesentliche Bestandteil einer Marinade ist die Säure, welche die tierischen Gewebe weich macht – zum Beispiel Zitronen- oder Limonensaft oder Essig.

144 Wie entsteht Essig?

WAS DU BRAUCHST

2 Äpfel, entkernt
Mixer oder Entsafter
2 Gläser mit Deckel

Essig dient häufig als Würzmittel in Salaten und als Weichmacher für Fleisch. Er wird meistens aus Früchten oder Wein hergestellt. Wie wärs mit selbst gemachtem Apfelessig?

So wirds gemacht: Die Äpfel klein schneiden, in den Mixer oder Entsafter geben. Den Saft auf die zwei Gläser verteilen. Das eine Glas kommt in den Kühlschrank, das andere stellst du an einen warmen Ort. Lass beide etwa eine Woche lang ruhen und vergleiche dann Farbe und Geruch.

Das passiert: Beide verändern sich, aber bei dem Saft an dem warmen Ort geht das viel schneller! Zuerst kannst du Bläschen und einen leichten Alkoholgeruch feststellen. Möglicherweise setzt sich oben eine dicke Schicht ab. Dann beginnt der Saft säuerlich zu riechen.

Warum? Die in den Apfelschalen und in der Luft vorhandenen Hefepilze wandeln den im Apfelsaft enthaltenen Zucker um, wobei Kohlendioxid und Alkohol produziert werden. Innerhalb einer Woche haben die in diesem Apfelwein enthaltenen Bakterien ihr Werk vollbracht und mit dem Apfelsaft ist es buchstäblich Essig. Marinaden sorgen aber nicht nur für zartes Fleisch und einen leckeren Geschmack, sondern erhalten manchmal auch die Farbe.

Getreide: die Grundlage des Lebens

Was passiert beim Toasten? Wie kommen die Bläschen in die Pfannkuchen? Warum ist Backen an einem Regentag eine kostspielige Angelegenheit? Und was genau ist eigentlich Hefe? Und noch viel mehr …

Wissenswertes über Getreide

Getreide – ob geschrotet oder gemahlen – gehört zu den wichtigsten Grundnahrungsmitteln von Mensch und Haustieren.

Cornflakes, Brot, Brötchen, Croissants, Pfannkuchen, Waffeln, Spaghetti, Makkaroni, Reis, Bulgur, Kekse, Salzbrezeln, Kuchen – das alles sind Getreideprodukte. Sie werden aus Weizen, Roggen, Hafer, Gerste, Dinkel, Buchweizen, Reis und Mais hergestellt; in Afrika, China und Indien verwendet man auch Hirse und Sorghum. Zu den weniger bekannten Sorten gehören Amaranth, das Grundnahrungsmittel der Azteken; ferner Quinoa, von dem sich die Inka ernährten, sowie Triticale, eine Kreuzung zwischen Roggen und Weizen.

145

Was ist Toast?

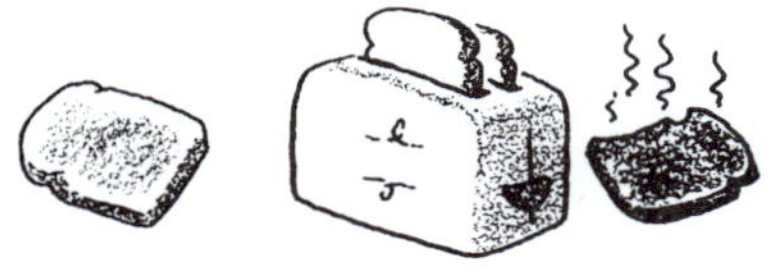

WAS DU BRAUCHST

Toaster, Elektrogrill oder Herd (um Erlaubnis oder Hilfe bitten!)
2 Scheiben Weißbrot
Stoppuhr oder Wecker (eventuell)

Toast wird im Wörterbuch definiert als eine »auf beiden Seiten braun geröstete Weißbrotscheibe«. Wie wird das Weißbrot eigentlich braun?

So wirds gemacht: Schiebe die Brotscheiben in den Toaster. Lass eine davon doppelt so lange drin wie die andere.

Das passiert: Die eine Scheibe nimmt eine goldbraune Farbe an, während die andere schwarz wird und verkohlt.

Warum? Bei zu starker Hitzeeinwirkung wird aus Stärke und Zucker Kohlenstoff freigesetzt. Der macht das Brot schwarz.

Toasten ist ein chemischer Prozess, bei dem die an der Brotoberfläche befindlichen Zucker-, Stärke- und Eiweißmoleküle umgebaut werden. Aus dem Zucker werden Faserstoffe. Die Aminosäuren (Eiweißbausteine) werden zerlegt und verlieren einen Teil ihres Nährwertes. Getoastetes Brot hat daher mehr Faserstoffe und weniger Eiweiß als ungetoastetes. Wer statt dunklem Brot lieber Toast isst, hat davon nur etwas mehr Farbe und Aroma – aber auf Kosten des Nährwertes.

146

Wissenschaft zum Frühstück

WAS DU BRAUCHST

1 1/2 Tassen Wasser
Salz (eventuell)
2/3 Tasse Hafermehl
2 kleine Töpfe
Herdbenutzung (um Erlaubnis oder Hilfe bitten!)

Warmer Haferbrei ist eine feine Sache, besonders an einem kalten Wintermorgen. Macht es einen Unterschied, ob er in kaltem oder kochendem Wasser zubereitet wird?

So wirds gemacht: Verrühre in einem der Töpfe eine drittel Tasse Hafermehl mit einer halben Tasse Wasser. Bringe es zum Kochen, schalte die Hitze zurück und lass den Brei unter Rühren noch fünf Minuten weiter köcheln. Dann den Topf von der Herdplatte nehmen und beiseite stellen.

In dem anderen Topf bringst du nun das restliche Wasser zum Kochen. Füge etwas Salz hinzu und gib die andere Hälfte von dem Hafermehl hinein. Schalte die Hitze zurück, lass den Brei fünf Minuten köcheln und rühre dabei gelegentlich um. Nimm den Topf von der Herdplatte und lass ihn ein paar Minuten stehen. Anschließend probierst du aus jedem Topf.

Das passiert: In beiden Fällen ist der Brei gar und schmeckt gut. Der Haferbrei mit dem kalten Wasser ist jedoch cremiger.

Warum? Beim Erhitzen absorbieren die in dem Hafermehl enthaltenen Stärkekörnchen Wasser. Sie quellen auf und werden weich. Ihre Nährstoffe werden freigesetzt und können so besser aufgenommen werden.

Wenn Hafermehl in kaltes Wasser kommt, haben die Stärkekörnchen mehr Zeit, Wasser aufzusaugen. Dieser Prozess beginnt schon bei etwa 60 °C. Die komplexen Kohlenhydrate, aus denen die Haferstärke besteht, verändern sich. Dabei brechen einige Bindungen zwischen den Atomen eines Moleküls auf und es entstehen neue Verbindungen zwischen den Atomen anderer Moleküle. Die Wassermoleküle werden von den Stärkekörnchen aufgenommen, die aufquellen und schließlich »platzen«. Die darin enthaltenen Nährstoffe werden freigesetzt.

147

Kann man Mehl nicht roh essen?

WAS DU BRAUCHST

1 Esslöffel Zucker
1 Esslöffel Mehl
2 Gläser, jeweils zur Hälfte mit kaltem Wasser gefüllt

Mehl ist der puderfein zermahlene Schrot von Weizen- und anderen Getreidekörnern. Roh ist Mehl allerdings ungenießbar – probier es aus!

So wirds gemacht: In das eine Glas rührst du den Zucker hinein, in das andere das Mehl.

Das passiert: Der Zucker verschwindet. Das Mehl nicht.

Warum? Der Zucker löst sich im Wasser auf, während die Mehlkörnchen dafür zu groß sind. Beim Verrühren von Wasser und Mehl entsteht eine Art Paste, in der jedes Mehlkörnchen in Wasser suspendiert ist.

Wenn du Nahrungsmittel vor dem Verschlucken kaust, wird der Verdauungsprozess bereits durch den Speichel eingeleitet. Zuckermoleküle lösen sich in der Speichelflüssigkeit sofort auf.

Mehl dagegen bleibt im Speichel in Suspension, genau wie im Wasser. Die pflanzlichen Zellwände in jedem Mehlkörnchen haben eine so feste Struktur, dass die Stärkemoleküle nicht herauskönnen. Und von außen kann weder Wasser eindringen, das die Stärke weich machen könnte, noch Verdauungsenzyme. Allein durch Hitze können die Zellwände aufgebrochen werden. Und deshalb muss Mehl erhitzt bzw. gebacken werden.

148

Flockiges Popcorn

WAS DU BRAUCHST

etwa 1/2 Tasse Popcorn-Mais
1/2 Tasse Pflanzenöl
tiefe, schwere Stielkasserolle mit Holzgriff und Deckel
Herdbenutzung (um Erlaubnis oder Hilfe bitten!)

Bei der Popcorn-Zubereitung bekommt man einen guten Eindruck davon, was passiert, wenn Zellwände unter Hitzeeinwirkung aufbrechen. So entsteht auch Puffreis.

So wirds gemacht: Heize die Stielkasserolle ein oder zwei Minuten auf höchster Stufe auf und gib dann so viel Öl hinein, dass der Boden bedeckt ist. (Vorsicht vor Fettspritzern!) Nun die Hitze auf mittlere Stufe zurückschalten. Schütte ein paar Körner in den Topf und lege rasch den Deckel auf. Wenn du diese ersten Körner aufplatzen hörst, fügst du weitere Maiskörner hinzu, aber nur so viele, dass der Topfboden bedeckt ist. Dann schaltest du die Hitze zurück und legst wieder den Deckel auf. Schiebe den Topf gelegentlich etwas hin und her, aber lass ihn geschlossen, solange du noch Körner aufplatzen hörst. Wenn alles still bleibt, ziehst du den Topf von der Herdplatte und nimmst den Deckel ab.

Das passiert: Im Topf türmt sich frisches Popcorn!

Warum? Der feuchte, mehlige Kern in den Maiskörnern ist in eine harte Hülle aus Stärke eingebettet. Beim Erhitzen verwandelt sich die in dem Kern enthaltene Feuchtigkeit in Wasserdampf und der Kern bläht sich auf, bis er die Stärkehülle sprengt. Stärkekörner verhalten sich ähnlich wie Maiskörner: Sobald die Hitze die Zellwände zum Aufplatzen gebracht hat, dringt die Stärke aus und vermischt sich mit dem Wasser. In dieser Form ist sie für uns erst verdaulich.

Popcorn mit Butter

Viele Leute mögen Popcorn am liebsten ohne alles direkt aus dem Topf – dabei lässt es sich mit etwas geschmolzener Butter und einer Prise Salz (oder Zucker, je nachdem wie man es mag) lecker verfeinern.

Mit dem Salzen solltest du immer warten, bis sämtliche Körner aufgeplatzt sind. Fügst du das Salz zu früh hinzu, wird das Popcorn hart und zäh. Das Gleiche gilt übrigens für Linsen und Bohnen, wenn man sie vor dem Garwerden salzt (siehe Seite 113).

149 Gluten – eine klebrige Sache

WAS DU BRAUCHST

2 Esslöffel warmes Wasser
4 Esslöffel Haushaltsmehl
kaltes Wasser
Schüssel
Wasserhahn

In vielen Regionen der Welt wird das Mehl aus Weizen gewonnen. Es gibt zwei Sorten von Weizen – den harten Winterweizen und den weichen Frühlingsweizen. Weichweizen enthält mehr Stärke und wird zu feinem, weichem Backmehl verarbeitet und für Gebäck verwendet, das möglichst zart und krümelig werden soll. Hartweizenmehl ist gröber, griesiger und enthält mehr Eiweiß. Es eignet sich besonders gut zum Brotbacken, weil es viel Gluten bildet. Was ist eigentlich Gluten?

So wirds gemacht: Vermische Mehl und Wasser zu einem Teig und knete ihn zu einer Kugel. Die lässt du dann 30 Minuten in kaltem Wasser einweichen. Anschließend wird der Teig unter fließendem Wasser behutsam gefaltet und geknetet (siehe Abbildung).

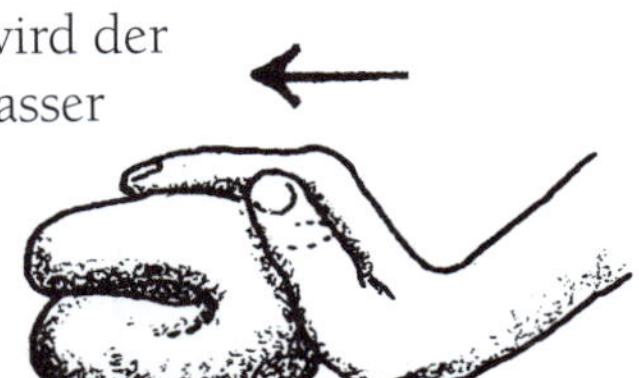

Das passiert:

Der Teig wird klebrig und elastisch.

Warum?

Haushaltsmehl ist eine Mischung aus weichem und hartem Weizenmehl. Durch Einweichen in kaltem Wasser wird die Stärke aus dem Teig entfernt und die Eiweiße bleiben zurück. Beim Kneten verbinden sich diese Eiweiße (Gliadin und Glutenin) zu einer zähen Substanz – dem Gluten. Beim Backen werden im Gluten winzige Luftbläschen eingeschlossen, die den Teig ein wenig aufgehen lassen. Ohne Gluten wäre Brot ziemlich flach und kompakt.

Weil Gluten nur in Weizen enthalten ist, steht Weizen auf den Zutatenlisten der meisten Brotrezepte – auch bei Roggenbrot oder Muffins aus Maismehl.

Damit sich im Gluten noch mehr Luftbläschen bilden, der Teig noch mehr aufgeht und das Gebäck noch lockerer wird, mischen die Bäcker manchmal noch weitere Zutaten in den Teig, zum Beispiel Hefe (Seite 128), Natron oder Backpulver (Seite 131).

Was steckt im Mehl?

	Eiweiß (in %)	Stärke (in %)
Kuchenmehl	7,3	79,4
Grießmehl	12,3	73,5
Haushaltsmehl (Allzweckmehl)	10,5	76,1

Mehl enthält zudem etwa 1 % Fett; der Rest ist Feuchtigkeit.

Für Vollkornmehl, Graham- bzw. Kleiemehl und Weizenschrot werden die ganzen Körner verarbeitet – die Kleie (das ist die harte, braune Außenschale der Körner), das Endosperm (das Nährgewebe für den Keim) und der Keimling (der Teil, der sprießt). »Weißmehl« wurde veredelt, d. h. die braune Außenhülle und der Keimling wurden entfernt.

Brot richtig lagern

Brot wird am besten in einem Brotkasten bei Raumtemperatur oder im Gefrierfach aufbewahrt – jedoch nicht im Kühlschrank. Es wird mit der Zeit altbacken, weil die Feuchtigkeit von innen in Richtung Kruste wandert, wo sie vom Gluten (siehe Seite 125) und von der Stärke des Weizenmehls absorbiert wird. Offen herumliegendes Brot trocknet rasch aus, weil die Feuchtigkeit ungehindert verdunsten kann. Besonders schnell passiert das im Kühlschrank, also bei Temperaturen etwas über dem Nullpunkt.

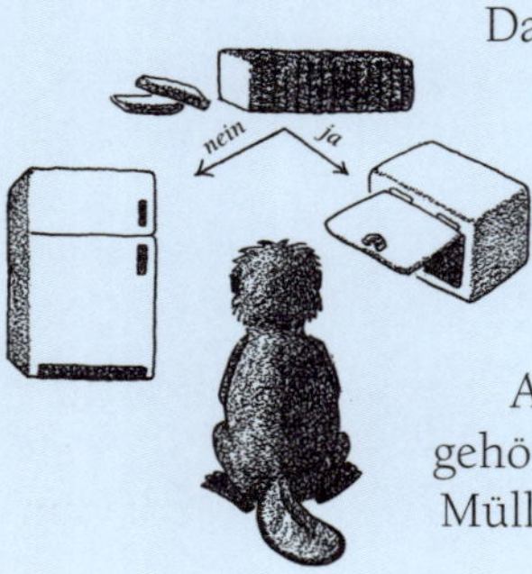

Da der Großteil der Feuchtigkeit im Laib verbleibt, kann man altbackenes Brot durch Erhitzen oft wieder »aufpäppeln«. Angeschimmeltes Brot gehört jedoch sofort in den Mülleimer!

150 Popovers: Gluten in Aktion!

Popovers sind eine amerikanische Spezialität, vergleichbar mit unseren Brötchen, aber größer und luftiger: Probier sie doch mal aus!

Auf welche Weise ein Teig angemischt wird, hat einen Einfluss darauf, wie viel Gluten sich bildet und ob das Gebäck schwammig oder krümelig, grob oder fein, zart oder zäh wird.

WAS DU BRAUCHST

- 1 Tasse (110 g) Mehl
- 2 Eier
- 1 Esslöffel (15 ml) Pflanzenöl
- 1 Tasse (250 ml) Milch
- 1/2 Teelöffel Salz (eventuell)
- Muffin-Förmchen
- Herdbenutzung (um Erlaubnis oder Hilfe bitten!)

So wirds gemacht:
Heize den Backofen auf 230 °C vor.
In der Zwischenzeit schlägst du die Eier auf, fügst die Milch hinzu und lässt unter ständigem Rühren langsam das Mehl hineinrieseln, bis ein glatter, relativ flüssiger Teig entsteht. Diese Mischung mit dem Rührbesen oder im Mixer schlagen. Der Teig hat nun etwa die Konsistenz von fetter Sahne.

Fette die Förmchen aus, fülle sie jeweils zu zwei Drittel mit Teig und backe sie 15 Minuten bei 230 °C. Reduziere dann auf 175 °C und backe sie noch einmal 20 Minuten. Die Backofentür nicht vorher öffnen!

Das passiert: Aus dem Teig werden sechs bis acht herrlich knusprige, fast hohle, köstliche Hüllen ausgebacken.

Warum? Am Anfang hast du den Teig kräftig geschlagen, damit sich viel Gluten bildet. Im Backofen konnte der Teig dank der Kombination von Heißluft und Wasserdampf (der sich aus der großen Flüssigkeitsmenge im Teig ergab) aufquellen.

151 Versteckter Zucker

WAS DU BRAUCHST

Prise Maisstärke oder einen kleinen Cracker

Wärst du überrascht, wenn du erfährst, dass dein Körper Stärke in Zucker verwandeln kann?

So wirds gemacht: Lege dir die Maisstärke auf die Zungenspitze. Speichle sie etwas ein und behalte sie eine Weile im Mund.

Das passiert: Am Anfang schmeckst du nichts Süßes, aber sobald sich die Maisstärke mit Spucke vermischt, schmeckt sie auf einmal ziemlich süß.

Warum? Ein Stärkemolekül besteht aus einer Kette von Zuckermolekülen, die von Enzymen in einzelne kurze Stränge gespalten werden. Enzyme sind Eiweißverbindungen, die chemische Reaktionen herbeiführen. Das Speichelenzym Ptyalin spaltet die Stärke in ihre einzelnen Zuckerbausteine. In den Magensäften lösen sich diese Verbindungen restlos auf. Sie werden später problemlos durch die Darmwand aufgenommen und ins Blut transportiert, von wo aus sie in die Zellen gelangen.

152 Die Zauberpille

WAS DU BRAUCHST

60 ml warmes Wasser
1 Esslöffel Zucker
1/2 Päckchen Trockenhefe
2 Schüsseln
400 g Mehl
Messbecher
180 ml Wasser
Prise Salz
Frischhaltefolie

Im Wunderland brauchte Alice nur eine kleine Pille zu essen und wurde immer größer und größer ... War da womöglich Hefe drin?

So wirds gemacht: Schütte das warme Wasser in eine Tasse. Gib einen Tropfen davon auf dein Handgelenk, um die Temperatur zu prüfen – das Wasser darf nicht zu heiß sein. Rühre Zucker und Hefe hinein und lass die Tasse dann fünf bis zehn Minuten lang stehen. In dieser Zeit beginnen kleine Bläschen an die Oberfläche zu blubbern.

Währenddessen in einer Schüssel Mehl, Salz und 180 ml Wasser verrühren. Eine Hälfte dieser Mischung gibst du in die zweite Schüssel.

Nun schüttest du die »Blubber-Mischung« in eine der beiden Schüsseln. Anschließend deckst du beide Schüsseln mit Frischhaltefolie gut ab und lässt sie 45 bis 60 Minuten an einem warmen Platz stehen.

Das passiert: Die Mischung mit der Hefezugabe hat jetzt das doppelte Volumen, während sich in der anderen Schüssel nichts getan hat.

Warum? Die Hefepilze verwandeln das Mehl in Zuckermoleküle. Sie »fressen« den Zucker, verdauen ihn und gewinnen daraus Energie. Bei diesem chemischen Prozess entstehen Kohlendioxidbläschen, die den Teig aufquellen lassen.

153 Der Zuckerfresser

Hefen sind winzige Pilze, die seit Jahrtausenden dazu genutzt werden, um Brot und Kuchen aufgehen zu lassen.

WAS DU BRAUCHST

warmes Wasser
3 Trinkgläser
2 Esslöffel brauner oder weißer Zucker oder Honig oder Sirup
2 Esslöffel Mehl
1 Päckchen Trockenhefe oder 1 Hefewürfel
Klebeband und Filzstift

So wirds gemacht: Fülle jedes Glas zu zwei Dritteln mit warmem Wasser. Nummeriere die Gläser mit Klebeband und Filzstift. In Glas Nr. 1 gibst du den Zucker und in Glas Nr. 2 das Mehl. In Glas Nr. 3 kommt nichts hinein. Dann schüttest du in jedes Glas die gleiche Menge Hefe. Lass die Gläser stehen. Schaue alle zehn Minuten nach und schreibe auf, was in jedem Glas passiert.

Das passiert: In Glas Nr. 1 bilden sich schon nach zehn Minuten kleine Bläschen, in Glas Nr. 2 erst nach 15 oder 20 Minuten und in Glas Nr. 3 überhaupt keine.

Warum? Hefen sind winzige Pilze, die sich von Zucker und Stärke ernähren und Kohlendioxid ausscheiden. In dem Glas mit dem Zuckerwasser haben sie viel zu fressen – und produzieren deshalb recht rasch Kohlendioxid, was sich an den Bläschen zeigt. In dem Glas mit dem Mehl dauert dieser Prozess etwas länger, weil die Hefeenzyme erst einmal einen Teil der Mehlstärke in Zucker umwandeln müssen, damit die Hefepilze sie verdauen können.

In dem Glas mit dem puren Wasser finden die Hefepilze nichts zu fressen – also produzieren sie hier auch kein Kohlendioxid. Hefepilze brauchen dazu in jedem Fall etwas Zucker.

Bei zu viel Zucker kann die Kohlendioxid-Ausscheidung allerdings auch verlangsamt oder sogar ganz verhindert werden.

Genau richtig!

154

Manche mögens heiß, manche mögens kalt – und Hefepilze mögens am liebsten genau richtig!

So wirds gemacht: Löse den Zucker und die Hefe in dem warmen Wasser (160 ml) auf. Lass diese Mischung eine Weile stehen.

Verrühre Mehl, Salz, Öl und 150 ml Wasser miteinander. Sobald sich auf der Oberfläche der Hefemischung Bläschen bilden, schüttest du sie zu der zweiten Mischung und verrührst beides kräftig mit dem Holzlöffel oder im Mixer. Danach wird der Teig auf dem Brett fünf bis zehn Minuten durchgeknetet (siehe Abbildungen rechts).

Sollte der Teig an deinen Händen kleben bleiben, streust du einfach noch etwas Mehl über den Teig und bearbeitest ihn weiter, indem du ihn mit den Händen kräftig drückst, hin und her walkst und ab und zu wendest, um ihn von allen Seiten richtig gut durchzukneten.

Sobald sich der Teig glatt anfühlt, rollst du ihn zu einer Kugel. Diese zer-teilst du in drei gleich große Stücke. Lege jedes Teigstück in eine ausgefettete Schüssel und decke diese mit Frischhaltefolie ab. Dann nummerierst du deine Teigproben. Schüssel Nr. 1 stellst du an einen warmen Platz (ohne Zugluft). Schüssel Nr. 2 kommt an die wärmste Stelle im Kühlschrank und Schüssel Nr. 3 an einen Ort, an dem es sehr warm ist – zum Beispiel auf einen Heizungskörper oder in den warmen Ofen.

1

Wegdrücken →

2

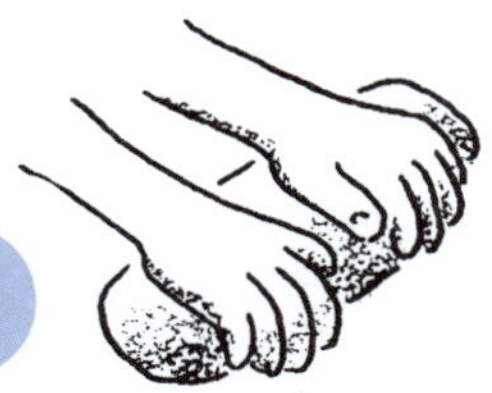

← *Zurückziehen*

3

Drehen

4

Weiter drehen und kneten

WAS DU BRAUCHST

160 ml handwarmes Wasser
2 Esslöffel Zucker
1 Päckchen Trockenhefe
3 Schüsseln zum Anmischen
Kunststoff-Schneidebrett
Filzstift, Papier, Klebeband
Frischhaltefolie
400 g Mehl
2 Esslöffel (30 ml) Oliven- oder Maiskeimöl
150 ml Wasser
Prise Salz
1 Teelöffel Öl zum Ausfetten der Schüsseln
Holzlöffel
Herdbenutzung (um Erlaubnis oder Hilfe bitten!)

Das passiert: Innerhalb von 45 bis 60 Minuten hat sich die Größe von Teigstück Nr. 1 verdoppelt. Auch das Teigstück aus dem Kühlschrank ist etwas aufgegangen. Teigstück Nr. 3 ist genauso groß wie vorher.

Warum? Hefepilze mögen es feucht und gut temperiert – am liebsten zwischen 10 °C und 55 °C. Unter 10 °C sind sie relativ inaktiv, bei über 55 °C sterben sie ab.

155 Der Pizzatest

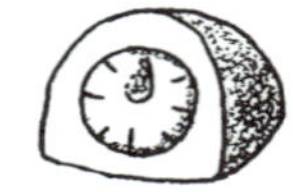

WAS DU BRAUCHST

- Teig Nr. 1 aus dem vorigen Experiment
- Teig Nr. 3 aus dem vorigen Experiment
- 2 Backbleche oder Auflaufformen
- kleine Dose Tomatensauce
- Prise Oregano oder Majoran
- Teigrolle oder Glas
- 50–100 g Käse (Mozzarella, Parmesan oder Cheddar)
- 1 bis 2 Teelöffel Olivenöl
- Herdbenutzung (um Erlaubnis oder Hilfe bitten!)
- Ofenhandschuhe

Hefen sind mikroskopisch kleine Pilze, die Kohlendioxid ausscheiden. Die dabei entstehenden Bläschen lockern nicht nur Brot- und Kuchenteig, sondern auch Pizzateig auf. Mit dem Teig aus dem letzten Experiment kannst du herausfinden, was Hefe so alles bewirken kann!

So wirds gemacht: Lege den aufgegangenen Teig auf das leicht mit Mehl bestäubte Brett und drücke mehrmals mit der Faust hinein. Knete den Teig ein paar Minuten lang kräftig durch und rolle ihn mit der Teigrolle oder einer Glasflasche zu einem Kreis von etwa 15-20 cm Durchmesser und etwa 0,5 cm Dicke aus. Die Ränder können etwas dicker sein.

Lege den Teig auf ein eingeöltes Backblech oder in eine große Auflaufform und lass ihn darin nochmals 15 Minuten aufgehen.

In der Zwischenzeit bearbeitest du den Teig Nr. 3 (der nicht aufgegangen war, weil die Hefepilze abgestorben waren) auf die gleiche Weise wie Teig Nr. 1.

Heize den Backofen auf 230 °C vor.

Belege jede Teigscheibe mit Käse – gerieben oder gewürfelt. Rühre etwas Oregano oder Majoran in die Tomatensauce, gib jeweils die Hälfte davon in die Mitte jeder Pizza und verstreiche sie von innen nach außen. Darauf kommt dann noch eine zweite Lage Käse.

Schiebe die beiden Pizzas auf die unterste Schiene des vorgeheizten Backofens und backe sie etwa 20 bis 30 Minuten lang – bis der Teig gebräunt ist.

Zum Herausnehmen der Pizzas unbedingt Ofenhandschuhe anziehen! Lass die Pizzas vor dem Anschneiden etwa fünf Minuten abkühlen und probiere sie dann.

Das passiert: Die Pizza aus Teig Nr. 1 ist stärker aufgegangen und saftig und luftig geworden. Die andere dagegen ist nicht sehr beeindruckend – flach, zäh und wenig schmackhaft.

Warum? Die Hefe in dem ersten Teig ist immer noch lebendig und wurde durch das kräftige Kneten (und zu Beginn der Backzeit) noch mal so richtig aktiviert. Der zweite Teig dagegen verhält sich beim Backen so, als enthielte er überhaupt keine Hefe.

156 Natron – was ist das?

WAS DU BRAUCHST
2 Teelöffel Natron
Glas Orangensaft
Glas Wasser

Natron – auch doppeltkohlensaures Natrium oder Natriumhydrogenkarbonat genannt – ist erstaunlich vielseitig. Manche benutzen es zum Zähneputzen, andere als Geruchsvertilger im Kühlschrank oder gar als Mittel gegen Magenübersäuerung. Außerdem dient es zur Auflockerung von Brot- und Kuchenteig.

So wirds gemacht: Gib in beide Gläser jeweils einen Teelöffel Natron.

Das passiert: In dem Glas mit dem Wasser passiert nichts, während sich in dem anderen Glas Bläschen bilden. Aus dem Orangensaft wurde Orangensprudel!

Warum? Wenn man Natron mit einer Säure (Orangensaft) zusammenbringt, wird das Kohlendioxid aus dem Natron freigesetzt – in Form von blubbernden Gasbläschen.

Das Gleiche passiert, wenn du Natron zu Buttermilch, Sauerrahm, Joghurt, Sirup oder Apfelsaft hinzugibst: Sie enthalten alle Säure und beginnen zu sprudeln.

Wenn Natron in einen Teig gemischt wird, in dem sich eine säurehaltige Flüssigkeit befindet, bringen die dabei entstehenden Gasbläschen den Teig zum Aufgehen.

157 Backpulver – was ist das?

WAS DU BRAUCHST
2 Gläser mit Wasser
1/2 Teelöffel Backpulver
1/2 Teelöffel Natron

Inwiefern unterscheidet sich Backpulver von Natron?

So wirds gemacht: In ein Glas kommt das Backpulver, in das andere das Natron.

Das passiert: In dem Wasser mit dem Backpulver bilden sich Bläschen. In dem Wasser mit dem Natron geschieht nichts.

Warum? Natron ist eine Base, also das chemische Gegenteil einer Säure. Wenn Natron mit einer Säure in Berührung kommt, entsteht Kohlendioxid.

Backpulver ist eine Mischung aus Natron und einer Säure. Gibt man Backpulver in Wasser oder Milch, dann reagieren die Base und die Säure miteinander und es entsteht Kohlendioxid – das sind die Bläschen. Es gibt drei Sorten von Backpulver und jede von ihnen enthält Natron. Außerdem enthalten sie eine Säure – entweder Weinsäure (Kaliumhydrogentartrat) oder Kalziumdihydrogenphosphat oder auch eine Kombination aus Kalziumbiphosphat und Natriumaluminiumsulfat (doppelt wirkendes Backpulver).

158 Natron gegen Backpulver

WAS DU BRAUCHST

2 Gläser, jeweils zur Hälfte mit Dickmilch oder Zitronensaft gefüllt
1/2 Teelöffel Backpulver
1/2 Teelöffel Natron

Was passiert, wenn du Backpulver mit einer Säure mischst?

So wirds gemacht: In das eine Glas schüttest du das Backpulver, in das andere das Natron.

Das passiert: Bei Backpulver bilden sich weniger Bläschen als bei Natron.

Warum? Wenn man Backpulver und Säure zusammenbringt, wird das Säure-Basen-Gleichgewicht verschoben, denn es kommt mehr Säure als Base hinzu. Auf diese Weise bildet sich weniger Kohlendioxid. Wenn du einen Teig anstatt mit normaler Milch mit Dickmilch oder Buttermilch anrühren willst, musst du die zusätzliche Säure entfernen. Dazu würde es genügen, jeden Teelöffel Backpulver, der im Rezept angegeben ist, durch einen halben Teelöffel Natron zu ersetzen.

Chemische Bläschen

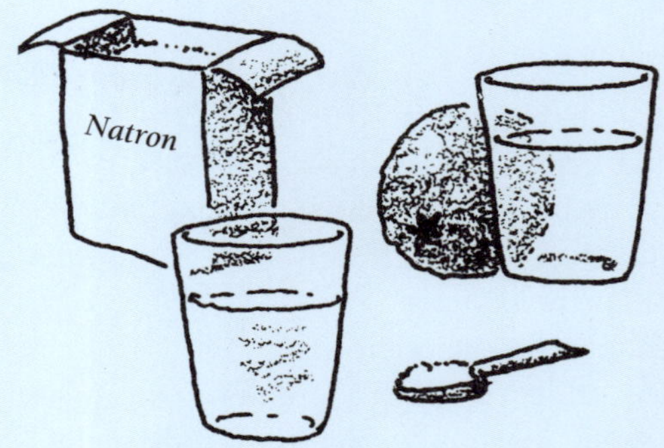

Erst seit Mitte des 19. Jahrhunderts setzt man chemische Substanzen ein, um Brot- und Kuchenteige luftiger zu machen. Heute verwenden wir dazu statt Hefe meistens Natron oder Backpulver – oder auch beides. Damit geht das Backen viel schneller. Teige für Pfannkuchen, Crêpes und bestimmte Kuchensorten enthalten erheblich mehr Flüssigkeit als die Teige, aus denen Brot und anderes Gebäck mit Hefe hergestellt wird. Weil in den dünnflüssigen Teigen die schnell wirkenden Hefepilze keine Chance haben, ausreichend Luftbläschen zu erzeugen, greifen wir hier auf die modernen chemischen Treibmittel zurück.

159 Super-Muffins

Wenn deine Muffins richtig schön luftig und locker werden sollen, musst du den Teig richtig behandeln, sonst …

WAS DU BRAUCHST

110 g ungebleichtes Haushaltsmehl
1 kleines Ei
3 Esslöffel Zucker
1 Teelöffel Backpulver
1/2 Teelöffel gemahlener Zimt
1/2 Teelöffel gemahlener Muskat
2 große Schüsseln
kleine Schüssel
Holzlöffel
1/2 Tasse (60 ml) Öl
1/2 Tasse (60 ml) Milch
Schneebesen (eventuell)
3 Muffin-Formen
Öl oder Margarine zum Ausfetten
Herdbenutzung (um Erlaubnis oder Hilfe bitten!)
Ofenhandschuhe

So wirds gemacht: Zunächst die Muffin-Förmchen ausfetten. In der kleineren Schüssel schlägst du das Ei mit dem Löffel oder dem Schneebesen schaumig und fügst dann Milch und Öl hinzu.

In einer der großen Schüsseln vermischst du Mehl, Zucker, Backpulver, Zimt und Muskat. In die Mitte drückst du ein Loch und gibst die vorhin angerührte Ei-Mischung hinein. Diese rührst du 12- bis 14-mal um, bis die trockenen Zutaten gerade etwas benetzt sind. Der Teig sollte grob und klumpig sein.

Die Hälfte des Teiges gibst du in die zweite große Schüssel und rührst ihn dort glatt.

Gib einen gehäuften Esslöffel von dem ersten, gröberen Teig in eine der Vertiefungen einer Muffin-Form, so dass diese zu zwei Dritteln gefüllt ist. Am anderen Ende der Muffin-Form füllst du eine Vertiefung mit dem glatten Teig. Auf die gleiche Weise füllst du auch die übrigen zwei Formen. Du hast jetzt also drei Muffin-Formen, bei denen jeweils eine Vertiefung mit dem klumpigen und eine mit dem glatten Teig gefüllt ist, also insgesamt 6 Muffins.

Schalte den Backofen auf 200 °C und stelle dann ohne vorzuheizen sofort eine Muffin-Form hinein. Nach 10 Minuten schiebst du die zweite nach. 25 bis 30 Minuten später, wenn die Muffins goldbraun sind, holst du beide Formen heraus. (Dazu Ofenhandschuhe anziehen!)

Nun schiebst du die dritte Form in den heißen Backofen und schaltest die Hitze auf 230 °C hinauf. Nach 25 bis 30 Minuten holst du die Form aus dem Ofen.

Alles abkühlen lassen und dann von jedem Muffin probieren.

Das passiert: Das Muffin aus dem klumpigen Teig in Form Nr. 2, die in den Backofen geschoben wurde, als dieser bereits aufgeheizt war, sieht am appetitlichsten aus und schmeckt am besten.

Warum? Köstliche Muffins erfordern keinen großen Aufwand! Wenn der Teig zu heftig gerührt wird, entsteht zu viel Gluten. Dadurch wird die Teigoberfläche unregelmäßig aufgeworfen und im Inneren des Teiges bilden sich Hohlräume oder »Tunnel«.

Wichtig ist auch, dass der Backofen vorgeheizt ist, bevor die Muffins hineingeschoben werden – andernfalls bleiben die Muffins flach und schwer. Damit der Teig richtig aufgehen kann, muss das Natron frühzeitig aktiviert werden.

Ist es im Ofen allerdings zu heiß, tritt das Kohlendioxid zu früh in Aktion und macht die Muffins unförmig und zäh.

160

Ist heute Plätzchenwetter?

Backe diese Plätzchen an zwei verschiedenen Tagen – an einem sonnigen Tag und an einem Regentag. Sie schmecken beide Male lecker, aber ...

WAS DU BRAUCHST

- 1/2 Tasse Butter oder Margarine
- 1/2 Tasse Zucker
- 1/2 Teelöffel Vanilleextrakt
- Holzlöffel
- 120 g Mehl und 1 bis 3 Esslöffel (10–25 g) extra
- Schüssel zum Anmischen
- Frischhaltefolie
- Backblech
- Herdbenutzung (um Erlaubnis oder Hilfe bitten!)

So wirds gemacht: Lass das Fett in etwa 15 Minuten bei Raumtemperatur weich werden und gib es dann in die Schüssel, zusammen mit dem Zucker und dem Vanilleextrakt. Mit dem Holzlöffel, in der Küchenmaschine oder im Mixer alles gut verrühren. Danach mischst du das Mehl unter. Sobald der Teig gründlich durchgerührt und schön glatt ist, formst du daraus eine Kugel. Sollte der Teig zu sehr an deinen Fingern kleben bleiben, wälzt du ihn einfach in etwas Mehl und knetest ihn weiter, bis er seidig-glatt ist. Dann wickelst du den Teig in Frischhaltefolie ein und stellst ihn eine Stunde oder länger kühl.

Heize den Backofen auf 165 °C auf. Zerteile die Teigkugel in zwei Hälften und rolle diese jeweils zu einer Wurst. Ist der Teig zu klebrig, fügst du wieder etwas Mehl hinzu. Von der Teigwurst schneidest du nun dünne Scheibchen ab und legst diese im Abstand von jeweils einem guten Zentimeter auf das nicht eingefettete Backblech. Backe die Plätzchen 20 Minuten lang auf der mittleren Ofenschiene, bis die Unterseite leicht gebräunt ist.

Das passiert: Sowohl bei Sonne als auch bei Regen ergibt das vier bis fünf Dutzend köstliche Plätzchen ... aber an dem Regentag brauchst du beim Teigkneten bestimmt viel mehr Extramehl als an einem sonnigen Tag!

Warum? An einem Regentag nimmt der Teig Feuchtigkeit aus der Luft auf und wird daher schneller klebrig und schwerer zu handhaben. Deshalb brauchst du zum Kneten mehr Mehl als an einem trockenen Tag.

Auch auf die Höhe kommts an!

Wenn du in einer Gegend wohnst, die 160 m oder mehr über dem Meeresspiegel liegt, wird jeder mit Hefe, Natron oder Backpulver zubereitete Teig rascher aufgehen als auf Meereshöhe. Warum? Weil die Luftdecke weiter oben leichter und der von ihr ausgeübte atmosphärische Druck geringer ist. Das Kohlendioxid im Teig ist daher einem geringeren Luftdruck ausgesetzt und kann kraftvoller und rascher aufsteigen. Manchmal wird das Gebäck dadurch allerdings zäh und schmeckt nicht so gut wie im Flachland. Die Lösung: Verwende einfach etwas weniger Hefe oder Backpulver als auf Meereshöhe. Einige Backrezepte weisen sogar darauf hin, dass man ab 1 150 m über dem Meeresspiegel mehr Mehl hinzufügen soll.

So bleibts haltbar

Wie schützen Salz und Zucker Nahrungsmittel vor dem Verderb? Wie wird eine Traube zur Rosine? Warum soll man Kräuter einfrieren? Was ist eigentlich Käse? Und noch mehr zum Thema »Haltbarkeit von Lebensmitteln«.

Wissenswertes über Lebensmittelkonservierung

Damit Lebensmittel länger haltbar bleiben, müssen wir Wege finden, um die Vermehrung von Bakterien, Pilzen und Schimmel zu hemmen, da diese zum Verderb führen. Manchmal gilt es auch, bestimmte zerstörerische Enzyme auszuschalten oder Oxidation zu vermeiden. All diese Prozesse verändern Geruch, Beschaffenheit, Geschmack und Nährwert der Nahrungsmittel.

Es gibt mehrere Verfahren zur Haltbarmachung: Trocknen, Einsalzen/Pökeln, Räuchern, Konservieren und Einfrieren, um nur einige zu nennen.

Seit Jahrhunderten werden vor allem in den wärmeren Ländern viele Arten von Fleisch und Gemüse durch Einlegen in Salz vor dem Verderben geschützt. Rindfleisch kommt auch heute noch als Corned Beef auf den Tisch, Weißkohl als Sauerkraut und Gurken als Mixed Pickles. Salz entzieht den Nahrungsmitteln auf osmotischem Wege oder durch Absorption Wasser, was das Bakterienwachstum verhindert. Zur Trockenkonservierung deckt man Nahrungsmittel ganz mit Salz ab; bei anderen Einsalzmethoden werden sie in Salzlake eingelegt oder über Kanülen mit Pökellake beimpft.

Auch das Räuchern von Fleisch und Fisch ist seit alters her bekannt. Die Fleischstücke werden in speziellen Räucherkammern bei niedrigen Temperaturen oft tagelang über schwelendem Holzfeuer aus aromatisch duftenden Hölzern aufgehängt. Je länger der Räuchervorgang, umso intensiver der Geschmack und umso länger die Haltbarkeit. Beim Einlegen denkt man meistens an Gurken, die zu Gewürzgurken werden, wenn man sie in Essig oder anderen Säureträgern zusammen mit Kräutern wie Dill sowie Salz und Zucker mariniert. Auch andere Gemüse und Früchte und sogar Fisch und Fleisch lassen sich sauer einlegen.

Dosenkonservierung gibt es bereits seit Anfang des 19. Jahrhunderts. Dabei werden die Nahrungsmittel in dicht verschlossenen, sterilisierten Glas- oder Blechbehältern rasch erhitzt; oft unter Zugabe von Salz oder Zucker. In hoher Konzentration wirkt Zucker im Prinzip wie Salz – durch die osmotische Wirkung wird das Wachstum von Schimmelpilzen in Marmeladen gehemmt.
Zusätzlich zu diesen Verfahren setzen Lebensmittelhersteller heute auch chemische Konservierungsstoffe ein.

161 Simsalabim – Rosinen!

Jede Rosine war früher einmal eine pralle Traube und jede Dörrpflaume eine saftige Pflaume. Was ist mit diesen Früchten passiert?

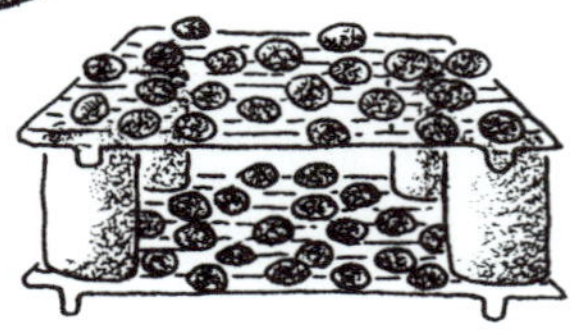

WAS DU BRAUCHST

- eine Hand voll weiße, kernlose Trauben
- 2 Ablagen zum Trocknen (hierzu ein Baumwolltuch oder feine Gaze über alte Bilderrahmen oder Spüleinsatzgitter spannen)
- Topf mit kochendem Wasser
- Sieb
- 4 leere Getränkedosen oder große Steine
- Herdbenutzung (um Erlaubnis oder Hilfe bitten!)

So wirds gemacht: Wasche die Trauben unter fließendem Wasser. Sortiere alle beschädigten Trauben aus und entferne die Stiele. Dann gibst du die Trauben in das Sieb und tauchst sie in das kochende Wasser, bis die Schalen aufplatzen. Verteile sie auf den Ablagen, ohne dass sie sich gegenseitig berühren. Verwende die Dosen als Stützen, um die Ablagen übereinander zu setzen.

Nun hast du zwei Möglichkeiten: 1. Du kannst die Ablagen vier oder fünf Tage lang an ein sonniges Fenster stellen und sie stündlich drehen, damit alle Trauben gleichmäßig trocknen. 2. Oder du stellst die Ablagen über Nacht auf die mittlere Schiene des auf 60 °C vorgeheizten Backofens.

Wenn du glaubst, die Trauben könnten trocken sein, probierst du eine oder zwei. Wenn sie innen feucht sind, lässt du sie noch ein oder zwei Stunden stehen und prüfst sie dann erneut. Sobald alle Trauben zäh und weich sind, nimmst du sie von der Ablage.

Das passiert: Nun hast du Rosinen! In einer Plastiktüte halten sie sich monatelang.

Warum? Das Trocknen ist seit Urzeiten ein bewährtes Mittel zur Konservierung von Lebensmitteln. Normalerweise fault Obst bei Raumtemperatur innerhalb von wenigen Tagen – selbst im Kühlschrank bleibt es nur ein paar Wochen lang haltbar.

Pilze, die aus Sporen stammen – das sind winzige, samenähnliche Zellen – schweben frei in der Luft herum und ernähren sich von Fruchtzucker und -stärke. Beim Trocknen wird den Trauben Feuchtigkeit entzogen, was die Pilze daran hindert, die Nährstoffe darin aufzunehmen. Solange Trockenfrüchte keine Feuchtigkeit aus der Luft absorbieren können, bleiben sie über Monate genießbar.

Kräuter und Gewürze

Jahrhundertelang waren Kräuter und Gewürze ein Zeichen für Wohlstand und hoch geschätzt, weil sie Nahrungsmittel haltbarer machten oder den Geruch verdorbener Speisen mit ihrem Aroma überlagerten. Außerdem nutzte man sie zu medizinischen Zwecken.

Gewürze sind getrocknete Substanzen aus den Samenkapseln, Blüten, Früchten, Rinden oder Wurzeln aromatischer tropischer Pflanzen. Kräuter dagegen bereitet man aus den Blättern, Stielen oder Blüten wohlriechender Fettpflanzen oder Sukkulenten, die in gemäßigtem Klima gedeihen.

Frische Kräuter halten sich im Kühlschrank in einer Plastiktüte eine Woche lang frisch, wenn du die Stiele mit feuchtem Küchenpapier umwickelst.

162

Kräuter einfrieren

Kräuter wie Petersilie, Kerbel und Schnittlauch lassen sich durch Tiefkühlen besser konservieren als durch Trocknen. Man muss sie nur so verpacken, dass die Feuchtigkeit drin und die Luft draußen bleibt.

WAS DU BRAUCHST

1 Strauß Petersilie, Basilikum, Dill, Salbei, Thymian oder Schnittlauch
kleine, dicht verschließbare Plastiktüten
Küchenpapier
Klebeetiketten und Filzstift
Trinkhalm (eventuell)
Topf mit Wasser (eventuell)
Gefrierfach

So wirds gemacht: Wasche die Kräuter unter kaltem Wasser ab und entferne alle angefaulten Blätter. Tupfe sie mit dem Küchenpapier trocken.

Zupfe von den blättrigen Kräutern die Stiele ab. Dann packst du jedes Kraut in eine eigene Tüte, wobei du oben etwa 1,25 cm Freiraum lässt. Mit dem Trinkhalm kannst du überschüssige Luft absaugen. Wenn du sicher bist, dass kein Wasser in die Tüte eindringt, kannst du sie auch in einen Topf mit Wasser eintauchen. Das Wasser drückt die Plastikhaut gegen die Kräuter und presst Luft heraus.

Nun wird die Tüte dicht verschlossen, gegebenenfalls mit kältebeständigem Klebeband, falls sie nicht selbstschließend ist. Beschrifte jede Tüte mit dem Namen des Krautes und dem Einfrierdatum. Dann legst du die Tüten ins Gefrierfach, am besten bei –18 °C.

Kräuter immer erst kurz vor dem Gebrauch schneiden, hacken oder auspressen.

Getrocknete Kräuter und Gewürze immer nur in kleinen Mengen kaufen – sie verlieren mit der Zeit und unter Einwirkung von Sauerstoff ihr Aroma. Von getrockneten Kräutern nimmt man zum Würzen weniger – Köche rechnen mit 1/3 bis 1/2 Teelöffel Trockenkraut auf einen Esslöffel Frischkraut. Getrocknete Kräuter geben mehr Aroma ab, wenn man sie vor Gebrauch ein paar Minuten lang in Zitronensaft, Suppenbrühe oder Öl einlegt. Kräuter immer erst in den letzten 10 bis 15 Minuten vor dem Garwerden der Speise hinzufügen. Wenn du von einem Gewürz etwas zu viel verwendet hast, lege eine rohe Kartoffel in den Topf. Sie wird einen Teil der Geschmacksstoffe absorbieren. Ein Lorbeerblatt in der Mehldose hält Ungeziefer fern. Die Blätter enthalten ein natürliches Abwehrmittel gegen Insekten.

Das passiert: Bei so niedrigen Temperaturen halten sich Kräuter ohne Farb-, Aroma- oder Nährstoffverlust bis zu einem Jahr! Du kannst sie in gefrorenem Zustand für Suppen, Saucen, Salate und anderes verwenden.

Warum? Enzyme – das sind Eiweißmoleküle, die chemische Reaktionen auslösen – beschleunigen den Verderb von Lebensmitteln, indem sie deren Farbe, Aroma, Beschaffenheit und Nährwert verändern. Durch Einfrieren wird die Enzymaktivität stark verlangsamt und somit werden die Zerfallsreaktionen hinausgezögert.

Wichtig ist ein luftdichter Abschluss, sonst kann sich in den Zwischenräumen zwischen Kräutern und Plastiktüte Feuchtigkeit aus den Blättern sammeln und Gefrierbrand verursachen. Eiskristalle können die pflanzlichen Zellmembrane und -wände zerstören.

Da sich Speisen beim Einfrieren ausdehnen, sollte die Tüte nicht bis oben hin gefüllt werden. Bei Temperaturen, die über -18 °C liegen, beginnen sich die Aromastoffe zu verflüchtigen.

Tiefgefrorene Kräuter stets unaufgetaut verwenden! Beim Auftauen treten sofort wieder Mikroben und Enzyme in Aktion und führen zu raschem Verderb.

163 Zum Einfrieren geeignet ...?

Lassen sich eigentlich alle Lebensmittel einfrieren?

WAS DU BRAUCHST

Salatblätter oder grüne Paprika oder Tomaten
Knoblauchzehen
2 Esslöffel (30 g) Frischkäse
Küchenpapier
mehrere Plastiktüten
Klebeetiketten und Klebeband (kältebeständig)
Gefrierfach

So wirds gemacht: Sortiere beschädigte oder verwelkte Teile aus, wasche die Gemüse und tupfe sie trocken. Dann packst du sie einzeln (ganz oder zerschnitten) in Plastiktüten und presst die Luft heraus (siehe Seite 137). Die Tüten dicht verschließen, beschriften und ins Gefrierfach legen. Auch der Frischkäse kommt in einer beschrifteten Plastiktüte ins Gefrierfach. Nach zwei oder drei Tagen nimmst du alle Tüten heraus und lässt sie auftauen.

Das passiert: Der Tüteninhalt sieht nicht mehr sehr appetitlich aus. Salat und Tomaten sind schlaff und matschig. Knoblauch riecht strenger als vorher. Und der Frischkäse ist ausgeflockt und körnig geworden.

Warum? Wenn sich das in den Nahrungsmitteln enthaltene Wasser abkühlt und gefriert, werden dadurch die Zellwände zerstört. Bei Nahrungsmitteln, die später gekocht werden, ist das nicht weiter tragisch, aber Nahrungsmittel wie Salat, Tomaten und Quark, die wir normalerweise roh essen, werden dadurch ungenießbar.

Gesalzene Nahrungsmittel lassen sich nicht so gut einfrieren wie ungesalzene. Durch das Salz wird nämlich den Gefrierpunkt herabgesetzt, so dass die Enzyme mehr Zeit haben für ihr zerstörerisches Werk.

Birnenmarmelade

164

Eine prima Möglichkeit, eine Birne haltbar zu machen: Man verwandelt sie einfach in Marmelade!

WAS DU BRAUCHST

- 2 Birnen
- 1 Teelöffel abgeriebene Zitronenschale
- 1 Teelöffel Zitronensaft
- 1 Tasse Apfelsaft
- 1/2 Teelöffel Vanille
- Schüssel
- Kochtopf
- sauber gespültes Glas mit Deckel
- Herdbenutzung (um Erlaubnis oder Hilfe bitten!)

Früher stellte man Marmeladen aus stark konzentriertem Zucker und Pektin her und bewahrte sie in sterilisierten Behältern auf. Nach der deutschen Konfitürenverordnung sind Marmeladen ausschließlich Erzeugnisse aus Zitrusfrüchten mit einem Mindestzuckergehalt von 50 %; meist liegt er aber darüber. Ein Kilogramm Marmelade muss nur 200 g Früchte enthalten – erheblich weniger als Konfitüren. Konfitüren sind Zubereitungen aus Früchten aller Art außer Zitrusfrüchten und einem Mindestzuckergehalt von 55 %. Ein bestimmter Zucker- und Säuregehalt verhindert das Wachstum gefährlicher Mikroorganismen.

Darüber hinaus gibt es noch fertige Brotaufstriche, die anstatt mit Zucker mit Fruchtsaftkonzentraten gesüßt sind. Diese Brotaufstriche kann man auch leicht selbst herstellen; sie halten sich ein oder zwei Monate im Kühlschrank.

So wirds gemacht: Die Birnen schälen, entkernen und in Würfel schneiden. Diese gibst du dann zusammen mit der abgeriebenen Zitronenschale und dem Zitronensaft in eine Schüssel. Dann werden der Apfelsaft und die Vanille etwa 10 Minuten erhitzt. Nun gibst du den Inhalt aus der Schüssel dazu. Lass die Mischung aufkochen, schalte die Hitze zurück und lass die Masse unter häufigem Rühren 30 bis 40 Minuten eindicken. Anschließend füllst du sie in das Glas und stellst sie kühl.

Das passiert: Nach dem Abkühlen bist du stolzer Besitzer von hausgemachter Birnenmarmelade, die sich ein oder zwei Monate lang hält.

Warum? Die Säure aus dem Zitronensaft und der Zucker aus dem Apfelsaft verhindern die Vermehrung gesundheitsgefährdender Mikroorganismen.

Wer Fruchtstückchen in der Marmelade mag, schneidet die Birnenstücke in Achtel und lässt diese mit dem Zitronensaft, dem Apfelsaft und der abgeriebenen Zitronenschale nur 20 bis 30 Minuten lang köcheln, bis die Fruchtstückchen weich, aber nicht matschig sind.

165

Alles Käse!

WAS DU BRAUCHST

Glas Milch
Prise Salz
Gummiband oder ein Stück Bindfaden
Schüssel
Baumwolltuch oder Sieb mit einem sauberen Tuch

Um Milch haltbar zu machen, verarbeitet man sie seit alters her zu – Käse. Aber wie macht man das eigentlich? Und welche Milch kann man zur Käseherstellung verwenden – die von Kühen, Ziegen, Schafen, Pferden, Kamelen, Lamas, Rentieren oder Büffeln? Nun, all diese Tiere – und nicht nur die genannten! – können Milch und somit auch Käse liefern.

Hier erfährst du, wie du Hüttenkäse selbst herstellen kannst – und das ist immerhin schon einmal die erste Stufe der Käseherstellung.

So wirds gemacht: Lass die Milch zwei bis drei Tage bei Raumtemperatur offen stehen, bis sie sauer und klumpig wird. Füge eine Prise Salz hinzu.

Spanne das Baumwolltuch mithilfe eines Gummibandes oder eines Bindfadens über eine breite Schüssel (oder kleide ein Sieb mit einem sauberen Tuch aus – z. B. einem alten Baumwolltaschentuch – und hänge es über die Schüssel). Dann schüttest du die sauren Milchklumpen auf das Tuch und lässt sie zwei bis drei Stunden abtropfen.

Das passiert: Im Tuch hat sich Hüttenkäse gebildet!

Warum? Harmlose Bakterien haben sich über den Zucker in der Milch hergemacht und sie zu einer Säure vergoren. Diese brachte die Milch zum Gerinnen, wobei eine Flüssigkeit (Molke) und eine grobkörnige Masse (Quark, Käsebruch) abgeschieden wurde. Quark enthält ein Protein namens Kasein, ferner Mineralsalze und das Butterfett der Milch.

Hüttenkäse, d. h. gewaschener Quark von körniger Struktur zählt zu der Käsesorte »Frischkäse« und ist nicht sehr lange haltbar. Viele Käsesorten lässt man weiter altern (»reifen«) oder setzt ihnen für unterschiedlich lange Zeit bestimmte Schimmelpilze und Bakterien zu. Diese verleihen den verschiedenen Käsesorten ihr jeweils typisches Aroma und machen sie gleichzeitig auch noch haltbarer.

Wie kommen die Löcher in den Käse?

Bei der Reifung des Käses entstehen Kohlendioxidgase, die Blasen oder Hohlräume bilden. Diese Gase werden von den Bakterien freigesetzt, die dem Käse während des Reifungsprozesses zugefügt werden.

Ach du liebe Zeit!

Wir verwenden das Wort »Zeit«, wenn wir uns auf eine Periode beziehen, in der etwas stattfindet – oder auf die Dauer eines Vorgangs.

Wissenswertes über Zeit

Im Laufe der Zeit haben die Menschen unzählige Methoden erfunden, um die Zeit zu messen, und sich dazu der unterschiedlichsten Hilfsmittel bedient. Ganz früher wurden Sonne, Mond und Sterne zur Zeitmessung herangezogen, später verwendete man Öl und Kerzen, Wasser und Sand, Gewichte und Pendel, noch später Strom und Batterien und seit neuestem die Atome eines Metalls namens Cäsium.

In vorgeschichtlicher Zeit orientierten sich die Menschen an den Jahreszeiten und am Tag- und Nachtrhythmus. Heute befassen sich die Physiker mit kleinsten Atomteilchen und messen die Zeit in Pikosekunden – das entspricht einem Billionstel einer Sekunde. Andere Wissenschaftler, darunter Paläontologen, Geologen, Archäologen und Biologen, bestimmen Zeiträume von Milliarden von Jahren mittels »radioaktiver Uhren« und »molekularer Uhren«.

Zur Entwicklung von Uhren haben Astronomen, Physiker, Ingenieure und Statistiker ebenso wie Hufschmiede und Schlosser beigetragen. Die Erfindungen der Uhrmacher wiederum basieren auf den Erkenntnissen von Wissenschaftlern wie Newton, Descartes, Galileo, Niels Bohr und Einstein.

Die allererste Methode zur Zeitermittlung geht jedoch auf natürliche Erscheinungen zurück – die Drehung der Erde um ihre eigene Achse und ihre Bahn um die Sonne.

WAS DU BRAUCHST

Wecker
Bleistift
Papier
einen Freund (eventuell)

Damals und heute

166

Wir benutzen ständig Wörter, die sich auf »Zeit« beziehen. Fordere deine Freunde zu einem spannenden Spiel heraus – oder versuche selbst, in 10 Minuten möglichst viele Begriffe zu finden.

So wirds gemacht: Stelle einen Wecker auf 10 Minuten. In dieser Zeit schreibst du möglichst viele Wörter oder Ausdrücke auf, die etwas mit »Zeit« zu tun haben. »Damals« und »heute« wären zwei Beispiele, ebenso »zur rechten Zeit« oder »im Bruchteil einer Sekunde«.

Das passiert: Schaue dir die Liste auf Seite 143 an. Sind dir ein paar Wörter davon nicht eingefallen? Oder hast du noch andere Wörter gefunden?

Zeit zum Aufwachen!

167

Wissenschaftler haben herausgefunden, dass die beiden Hälften des menschlichen Gehirns für jeweils unterschiedliche Dinge zuständig sind. Die linke Gehirnhälfte besitzt ein ausgeprägtes Zeitbewusstsein, das der rechten Hälfte fehlt. Aber wenn du vor dem Einschlafen ganz fest daran denkst, dass du unbedingt zu einer bestimmten Zeit aufstehen musst, dann ist es die rechte Gehirnhälfte, die dich rechtzeitig aufwachen lässt!

Finde heraus, ob deine beiden Gehirnhälften gut zusammenarbeiten, indem du versuchst, zu einem bestimmten Zeitpunkt aufzuwachen – ohne Wecker!

168

Meilensteine deines Lebens

WAS DU BRAUCHST

Papier und Bleistift

Eine Chronologie – heute spricht man auch oft von »Timeline«– ist eine Liste von denkwürdigen Daten oder Ereignissen in einer zeit-lich geordneten Abfolge. Du könntest zum Beispiel eine Chronologie deines Lebens erstellen – mit den Daten der wichtigsten Vorkommnisse, die dir widerfahren sind.

So wirds gemacht: Überlege in aller Ruhe, was in deinem Leben alles Wichtiges passiert ist. Frage deine Eltern, wenn du dir bei einigen Daten nicht mehr ganz sicher bist. Dann schreibst du eine Liste mit all den Dingen, die dir eingefallen sind – dein Geburtstag; der Tag, an dem du Laufen gelernt und zum ersten Mal gesprochen hast; der erste Tag im Kindergarten; große Reisen; dein erster Schultag; der Tag, an dem du Radfahren gelernt hast; Geburtstage deiner Geschwister; Preise, die du gewonnen hast; ein wichtiges Turnier, bei dem du mitgespielt hast; der Tag, an dem du deinen besten Freund/deine beste Freundin kennen gelernt hast; deine Abschlussprüfung etc.

Bringe all diese Ereignisse in die richtige zeitliche Reihenfolge und schreibe dann eine Chronologie. Wenn du magst, kannst du sie mit kleinen Zeichnungen ausschmücken. Möglicherweise wirst du deine Chronologie später einmal überarbeiten, weil du dann vielleicht andere Ereignisse für wichtiger erachtest.

169

Wie lang ist eine Minute?

WAS DU BRAUCHST

Uhr mit Sekundenzeiger
ein Freund
Bleistift
Papier

Weißt du genau, wie lang sich eine Minute hinzieht? Viel Spaß beim Herausfinden, wer diese Zeitspanne besser abschätzen kann – du oder dein Freund!

So wirds gemacht: Bei diesem Spiel wechselt ihr euch ab. Zunächst hält dein Freund die Uhr und gibt das Startsignal. Daraufhin legst du die Hand auf die Lippen und sagst keinen Ton. Sobald du der Meinung bist, dass eine Minute abgelaufen ist, sagst du »Aus!« und dein Freund teilt dir mit, wie viel Zeit seit dem Startsignal verstrichen ist. Dann übernimmst du das Abstoppen und dein Freund schätzt eine Minute ab. Anschließend vergleicht ihr, wer von euch näher dranlag.

Das passiert: Du wirst feststellen, dass eine Minute ganz schön lange dauern kann!

Warum? Wenn man sich darauf konzentriert, wie Zeit abläuft, zieht sie sich besonders lange hin. Versuche einmal eine Minute abzuschätzen, wenn du ein Buch liest oder malst oder spielst.

Wörter und Ausdrücke, die mit »Zeit« zu tun haben

(Antwortvorschläge zu »Damals und heute«, Seite 142)

ab und zu
Abend
Abfolge
alle zwei Monate
am schnellsten
Äon
Ära
bis jetzt
Chronologie
damals
dauernd
die ganze Zeit
diesen Monat, dieses Jahr
dringend
durchgehend
eine Sekunde, eine Minute, eine Stunde, einen Monat, ein Jahr, eine Weile lang
endlich
Epoche
ewig
fortlaufend
früh
früher
frühzeitig
Gegenwart
gelegentlich
gestern
gleich
gleichzeitig
häufig
heute
heute Abend
im nächsten Monat, im nächsten Jahr
immer
in einer Minute
Intervall
Jahr
jahrelang
jahreszeitlich
Jahrhundert
jährlich
Jahrtausend
jede Woche
jederzeit
jetzt
kurzzeitig
langfristig
langsam(er)
letzten Monat, letzte Woche, letztes Jahr
manchmal
momentan
Millennium
Minute
mittags
Mitternacht
Monat
Morgen
morgen
nach
nach einer Weile
Nachmittag
Nacht
nächtlich
Nanosekunde
nie
noch nicht
oft
Pikosekunde
plötzlich
rasch
rasend schnell
rechtzeitig
schließlich
schnell
schneller
schon
schon wieder
Sekunde
sekundenschnell
Sekundenbruchteil
selten
sobald
sodann
sofort
spät(er)
ständig
Stunde
Stunde X
synchron
Tag
täglich
Tagundnachtgleiche
Tempo
temporär
Überstunden
Ultimatum
ultrakurz
unendlich
Vergangenheit
von jeher
von Zeit zu Zeit
vor langer Zeit
vorher
vormals
vorübergehend
während
wann
wie der Blitz
Woche
wochentags
wöchentlich
Zeitdruck
zeitgenössisch
zeitlos
Zeitverschiebung
zeitversetzt
zeitweilig
Zeitzone
zu spät
zuerst
Zukunft
zuweilen
zweijährig
zwischenzeitlich

Zeitmessung nach dem Mond

Bevor unsere Vorfahren auf die Idee kamen, den Tag in Stunden zu unterteilen, beobachteten sie den Tag- und Nachtrhythmus und den Verlauf der Monate und Jahreszeiten. Viele alte Zivilisationen orientierten sich an den Mondphasen und den Bewegungen der Sonne und anderer Gestirne.

Bauwerke wie die Pyramiden in Ägypten und Steinmonumente wie Stonehenge in England waren auf wichtige astronomische Ereignisse ausgerichtet, und auf religiöse Zeremonien.

Wissenswertes über Kalender

Ein Kalender ist ein Verzeichnis, in dem Tage zu Monaten und Monate zu Jahren zusammengefasst werden. Mondkalender wurden bereits 3 000 v. Chr. von den Babyloniern und den Ägyptern erstellt. Das babylonische Mondjahr hatte 354 Tage, wobei sich die Monate nach den Mondphasen richteten. Die Athener hatten einen ähnlichen Kalender.

Aufgrund der alle 365 Tage eintretenden Nilüberschwemmungen wechselten die Ägypter später zum Sonnenjahr. Dieses umfasste 12 Monate von jeweils 30 Tagen. Damit blieben am Ende des Jahres fünf Tage übrig, in denen die Menschen die Geburtstage wichtiger Götter feierten.

Bei den Römern galt ursprünglich ein Mondjahr mit 355 Tagen, aber zur Zeit Julius Cäsars war der römische Kalender dem Sonnenjahr drei Monate voraus. Deshalb führte Cäsar 45 v. Chr. den so genannten julianischen Kalender ein. Bei dieser Kalenderreform wurden dem Jahr 46 v. Chr. auf einen Schlag fast drei Monate hinzugefügt und ein Sonnenjahr mit 365 Tagen eingeführt. Alle vier Jahre wurde ein Zusatztag eingefügt, was sich bis heute als Schaltjahr erhalten hat. Der julianische Kalender blieb während des ganzen Mittelalters gültig.

Erst 500 Jahre nach dem Tod von Jesus Christus orientierte sich die Zeitmessung an seiner Geburt. Anstatt der Abkürzung »A.D.« (= Anno Domini, im Jahre des Herrn) oder »n. Chr.« (nach Christus) verwenden viele nichtchristliche Kulturen heutzutage Abkürzungen wie »u.Z.« (»unserer Zeitrechnung«). Ebenso wird »v. Chr.« (vor Christus) durch »v.u.Z.« (»vor unserer Zeitrechnung«) ersetzt. Die muslimische Zeitrechnung beginnt mit dem Jahr 1 A.H. (Anno Hegirae) – dem Jahr, in dem der Prophet Mohammed von Mekka nach Medina auswanderte.

Da ein Jahr trotzdem noch um etwa 11 Minuten zu lang war, hatte sich der julianische Kalender im 16. Jahrhundert um über eine Woche verschoben. Wenn das so weitergegangen wäre, hätte Ostern irgendwann auf das Weihnachtsfest fallen können! Deshalb ließ Papst Gregor XIII. im Jahre 1582 einfach 10 Tage aus dem Kalender streichen und verfügte außerdem, dass die durch Hundert teilbaren Jahre nur dann Schaltjahre sein sollten, wenn sie auch durch 400 teilbar sind. Dadurch fallen in 400 Jahren drei Schaltjahre aus. Obwohl der Jahresbeginn vom 21. März auf den 1. Januar verlegt wurde, durften die Monate von September bis Dezember ihre Namen behalten (»siebter bis zehnter Monat des Jahres«), obwohl sie ja streng genommen der neunte bis zwölfte Monat sind. Der gregorianische Kalender ist bis heute gültig.

Der chinesische Kalender wurde um 2700 v. Chr. erstellt und basiert auf nummerierten Monaten und auf Jahren, die nach den zwölf chinesischen Tierkreiszeichen benannt werden.

170

Kalender-Chronologie

4242 v. Chr.	Beginn des ägyptischen Mondkalenders.
3761 v. Chr.	Beginn des jüdischen Mondkalenders.
3300 v. Chr.	Möglicherweise Beginn des Maya-Kalenders.
3100 v. Chr.	Beginn des ägyptischen Sonnenkalenders.
3000 v. Chr.	Beginn der mesopotamischen und attischen Mondkalender.
2680 v. Chr.	Bau der ägyptischen Pyramiden.
2637 v. Chr.	Erstellung des chinesischen Kalenders durch den legendären Kaiser Huangdi.
1600 v. Chr.	Bau von Stonehenge, England.
753 v. Chr.	Gründung der Stadt Rom.
600 v. Chr.	Beginn des zoroastrischen Kalenders mit Jahresbeginn zur Frühjahrs-Tagundnachtgleiche – im islamischen Iran bis heute gültig.
46 v. Chr.	Römische Kalenderreform durch Julius Cäsar.
500	Der römische Mönch Dionysius Exiguus führt die Bezeichnung »Anno Domini« (A.D.) ein, »Im Jahre des Herrn« ein.
622	Beginn des islamischen Hedschra-Kalenders.
um 900	Der Maya-Kalender ist präziser als die neuzeitlicheren Kalender
1077	Erstellung des Jalali-Kalenders durch Omar Khayyam von Persien.
1100	Bau der Maya-Pyramide in Yucatan.
1582	Beginn des gregorianischen Kalenders.
1752	Großbritannien und die Kolonien geben den julianischen Kalender auf.
1844	Beginn des Badi-Kalenders der Bahá'i-Religion.
1873	Die Buddhisten in Japan übernehmen den gregorianischen Kalender.
1917	Russland führt den gregorianischen Kalender ein.
1957	Indien führt den gregorianischen Kalender ein.

171 Mondzeit

WAS DU BRAUCHST

Lampe
weißer Tennisball
Papier und Stift

Um den besten Zeitpunkt für die Aussaat zu bestimmen oder die Daten für religiöse Zeremonien festzulegen, haben viele alte Kulturen Mondkalender erstellt. Eines der ersten Worte für Mond bedeutete so viel wie »das Maß der Zeit«. Und die Ähnlichkeit zwischen den Wörtern »Monat« und »Mond« ist auch kein Zufall.

Um herauszufinden, wie die verschiedenen Mondphasen zustande kommen, brauchst du nur eine Taschenlampe und einen Tennisball.

So wirds gemacht: Stelle die Lampe eingeschaltet auf einen Tisch in einem abgedunkelten Raum. Mit dem Rücken zum Licht hältst du den Ball auf Armeslänge von dir weg – so hoch, dass das Licht auf den Ball trifft. Sieh dir an, welcher Bereich des Balls erhellt ist. Dieser entspricht dem Vollmond. Nun drehe dich langsam von rechts nach links, wobei du den Ball weiterhin vor dir und über dem Kopf hältst. Beobachte, wie sich die beleuchtete Fläche auf dem Ball verändert. Bei jeder Achteldrehung machst du eine Zeichnung von der Fläche (dem Mond).

Das passiert: Du erkennst die verschiedenen Mondphasen – vom Vollmond über den Halbmond bis zum Neumond (Neumond ist, wenn kein Bereich auf dem Ball erhellt ist).

Warum? Jeden Tag verschiebt sich der Mondauf- und -untergang um 50 Minuten nach vorne. Für eine Erdumrundung braucht der Mond etwa vier Wochen. In dieser Zeit verändert er sein Erscheinungsbild – er nimmt allmählich zu und aus dem Neumond wird ein Vollmond, der dann allmählich wieder abnimmt und wieder zum Neumond wird. Bei der Umrundung der Erde wendet uns der Mond immer die gleiche Seite zu. Eine Mondhälfte wird von der Sonne beleuchtet, während die andere Hälfte im Dunkeln liegt. Bei Neumond ist die der Erde zugewandte Mondhälfte dunkel, weil sich der Mond dann genau zwischen Sonne und Erde befindet. Am Nachthimmel kann man die Mondphasen besonders gut beobachten – aber auch schon am Tag ist die immer dünner oder dicker werdende Mondsichel und der Halbmond oft sichtbar, weil der Mond vor Einbruch der Dunkelheit aufgeht.

172 Andere Länder, andere Kalender

Einige antike Völker setzten ihre Kalender in Bezug zur Regierungszeit eines Herrschers, zu einer Stadtgründung oder einer religiösen Begebenheit. Die Griechen orientierten sich an den Olympiaden, von denen die erste 776 v. Chr. stattfand. Die Hopi-Indianer drücken den Begriff »Zeit« bis heute dadurch aus, was geschieht, »wenn der Mais reift« oder »wenn ein Schaf heranwächst.« Auf den Trobriand-Inseln vor Neuguinea datieren die Menschen Ereignisse danach, ob sie »während der Kindheit von X« oder »in dem Jahr, als X und Y heirateten« stattfanden.

Hast du schon einmal Zeit mit Ereignissen in deinem Leben verbunden?

173 Schnurkalender

WAS DU BRAUCHST

großer Bogen dickes Papier
Locher oder Schere
langer Bindfaden

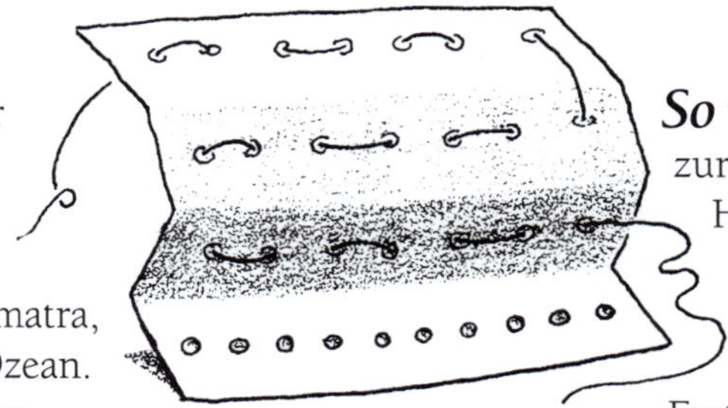

Mit einem Schnurkalender kann man die während eines Mondmonats ablaufenden Tage verfolgen. Erfunden wurde er auf Sumatra, einer Insel im Indischen Ozean. Du kannst dir einen solchen Kalender leicht selbst basteln, indem du einen Bindfaden durch 30 Löcher in einem Stück Papier ziehst. Ein normaler gedruckter Kalender ist natürlich viel bequemer zu handhaben, aber mit einem Schnurkalender kannst du bei deinen Freunden sicher Aufsehen erregen.

So wirds gemacht: Falte das Papier längs zur Hälfte und dieses Stück nochmals zur Hälfte. Loche in die ersten drei Viertel des Bogens in gleichen Abständen jeweils sieben Löcher. In das letzte Viertel kommen 10 Löcher (siehe Abbildung!). Am Ersten des Monats machst du einen Knoten in den Bindfaden und fädelst ihn durch das erste Loch. Am nächsten Tag ziehst du den Faden durch das zweite Loch – und an jedem Tag so weiter, bis der Monat abgelaufen ist. Wenn du wissen willst, der Wievielte gerade ist, brauchst du nur die bereits gefüllten Löcher abzuzählen.

174 Ewiger Kalender

WAS DU BRAUCHST

die Tabellen auf Seite 148
dein Geburtsdatum

Willst du herausfinden, an was für einem Wochentag du geboren bist? Mit diesem Kalender kann man sage und schreibe für jedes Datum zwischen 1920 und 2019 den Wochentag feststellen.

So wirds gemacht: Ermittle anhand der Jahrestabelle, welcher Buchstabe zu deinem Geburtsjahr gehört. Anhand dieses Buchstabens schaust du dann auf der Monatstabelle darunter nach, welche Zahl zu deinem Geburtsmonat gehört. Mithilfe der Tagestabelle kannst du dann anhand dieser Zahl und deinem Geburtstag feststellen, an welchem Wochentag du das Licht der Welt erblickt hast.

Das passiert: Angenommen, dein Geburtstag ist der 19. Juli 1985. Dann wäre »B« dein Buchstabe und »1« deine Monatszahl. Laut der Tagestabelle bist du also an einem Freitag geboren.

Du kannst deine Freunde sicher verblüffen, wenn du ihnen sagten kannst, an was für einem Wochentag sie zur Welt kamen – oder deine Eltern und Verwandten.

JAHRE

1920 K	1940 H	1960 L	1980 I	2000 M
1921 F	1941 C	1961 G	1981 D	2001 A
1922 G	1942 D	1962 A	1982 E	2002 B
1923 A	1943 E	1963 B	1983 F	2003 C
1924 I	1944 M	1964 J	1984 N	2004 K
1925 D	1945 A	1965 E	1985 B	2005 F
1926 K	1946 B	1966 F	1986 C	2006 G
1927 F	1947 C	1967 G	1987 D	2007 A
1928 N	1948 K	1968 H	1988 L	2008 I
1929 B	1949 F	1969 C	1989 G	2009 D
1930 C	1950 G	1970 D	1990 A	2010 E
1931 D	1951 A	1971 E	1991 B	2011 F
1932 L	1952 I	1972 M	1992 J	2012 N
1933 G	1953 D	1973 A	1993 E	2013 B
1934 A	1954 E	1974 B	1994 F	2014 C
1935 B	1955 F	1975 C	1995 G	2015 D
1936 J	1956 N	1976 K	1996 H	2016 L
1937 E	1957 B	1977 F	1997 C	2017 G
1938 F	1958 C	1978 G	1998 D	2018 A
1939 G	1959 D	1979 A	1999 E	2019 B

MONATE

	J	F	M	A	M	J	J	A	S	O	N	D
A	1	4	4	7	2	5	7	3	6	1	4	6
B	2	5	5	1	3	6	1	4	7	2	5	7
C	3	6	6	2	4	7	2	5	1	3	6	1
D	4	7	7	3	5	1	3	6	2	4	7	2
E	5	1	1	4	6	2	4	7	3	5	1	3
F	6	2	2	5	7	3	5	1	4	6	2	4
G	7	3	3	6	1	4	6	2	5	7	3	5
H	1	4	5	1	3	6	1	4	7	2	5	7
I	2	5	6	2	4	7	2	5	1	3	6	1
J	3	6	7	3	5	1	3	6	2	4	7	2
K	4	7	1	4	6	2	4	7	3	5	1	3
L	5	1	2	5	7	3	5	1	4	6	2	4
M	6	2	3	6	1	4	6	2	5	7	3	5
N	7	3	4	7	2	5	7	3	6	1	4	6

TAGE

	1	2	3	4	5	6	7
Montag	1						
Dienstag	2	1					
Mittwoch	3	2	1				
Donnerstag	4	3	2	1			
Freitag	5	4	3	2	1		
Samstag	6	5	4	3	2	1	
Sonntag	7	6	5	4	3	2	1
Montag	8	7	6	5	4	3	2
Dienstag	9	8	7	6	5	4	3
Mittwoch	10	9	8	7	6	5	4
Donnerstag	11	10	9	8	7	6	5
Freitag	12	11	10	9	8	7	6
Samstag	13	12	11	10	9	8	7
Sonntag	14	13	12	11	10	9	8
Montag	15	14	13	12	11	10	9
Dienstag	16	15	14	13	12	11	10
Mittwoch	17	16	15	14	13	12	11
Donnerstag	18	17	16	15	14	13	12
Freitag	19	18	17	16	15	14	13
Samstag	20	19	18	17	16	15	14
Sonntag	21	20	19	18	17	16	15
Montag	22	21	20	19	18	17	16
Dienstag	23	22	21	20	19	18	17
Mittwoch	24	23	22	21	20	19	18
Donnerstag	25	24	23	22	21	20	19
Freitag	26	25	24	23	22	21	20
Samstag	27	26	25	24	23	22	21
Sonntag	28	27	26	25	24	23	22
Montag	29	28	27	26	25	24	23
Dienstag	30	29	28	27	26	25	24
Mittwoch	31	30	29	28	27	26	25
Donnerstag		31	30	29	28	27	26
Freitag			31	30	29	28	27
Samstag				31	30	29	28
Sonntag					31	30	29
Montag						31	30
Dienstag							31

175 Die Woche im Wandel der Zeit

Die Woche hatte nicht immer sieben Tage – außer im jüdischen Kalender. Bei den Griechen hatte ein Monat drei Wochen von jeweils zehn Tagen, bei den Römern hatte die Woche acht Tage. Nach der Französischen Revolution probierten die Franzosen die 10-Tage-Woche aus. Dieses Experiment dauerte gerade einmal zehn Jahre, bis 1806. Im Jahre 1929 führte Russland eine kontinuierliche Woche aus vier Arbeitstagen und einem Ruhetag ein, aber auch die wurde nach nur zwei Jahren wieder abgeschafft.

- Der Sonntag ist von dem Wort »Sonne« abgeleitet und der Montag von dem Wort »Mond«. Die anderen Wochentage sind nach verschiedenen Gottheiten benannt: Vier Tage nach nordischen Göttern und einer nach einem römischen Gott.
- Dienstag geht auf Tiw zurück (der altgermanische Name für den Kriegsgott Mars).
- Mittwoch geht auf Wodan zurück (Merkur).
- Donnerstag geht auf den Donnergott Thor zurück (Jupiter).
- Freitag geht auf Frigga zurück (Venus).
- Samstag geht auf den römischen Gott Saturn zurück, den Vater des Jupiter.

Was würde dir besser gefallen – eine 10-Tage-Woche oder eine 4-Tage-Woche? Warum?

Zeitansage nach der Sonne

Der Alltag unserer Vorfahren war vom Sonnenaufgang, vom Mittag und vom Sonnenuntergang geprägt. Sie beobachteten aufmerksam den Lauf der Sonne und welche Schatten Bäume, Felsen oder ferne Berge warfen.

Mindestens 1 000, vielleicht sogar 2 000 Jahre lang wurde die Zeit anhand von Schatten gemessen. Schon in der Bibel wird die Sonnenuhr erwähnt – im Zusammenhang mit einem Ereignis, das die Gelehrten auf das Jahr 741 v. Chr. datieren.

In den Canterbury Tales, die der englische Dichter Chaucer um 1400 verfasste, ermittelt der Pfarrer die Zeit anhand der Höhe und Länge seines eigenen Schattens. Auch der Dichter Shakespeare bezieht sich in einigen seiner Stücke auf Sonnenuhren.

Sonnenuhr-Chronologie

176

1500 v. Chr. Fragment der ältesten bekannten Sonnenuhr (heute im Ägyptischen Museum in Berlin).

um 900 v. Chr. Die Ägypter bauen T-förmige Schattenuhren mit Stundenmarkierungen.

um 600 v. Chr. Der griechische Philosoph und Astronom Anaximander von Milet führt die Sonnenuhr in Griechenland ein.

600-300 v. Chr. Erfindung einer Sonnenuhr, die nachmittags nicht gedreht werden muss.

um 200 v. Chr. Sonnenuhren werden in Rom allgemein zur Zeitmessung benutzt.

100 Erfindung der Sonnenuhr mit Gnomon, einem Stab, der je nach Breitengrad in schrägem Winkel zur Erdoberfläche aufgestellt wurde .

1528 Tragbare Sonnenuhren mit zehn Zifferblättern, jedes für einen anderen Breitengrad.

177

Wohin geht mein Schatten?

WAS DU BRAUCHST

Taschenlampe
verdunkelter Raum

Unsere Vorfahren ermittelten die Zeit anhand der Lage des Schattens eines von der Sonne beschienenen Stabes. Aber warum werfen wir manchmal einen Schatten und manchmal überhaupt keinen?

So wirds gemacht: Lege die eingeschaltete Taschenlampe in dem dunklen Zimmer etwa 1,50 m von einer hellen Wand entfernt auf den Boden. Stelle dich hinter die Taschenlampe. Wirfst du einen Schatten? Jetzt stelle dich zwischen Taschenlampe und Wand – und gehe dann auf die Wand zu.

Das passiert: Wenn du hinter der Lampe stehst, wirfst du keinen Schatten. Nahe an der Lichtquelle und weit von der Wand entfernt wird dein Schatten jedoch ganz groß! Je weiter du dich von der Lichtquelle entfernst, umso kleiner wird der Schatten.

Warum? Ein Schatten entsteht durch die Blockierung von Sonnenstrahlen. Wenn du dich von der Taschenlampe entfernst, wird dein Schatten kleiner, weil du weniger Lichtstrahlen »abfängst«. Jedes lichtundurchlässige Objekt erzeugt einen Schatten – einen Bereich mit abgeschwächtem Licht.

178 Warum bin ich manchmal riesengroß?

Ein einfaches Experiment zeigt, wie sich die Länge eines Schattens verändert, wenn die Lichtquelle wandert …

WAS DU BRAUCHST

Garnspule
Bogen Papier
2 Bleistifte
Taschenlampe

So wirds gemacht: Stelle die Garnspule auf den Papierbogen und dann einen der Bleistifte in die Spule. Dunkele das Zimmer ab und halte die Taschenlampe in unterschiedlichen Winkeln über den Bleistift. Mit dem anderen Bleistift zeichnest du auf dem Papier die Länge der verschiedenen Schatten nach, die dabei entstehen.

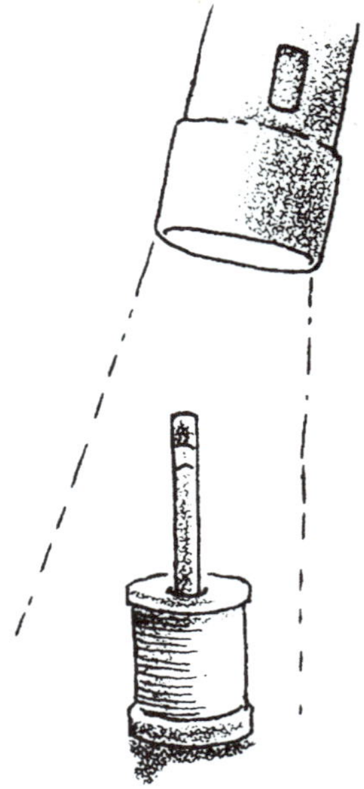

Das passiert: Wenn sich die Lichtquelle hoch und direkt über dem Bleistift befindet, wirft dieser nur einen ganz kurzen Schatten. Wenn du die Taschenlampe niedriger und eher seitlich hältst, werden die Schatten länger.

Warum? Steht die Lichtquelle flach und schräg, sind die Schatten länger, weil nur wenige Lichtstrahlen das Objekt treffen. Deswegen sind die Schatten am Nordpol länger als die am Äquator. Am Äquator treffen die Sonnenstrahlen direkt auf die Erde, am Nordpol nur indirekt.

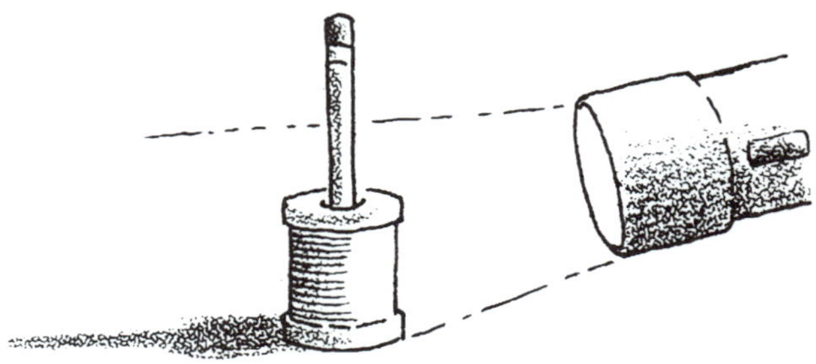

179

Baumuhr

Zu welcher Tageszeit ist der Schatten am kürzesten? Mithilfe eines Baumes kannst du den Schatten beobachten – und so auf die gleiche Weise wie die Menschen bereits vor Jahrtausenden die Zeit messen …

WAS DU BRAUCHST

Baum
Kreide oder Steine
Bleistift
Papier
Uhr
Maßband

So wirds gemacht: Suche einen Baum, der tagsüber die meiste Zeit in der Sonne steht. Mit Kreide oder kleinen Steinchen markierst du den Schatten, den er frühmorgens wirft und misst seine Länge. Das Gleiche machst du dann am Mittag und am späten Nachmittag.

Das passiert: Mittags wirft der Baum den kürzesten Schatten. Früh am Morgen und auch kurz vor Sonnenuntergang ist er am längsten.

Warum? Am Mittag steht die Sonne am höchsten und erzeugt daher den kürzesten Schatten. Was die genaue »Mittagszeit« betrifft, könnten deine Uhr und die Sonne allerdings etwas voneinander abweichen (warum das so ist, kannst du auf Seite 155 nachlesen).

180 Schatten-chronometer

WAS DU BRAUCHST

- 2 leere Milchkartons
- Karteikarte oder ein Stück Pappe
- Klebeband
- kleiner Zirkel
- großer Bogen Papier
- Filzstift

Das älteste Instrument zur Messung der Zeit ist die ägyptische Schattenuhr – ein Vorgänger der genaueren Sonnenuhr. Sie wurde zwischen dem 10. und 8. Jahrhundert v. Chr. erfunden und bestand aus Stein. Mit einfachsten Materialien lässt sich so eine Uhr nachbauen.

So wirds gemacht: Lege einen der Milchkartons auf die Seite und befestige die Karteikarte oder das Stück Pappe mit zwei Klebestreifen am Bodenteil des Kartons, etwa 2,5 cm von dessen Oberkante entfernt. Lege den zweiten Milchkarton quer über den ersten und klebe ihn an dem nach oben ragenden Teil der Karteikarte fest – wie in der Abbildung links unten gezeigt.

Frühmorgens gehst du dann nach draußen und legst deine Schattenuhr flach auf einen Bogen Papier – und zwar so, dass sie genau nach Osten zeigt. Am Nachmittag drehst du sie herum, damit sie nach Westen zeigt. Sieh jede Stunde nach und markiere auf dem Papier, wo der Schatten hinfällt.

Das passiert: Gegen Mittag wird der Schatten kürzer, gegen Abend wird er wieder länger. Auch die Abstände von einer Stunde zur anderen ändern sich! Früh und abends liegen die Schatten weiter auseinander; um die Tagesmitte herum liegen sie näher beieinander.

Warum? Nur am Äquator lägen alle Abstände – die den Stunden zugeordnet werden – genau gleich weit auseinander, weil das Sonnenlicht hier direkt auf die Erde trifft. Zeitmaße wie Tag und Jahr werden durch die Drehung der Erde um ihre eigene Achse und um die Sonne bestimmt – die Stundeneinteilung wurde jedoch von den Menschen festgelegt. Ein Tag erstreckt sich von Mitternacht zu Mitternacht – anstatt in 24 Stunden könnte er aber auch in 20 oder 6 oder 3 Abschnitte unterteilt sein. So sprachen die alten Ägypter auch nicht von »9 Uhr« oder »17 Uhr«, sondern verabredeten sich zum Beispiel für einen Zeitpunkt, an dem »der Schatten vier Schritte lang war«.

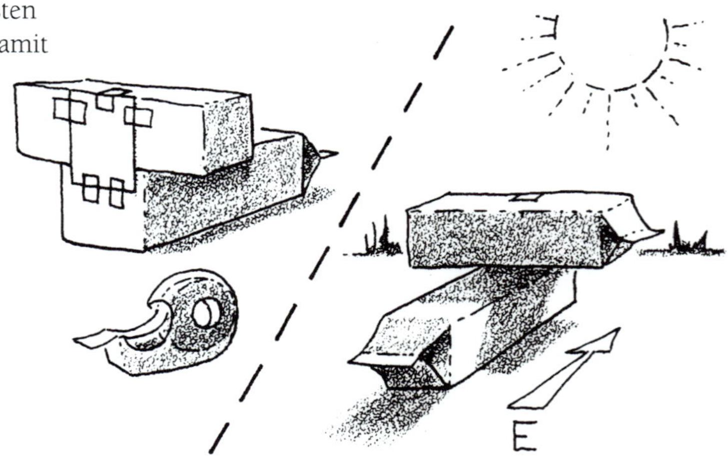

181 Verwinkelte Sache

WAS DU BRAUCHST

- Weltatlas
- 3 Stück fester Karton, Maße etwa 15 x 20 cm
- Winkelmesser (Geodreieck)
- Filzstift oder Bleistift
- Schere
- etwa 10 cm langer Stab
- Leim
- Uhr

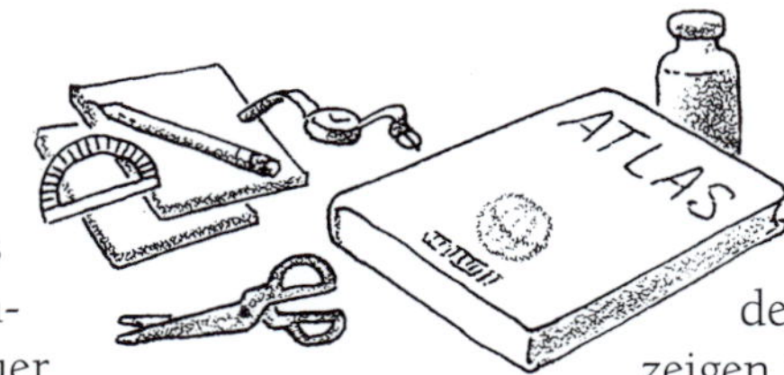

Um das 1. Jahrhundert entdeckte man, dass anhand des Schattens eines schräg stehenden Stabes die Zeit viel genauer messbar war als mit einem, der senkrecht stand – besonders, wenn der Neigungswinkel eines solchen Schattenstabes oder »Gnomons« dem geographischen Breitengrad des betreffenden Ortes entsprach. Dann nämlich war seine Richtung unabhängig von der Jahreszeit zu jeder Stunde des Tages gleich. Das Wort »Gnomon« stammt aus dem Griechischen und bedeutet »wissen«.

So wirds gemacht: Sieh im Atlas nach, auf welchem Breitengrad dein Wohnort liegt – also seine Entfernung nördlich oder südlich vom Äquator. Ziehe diese Zahl von 90° ab (Beispiel: 90° minus 50° ergibt 40°). Markiere diesen Winkel mit dem Geodreieck auf einem der Kartons und schneide zwei Dreiecke aus, die diesen Winkel aufweisen (siehe Abb. A).

Auf dem zweiten Kartonstück ziehst du etwa 1,25 cm von einer Längskante entfernt eine Linie (siehe Abb. B).

Nun klebst du den 10 cm langen Stab senkrecht auf den Karton und genau auf die Mitte der Linie. Teile die Fläche unterhalb der Linie in 12 Winkel von jeweils 15° auf. Den mittleren Markierungsstrich nummerierst du mit »12« und die beiden ganz außen liegenden Striche jeweils mit »6«. Anschließend nummerierst du auch die übrigen Markierungen (siehe Abb. C).

Klebe zwei Kartonstücke auf die ausgeschnittenen Dreiecke. Sie sollen sich an einer Kante berühren und die Stundenmarkierungen auf dem oberen Kartonstück müssen von dem freien Ende weg zeigen (siehe Abb. D). Nun musst du deinen Schattenmesser noch ausrichten. Die Kante, an der die beiden Kartons zusammentreffen, muss von Ost nach West verlaufen. Am Besten machst du das mittags, wenn du siehst, wo der 12er-Schatten hinfällt.

A

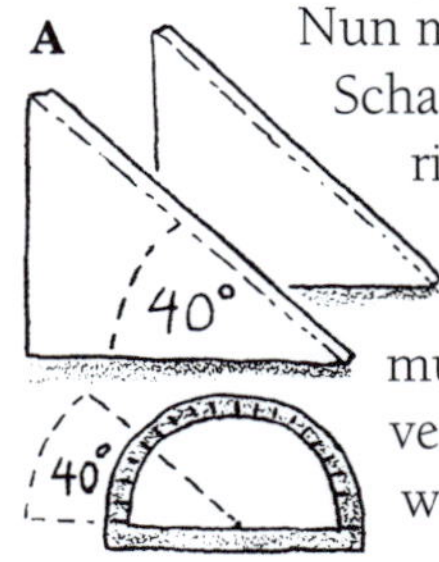

B

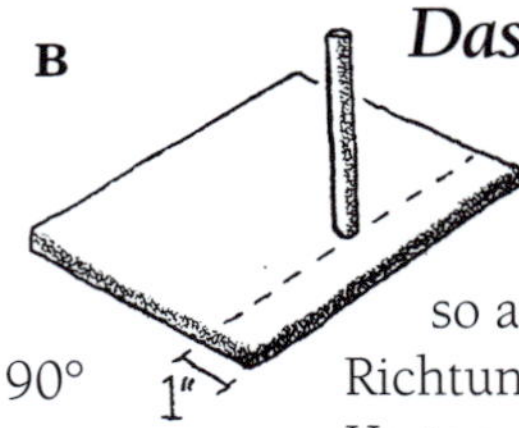

C

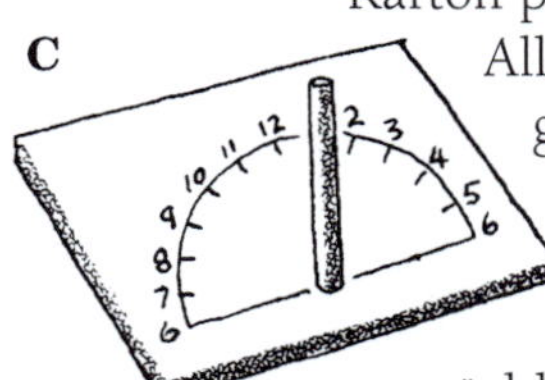

D

Das passiert: Der Schatten des Stabes zeigt auf die jeweilige Stundenzahl.

Warum? Du hast den Schattenmesser so aufgestellt, dass der Gnomon in die gleiche Richtung wie die Erdachse weist und der obere Karton parallel zur Erdoberfläche am Nordpol liegt. Allerdings wird sich die Schattenzeit nicht genau mit der Zeit auf deiner Armbanduhr decken.

Wie kommt das? Nun, es gibt eine »Wahre Ortszeit«, die anhand der tatsächlichen Bewegungen von Erde und Sonne bemessen wird. Sie ändert sich je nach Jahreszeit und geographischem Ort. Die »mittlere Ortszeit« beruht dagegen auf der mittleren Rotationsgeschwindigkeit der Sonne und der mittleren Umdrehungsgeschwindigkeit der Erde auf ihrer Bahn. Unsere Uhren zeigen die mittlere Ortszeit an.

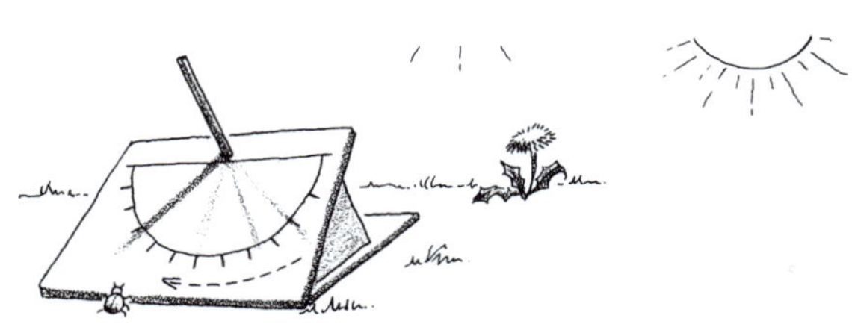

182 Handliche Uhr

WAS DU BRAUCHST

Bleistift
deine beiden Hände
sonniger Tag

Ein Holzschnitt aus dem 16. Jahrhundert zeigt eine Art tragbares Zifferblatt, das ohne weitere Vorrichtungen die Zeit angibt. Wenn du weißt, auf welchem Breitengrad du dich befindest, kannst auch du jedem sagen, wie spät es ist – ganz ohne Uhr oder Schattenmesser!

So wirds gemacht: Sieh im Atlas nach, auf welchem Breitengrad sich dein Wohnort befindet. Halte den Bleistift zwischen Daumen und Zeigefinger – morgens mit der linken Hand, nachmittags mit der rechten Hand. Neige den Bleistift in einem Winkel, der ungefähr dem Breitengrad deiner Gegend entspricht (siehe Abb. unten). Die linke Hand hältst du dann gerade nach oben Richtung Westen oder die rechte Hand gerade nach oben in Richtung Osten.

Das passiert: Der Schatten auf deinen Händen zeigt die Zeit an!

Warum? Weil du den Bleistift parallel zur Erdachse ausgerichtet hast (wie im Experiment Nr. 181), funktioniert er wie ein Gnomon. Denke aber daran, dass es zwischen deiner »Hand-Sonnenuhr« und deiner Armbanduhr Abweichungen geben kann.

183 Mittagspunkte

Anstatt die Zeit an der Position eines Schattens abzulesen, kann man sie auch mithilfe eines schmalen Lichtstrahls ermitteln. Das ist ganz einfach, aber du musst etwas Geduld mitbringen, weil sich dieses Experiment über zwei verschiedene Jahreszeiten erstreckt.

WAS DU BRAUCHST

Stück schwarzes Papier
kleine Schere
Kreppband
Fenster, das nach Süden zeigt
Bleistift

So wirds gemacht: Mache in die Mitte des schwarzen Papiers ein Loch mit einem Durchmesser von etwa 1 cm. Klebe das Papier an die Fensterscheibe. An einem Wintertag markierst du mit einem Stückchen Kreppband auf dem Fußboden den Punkt, auf den um 12 Uhr mittags der Sonnenstrahl fällt. Das Gleiche machst du um 12 Uhr mittags an einem Sommertag. Dann verbindest du die Punkte auf dem Boden mit einer Linie.

Das passiert: Immer, wenn der Sonnenstrahl die Linie kreuzt, ist nach der »Wahren Ortszeit« (WOZ) bei euch gerade Mittag – also der Zeitpunkt, an dem nach der Sonne (nicht auf deiner Uhr) Mittag ist. Nur am 16. April, am 14. Juni, am 2. September und am 25. Dezember stimmen die Sonne und deine Uhr überein.

Warum? Nach der tatsächlichen Sonnenbewegung gemessene Tage sind unterschiedlich lang, aus zwei Gründen: Die Erde bewegt sich schneller, wenn sie der Sonne näher ist und ihre Umlaufbahn um die Sonne ist eher ellipsen- als kreisförmig.

184

Zeitzonen

WAS DU BRAUCHST

Stab
Uhr

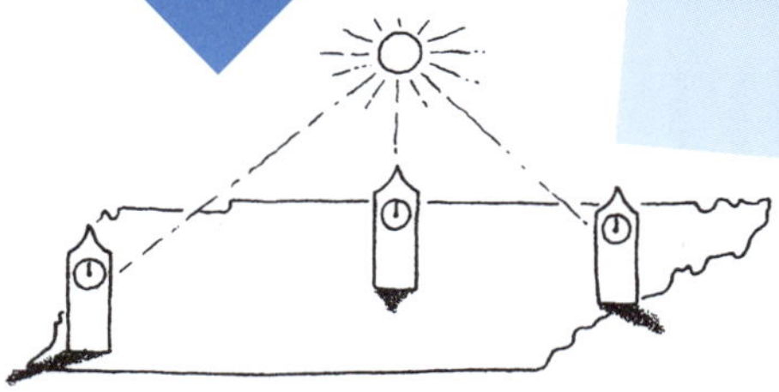

Der Unterschied zwischen der Sonnenzeit (WOZ) und der Zeit auf deiner Uhr hängt davon ab, in welcher Zeitzone du lebst. Das kannst du sehr gut anhand des Schattenchronometers herausfinden.

So wirds gemacht: Stecke den Stab senkrecht in den Boden. Notiere die Uhrzeit, zu der sein Schatten am kürzesten ist.

Das passiert: Wenn du am östlichen Rand deiner Zeitzone lebst, ist mittags die Sonnenzeit der Uhrzeit voraus. Lebst du am westlichen Rand der Zeitzone, hinkt mittags die Sonnenzeit der Angabe auf deiner Uhr hinterher. Außerdem ist zu berücksichtigen, ob bei euch gerade Sommerzeit ist.

Warum? Die geographischen Zonen, in denen überall die gleiche Zeit gilt, sind ziemlich groß. Nur im mittleren Bereich dieser Zone wird die Sonne zu dem Zeitpunkt am höchsten am Himmel stehen, wenn auch die Uhren 12 Uhr mittags anzeigen.

Mittagslöcher

In einigen Kathedralen kann man bis heute Mittagsmarkierungen sehen: An einer Wand nahe der Decke im Mailänder Dom ist ein Lichtloch, und auf dem Marmorboden zeigen Tierkreiszeichen die Monate an. Auf einer Tafel lässt sich ablesen, zu welchem Tageszeitpunkt der Sonnenstrahl auf das Symbol des jeweiligen Monats scheinen wird.

Unbeständige Stunden

Wir unterteilen den Tag heute in 24 gleiche Abschnitte oder Stunden – aber das war nicht immer so. Die alten Ägypter unterteilten den hellen Tagesabschnitt in 12 Abschnitte und die Nacht in 12 Abschnitte. Im Sommer, wenn die Tage länger waren, wurden die »hellen« Abschnitte einfach etwas gedehnt.

Die Babylonier hielten das ähnlich; allerdings war bei ihnen der Tag in 12 anstatt in 24 Stunden unterteilt. Sie verwendeten zwei Systeme. Bei dem einen System begann der Tag um Mitternacht und war in sechs Abschnitte mit jeweils 60 Unterabschnitten unterteilt. Bei dem anderen System begann der Tag bei Sonnenaufgang und war in 12 Abschnitte mit jeweils 30 Unterabschnitten eingeteilt.

Bei den alten Hebräern hatte der Tag sechs Abschnitte – drei helle und drei dunkle. Während man in China den Tag bereits um das 4. Jahrhundert v. Chr. in gleich lange Stunden unterteilte, wurden in Europa bis ins 14. Jahrhundert die Stundenlängen in Abhängigkeit von den Jahreszeiten variiert. Bei den Japanern hatte der Tag sogar bis 1 868 unterschiedlich lange Stunden.

Zeitmesser für bewölkte Tage und die Nacht

An wolkenverhangenen Tagen und in der Nacht nutzten Sonnenuhren natürlich herzlich wenig. Um auch unter solchen Bedingungen zu ermitteln, was die Stunde geschlagen hatte, machten sich die Menschen alle möglichen Gegenstände aus dem Haushalt zu Nutze – sie banden Knoten in Schnüre, um die Stunden zu markieren, verbrannten genau bemessene Mengen an Öl, Weihrauch oder verwendeten speziell präparierte Kerzen.

185 Sonnenlose Chronologie

1400 v. Chr.	Die Ägypter und Mesopotamier stellen Glas her.
1450 v. Chr.	Die Ägypter erfinden die Wasseruhr.
700 v. Chr.	Die Assyrer übernehmen die Wasseruhr.
380 v. Chr.	Plato baut eine Wasseruhr mit Alarmvorrichtung.
um 200. v. Chr.	Der Ingenieur Ctesibius aus Alexandria erfindet eine Wasseruhr mit mechanischem Räderwerk und Zeigern.
150 v. Chr.	In den Schriften des Plinius steht zu lesen, dass die Wasseruhr die Sonnenuhr als offiziell gültigen Zeitgeber abgelöst hat.
50	Athen führt die Wassersonnenuhr ein.
725	Der buddhistische Mönch T-Ching und der chinesische Ingenieur Liang-Zen bauen eine Wasseruhr, mit der verschiedene astronomische Instrumente angetrieben werden konnten.
875	Zeitmessung anhand markierter Kerzen.

Kerzenuhr 186

Religiöse Kerzen sind ein Überrest der Kerzenuhren, mit denen im 9. Jahrhundert die Zeit gemessen wurde. Eine Kerzenuhr anzufertigen ist nicht allzu schwierig; lass dir aber von einem Erwachsenen dabei helfen.

WAS DU BRAUCHST

- 5 Schrauben oder Büroklammern
- 5 Stücke fester Faden (jeweils 5 cm lang)
- 2 lange, weiße, gerade Kerzen (nicht spitz zulaufend)
- Bleistift
- Papier
- Lineal
- 2 Kerzenhalter
- 2 Porzellan- oder Metallteller
- Streichhölzer
- Uhr

So wirds gemacht: Befestige an einem Ende jedes Fadens eine Schraube oder eine Büroklammer. Dann messe die Kerzenlängen und schreibe sie auf. Stelle die eine Kerze in einen Halter und diesen auf einen Teller. Zünde die Kerze an, warte 10 Minuten und blase dann die Flamme aus.

Messe die Kerzenlänge erneut und stelle fest, wieviel in 10 Minuten abgebrannt ist. An dieser 10-Minuten-Marke wird dann um die zweite Kerze einer der Fäden gebunden und fest verknotet. Nun markierst du auf der ersten Kerze die übrigen 10-Minuten-Abschnitte. Messe die Kerze beim Abbrennen jedesmal ab. Wickle um die zweite (!) Kerze an der entsprechenden Stelle einen Faden mit der daran befestigten Schraube oder Büroklammer. Je nach Kerzenlänge brauchst du weniger oder mehr als fünf Fäden. Danach stelle auch die zweite Kerze in einem Halter auf einen Teller und zünde sie an. Kontrolliere mithilfe deiner Armbanduhr, wann jeweils eine Schraube oder eine Büroklammer auf den Teller fällt.

Das passiert: Alle 10 Minuten hörst du den »Alarmton«,wenn der Faden abbrennt und die Schraube oder die Büroklammer auf den Teller klappert.

187 Dufte Uhr

Unglaublich – Zeit lässt sich nicht nur sehen, hören und ertasten, sondern sogar erriechen! Anfang des 14. Jahrhunderts erfanden die Chinesen eine Duftuhr: Sie gaben Riechstoffe in kleine, in eine Hartholzscheibe eingeschnitzte Vertiefungen und zündeten die Scheibe dann an. Sie brannte etwa 12 Stunden lang und jeder Stunde war ein spezieller Duft zugeordnet.

Welchen Duft verbindest du mit den verschiedenen Tageszeiten?

WAS DU BRAUCHST

- Plastikbehälter oder Becher
- Filzmarker
- Nagel
- kurzes Stück Klebeband
- Wasserkanne
- großer Topf (oder Küchenspüle)
- Wecker oder Uhr
- Papier
- Bleistift

188 Wasseruhr

Zu den genialsten Zeitmessern für sonnenlose Tage gehört die Klepsydra, eine Wasseruhr. Sie stammt aus Ägypten und Babylonien und kam rund 1000 Jahre nach der Sonnenuhr in Gebrauch.

Für solch eine Uhr machten die Ägypter ein kleines Loch in ein großes Tongefäß, das oben weit und unten eng war. An der Innenwand brachten sie Markierungsstriche an – pro Stunde einen. Dann füllten sie das Gefäß mit Wasser. Während es herausrann, lasen sie an den Markierungen und an dem restlichen Wasserinhalt ab, wie die Zeit verstrich. Mit einem einfachen Plastikbehälter kannst du eine solche Klepsydra nachbauen.

So wirds gemacht: Male mit dem Filzmarker vier Markierungsstriche auf die Innenseite des Plastikbehälters. Sie müssen den gleichen Abstand voneinander haben. Dann stichst du mit dem Nagel ein kleines Loch in den Behälterboden und verschließt es mit einem Stück Klebeband. Fülle Wasser in den Behälter. Stelle ihn über einen großen Topf (oder über die Küchenspüle) und ziehe den Klebestreifen ab. Beobachte und schreibe auf, wie lange es dauert, bis der Behälter leer ist.

Nun füllst du den Behälter erneut mit Wasser. Diesmal schreibst du auf, wie lange es dauert, bis der Wasserpegel jeweils die vier Markierungsstriche erreicht hat und wie lange es dauert, bis das ganze Wasser abgelaufen ist.

Das passiert: Bei beiden Versuchen dauert es gleich lange, bis der Behälter leer ist, aber die Zeitspanne zwischen zwei Markierungsstrichen ist unterschiedlich lang.

Warum? Mit abnehmender Wassermenge sinkt auch der Druck des Wassers im Behälter, so dass das Wasser gegen Ende langsamer ausläuft als am Anfang, als der Behälter noch voll war.

Und weiter? Führe dieses Experiment mit Plastikbehältern unterschiedlicher Form und Größe durch. Finde heraus, ob es einen Unterschied macht, ob das Wasser heiß ist oder eiskalt aus dem Kühlschrank kommt.

189

Rein und raus

Bei besonders genauen Wasseruhren fließt das Wasser gleichzeitig in zwei Behälter hinein und wieder heraus.

WAS DU BRAUCHST

- 2 feste Pappbecher
- Nagel
- Maßstab
- Klebeband
- Topf oder Schüssel (groß und tief)
- Wasserhahn
- Filzstift
- Uhr

So wirds gemacht: Stich mit dem Nagel in jeden Becherboden ein kleines Loch. Stelle den Maßstab senkrecht auf und klebe die beiden Becher daran fest (siehe Abbildung). Dann klebst du den Maßstab seitlich an dem Topf oder der Schüssel fest. Die Becher müssen sich genau über diesen Gefäßen befinden.

Verklebe nun das Loch im oberen Becher mit einem Stück Klebeband und fülle den Becher mit Wasser. Positioniere den Becher unter dem Wasserhahn, drehe diesen etwas auf und ziehe sofort danach den Klebestreifen über dem Loch des ersten Bechers ab.

Markiere den Wasserpegel im unteren Becher sowie in dem Topf oder der Schüssel alle fünf Minuten mit Filzstift oder einem Streifen Klebeband.

Das passiert: Das Wasser fließt regelmäßig aus und die Markierungsstriche liegen alle gleich weit auseinander.

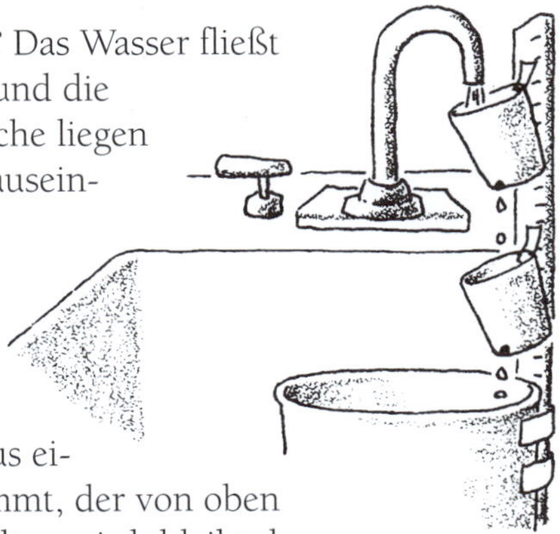

Warum?
Da die einfließende Wassermenge aus einem Becher kommt, der von oben immer voll gehalten wird, bleibt der Wasserdruck stets der gleiche – deshalb bleibt die Durchflussgeschwindigkeit gleich.

Nicht ganz perfekt

Anders als eine Kerzen- oder Fadenuhr waren Wasseruhren immer wieder verwendbar. Trotzdem hatten sie auch ihre Nachteile. Man war zwar unabhängig von der Sonne, aber ein Allwetter-Zeitmesser war so eine Wasseruhr dann doch nicht. War es zu kalt, konnte das Wasser nämlich leicht gefrieren und war es zu heiß, war es oft rasch verdunstet. Und wenn die Gefäße verschmutzt waren, dann lief das Wasser langsamer aus als sonst – und die Zeitmessung wurde ungenau.

190

Knoten zählen

Früher war es auf Schiffen üblich, ein dünnes Tau über Bord zu werfen, das in regelmäßigen Abständen einen Knoten hatte und am Ende mit einem Gewicht beschwert war. Ein Matrose hielt es fest und während das Tau durch das Wasser gezogen wurde, konnte er fühlen, wie viele Knoten innerhalb einer bestimmten Zeitspanne – die durch eine Sanduhr vorgegeben wurde – durch seine Hände glitten. Auf diese Weise konnte die Geschwindigkeit des Schiffes ermittelt werden. Die Maßeinheit für die Geschwindigkeit von Schiffen ist bis heute der »Knoten« (1 Knoten = 1,85 km/h).

Sanduhren

191

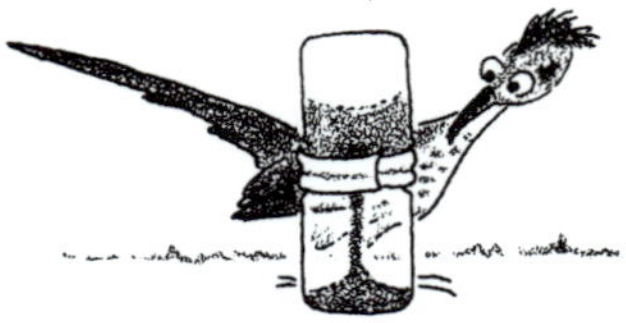

Sanduhren begrenzten früher die Zeit von Predigten und Vorträgen oder die Redezeit vor Gericht. Noch bis Ende des 18. Jahrhunderts benutzte man auf Schiffen 4-Stunden-Sanduhren für die Wachzeiten, dann wurden genauere Schiffschronometer erfunden. Heute verwenden wir Sanduhren nur noch zum Eierkochen.

WAS DU BRAUCHST

2 kleine Gläser
Stück Pappe
Schere
Nagel oder Locher
Sand oder Salz
Klebeband
Uhr oder Wecker

So wirds gemacht: Schneide aus der Pappe einen Kreis aus, der auf die Gläseröffnung passt. Dann machst du mit dem Nagel oder dem Locher in die Mitte jedes Kreises ein kleines Loch. Gib in eines der Gläser ein paar Gramm Sand oder Salz und verschließe das Glas mit dem Pappkreis. Klebe die beiden Gläser Öffnung an Öffnung fest und sicher zusammen und drehe sie dann um. Schreibe auf, wie lange es dauert, bis das obere Glas vollständig entleert ist. Nun vergrößere das Loch etwas und verändere die Sand- bzw. Salzmenge. Wie lange dauert es diesmal, bis alles durchgerieselt ist?

Das passiert: Wenn du das Loch vergrößerst oder verkleinerst oder die Salz- oder Sandmenge veränderst, verändert sich die Zeitspanne, in der das obere Glas sich leert.

Warum? Die Erdanziehung zwingt den Sand, gleichmäßig nach unten zu rieseln. Du kannst dein »Minutenglas« immer wieder verwenden und auch längere Zeitspannen damit abmessen, wenn du dir merkst, wie häufig du es umgedreht hast.

192 Wir erfinden eine Uhr!

Im Laufe der Jahrhunderte haben die Menschen Zeit auf unterschiedlichste Weise gemessen – unter Ausnutzung natürlicher Erscheinungen oder mit selbstgebauten Vorrichtungen primitivster bis kompliziertester Art. Der Schriftsteller Albert Camus erzählte einmal von einem alten Mann, der Uhren als dumme Spielerei und unnütze Geldverschwendung abtat. Er hatte sich seine eigene »Uhr« ausgedacht, mit der er feststellen konnte, wann Essenszeit war – andere Zeiten interessierten ihn nicht. Er verwendete hierzu zwei Pfannen, von denen die eine, wenn er morgens aufwachte, stets mit Erbsen gefüllt war. Diese legte er in die andere Pfanne, mit einer ganz bestimmten, sorgfältig ausgeklügelten Geschwindigkeit. Hatte er zum 15ten Mal eine Pfanne gefüllt, war Essenszeit!

An der Fieldston School in Riverdale, New York, haben Fünftklässler ihre eigenen Uhren erfunden. Eine gab »Sprudelalarm«, wenn Essig in Natron tropfte und eine andere bemaß die Zeit, die Wärme braucht, um einen Ballon aufzublasen.

Kannst du aus irgendwelchen Gegenständen in eurem Haushalt auch eine eigene Uhr basteln?

Die Zeit steht in den Sternen

Tagsüber benutzten die alten Ägypter zur Zeitmessung Sonnenuhren, während sie nachts die Sterne beobachteten, die sich über bestimmte Bereiche des Himmel bewegten.

Den hellsten Stern am Nachthimmel, Sirius, ordneten sie ihrer Göttin Isis zu – »der Herrin über alle Elemente, den Anbeginn aller Zeiten«. Sie errichteten Tempel, die genau dem Punkt am westlichen Horizont zugewandt waren, an dem Sirius vor Sonnenaufgang auftauchte. Auch die ägyptischen Astronomen richteten sich nach der Position dieses Sterns. Das Kalenderjahr begann am ersten Neumond nach dem Aufgang des Sirius – und alle warteten auf die jährliche Überschwemmung des Nils, der das Land bewässerte und fruchtbar machte.

In der nördlichen Hemisphäre kann man den Sirius (auch Hundsstern genannt) vor allem im Februar gut beobachten. Wenn du gegen 21 Uhr in Richtung Süden schaust, ist er etwas links unter dem Sternzeichen Orion zu finden. Im Winter steht der Sirius hoch am Himmel; im Sommer ist er am Nordhimmel jedoch nicht sichtbar. Der Sirius befindet sich südöstlich von den drei Gürtelsternen des Orion.

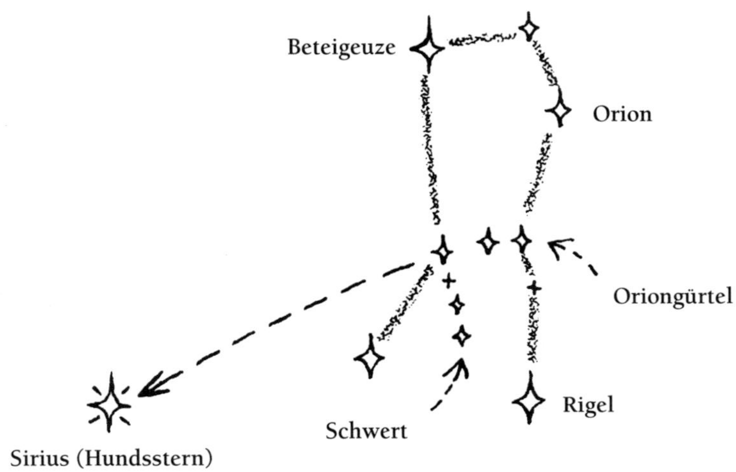

193 Sternenchronologie

3000 v. Chr.	Früheste astronomische Aufzeichnungen aus Babylonien.
300 v. Chr.	Chinesische Astronomen erstellen Karten von den Sternpositionen.
280 v. Chr.	Aristarchus von Samos stellt die Theorie auf, dass die Erde um die Sonne kreist.
140	Ptolemäus behauptet, dass Planeten die Erde umkreisen; seine Theorie hält sich 1 500 Jahre.
500	Das Astrolabium, entwickelt im alten Griechenland, wird zur Zeitmessung und zur Positionsbestimmung der Himmelskörper benutzt. Später diente es den Seefahrern als Navigationsinstrument.
1543	Nikolaus Kopernikus' Theorie, wonach nicht die Erde, sondern die Sonne das Zentrum des Universums ist, wird von der Kirche wegen Ketzerei unterdrückt.
1608	Der Holländer Hans Lippershey baut das erste Teleskop.
1609	Galileo Galilei bestätigt Kopernikus' Weltbild, wird aber von der Kirche zum Widerruf gezwungen.
1620er Jahre	Der deutsche Mathematiker Johannes Kepler beweist, dass sich die Planeten um die Sonne bewegen.
1668	Isaac Newton erfindet das Spiegelteleskop, bei dem ein konkaver Spiegel eine Linse ersetzt.
1739	Thomas Godfrey und John Hadley erfinden den Sextanten.

194 Dosenplanetarium

WAS DU BRAUCHST

runde Blech- oder Pappdose (z. B. für Kaffee)
Pauspapier
Bleistift
Klebstoff
kleiner Nagel
Taschenlampe

Baue dir dein eigenes Planetarium – durch Abbildung der Sternkonstellationen, wie sie am Himmel zu sehen sind.

So wirds gemacht:
Schneide aus dem Pauspapier einen Kreis aus, der über den Dosenboden passt. Dann zeichne auf einem dünnen Papier die Sternbilder Großer Wagen und Kassiopeia sowie den Polarstern (Nordstern) nach. Klebe den Kreis auf den Boden der Dose und stich mit dem Nagel überall dort ein Loch hinein, wo sich ein Stern befindet.

Gehe mit deinem Dosenplanetarium in einen dunklen Raum und stelle dich so hin, dass du auf eine Wand schaust. Halte eine Taschenlampe etwas schräg vor das offene Dosenende, damit sie eine Seite beleuchtet. Nun beginne die Dose langsam zu drehen.

Das passiert: An der Wand erscheint eine vergrößerte Abbildung und beim Drehen der Dose siehst du die verschiedenen Positionen der wandernden Sterne.

Warum? Weil sich die Erde um ihre eigene Achse dreht, scheinen die Sternbilder um den Polarstern zu kreisen, der immer an derselben Stelle steht. Deshalb siehst du die Sternbilder in allen möglichen Positionen – seitlich verzerrt oder auf dem Kopf stehend. Die »W«-förmige Kassiopeia wird zum Beispiel »M«-förmig – je nachdem, wann sie über dem Polarstern erscheint.

195 Der Himmelskompass

Solltest du dich jemals nachts im Wald verirren, kannst du mithilfe des Polarsterns immer den Weg finden. Wenn du genau in Richtung Polarstern schaust – das ist der hellste Stern am Nordhimmel – geht dein Blick direkt nach Norden. Nun wende den Blick 180° am Himmel entlang zum Horizont. Dort liegt Süden. Osten liegt 90° rechts davon und Westen 90° links. In einer wolkenlosen Nacht kannst du einen Erwachsenen bitten, dir dabei zu helfen, den Polarstern ausfindig zu machen.

196 Sternenkarte

Anhand einer selbstgemalten Karte der Sternbilder, die den Polarstern umkreisen, kannst du genau verfolgen, wie sich der Himmel von Stunde zu Stunde verändert.

WAS DU BRAUCHST

ein Kreis aus Pappe
Taschenlampe
rote Zellophanfolie
Klebeband

So wirds gemacht: Beschrifte und bemale den Pappkreis (siehe Abbildung unten). Dann befestige die rote Zellophanfolie mit Klebeband vor der Taschenlampe (damit das helle Licht beim Beobachten der Sterne nicht stört).

An einem klaren, mondlosen Abend gehst du um 21 Uhr mit deiner Sternenkarte und der Taschenlampe nach draußen. Drehe die Karte so, dass der Monat, den ihr gerade habt, oben liegt. Halte die Karte über deinen Kopf und suche am Himmel das gleiche Muster.

An einem anderen Abend gehst du um 19 Uhr oder um 22 Uhr ins Freie und richtest deine Sternenkarte erneut am Himmel aus.

Das passiert: Um 19 Uhr musst du die Karte einen Monat im Uhrzeigersinn weiterdrehen, damit sie mit dem Himmel übereinstimmt. Um 22 Uhr musst du sie einen halben Monat entgegen dem Uhrzeigersinn drehen.

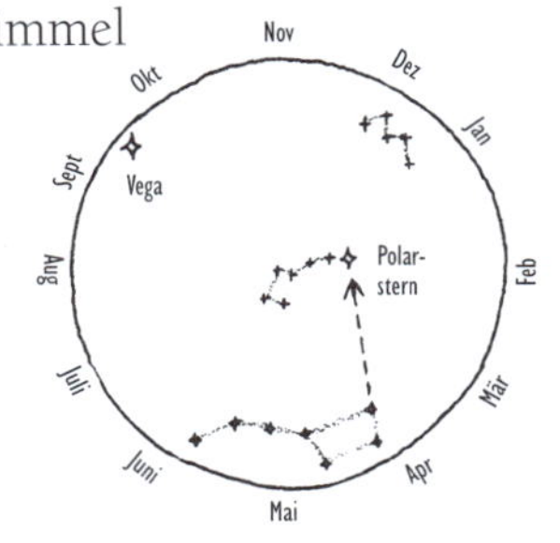

Warum? Der Polarstern hält immer annähernd seine Position am Himmel. Obwohl er sehr weit weg liegt, ist er immer direkt über dem Nordpol zu finden, weil die Erdachse das ganze Jahr über in seine Richtung weist. Die übrigen Sterne und Sternbilder scheinen dagegen einmal pro Tag entgegen dem Uhrzeigersinn um den Polarstern herumzuwandern. Aufgrund der Erdrotation sieht es so aus, als würde sich der gesamte Himmel drehen, obwohl die Sterne in Relation zueinander ihre Position kaum verändern. Da die Erde nur 23 Stunden und 56 Minuten braucht, um sich einmal um ihre eigene Achse zu drehen, scheint ein Stern immer etwa vier Minuten früher auf- und unterzugehen als am Vortag. Dies summiert sich pro Monat auf rund zwei Stunden (30 x 4 = 120 Minuten) – und in einem halben Monat natürlich auf eine Stunde.

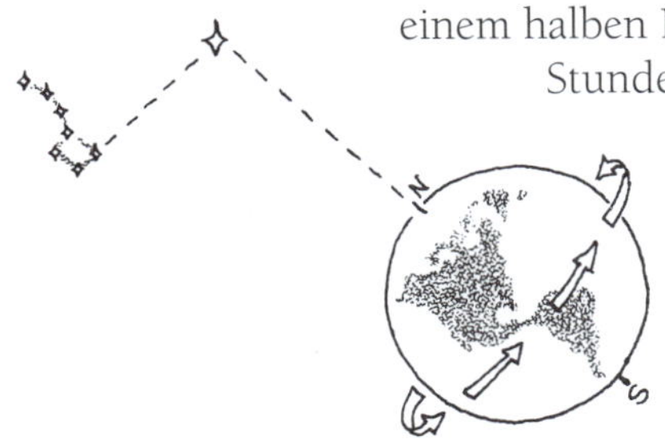

197

Sterne als Zeitgeber

Ein Sternbild ist eine Gruppe von Sternen, die die Menschen vor langer Zeit nach Helden, Göttern und Tieren benannten, die sie darin sahen. Es gibt 88 Sternbilder und viele ihrer lateinischen Namen benutzen wir bis heute oder in deutscher Übersetzung. Außerdem dienen uns die Sterne nach wie vor als Kalender und Richtungsweiser.

Der Äquator ist der einzige Ort auf der Erde, von dem aus man im Verlauf eines Jahres alle 88 Sternbilder sehen kann. In anderen Breitengraden sieht man zu unterschiedlichen Zeiten vielleicht 66 und zu jedem beliebigen Zeitpunkt maximal 24.

In den USA, Kanada und Europa kannst du Mitte April um etwa 21 Uhr das Sternbild Löwe beobachten. Sein hellster Stern Regulus steht dann hoch am Himmel.

Im August erkennst du bei Einbruch der Dunkelheit im südöstlichen Himmelsbereich direkt über dem Kopf drei helle Sterne – das so genannte Sommerdreieck: Vega aus dem Sternbild Lyra oder Leier, Deneb aus dem Sternbild Cygnus oder Schwan und Altair aus dem Sternbild Aquila oder Adler.

Im Oktober kann man am Abendhimmel gleich unterhalb dem W-förmigen Sternenbild Kassiopeia vier helle Sterne erkennen, die ein Viereck bilden. Sie gehören zum Sternbild Pegasus, das geflügelte Pferd.

In der südlichen Hemisphäre besonders leicht zu finden ist Crux oder das »Kreuz des Südens«. Im Mai und Juni sieht man es sehr gut von Miami aus. Beobachter in Australien, Südafrika und Südamerika finden dieses Sternbild knapp unterhalb der beiden hellen Sterne Alpha und Beta Centauri. Einige meinen, es ähnele eher einem Drachen als einem Kreuz.

Wie wärs, wenn du dir aus der Bücherei ein Buch über Sternbilder ausleihst und in einer sternenklaren Nacht einen Erwachsenen bittest, dir beim Auffinden von Sternbildern zu helfen?

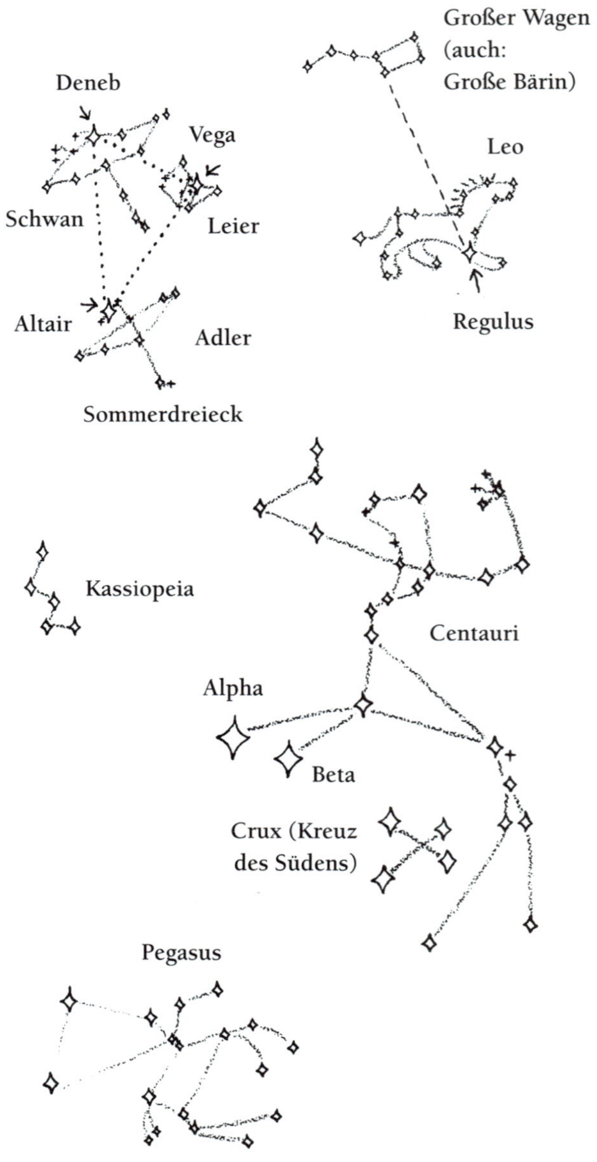

WAS DU BRAUCHST

- Zirkel (eventuell)
- Lineal
- 3 Stücke Pappe
- Schere
- Filzstift
- Bogen Papier
- Klebstoff
- Klebeband
- Lochwerkzeug oder Nagel
- Flügelklammer

198 Sternzeitscheibe

Die Sternen sagen uns, wie spät es ist und weisen uns die Richtung – ob zu Lande, zu Wasser und in der Luft. Es macht Spaß, mithilfe bestimmter Sterne die Zeit abzuschätzen!

So wirds gemacht: Zeichne auf eins der Pappstücke einen Kreis von 20 cm Durchmesser. Auf ein anderes einen Kreis von 17,5 cm, bei dem am Rand noch vier Dreiecke von je 7,5 cm Länge herausragen (siehe Abb. C). Zeichne auf die größere Pappscheibe vom Außenrand aus zwei Ringe im Abstand von jeweils 1,3 cm. Beschrifte den äußeren Ring mit den Monatsnamen, den inneren mit den Tagen (siehe Abb. A). Schneide aus dem Bogen Papier eine ovale Form aus – etwa 9,5 cm breit und 10 cm lang – und mal darauf die Sternbilder von Abb. B ab.

Drehe die größere Pappscheibe so, dass sich der »September« oben befindet und klebe das ovale Papierstück auf den Innenkreis, ein Stückchen oberhalb des Monats »März«.

Markiere auf der kleineren Pappscheibe die ovale Papierform und schneide sie aus der Scheibe aus.

Beschrifte den Rand der Scheibe mit den Stundenzahlen (siehe Abb. C). Achte darauf, dass diese Zahlen entgegen dem Uhrzeigersinn verlaufen (wie die Sterne!) und nicht nur 12, sondern 24 Stunden anzeigen. Lege die kleinere Pappscheibe so auf die größere, dass in dem ovalen Fenster in der oberen Scheibe die Sternenkarte sichtbar ist.

Klebe die Spitzen der Dreiecke an den Ecken des dritten Pappstücks fest. Danach stichst du ein Loch genau in der Mitte durch alle drei Pappstücke hindurch, steckst die Flügelklammer hindurch und biegst hinten die Beinchen um.

In einer klaren und am besten mondlosen Nacht suchst du dir einen unbeleuchteten Ort. Schaue nach Norden und suche den Großen Wagen und Kassiopeia. Zwei Sterne des Großen Wagens weisen auf den auffällig hellen Polarstern (auch Polaris oder Nordstern genannt), der sich auf halber Strecke zwischen dem Großen Wagen und Kassiopeia befindet. Auf einem Breitengrad von 40° befindet er sich etwa auf halber Himmelshöhe. Je weiter nördlich du dich befindest, desto höher steht der Polarstern; je weiter südlich du dich befindest, umso niedriger steht er. Drehe deine Sternzeitscheibe, bis sie die gleiche Konstellation wie am Himmel aufweist. Nun ziehe eine imaginäre Linie vom Polarstern zu einem der hellsten Sterne im Sternbild Kassiopeia.

A

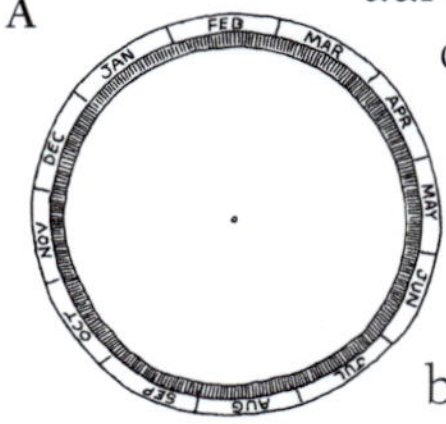

B

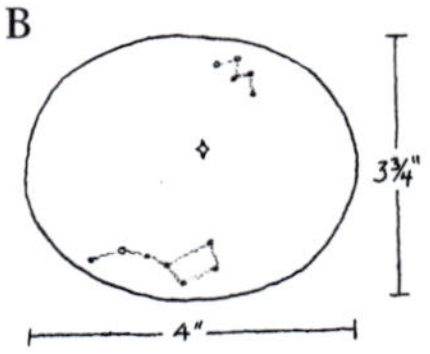

C

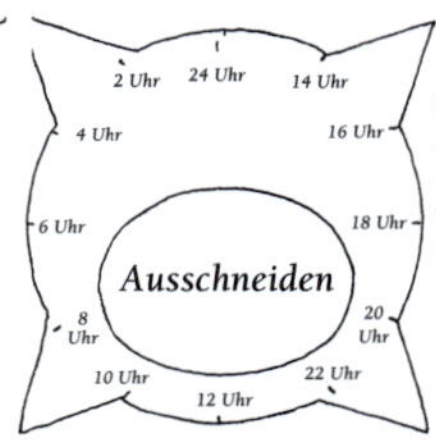

D

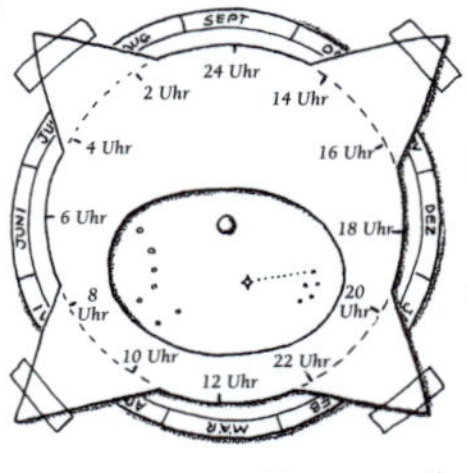

Das passiert: Die imaginäre Linie ist eine Art Stundenzeiger. Mit ein wenig Rechnen kannst du damit die ungefähre Zeit bestimmen.

Warum? Je nachdem, wann du die Sterne beobachtest, musst du entweder Zeit addieren oder abziehen, weil ein Sonnentag länger ist als ein Sternentag. Die Sterne »gewinnen« täglich 4 Minuten, in einer Woche etwa eine halbe Stunde (7 x 4 = 28 Minuten), in einem Monat rund zwei Stunden (30 x 4 = 120 Minuten). Da sich die Erde entgegen dem Uhrzeigersinn dreht, ist es also früher, wenn du die Sterne nach dem 21. September beobachtest – deshalb musst du eine halbe Stunde abziehen. Vor dem 21. September ist es schon später, deshalb wird eine halbe Stunde hinzugerechnet.

Mechanische Uhren

Im späten 13. Jahrhundert oder Anfang des 14. Jahrhunderts wurde eine Art mechanischer Zeitmesser verwendet. Er verbarg sich in einem Glockenturm und funktionierte mit einem schweren Fallgewicht, das an einem Seil befestigt war. Das Seil war auf eine große Drehwalze aufgewickelt. Diese »Uhr« besaß keine Zeiger und konnte anfangs noch nicht einmal läuten. Eine bewegliche Figur machte den Turmwächter – meistens ein Mönch – darauf aufmerksam, dass es Zeit war, die Glocken zu läuten.

Wissenswertes über mechanische Uhren

Das Wort »Uhr« geht auf das griechische Wort »hóra« für »Zeit, Stunde« zurück. Daraus wurde später das lateinische »hora« für Stunde entlehnt. Früher bezeichnete man jedes Instrument, das zur Zeitmessung diente, als Horolog.

In Italien tauchten im 14. Jahrhundert erstmals öffentliche Uhren auf, die jeweils zur vollen Stunde schlugen, aber noch kein Zifferblatt mit Zeigern besaßen. Viele dieser Schlaguhren, von denen man einige bis zum heutigen Tag bestaunen kann, waren mit amüsanten Figuren aller Art ausgestattet.

Besonders prachtvoll waren natürlich Uhren, die eigens für Kaiser und Könige angefertigt wurden. So besaß der französische König Ludwig XIV. ein Exemplar, deren Figuren verschiedene europäische Könige darstellten. Diese verbeugten sich vor ihm, bevor sie mit Stöcken die Zeit anschlugen.

Die Kuckucksuhr mit dem geschnitzten Vogel, der zur vollen Stunde aus einem Türchen kommt und die Stunde ansagt, wurde um 1730 in Deutschland erfunden.

199 Chronologie mechanischer Uhren

1320 Verwendung von Räderuhren mit Gewichtsantrieb.
1350 Öffentliche Turmuhren in europäischen Städten.
1510 Erfindung der tragbaren Uhr mit Federantrieb.
1583 Galileo Galilei führt in Rom den Nachweis, dass die Frequenz einer Pendelschwingung unabhängig ist von der Auslenkung.
1656 Christian Huygens baut die erste Uhr mit Pendel.
1660 Huygens und Robert Hooke erfinden die Spiralfeder (siehe Seite 171).
1668 Boston hat als erste Stadt der neuen Kolonien eine Turmuhr.
1675 Aufkommen der ersten Standuhren.
1676 Uhren erhielten Minutenzeiger und Gehäusedeckel.
1725 Der Schweizer Nicholas Faceis aus Basel fügt Juwelen ein, um die Lagerreibung zu verringern.
1730 Erfindung der Schwarzwälder Kuckucksuhr.
1773 Der Engländer John Harrison erfindet eine Schiffsuhr.
1803 Der Amerikaner Eli Terry gründet eine Uhrenfabrik.
1824 Der »Zeitball« ermöglicht in einigen Städten eine einheitliche Zeitmessung.
1875 Der Kronenaufzug ersetzt den bisherigen separaten Stell- und Aufzugsschlüssel.
1884 Einführung der Standard-Zeitzonen.

Yo-Yo-Uhr 200

Ähnlich wie ein Yo-Yo, das sich beim Abrollen dreht, funktionierten die frühesten mechanischen Uhren: Sie bezogen ihren Antrieb aus der Energie eines herabfallenden Gewichtes, das an einer Seiltrommel befestigt war.

WAS DU BRAUCHST

Stück feste Schnur oder Bindfaden
schwerer Knopf oder dicke Dichtungsscheibe
leere Garnspule
Bleistift

So wirds gemacht: Knüpfe das eine Ende der Schnur an dem Knopf fest. Binde das andere Ende um die Spule und wickele die Schnur darauf auf. Führe einen Bleistift durch die Spule und drehe sie so, dass das Gewicht herabhängt (siehe Abbildung). Nun wickle die Schnur wieder auf die Spule und halte diese so, dass das Gewicht erneut nach unten strebt – diesmal tippst du jedoch mehrmals schnell mit einem Finger auf den Spulenrand.

Das passiert: Wenn das Gewicht nach unten fällt, wickelt sich die Schnur von der Spule ab, worauf diese sich rasch zu drehen beginnt. Wenn du sie jedoch wiederholt antippst, wirkt dein Finger wie eine Bremse. Die Spule wird kurz angehalten und das Gewicht fällt in gleichmäßigem Rhythmus leicht ruckartig nach unten.

Warum? Das herabfallende Gewicht liefert die Energie, welche die Spule in Drehung versetzt. Dein tippender Finger reguliert diese Bewegung. Ganz früher funktionierten die Uhren auf ähnliche Weise – mithilfe einer so genannten Hemmung. Diese Vorrichtung sorgte dafür, dass das Gewicht langsam und stetig fiel und sich die Trommel nicht zu schnell drehte und die Bewegungsenergie des Gewichtes viel zu schnell verbrauchte. Diese frühen Turmuhren waren oft tonnenschwer und ihre Gewichte fielen bis zu 9 m tief.

201

Einen Gang zulegen

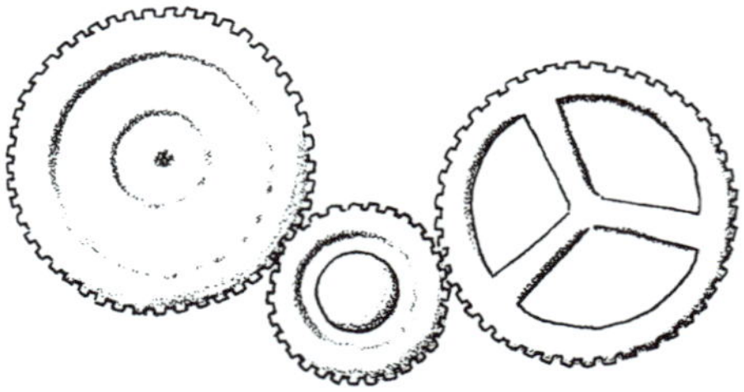

WAS DU BRAUCHST

3 Flaschenverschlüsse aus Metall (Kronkorken)
Hammer und Nagel oder ein Lochwerkzeug
Holzblock
3 dünne Nägel
ein Erwachsener als Assistent

Zahnräder sind Scheiben mit Zähnen bzw. Vertiefungen ringsum. Kleine Zahnräder, die zwei zusammengehörende größere antreiben, nennt man auch Ritzel. Bei den ersten mechanischen Uhren befand sich an jedem Ende der Seiltrommelachse ein Zahnrad. Das Zahnrad an der Rückseite der Achse griff in eine Reihe weiterer Zahnräder ein, welche die Seilabwicklung regulierten. Das vordere Zahnrad steuerte eine bewegliche Figur, welche die Glocken und somit die Stunden anschlug. Später drehte dieses Zahnrad den Stundenzeiger auf einem Zifferblatt. Solche Zahnradgetriebe kannst du auch selbst anfertigen; allerdings wäre es ratsam, wenn du dir bei diesem Projekt von einem Erwachsenen helfen lässt.

So wirds gemacht: Die Kronkorken dürfen nicht verbogen sein. Bitte einen Erwachsenen dir dabei zu helfen, durch die Mitte jedes Kronkorkens ein Loch zu stechen.

Lege sie dann so auf den Holzblock, dass sie sich berühren. Stecke die dünnen Nägel durch die Löcher und hämmere sie in das Holz, aber nicht zu fest – die Korken müssen sich noch ungehindert drehen lassen. Nun versetzt du einen Kronkorken mit dem Finger in Drehung und beobachtest, was die anderen beiden machen. Danach drehst du einen Kronkorken in die entgegengesetzte Richtung – mal schnell, mal langsam.

Das passiert: Wenn du an einem Kronkorken drehst, drehen sich die anderen beiden mit.

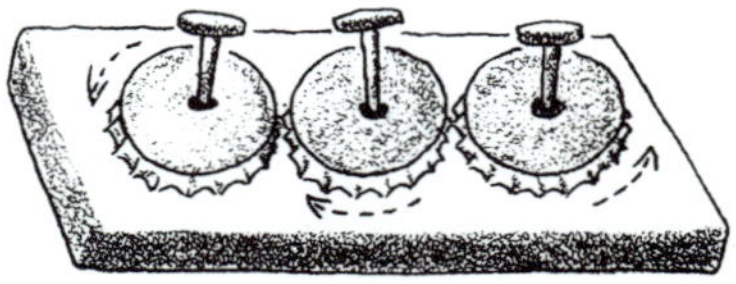

Dabei bewegt sich jeder in die entgegengesetzte Richtung seiner Nachbarn.

Warum? Mit ihren gewellten Rändern wirken die Kronkorken wie Zahnräder, die ineinandergreifen. Zahnräder dienen dazu, Drehrichtungen und Geschwindigkeiten oder Drehmomente zu ändern. Wenn ein kleines Zahnrad von einem größeren angetrieben wird, nimmt die Geschwindigkeit zu. Wenn ein großes Zahnrad von einem kleineren angetrieben wird, nimmt die Kraft zu.

Beim Zahnradgetriebe einer Uhr werden langsame Drehbewegungen in schnelle umgewandelt. Die Achse ist mit einer Reihe von Zahnrädern verbunden. Dreht sich die Achse, dann drehen sich die Zahnräder unterschiedlich schnell. Die Hemmung, eine Art Bremsvorrichtung, reguliert dabei die Drehbewegung des schnellsten Zahnrades.

Zu den Bauteilen einer Uhr gehört eine Vorrichtung, die regelmäßig schwingt; eine zweite, die die Bewegung in Gang hält, indem sie dem Schwingelement Energie liefert und eine dritte, die »mitzählt« und die Schwingbewegungen anzeigt.

Sonnenuhren und mechanische Uhren

Da die frühen mechanischen Uhren ziemlich ungenau waren, verwendete man Sonnenuhren, um sie zu korrigieren – immerhin bis zum Aufkommen von elektrischen Uhren Ende des 19. Jahrhunderts!

Warum Uhren nur bis 12 zählen

202

Ist dir schon mal aufgefallen, dass es gar nicht so einfach ist mitzuzählen, wenn eine Uhr zwölf schlägt? Dann kannst du dir ja ausmalen, wie es wäre, wenn sie 24-mal schlagen würde! Genau damit mussten sich die Leute vor vielen Jahren herumschlagen, als in immer mehr europäischen Städten die Turmuhren Einzug hielten. Deshalb wurde das 24-Stunden-System zu Beginn des 15. Jahrhunderts in vielen Ländern durch das 12-Stunden-System ersetzt.

Angeblich stammt dieses System, das den Tag in zweimal 12 Stunden unterteilte, aus Süddeutschland, wo damals die Herstellung mechanischer Uhren florierte.

Die meisten Militärorganisationen und einige europäische Länder – darunter auch Deutschland – sind der um Mitternacht beginnenden 24-Stundenanzeige jedoch treu geblieben. Im englischen Sprachraum, der die 12-Stundenanzeige verwendet, kennzeichnet man die Stunden »nach Mittag« mit »p.m.« (lat. »post meridiem«) und die Stunden »vor Mittag« mit »a.m.« (lat. »ante meridiem). Die englische Zeitangabe »1 p.m.« entspricht also 13 Uhr und »5 a.m.« wäre 5 Uhr früh. Beim Wechsel von der 12-Stundenanzeige zur 24-Stundenanzeige bleiben die Minutenangaben unverändert, allerdings zählt man ab 1 Uhr nachmittags 12 dazu. Beim Wechsel von der 24- zur 12-Stundenanzeige zieht man zwischen 13 Uhr und 23.59 Uhr von jeder Stundenzahl 12 ab und fügt »p.m.« hinzu. Versuche doch mal ein paar solcher Umrechnungen!

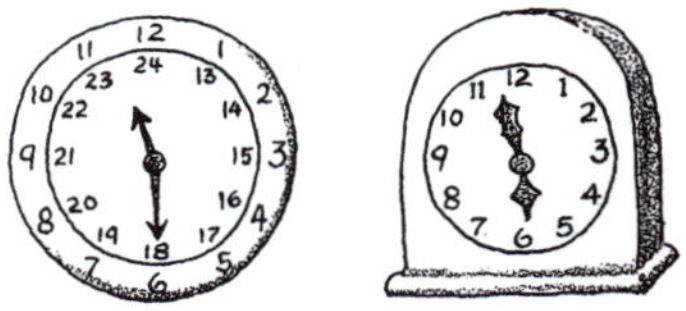

Tragbare Zeitmesser

Um 1510 kam der Nürnberger Schlosser Peter Henlein auf die Idee, die großen Gewichte in den Uhren durch Spiralfedern zu ersetzen – und baute die erste tragbaren Tischuhren. Aufgrund ihrer Form wurde Henleins Uhr als »Nürnberger Ei« bezeichnet. Sie waren so klein, dass man sie am Gürtel oder an einer Halskette bei sich tragen konnte – allerdings hatten sie noch keinen Minutenzeiger und waren daher nicht sehr zuverlässig.

Um 1660 fügte Robert Hooke der Zugfeder eine Unruh hinzu sowie eine kurze, steife Schweineborste zur Regulierung der Hin- und Herbewegungen bzw. Schwingungen. Später wurde die Schweineborste durch einen feinen Stahldraht ersetzt.

Die Uhr besaß nun eine Zugfeder, welche die nötige Antriebsenergie lieferte, ein Schwingsystem aus Hemmung und Unruh, welches die Energieabgabe regulierte, sowie zwei Zahnradgetriebe – eines zur Energieübertragung, das andere zur Steuerung der Zeiger. Außerdem verfügte diese Uhr über einen Aufzugsmechanismus und ein Schutzgehäuse.

Beim Aufziehen einer mechanischen Uhr werden die Spiralfedern eng um die mittlere Achse gewickelt. Die Achse wird von einem Zahnrad festgehalten, welches an einem Stift mit vorspringenden Nocken befestigt ist. Das Federhaus dreht sich, während die Uhr abläuft, wobei sich die Feder allmählich wieder entspannt. Das mit dem Federhaus verbundene Zahnrad treibt andere Zahnräder an, welche die Uhrzeiger bewegen.

203 Juwelen als Stoßdämpfer

WAS DU BRAUCHST

2 verschieden große Dosendeckel
Klebeband
Bleistift
Murmeln

So wirds gemacht: Drehe beide Deckel um, so dass die Innenseiten oben liegen. Befestige den kleineren Deckel am Tisch. Lege den Bleistift quer über den größeren Deckel und klebe ihn fest (siehe Abbildung). Nun legst du den großen Deckel über den kleinen und versetzt ihn mithilfe des Bleistifts in Drehung. Beobachte, was passiert. Nun gebe die Murmeln in den kleinen Deckel und versetze darauf den großen Deckel erneut in Drehung. Beobachte, was geschieht.

Das passiert: Beim ersten Versuch dreht sich der obere Deckel nicht so leicht wie beim zweiten Mal über den Murmeln.

Warum? Bei der Berührung zweier sich bewegender Körper tritt Widerstand auf. Die beiden Kontaktflächen sind niemals vollkommen glatt und die Unebenheiten auf der einen Oberfläche geraten an die Unebenheiten auf der anderen und erschweren die Bewegung. Dieser Widerstand wird als Reibung bezeichnet.

Die Reibungskraft hängt von der Art der Oberflächen und der Kraft ab, mit der diese aufeinander gepresst werden. Je rauer die Oberflächen, umso stärker die Reibung. Zu hohe Reibung erzeugt Wärme und führt zur Abnutzung. Die glatten, runden Murmeln verringern die Reibungskraft. Zwischen den bewegten Flächen und den Murmeln findet kaum eine Berührung statt, so dass die Reibung sehr gering ist. Die kleinen, harten Edelsteinlager in einer Uhr sorgen also dafür, dass sich die winzigen Achsen, um die sich die verschiedenen Uhrzahnräder drehen und die der Reibung am stärksten ausgesetzt sind, nicht so rasch abnutzen. Je mehr Edelsteinlager eine Uhr besitzt, desto langlebiger ist sie.

Über das englische Wort »watch« für »Uhr« und Uhrenschlüssel

Woher stammt das englische Wort »watch« für »Uhr« eigentlich? Manche sagen, es kam im Mittelalter auf, als der Nachtwächter (engl. »night watch«) ausrief »Alles in Ordnung!« und gleichzeitig die Zeit ansagte. Andere führen das Wort darauf zurück, dass die Leute die Zeit endlich selbst sehen (engl. »to watch«) konnten und sich nicht mehr nur auf Glockenschläge verlassen mussten. Und wieder andere behaupten, der Ursprung des Wortes gehe auf die Matrosen zurück, die ihre Wachzeit, bis heute, als »watch« bezeichnen.

Übrigens, die ersten Uhren wurden mit einem separaten Schlüsselchen aufgezogen, das zu diesem Zweck in ein kleines Loch auf der Unterseite gesteckt wurde. Erst seit Ende des 19. Jahrhunderts können Uhren mithilfe einer Aufzugswelle bzw. eines Kronenaufzugs aufgezogen und gestellt werden. Bei automatischen Uhren wurde die Zugfeder automatisch mittels eines kleinen Gewichtes aufgezogen, das exzentrisch auf einer Achse gelagert war. Dabei wurde die Bewegung am Handgelenk des Trägers ausgenutzt.

Pendeluhren

204

Im Jahre 1656 baute der holländische Wissenschaftler Christiaan Huygens van Zulicham die erste Pendeluhr. Sie basierte auf einem Prinzip, das Galileo bereits 1593 in Versuchen nachgewiesen hatte. Angetrieben wurde sie durch ein einzelnes Gewicht, die so genannte Pendellinse, die an einem langen Seil befestigt war. Um das klobige Gewicht zu verbergen, wurden Pendeluhren in hohen Holzgehäusen untergebracht. Man bezeichnete sie als Standuhr und später auch als Großvateruhr.

WAS DU BRAUCHST

4 Fäden: 25 cm, 50 cm, 97,5 cm und 120 cm lang
Metallunterlegscheiben oder Kieselsteine
Kleiderbügel
Uhr mit zwei Zeigern
Bleistift
Papier

So wirds gemacht: Knüpfe ein Gewicht an den längsten Faden und knote das andere Ende am Kleiderbügel fest, so dass es frei herabhängt. Ziehe den Faden ein wenig zur Seite und lasse ihn dann los. Zähle mit, wie viele Schwingungen das Gewicht innerhalb von 60 Sekunden vollführt. Ziehe den Faden nun seitlich etwas höher und lasse ihn los. Ermittle wieder die Zahl der Schwingungen pro Minute. Binde weitere Gewichte an den Faden und zähle die Zahl der Schwingungen pro Minute. Schreibe alle Ergebnisse auf.

Das Gleiche machst du auch mit den übrigen Fäden – erst mit dem 97,5 cm, dann mit dem 50 cm und zum Schluss mit dem 25 cm langen Faden. Notiere jedesmal, wie oft sich das Gewicht innerhalb von 60 Sekunden hin und her bewegt.

Das passiert: Bei dem 97,5 cm langen Faden beträgt die Zahl der Schwingungen pro Minute genau 60.

Warum? Die Dauer einer Pendelschwingung ist immer gleich lang – unabhängig von der Masse des daran befindlichen Gewichtes und von der Größe des Ausschlages. Allerdings – je länger der Faden, desto länger braucht das Pendel für eine Schwingung; je kürzer der Faden, desto rascher bewegt sich das Pendel hin und her. Da bei einer Fadenlänge von 97,5 cm eine Schwingung eine Sekunde dauert, kann mit einem solchen Pendel exakt die Zeit gemessen werden.

Sekunden

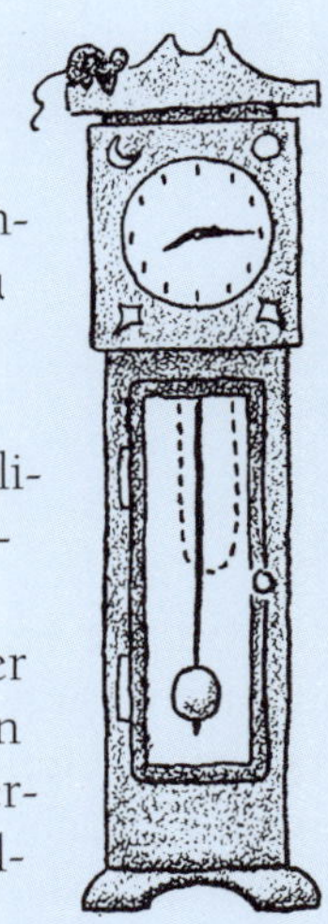

Als Pendeluhren mit der Zeit immer genauer wurden, kamen zu den Zifferblättern schließlich Minuten- und später auch Sekundenzeiger hinzu. Der englische Physiker Robert Hooke benutzte erstmals das Wort »Sekunde« für den 60. Teil einer Minute. Da die Stunde bereits in 60 Minuten unterteilt war, unterteilte Hooke der Einfachheit halber nun auch die Minute in 60 Abschnitte. Das Wort »Sekunde« leitete er von dem lateinischen Wort »secundus« = Zweiter her, da nach der Stunde das zweite Mal durch 60 geteilt wurde.

205 Fahrplan-Ärger

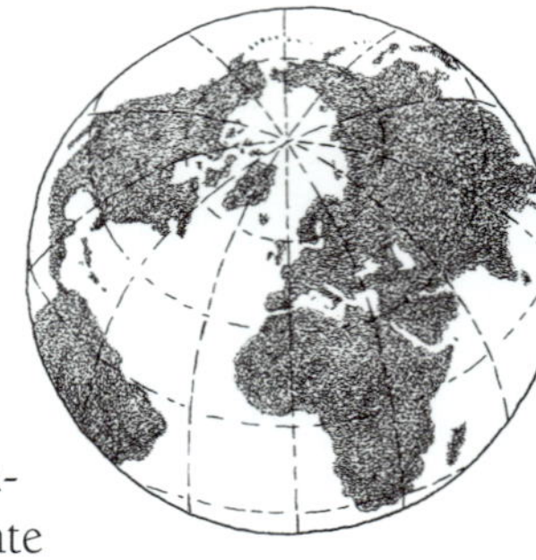

Vor knapp 100 Jahren besaß nahezu jede Gemeinde ihre eigene »amtliche« Zeitanzeige. Welche Stunde es geschlagen hatte, erfuhren die Menschen damals durch den Schlag einer Turmuhr, einen herabfallenden Zeitball auf dem Marktplatz oder durch einen schrillen Pfeifton aus einer Fabrik. »Mittag« war ganz einfach dann, wenn in der betreffenden Gegend die Sonne am höchsten stand. Als immer mehr Menschen mit der Eisenbahn durch Amerika reisten, gab das natürlich Komplikationen – das Land brauchte dringend ein einheitliches Zeitsystem. Seitdem gibt es Standard-Zeitzonen, die bis heute gelten. Diese stießen anfangs auf heftigen Widerstand, denn es passte den Leuten gar nicht, sich die Zeit von der Eisenbahn »vorschreiben« zu lassen.

Am 11. Oktober 1883 wurden für die USA vier Zeitzonen festgelegt (Eastern, Central, Mountain und Pacific Time). Sie basierten auf 15 Grad geographischer Länge – so weit wandert die Sonne in einer Stunde.

Ein Jahr später wurde im Rahmen eines internationalen Abkommens die gesamte Welt in 24 Zeitzonen eingeteilt. Die Ortszeit von Greenwich in England (Greenwich Mean Time, GMT), die für ganz Großbritannien galt, wurde als Ausgangspunkt für die Längengradmessung und die Errichtung aller übrigen Zeitzonen verwendet. Durch diesen Ort verläuft der Nullmeridian. Alle europäischen Länder in Nähe des Nullmeridians benutzen die »westeuropäische Zeit« (WOZ), Länder in Nähe des 15. Längengrads, darunter auch Deutschland, richten sich nach der »mitteleuropäischen Zeit« (MEZ). Um den 30. Längengrad gilt die »osteuropäische Zeit«. Die USA und ihre Territorien sind in acht Zeitzonen unterteilt.

Auch in Australien und anderen großen Landmassen gibt es Zeitzonen, die in erster Linie auf Längengraden basieren. China hat bislang keine eigenen Zeitzonen eingeführt – im gesamten Land gilt überall die Peking-Zeit, die acht Stunden vor der Londoner Zeit liegt.

206 Sommerzeit!

Bei der Sommerzeit werden die Uhren Ende Frühling/Anfang Sommer um eine Stunde vorgestellt, um das Tageslicht besser auszunutzen. Dieses System wurde 1784 erstmals von Benjamin Franklin vorgeschlagen, wobei er das seinerzeit möglicherweise nicht ganz ernst gemeint hatte. Man realisierte diese Idee jedenfalls erst im 20. Jahrhundert.

Die Sommerzeit führten im 1. Weltkrieg Deutschland, die USA, Großbritannien und Australien ein, um Brennstoff zur Erzeugung von künstlichem Licht zu sparen. Während des 2. Weltkrieges behielten die USA und Großbritannien dieses System das ganze Jahr über bei und stellten ihre Uhren im Winter um eine Stunde und im Sommer um zwei Stunden vor.

Obwohl die Sommerzeit in den USA seit 1966 von der Regierung offiziell eingeführt wurde, wird sie in Arizona und Indiana bis heute ignoriert. In Deutschland beginnt die Sommerzeit jeweils am ersten Frühlingssonntag und endet am letzten Sonntag im Oktober.

Ist dir schon mal aufgefallen, dass die Tage im Sommer länger sind? Das verdanken wir der Sommerzeit!

207 Internationale Datumsgrenze

Weißt du, was es mit der »Internationalen Datumsgrenze« auf sich hat? Auf unserer kleinen Weltreise kannst du es herausfinden!

WAS DU BRAUCHST

Blatt Papier
Bleistift
Schere
Klebeband
2 Münzen

So wirds gemacht: Falte das Papierblatt zweimal quer (siehe Abb. A) und dann dreimal längs. Nummeriere die Abschnitte (siehe Abb. B). Nun falte das Papier wieder auseinander und fülle die Namen und Zeiten der verschiedenen Orte ein (siehe Abb. C). Anschließend zerschneidest du das Blatt entlang der Falzlinien in drei Querabschnitte.

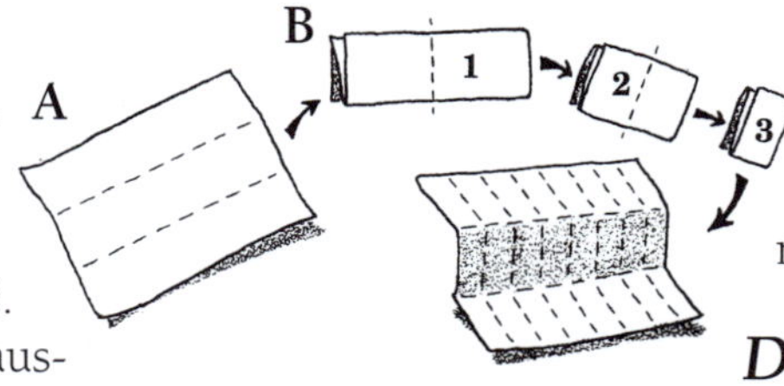

C

Mitternacht	1 Uhr	2 Uhr	3 Uhr	4 Uhr	5 Uhr	6 Uhr	7 Uhr
Wellington, Fidschi, Wake Island	Samoa	Hawaii, Aleuten	Anchorage, Yukon	Los Angeles, Victoria	Denver	Chicago, Winnepeg	New York, Toronto
-12	-11	-10	-9	-8	-7	-6	-5
8 Uhr	9 Uhr	10 Uhr	11 Uhr	Mittag	13 Uhr	14 Uhr	15 Uhr
Puerto Rico, Halifax	Buenos Aires	Mitte des Atlantiks	Kap Verde	London	Berlin	Athen	Moskau
-4	-3	-2	-1	0	+1	+2	+3
16 Uhr	17 Uhr	18 Uhr	19 Uhr	20 Uhr	21 Uhr	22 Uhr	23 Uhr
Abu Dhabi, Muscat	Karachi, Bombay	Taschkent, Kalkutta	Jakarta, Bangkok	Peking	Tokyo	Sydney	Salomoninseln
+4	+5	+6	+7	+8	+9	+10	+11

Diese klebst du mit dem Klebeband aneinander, so dass die Zahlenfolge stimmt (also -5 folgt auf -4 und +3 folgt auf +4). Dann klebst du die Enden (+11 und –12) aneinander. Jede der Zahlen steht für eine Zeitzone, die der Greenwichzeit in England um eine Stunde voraus oder eine Stunde hinterher ist.

Angenommen, es ist Donnerstag mittag und deine zwei Münzen begeben sich auf eine Weltreise. Beide starten in London, aber die eine reist nach Berlin in Richtung Westen und die andere nach New York in Richtung Osten. Sie treffen sich auf einer entlegenen Pazifikinsel nahe der Fischi-Inseln. Die Münze, die nach Osten reist, gewinnt 12 Stunden, die nach Westen reist, verliert 12 Stunden.

Das passiert: Die beiden Uhren weichen innerhalb eines Kalendertages um 24 Stunden voneinander ab. Dieses Problem wurde durch die Einführung der internationalen Datumsgrenze – sie befindet sich auf dem 180. Längengrad behoben. Wer diese Linie nach Richtung Osten überschreitet, ist einen Tag hinterher, wer nach Westen reist, ist einen Tag voraus.

Der 180. Längengrad führt größtenteils durch den Pazifischen Ozean. Um Zeitänderungen in besiedelten Bereichen zu vermeiden, verläuft sie nicht schnurgerade.

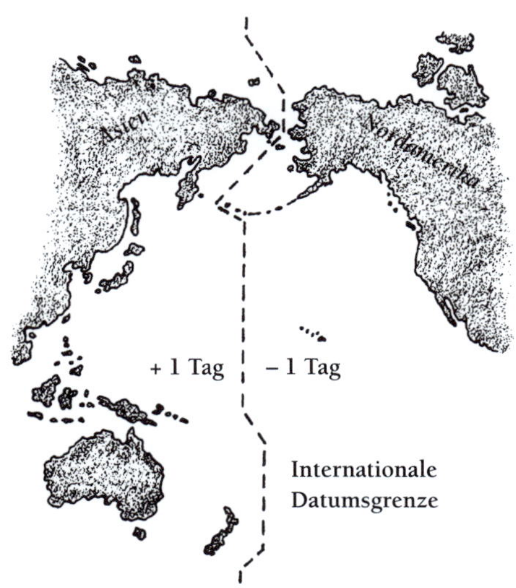

SUPERGENAUE UHREN

Obwohl nach wie vor mechanische Uhren und Wecker verkauft werden, gibt es seit über 50 Jahren sehr viel präzisere und auch preiswertere Uhren, die elektrisch oder elektronisch betrieben werden. Was die Genauigkeit angeht, ist die Atomuhr unschlagbar, aber sie ist natürlich enorm kostspielig und – bisher – weder für den Nachttisch, noch fürs Handgelenk erhältlich.

208 Chronologie der Superuhren

1800 Alessandro Volta baut die erste chemische Batterie.
1821 Michael Faraday wandelt mithilfe eines Magneten Strom in einem elektrischen Leiter in mechanische Energie um.
1830 Joseph Henry entwickelt den ersten funktionsfähigen Elektromotor.
1840 Alexander Bain lässt eine Elektrouhr patentieren.
1881 Pierre Curie entdeckt den piezoelektrischen Effekt.
1894 Erste zuverlässige Uhrenanlage.
1913 Niels Bohr und Ernest T. Rutheford entwickeln ein Modell der Atomstruktur.
1918 Zuverlässige Anwendung von Wechselstrom mit 60 Hertz in den USA.
1927 Zuverlässige Anwendung von Wechselstrom mit 50 Hertz in Großbritannien.
1929 Warren Morrison erfindet Quarzuhr.
1949 Harold Lyons vom US-Normeninstitut baut die erste Atomuhr aus Ammoniakkristallen.
1955 Dr. Essen und J. V. L. Parry vom National Physical Lab in London entwickeln die erste Cäsium-Atomuhr.
1957 Sprungfeder in Armbanduhren wird durch Batterie ersetzt.
1958 Erster integrierter Stromkreis (Chip).
1959 Miniatur-Stimmgabelwerk ersetzt die Unruh.
1965 Transistorbetriebene Batterieuhren.
1960er LED (Leuchtdioden).
1967 Die Frequenz der Cäsium-Atomschwingungen entspricht nach offizieller Definition einer Sekunde.
1969 Erste vollelektronische Uhr mit Digitalanzeige.
1970er LCD (Flüssigkristallanzeige).

209 Elektrische Uhren

Elektrouhren brauchst du nie aufzuziehen. Die Feder, das Pendel und die Hemmung wurden hier durch einen Motor ersetzt, der mit Strom aus der Steckdose oder von einer Batterie gespeist wird.

Das erste Patent auf eine elektrisch angetriebene Uhr wurde bereits 1840 von dem Schotten Alexander Bain angemeldet. 1894 bauten Frank Hope-Jones und George Boswell eine zuverlässige Zentraluhr, deren Pendel von einer Batterie betrieben wurde. Sie diente zur elektrischen Steuerung von Nebenuhrwerken in Bahnhöfen und Fabrikanlagen.

Trotz dieser bahnbrechenden Erfindungen konnte man Uhren in den USA erst ab 1918 und in Großbritannien erst ab 1927 an Steckdosen anschließen. Vorher wurden Büros und Haushalte nur mit Gleichstrom versorgt – mancherorts dauerte die Umstellung noch einige Jahre länger. Da bei Gleichstrom der Strom immer in der gleichen Richtung fließt, taugte er nicht für Uhren, weil diese Strom brauchen, der innerhalb eines Stromkreises in regelmäßigen Intervallen fließt. Dies wurde erst mit der Einführung des Wechselstroms möglich. Nun konnten Uhren mit Elektromotoren mit Rotor gebaut werden. Die Drehfrequenz des Rotors entsprach der Frequenz des vom Elektrizitätswerk eingespeisten Stroms (50 bzw. 60 Schwingungen pro Sekunde).

Mithilfe von Zahnrädern wurde diese hohe Geschwindigkeit auf langsamere Drehungen reduziert, mit der sich dann die Uhrzeiger bewegten.

Sieh dir einmal alle Uhren genauer an, die ihr bei euch daheim habt. Wie viele davon sind elektrisch betrieben?

210 Elektromotor Marke Eigenbau

WAS DU BRAUCHST

Hammer
spitzer Nagel
2 Sperrholzplatten (7,5 x 10 cm)
Stricknadel aus Kunststoff
Holzleim
1 Sperrholzplatte (7,5 cm x 15 cm)
2 Büroklammern
Korken
Hufeisenmagnet
ummantelter Kupferdraht
Klebeband
6-Volt-Batterie
ein Erwachsener als Assistent

A

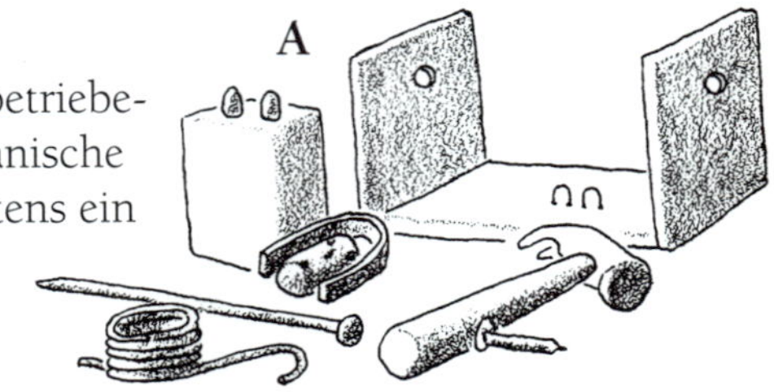

Der Elektromotor in einer elektrisch betriebenen Uhr wandelt elektrische in mechanische Energie um. Innen befindet sich meistens ein U-förmiger Magnet und eine Drahtspule, die auf einer Welle zwischen den Polen gelagert ist. Wenn Strom durch die Spule fließt, wird diese magnetisiert. Die Spulenkraft und die Magnetkraft stoßen sich abwechselnd ab und ziehen sich an. Auf diese Weise wird die Spule in Drehung versetzt und treibt eine Welle an. Einen solchen Motor kannst du sogar selbst zusammenbauen.

B

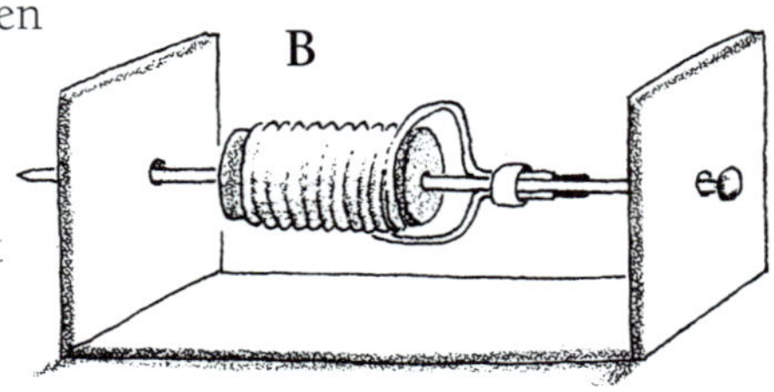

So wirds gemacht: Schlage mit Hammer und Nagel ein Loch in die beiden kleinen Sperrholzplatten – jeweils mittig etwa 2,5 cm von der Oberkante entfernt. In diesen Löchern muss sich die Stricknadel ungehindert drehen können. Klebe jeweils eine der beiden kleinen Platten hochkant an die kurzen Seiten der größeren Sperrholzplatte (Abb. A). Drücke dann in die Mitte des Bodenteils zwei Büroklammern.

Wähle einen Korken, der zwischen die beiden Beine des Hufeisenmagneten passt.

Schneide zwei jeweils 10 cm lange Drahtstücke zu und lege die Enden frei. Sie dienen als Stromzuführer. Den übrigen Draht wickelst du etwa 30-mal um den Korken, dabei die Enden 2,5 bis 5 cm frei hängen lassen und die Ummantelung entfernen. Führe die Stricknadel durch das Loch in der einen Sperrholzplatte, bohre sie längs durch den Korken und führe sie dann durch das zweite Loch im gegenüberliegenden Brett. Sichere die Nadel an einem Ende mit etwas Klebeband (Abb. C).

C

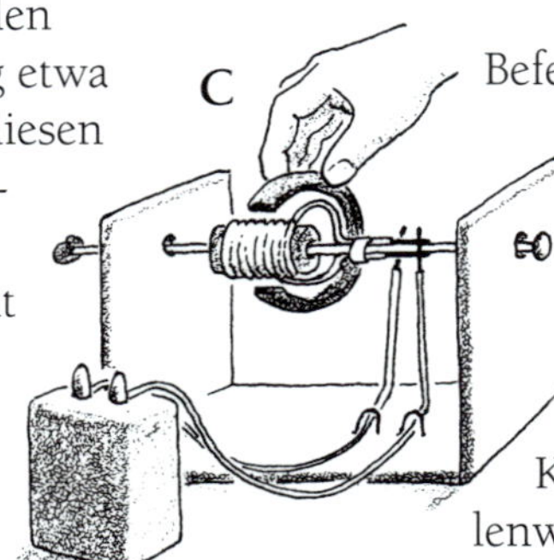

Befestige die Enden des aufgewickelten Drahtes mit Klebeband an der Stricknadel, oberhalb der blanken Drähte (Abb. B).

Schließe jeweils ein Ende der Stromzufuhrdrähte an einen Batteriepol an und führe beide Drähte durch die Büroklammern zur Stricknadel. Bringe sie in Kontakt mit den blanken Drähten der Spulenwicklung (siehe Abb. C). Halte den Magneten so um die Spule, dass sie sich drehen kann ohne ihn dabei zu berühren. Wirf deinen Motor an, indem du den Korken mit einem Finger in Drehung versetzt.

Das passiert: Hälst du den Magneten um die Spule, bewegt sich der Motor von selbst.

Warum? Der Magnet wandelt die elektrische in mechanische Energie um. Der Strom führende Draht wird in Bewegung versetzt – und alles, was mit ihm verbunden ist.

211 Es bewegt sich was!

Jetzt kannst du jedem vorführen, was im Inneren einer Uhr abläuft!

WAS DU BRAUCHST

kleiner Kompass (oder Nadel, Magnet, dünne Korkscheibe, flache Untertasse mit Wasser gefüllt)

2 Drahtstücke

6-Volt-Batterie

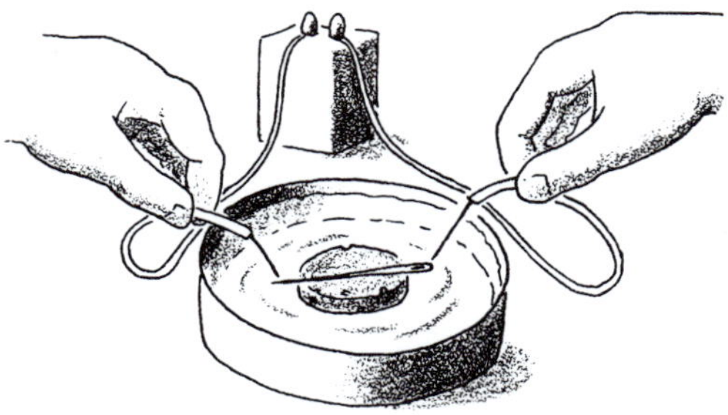

So wirds gemacht: Wenn du keinen Kompass zur Hand hast, kannst du dir selbst einen basteln, indem du einfach eine Nadel magnetisierst. Streiche mit dem Magneten etwa 50-mal über die Nadel, immer in die gleiche Richtung. Dann setzt du die Korkscheibe in die mit Wasser gefüllte Untertasse und legst darauf vorsichtig die Nadel – genau in die Mitte. Befestige die Drähte an den beiden Batteriepolen und berühre die Nadel mit beiden blanken Drahtenden.

Das passiert: Die Kompassnadel bewegt sich!

Warum? Wenn Elektronen durch einen Draht wandern, wird um diesen herum ein elektromagnetisches Feld erzeugt. Auf diese Weise wird elektrische Energie in mechanische umgewandelt. Auch um die Spule in einer Uhr entsteht ein solches Magnetfeld, so dass auch hier eine Energieumwandlung stattfindet.

212 Münzenbatterie

Um eine kleine Batterie zu bauen, brauchst du nicht viel mehr als ein paar Münzen aus deinen Hosentaschen …

WAS DU BRAUCHST

Essig

kleine Schüssel

Stückchen aus Küchenpapier (2,5 cm x 2,5 cm)

10 Kupfermünzen

10 Metallmünzen – nicht aus Kupfer

So wirds gemacht:
Gieße den Essig in die Schüssel und tauche die Papierstückchen hinein. Staple die Münzen aufeinander – jeweils abwechselnd eine Kupfermünze und eine Münze aus einem anderen Metall. Zwischen jede Münze kommt ein essiggetränktes Papierstückchen. Befeuchte an jeder Hand eine Fingerspitze und halte den Münzstapel zwischen diesen Fingern.

Das passiert: Du spürst einen leichten elektrischen Schlag.

Warum? Der Essig ist eine Säure und leitet somit den Strom, der durch die beiden voneinander getrennten Metalle der zwei Münzarten erzeugt wird. Ähnlich funktioniert ein Batterietyp, den man als Nasselement bezeichnet.

Eine Batterie besteht gewöhnlich aus zwei Metallen (Zinkhülle und Kohlenstoffstab), getrennt durch ein saugfähiges, mit einer starken Säure getränktes Papier. Die zwischen den beiden Metallen ablaufende chemische Reaktion erzeugt einen Elektronenfluss zwischen den beiden Polen. Diese chemische Energie wird in elektrische Energie umgewandelt. Eine Batterie ist ein Energiespeicher, der allerdings erschöpft ist, sobald die Chemikalien aufgebraucht sind.

213 Quarzuhren

Die Quarzuhr wurde 1929 von Dr. Warren Morrison erfunden. Er entdeckte, dass elektrischer Strom einen Quarzkristall zu Schwingungen anregt, deren Frequenz von der Kristalldicke und der Stromstärke abhängt. Diese Erscheinung heißt piezoelektrischer Effekt.

Im Gegensatz zur Unruh, die sich pro Sekunde gerade mal ein paar Male hin und her bewegt, schwingen die Quarzmoleküle mindestens 32 768-mal pro Sekunde, wobei sie den elektrischen Strom jedesmal ein- bzw. ausschalten. Bei einer modernen Quarz-Armbanduhr sind auf einer Fläche von weniger als 1 cm ein streichholzkopfgroßer Quarzkristall, eine fingernagelgroße Batterie und ein Mikrochip untergebracht. Ein Mikrochip ist ein integrierter Schaltkreis mit hunderttausenden von Transistoren und Widerständen, die den Stromfluss regeln.

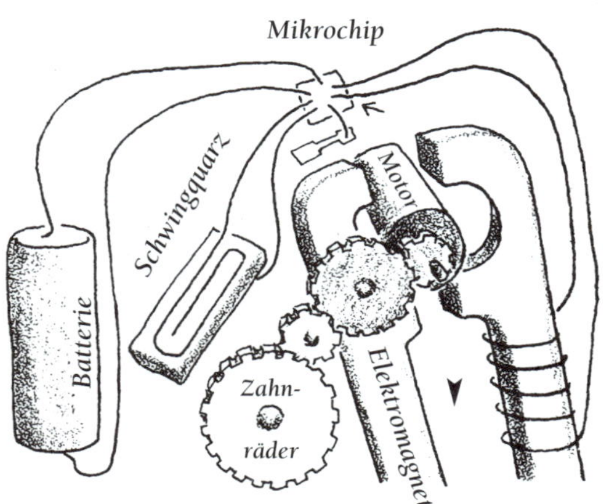

214 Der piezoelektrische Effekt

WAS DU BRAUCHST

Feuerzeug
ein Erwachsener als Assistent

Mithilfe eines simplen Feuerzeuges kannst du beobachten, wie sich ein Quarz verhält, auf den Druck ausgeübt wird. Bitte einen Erwachsenen, dir zu helfen.

So wirds gemacht: Drücke mit dem Daumen auf das Feuerzeug.

Das passiert: Es wird ein Funke erzeugt.

Warum? In dem Feuerzeug befindet sich ein Quarzplättchen. Wenn darauf Druck ausgeübt wird, entstehen elektrische Ladungen. Anders in deiner Armbanduhr. Wenn dort elektrische Energie durchfließt, verschieben sich die Gitterbausteine in dem Quarzplättchen. Diese beiden Erscheinungen – durch Druck verursachter Strom und Umwandlung von elektrischer in Bewegungsenergie – erzeugen in einer kristallinen Substanz wie Quarz den so genannten piezoelektrischen Effekt. Das Wort »piezo« stammt aus dem Griechischen und bedeutet soviel wie »Druck ausüben«.

215 Digitaluhren

WAS DU BRAUCHST
Bleistift
Kästchenpapier
Radiergummi

Die ersten Quarzuhren hatten noch Zifferblätter und Zeiger, die aber häufig durch Digitalanzeigen ersetzt wurden, welche die Stunden, Minuten und manchmal sogar die Sekunden in Zahlenwerten angaben. Die Zahlen bestehen aus kleinen Leuchtsegmenten, die von elektrischen Signalen gesteuert werden.

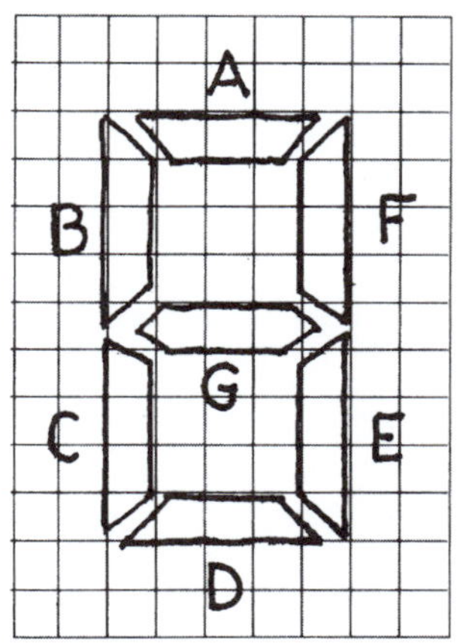

Es gibt verschiedene Arten von Digitalanzeigen. Einige arbeiten mit »LEDs« (engl. »Light Emitting Diode«) also Leuchtdioden. Wenn durch diese elektronischen Halbleiterbauteile Strom fließt, leuchten sie je nach Material rot, gelb oder grün auf. Kleinere Uhren verfügen meist über eine LCD- oder Flüssigkristallanzeige (engl. »Liquid Crystal Display«). Die grauen Flüssigkristalle sind lichtundurchlässig und verfärben sich dunkel, sobald Strom fließt. So erscheinen schwarze Zahlen vor einem grauen Hintergrund. In beiden Fällen setzen sich die etwas eckig wirkenden Ziffern aus sieben länglichen Segmenten zusammen, von denen einige leuchten, während die übrigen dunkel bleiben.

So wirds gemacht: Zeichne die oben abgebildete Darstellung ab – sieben längliche Elemente, die ein Rechteck bilden. Nun überlege dir eine Zahl und male die entsprechenden Segmente mit dem Bleistift dunkel aus.

Für eine »6« musst du zum Beispiel alle Segmente außer »F« (rechts oben) und »A« (ganz oben) ausfüllen. Wenn du willst, radiere »F« und »A« noch aus. Dann probiere es mit einer anderen Zahl! Für eine »5« musst du alle Segmente außer »F« und »C« ausmalen; für eine »3« alle Elemente bis auf »B« und »C«.

Das passiert: Aus den sieben Segmenten kannst du alle Ziffern von 0 bis 9 bilden, indem du jeweils bestimmte Segmente ausmalst und die übrigen hell lässt oder ausradierst.

Digitaluhren sind darauf programmiert und »wissen«, wann welche Segmente dunkel erscheinen müssen.

Warum? Die Schwingungen in dem Quarzkristall werden von einem binären logischen Gatter gesteuert, einer Art Schalter. Jedesmal, wenn die Zahl der Schwingungen erreicht ist, die ein bestimmter Kristall in einer Sekunde macht, schickt der Schalter ein Signal an die Anzeigeeinheit und die Uhr registriert, dass wieder eine Sekunde abgelaufen ist. Andere Schalter auf demselben Mikrochip »zählen« 60 Sekunden ab und aktualisieren ständig die Minutenanzeige, wieder andere zählen die Minuten und zeigen die Stunden an. Vielleicht versteht du nun, warum die Formen der Ziffern und Buchstaben auf Digitalanzeigen etwas gewöhnungsbedürftig sind – sie sehen so ganz anders aus als gedruckte oder geschriebene Zahlen.

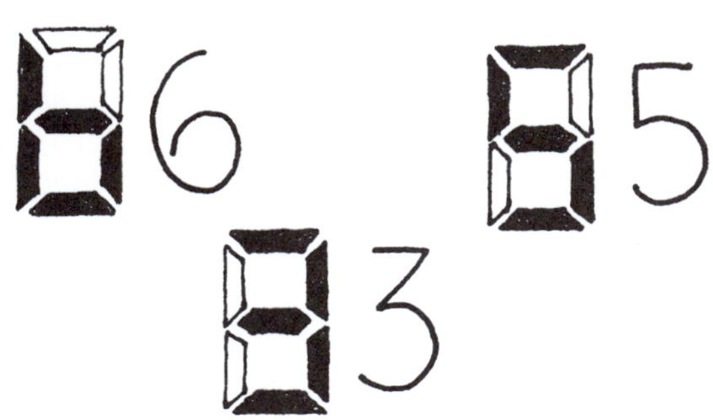

216 Leuchten im Dunkeln

Die ersten Uhren hatten ein Glockenwerk, damit die Leute auch nach Einbruch der Dunkelheit wussten, was die Stunde geschlagen hatte. Da sich im 1. Weltkrieg die Städte auf diese Weise jedoch dem Feind verraten hätten, wurden Uhren entwickelt, die auch im Dunkeln lesbar waren. Hierzu wurden die Zeiger mit Radium bepinselt. Als sich herausstellte, dass dieses Element gesundheitsschädlich ist, ersetzte man es durch weniger gefährliche Substanzen.

Heute gibt es Sportuhren mit phosphoreszierenden Zeigern, die im Dunkeln leuchten. Phosphor kann die Energie aus dem Sonnenlicht in elektrische Schwingungen umwandeln und in Form von Licht abgeben.

Dann gibt es noch batteriebetriebene Uhren mit »Indiglo Nachtlichtfunktion«. Deren Zifferblatt ist mit Zinksulfid beschichtet, das in einer kleinen Menge Kupfer gelöst ist. Auf Knopfdruck wird die elektrische Energie aus der Batterie mittels Mikrochip auf eine höhere Spannung gebracht. Dadurch werden die Elektronen in der Beschichtung des Zifferblatts angeregt, das daraufhin grün beleuchtet wird.

Radioaktive Uhren 217

Wissenschaftler können die »radioaktive Uhr« lesen, die in jedem Dinosaurierknochen, im Holz einer uralten Barke und überhaupt in den Baustoffen von allem »tickt«, das in den letzten 50 000 Jahren existiert hat. Hierzu messen sie die Zerfallszeit des radioaktiven Kohlenstoffisotops »C 14«. Pflanzen nehmen Kohlendioxid aus der Atmosphäre auf und werden später von Tieren gefressen. Nach dem Tod dieser Lebewesen beginnt der radioaktive Zerfall. Die Geschwindigkeit, mit der das geschieht, wird Halbwertszeit genannt – das ist die Zeitspanne, die es dauert, bis ein Element zur Hälfte zerfallen ist. Ein Lebewesen weist 5 000 Jahre nach seinem Ableben nur noch die Hälfte seines C 14-Gehaltes auf. Danach dauert es weitere 5 000 Jahre, bis auch davon nur noch die Hälfte übrig ist – und so weiter. Nach rund 50 000 Jahren ist kaum mehr C 14 nachweisbar.

Zur Altersbestimmung eines Lebewesens oder eines Gegenstandes, der aus organischer Materie besteht – von Stoff bis zu Muschelschalen – bestimmen die Wissenschaftler dessen C 14-Gehalt und vergleichen den C 14-Gehalt in einem heutigen Vergleichsobjekt.

Radioaktive Atome in Erde, Luft und Wasser dienen zur Altersbestimmung von Gesteinen und Fossilien, die älter als 50 000 Jahre sind. Wie beim C 14 wird auch hier der radioaktive Zerfall bzw. die Halbwertszeit gemessen. Uran hat beispielsweise eine Halbwertszeit von rund 4,5 Milliarden Jahren – d. h. erst nach dieser Zeit ist es nur noch halb so radioaktiv.

Atomuhren 218

Atomuhren sind auf die Schwingungsfrequenz bestimmter Atome eingestellt. Diese Schwingungen werden nicht durch Temperatur oder Reibung beeinflusst, unter denen mechanische Uhren leiden. Durch ein internationales Abkommen wurde die Sekunde im Jahre 1967 neu definiert als das 9 192 631 770fache der Periodendauer eines Cäsium-Atoms. Je mehr Schwingungen in einem Zeitmesser pro Sekunde erfolgen, umso genauer ist er. Atomuhren laufen innerhalb von 24 Stunden auf eine Milliardstelsekunde genau.

H. Lyons vom US-Normeninstitut baute 1949 die erste Ammoniakmolekül-Uhr und 1955 entwickelten L. Essen und J. V. L. Parry am National Physical Laboratory in England die erste Cäsium-Atomuhr.

Diese bisher letzte Entwicklungsstufe der Zeitmessung kann man sich am United States National Bureau of Standards, dem amerikanischen Normeninstitut, in Boulder, Colorado, anschauen. So eine Atomuhr sieht ziemlich merkwürdig aus und erinnert mit ihrem 6 m langen und 40 cm dicken Stahlrohr eher an eine Abwasseranlage. In dem Rohr verläuft der Cäsium-Atomstrahl. Cäsium ist ein weiches, metallisches Element, das ein wenig wie Quecksilber aussieht.

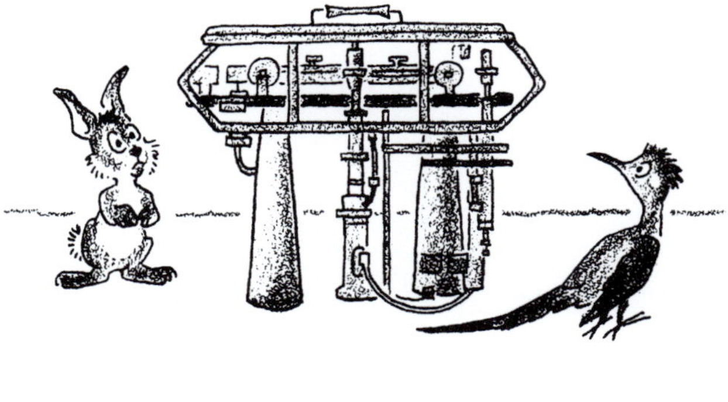

Zeitmaschinen – und mehr 219

Einige Wissenschaftler befassen sich mit Berichten, nach denen Menschen angeblich in die Vergangenheit gereist sind. Kann die Zeit womöglich rückwärts laufen? Sie versuchen auch herauszufinden, ob man in die Zukunft sehen kann. Sie diskutieren darüber, ob Träume nicht zuweilen eine Art Vorausahnung darstellen, eine Art »Blick in die Zukunft«. Und etliche Philosophen haben die Theorie aufgestellt, dass sich die Zeit im Kreis bewegt und irgendwann wieder zum Anfang zurückkehrt.

Die Messung von Zeit ist recht einfach zu definieren – schwieriger wird es schon, wenn man beschreiben soll, was Zeit eigentlich ist. Manche bezweifeln sogar, ob so etwas wie Zeit überhaupt existiert. Vom Physiker über den Psychologen bis zum Philosophen hat hier jeder eine andere Erklärung parat. Die Einstein'schen Theorien – die in Atomversuchen im Labor bewiesen wurden – stellen unsere grundlegendsten Vorstellungen über die Zeit infrage. Sie besagen nämlich unter anderem, dass sich die Zeit bei Geschwindigkeiten nahe der Lichtgeschwindigkeit verlangsamt!

Das Licht der Sonne braucht 8 Minuten, um zur Erde zu gelangen, das vom Pluto braucht dazu etwa 5 Stunden. Aber das Licht des uns nächstgelegenen Sterns (außer der Sonne) hat bereits eine Reise von über 4 Jahren mit Lichtgeschwindigkeit hinter sich! Und das Licht einiger weit entfernter Sterne ist 2 Millionen Jahre unterwegs gewesen, bevor die Astronomen es im Teleskop sehen.

Angesichts der modernen Raumfahrt und der Möglichkeit von Leben auf anderen Planeten – was werden wir in Zukunft über die Vergangenheit erfahren … und über die Zukunft selbst?

Welt im Verborgenen

Wenn du durch einen Park spazierst, in den Bergen wanderst oder eine staubige Landstraße entlang gehst, machst du dir wahrscheinlich nicht viele Gedanken über den Erdboden unter deinen Füßen. Aber er ist ein wichtiger Teil der Natur – und für den Menschen. Die Erde brauchen wir für unsere Pflanzen und die Steine verwenden wir, um Häuser und Straßen zu bauen.

Wissenswertes über Erdboden und Gesteine

Der Erdboden besteht hauptsächlich aus zerkrümeltem Gestein. Dieses feinkörnige Gemisch entstand im Verlauf von hunderttausenden von Jahren und ist das Ergebnis von Wetter, Erosion und wiederholtem Gefrieren und Wiederauftauen. Auch das Klima und das Gefälle eines Gebietes (Hügel oder Flusstal) haben einen Einfluss darauf, wie rasch der Boden verwittert. Das Erdreich enthält Luft, Wasser und zersetzte organische Materie (auch Humus genannt). Man unterscheidet drei Arten von Erde: Ton, Sand und Schluff. Letzteres ist eine fruchtbare Mischung aus Ton, Sand und Humus, in der Pflanzen besonders gut wachsen. Auch die Gesteine unterteilt man in drei Arten: Magmatische Gesteine wie Granit gingen aus geschmolzener Steinmasse hervor und finden sich häufig in der Nähe von Vulkanen. Sedimentgesteine entstanden meist unter Wasser infolge des Druckes dort abgelagerter Materialschichten oder Sedimente auf darunter liegende Schichten – Beispiele hierfür sind Sand- und Kalkstein. Metamorphe Gesteine wie Marmor wurden unter starken Druck- und Temperatureinwirkungen tief unter der Erdoberfläche erzeugt.

Anhand der folgenden Experimente kannst du über die Erde und Gesteine in deiner Heimat interessante Dinge erfahren.

220

Rolling Stones

Der im Erdboden enthaltene Sand ist nichts anderes als Gestein, das unter dem Einfluss von Erosion immer feiner zerrieben wurde. Um sich diesen Vorgang einmal klar zu machen, verwende Steine, die du selbst hergestellt hast, denn die aus der Natur dürften viel zu hart sein.

WAS DU BRAUCHST

sauberer Sand
Weißleim
kleiner Behälter
Plastiklöffel
Öl oder Margarine
Alufolie
Kaffeedose mit Deckel
Wasser

So wirds gemacht: Vermische drei Löffel Sand mit drei Löffel Leim. Forme aus der Masse kleine Klumpen und lege sie auf Alufolie, die du vorher etwas eingefettet hast, damit die Klumpen nicht daran kleben bleiben. Dann lässt du deine »Steine« zwei oder drei Tage an einen warmen sonnigen Ort ruhen, bis sie hart geworden sind. Gib ein paar davon in die Kaffeedose, verschließe diese ganz fest und schüttle sie vier oder fünf Minuten lang. Anschließend nimmst du den Deckel ab.

Das passiert: Die »Steine« beginnen zu zerfallen; einige sind vielleicht schon wieder zu Sand zerkrümelt.

Warum? Wenn Wasser über Steine fließt, drückt es sie gegeneinander, so dass von ihren Oberflächen Material abgetragen wird. In der Natur dauert dieser Vorgang viele, viele Jahre, aber im Ergebnis findet in deiner Kaffeedose das Gleiche statt. Steine werden in Bewegung versetzt, zerstoßen und zerreiben sich gegenseitig und zerfallen im Laufe der Zeit zu Sand. Dieser wird dann Bestandteil des Erdreiches in der Nähe von Flüssen.

221

WAS DU BRAUCHST

kleine, saubere Gläser
Wasser
Proben verschiedener Bodenarten

Schmutzige Sache

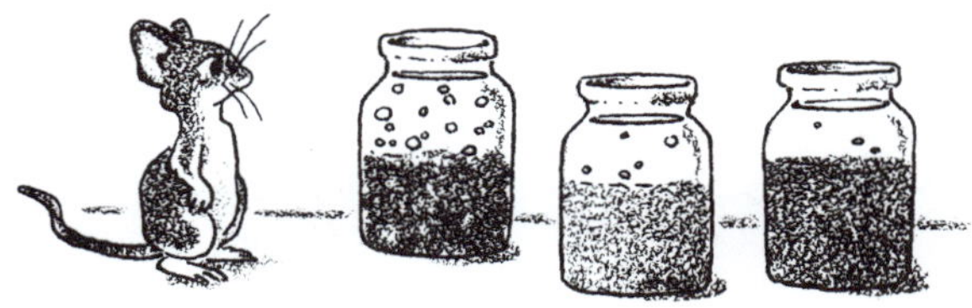

Die Erdoberfläche besteht aus Steinen, Sand, Humus, Wasser und Luft. All diese Bodenbestandteile sind für Tiere und Pflanzen lebensnotwendig. Wie viel Luft befindet sich eigentlich in den verschiedenen Erdarten?

So wirds gemacht: Fülle jedes Glas zur Hälfte mit einer Bodenprobe von verschiedenen Orten deiner Umgebung. Dann gieße die Gläser bis fast zum Rand mit Wasser auf.

Das passiert: Je nach Bodenart werden kaum, ein paar oder sehr viele Luftbläschen an die Wasseroberfläche steigen. Die Menge der Luftbläschen zeigt an, wie viel Luft in den Zwischenräumen zwischen den einzelnen Erdpartikeln eingeschlossen war.

Warum? Je mehr Bläschen aufsteigen, umso mehr Luft war in der Erde enthalten. In dicht zusammengepresster Erde ist hierfür weniger Raum als in lockerer Erde, die mit viel Humus oder anderen organischen Substanzen durchsetzt ist und daher mehr Luft speichern kann. Die meisten Pflanzen gedeihen besser in gut »durchlüfteten« Böden (mit lockerem Gefüge) als in schweren, fast undurchlässigen, wie z. B. Lehm.

222 Aufgesaugt

Gute Erde – z. B. Gartenerde – enthält immer etwas Wasser. Hier ein Versuch, mit dem du das beweisen kannst.

WAS DU BRAUCHST

Kaffeedose
Gartenerde
Glas- oder Plastikscheibe
schwarzes Zeichenpapier
Klebeband
sonniges Fenster oder Heizkörper

So wirds gemacht: Fülle die Dose zur Hälfte mit Gartenerde. Klebe einen schwarzen Papierstreifen rings um die Dose herum und lege die Glasscheibe obendrauf. Dann stellst du die Dose für ein paar Stunden auf ein sonniges Fensterbrett oder einen warmen Heizkörper.

Das passiert: An der Unterseite des Glasdeckels setzen sich Wassertröpfchen ab. Um sicherzugehen, dass sie tatsächlich aus der Erde und nicht aus der Luft stammen, kannst du die Dose entleeren, ausspülen, abtrocknen und das Experiment ohne Erde wiederholen. Vergleiche die Ergebnisse.

Warum? Jede Erde enthält etwas Wasser. Die Menge hängt jedoch von den übrigen Erdbestandteilen, von der Außentemperatur, vom Wetter und vom Klima ab – feucht oder trocken. Das Wasser in der Erde ist notwendig für Tiere und Pflanzen, aber zum Wachsen brauchen die meisten Pflanzen zusätzliches Wasser, durch Regen, aus Flüsse oder Seen.

223 Tiefer und tiefer

WAS DU BRAUCHST

kleine Schaufel oder Pflanzkelle
Lupe
Maßstab oder Lineal
Papier und Bleistift
kleine, dicht verschließbare Plastiktüten
weiße Papierblätter

Der Erdboden besteht aus mehreren Schichten. Hier erfährst du, wie man die ausfindig machen kann.

So wirds gemacht: Suche einen Ort, an dem du ein Loch ausheben darfst (vorher um Erlaubnis fragen!). Grabe dann etwa 60 cm tief in die Erde und achte darauf, wie sich die Farbe der Erdschichten verändert. Messe und notiere die Abstände von der Erdoberfläche bis zu den verschiedenen Schichten. Gib in jede Tüte eine kleine Erdprobe aus jeder Schicht. Daheim legst du diese Proben jeweils auf ein eigenes Blatt Papier und untersuchst sie mit der Lupe oder unter dem Mikroskop.

Das passiert: Je nachdem wo du wohnst stößt du beim Graben auf eine oder mehrere verschieden gefärbte Erdschichten.

Warum? Nahe der Oberfläche hat der Boden meistens eine dunkle Farbe. Diese oberste Schicht nennt man Ober- oder Mutterboden. Sie ist die dünnste Bodenschicht und enthält meist jede Menge organischer Substanzen bzw. Humus (Überreste toter und absterbender Pflanzen, Insekten und anderer Tiere). In Mutterboden gedeihen Blumen und Nutzpflanzen am besten. Die nächste Bodenschicht, der so genannte Unterboden, ist meist etwas heller und enthält viel Sand und Gestein. Die nachfolgende Schicht nennt man Untergrund oder Ausgangsgestein. Sie ist die härteste Schicht und enthält keine organischen Substanzen mehr, sondern hauptsächlich kompaktes Gestein und dicht gepackte Steinbrocken.

224 Einfach verschwunden!

Die im Boden enthaltenen Nährstoffe können durch starke Regenfälle ausgeschwemmt werden. Was dabei passiert, kannst du bei diesem Experiment herausfinden.

WAS DU BRAUCHST

- 1/2 Tasse trockene Erde
- blaues Temperafarbpulver (Hobby- oder Künstlerbedarf)
- Messlöffel
- Messbecher
- Glas mit weiter Öffnung
- Trichter
- Kaffeefilter
- Becher oder andere Gefäße
- Wasser

So wirds gemacht: Gib einen halben Teelöffel blaues Farbpulver in die Tasse mit der Erde und vermische beides gründlich. Setze den Trichter auf die Glasöffnung und lege ein Filterpapier hinein. Dann schüttest du die mit Farbe gemischte Erde hinein und gießt eine halbe Tasse Wasser darüber. Beobachte die Farbe des Wassers, das in das Glas rinnt. Dieses Wasser gießt du in einen Becher ab und wiederholst den Versuch mit einer weiteren halben Tasse Wasser. Danach wird das durchgesickerte Wasser wieder abgegossen. Diesen Vorgang führst du noch zwei- bis dreimal durch.

Das passiert: Zunächst ist das in das Glas rinnende Wasser dunkelblau, aber die Farbe wird bei jedem Mal etwas heller. Zum Schluss läuft es ganz klar und ohne jegliche Blaufärbung ab. Wie viele halbe Tassen Wasser hat es gebraucht, bis es soweit war?

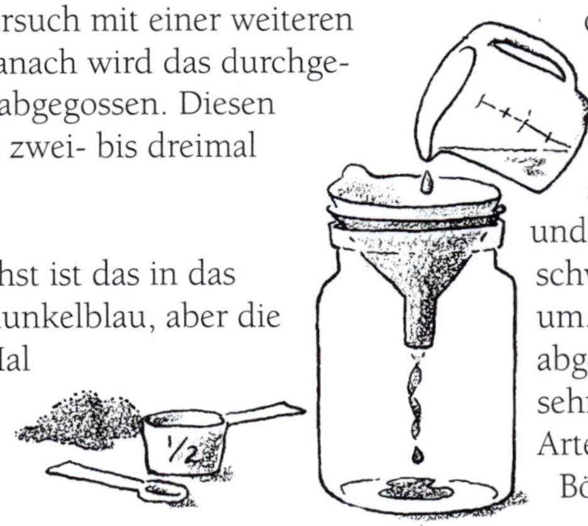

Warum? Die blaue Temperafarbe entspricht in diesem Experiment den von Natur aus in der Erde enthaltenen Nährstoffen. Diese sind für das Pflanzenwachstum lebensnotwendig. Bei starken Regenfällen oder Überschwemmungen werden wertvolle Mineralien und Nährstoffe aus dem Boden herausgeschwemmt. Sieh dich einmal in eurer Umgebung um. An Stellen, wo durch Erosion viel Erdreich abgetragen wurde, wachsen wahrscheinlich nur sehr wenige Pflanzen – oder nur noch solche Arten, die von Natur aus in nährstoffarmen Böden überleben können.

225

WAS DU BRAUCHST

Lehmboden, oder eine Mischung aus organischem Lehm (kein Modellierton!) und Erde
Strohhalme
Wasser
Eimer

Backsteine formen

Wäre das nicht was – selbst Backsteine herzustellen, genau so wie es früher die Siedler im Wilden Westen gemacht haben?

So wirds gemacht: Gib etwas Lehmboden (oder deinen selbst gemixten »Lehm«) und das Stroh in den Eimer und verrühre das Ganze gründlich mit so viel Wasser, dass eine teigartige Masse entsteht. Von dieser drückst du einzelne Klumpen in Formen (Schalen von Tiefkühlgerichten oder kleine Saftbehälter sind für diesen Zweck gut geeignet) und lässt diese über Nacht an einem warmen Ort ruhen. Danach schälst du vorsichtig die Formen ab und lässt die Backsteine einige Tage an der Sonne trocknen. Anschließend kannst du damit sogar etwas bauen – wie wäre es mit einer kleinen Siedlerhütte?

226

Kristallgarten

WAS DU BRAUCHST

Wasser
kleiner Backstein
Schüssel
großer Behälter
1/2 Tasse Waschblau (Drogerie)
1/2 Tasse Ammoniak (Drogerie, Apotheke)
Messbecher
Salz
Lebensmittelfarbe (eventuell)

Viele Gesteine, die man in der Erde finden kann, sind durch Kristallisation entstanden – ein Prozess, der überall und ständig irgendwo abläuft. Hast du Lust, ihn einmal nachzuahmen?

So wirds gemacht: Befeuchte den kleinen Backstein ringsum mit Wasser und lege ihn in die Schüssel. In dem großen Behälter vermischst du dann eine halbe Tasse Wasser, eine halbe Tasse Waschblau und eine halbe Tasse Ammoniak und schüttest mithilfe des Messbechers einen Teil davon über den Backstein. Dann streust du noch Salz darüber und lässt den Stein 24 Stunden liegen.

Das passiert: Am nächsten Tag kannst du beobachten, wie sich auf der Oberfläche des Backsteins Kristalle bilden.

Und weiter? Gieße noch mehr von der Wasser-Waschblau-Ammoniak-Lösung über den Backstein, damit noch mehr blaue Kristalle »erblühen«. Wenn du eine neue Mischung und eine Lebensmittelfarbe verwendest, kannst du einen kunterbunten Kristallgarten anlegen.

227 Aus dem Staub gemacht

WAS DU BRAUCHST

breiter Rührstab (Malerbedarf) oder flache und an einem Ende zugespitzte Holzstücke

doppelseitiges Klebeband

Filzmarker

Wenn Erde von einem Ort zum anderen geweht wird, spricht man von Winderosion. In vielen Teilen der Welt ist das ein ernsthaftes Problem. Passiert so etwas auch in eurer Gegend?

So wirds gemacht: Klebe auf eine Seite der Rührstäbe oder Holzstücke jeweils einige Streifen Klebeband und ziehe die obere Folie ab, so dass eine klebrige Seite frei liegt. Dann steckst du sie an verschiedenen Stellen in der Nähe eures Hauses in den Boden. Sie sollten in verschiedene Richtungen weisen – Nord, Süd, West und Ost (markiere die jeweilige Himmelsrichtung auf dem betreffenden Stab). Ein- oder zweimal pro Woche kannst du nachsehen und feststellen, wie viel Staub, Erdkrümel oder Schmutz an den Klebestreifen hängen geblieben ist.

Das passiert: Je nach Windaufkommen und je nach der bei euch vorherrschenden Windrichtung kannst du feststellen, dass an einigen Stäben mehr und an anderen weniger Staub und Erde kleben.

Warum? In Gebieten mit Winderosion bleibt mehr an den Stäben haften. Wird der Wind nicht durch Bäume, Sträucher oder Gras behindert oder abgebremst, kann er erstaunlich große Mengen an Erdreich von einem Ort zum anderen befördern. Diese unerwünschte Abtragung von Erdreich lässt sich durch das Anpflanzen von Bäumen und Hecken oder auch durch Abdecken des Bodens unterbinden. In Waldgebieten ist Winderosion daher nicht so ein Problem wie in Wüsten, wo sich der Wind in Form von Sandstürmen austoben kann!

228 Erosionen aller Art

Durch Erosion können große Mengen von Erde bewegt und abgetragen werden, was das Leben von Tieren und Pflanzen ernsthaft bedrohen kann. Einige Beispiele für Wind- und Wassererosion sind etwa Sandbänke in Flüssen oder im seichten Meer vor einem Strand, sowie Sandstürme, aufgewühltes, trübes Flusswasser nach einem Sturm und Sand, der an einen Pfosten, in einen Gully oder in ein Tal geweht wurde.

Erosion kann sich auch in unserem Alltag bemerkbar machen. In diesem Fall spricht man dann aber eher von Verschleiß oder Abnutzung – und sie erfolgt auch nicht durch Wind und Wasser, sondern durch Reibung. Hier einige Beispiele, nach denen du Ausschau halten kannst:

1. Abgegriffene Münzen
2. Schuhe mit abgelaufenen Absätzen
3. Ein alter Autoreifen mit abgefahrenem Profil
4. Eine Arbeitsplatte mit abgeriebener Oberfläche

Findest du in deinem Umfeld noch mehr Beispiele für »Erosion«?

229 Kampf der Erosion!

Pflanzen spielen in der Natur in vielerlei Hinsicht eine wichtige Rolle – aber können sie auch Bodenerosion verhindern oder zumindest bremsen?

WAS DU BRAUCHST

2 Kuchenformen
Erde
Grassamen
Wasser
Wasserkanne
2 Bücher

So wirds gemacht: Fülle die zwei Formen mit Erde. In einer Form säst du die Grassamen aus. Halte die Erde in beiden Formen gut feucht. Stelle die Form mit den Grassamen an ein sonniges Plätzchen und gieße die Erde einige Tage lang. Sobald das Gras etwa 1 cm hoch ist, lehnst du beide Formen mit einem Ende jeweils gegen ein Buch oder ein Holzstück, so dass sie schräg liegen. Gieße aus der Kanne etwas Wasser in den oberen Teil der Form, die nur Erde enthält, und dann in den oberen Teil der Form mit dem Gras.

Das passiert: In der Form ohne Gras fließt das Wasser ungehindert nach unten und schwemmt dabei einen Teil der Erde ab. In der Form mit dem Gras wird viel weniger Erdreich fortgetragen.

Warum? Das Gras hindert den Wasserfluss, so dass weniger Erde weggeschwemmt werden kann. An Bergen oder an Abhängen mit Pflanzenbewuchs verhindern Pflanzen also die Erosion.

Schon gewusst? 230

Allein in den USA werden von Flüssen jährlich über sieben Milliarden Tonnen Muttererde abgetragen. Louisiana und Hawaii sind die einzigen Bundesstaaten, deren Fläche weiter zunimmt.

Etwa 75 % aller Gesteine auf der Erdoberfläche sind Sedimentgesteine (also Gesteine, die sich durch übereinander abgelagerte Materialschichten bildeten, die über lange Zeiträume unter dem Gewicht von Tonnen von Wasser zusammengepresst und verfestigt wurden). Die Wüstenflächen dehnen sich weltweit um mehr als 41 600 km² aus. Man spricht hier von Desertifikation.

Wasser ist für uns etwas Selbstverständliches: Wir drehen einfach den Wasserhahn auf und es kommt Wasser heraus oder wir drehen ihn zu und das Wasser hört auf zu fließen. Die meiste Zeit machen wir uns über Wasser und was es für uns bedeutet überhaupt keine Gedanken, aber das sollten wir eigentlich. Nicht nur, dass es alle Lebewesen auf der Erde am Leben und gesund erhält – es stellt auch eine wichtige Energiequelle für viele Industrie- und Wirtschaftszweige dar.

Die Erhaltung der Reinheit und Sauberkeit des Wassers hat heute höchste Priorität. Die Verschmutzung der Wasserquellen und anderer natürlicher Ressourcen ist Besorgnis erregend und ein weltweit zunehmendes Problem. Wir müssen alle zusammenarbeiten, um das Wasser, das wir morgen verwenden wollen, bereits heute aktiv zu schützen. In den folgenden Versuchen wirst du interessante Dinge über das Wasser und seine Rolle in der Natur erfahren.

231

Fest und lose

WAS DU BRAUCHST

- 3 gleich große Dosen (jeweils ein Ende herausgeschnitten)
- Baumwollstoff
- Schere
- Klebeband
- 3 saubere Gläser
- Messbecher
- Blumenerde
- sauberer Sand
- Wasser
- ein Assistent oder eine Uhr mit Sekundenzeiger

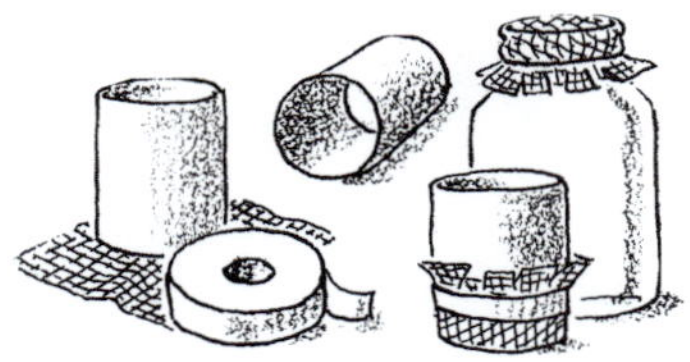

Zum Wachsen brauchen Pflanzen Wasser und Erde. Allerdings wandert das Wasser unterschiedlich schnell durch den Boden – je nachdem, wie hoch der Anteil an organischen und mineralischen Bestandteilen bzw. ihr Verhältnis zueinander ist.

So wirds gemacht: Schneide aus dem Baumwolltuch drei Quadrate. Lege eines straff über das offene Ende einer Dose und klebe es mit dem Klebeband seitlich gut fest. Das Gleiche machst du bei den anderen beiden Dosen. Schneide drei weitere Stoffstücke aus und lege diese über die Öffnungen der Gläser. Drehe die Dosen um, so dass der Stoff jeweils unten liegt. Fülle die erste Dose zur Hälfte nur mit Erde, die zweite zur Hälfte nur mit Sand und die dritte zur Hälfte mit einer Mischung aus beiden. Drücke alles mit den Fingern gut fest und stelle dann jede Dose so auf ein Glas, dass die Stoffflächen aufeinander liegen.

Wenn dir jemand zur Hand geht, gießt du jetzt gleichzeitig in jede Dose eine halbe Tasse Wasser und beobachtest, in welches Glas als erstes Wasser tropft. Wenn du keine Hilfe hast, gießt du das Wasser nacheinander in die Dosen und stoppst jedesmal die Zeit, in der das Wasser durch den Doseninhalt hindurch ins Glas tropft.

Das passiert: Durch die nur mit Sand gefüllte Dose sickert das Wasser sehr viel schneller als durch die Dose mit der Erde-Sand-Mischung. Durch diese wiederum läuft das Wasser rascher als durch die Dose, die nur mit Erde gefüllt ist.

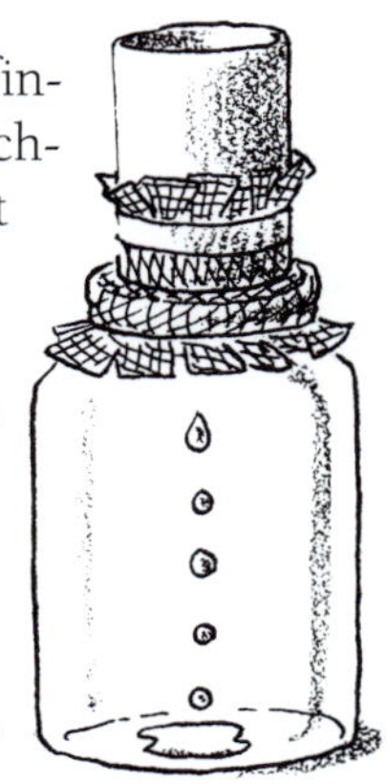

Warum? Wasser passiert Sand deshalb so schnell, weil sich zwischen den Sandkörnchen viele Hohlräume befinden, die das Wasser leicht durchlassen. Die Blumenerde enthält organisches Material, das Wasser eher festhält und am Abfließen hindert. Aus diesem Grund mischen Gärtner und Bauern gerne Humus oder andere organische Substanzen unter ihre Erde, denn dann speichert sie mehr Wasser, das den Zier- oder Ackerpflanzen zugute kommt. Die Wasserdurchlässigkeit des Bodens nennt man Permeabilität.

232 Brunnenversuch

Wenn du Durst hast, brauchst du nur den Wasserhahn aufzudrehen. Viele Menschen müssen sich ihr Wasser allerdings erst mühsam aus einem Brunnen holen. Wie funktioniert das eigentlich? Baue dir selbst einen Brunnen und finde es heraus!

WAS DU BRAUCHST

Papprõhre (von einer Klopapierrolle)
große Kaffeedose
Aquarium- oder Topfkies
Sand
Wasser

So wirds gemacht: Stelle die Papprõhre aufrecht in die Mitte der Kaffeedose. Während du die Röhre festhältst, schüttest du um das Rohr herum etwa 4 cm hoch Kies in die Dose. Darauf kommt dann eine Schicht Sand. Nun gießt du vorsichtig so lange Wasser auf den Sand, bis der Wasserpegel mit der Sandschicht abschließt. Beobachte, ob sich im Inneren der Papprõhre etwas tut.

Das passiert: Nach einer Weile beginnt das Wasser in der Röhre nach oben zu steigen.

Warum? Wenn es regnet, sammelt sich Grundwasser unter der Erdoberfläche. Je nach Bodenart und Gesteinsuntergrund liegt diese Wasserschicht ziemlich tief unter der Erde oder relativ nahe an der Oberfläche. Viele Leute stellen sich Grundwasser wie unterirdische Seen vor, die sich kilometerweit erstrecken. Da die Wassermenge, die sich innerhalb eines bestimmten Gebietes ansammeln kann, begrenzt ist, baut sich in diesen »Seen« Druck auf. Gräbt man nun in der Nähe solcher Stellen einen Brunnen, wird das Grundwasser so weit nach oben gedrückt, dass man es erreichen und verwenden kann.

Von Küste zu Küste 233

Oft denkt man bei »Wasserverschmutzung« in erster Linie an Flüsse und Seen. Aber wir dürfen auch die Ozeane nicht vergessen, die uns Nahrung liefern, unser Wetter, die Luft und die darin enthaltene Feuchtigkeit bestimmen. Sie werden immer mehr verschmutzt – durch Tankerunglücke oder Abfälle, die auch an unseren Stränden angeschwemmt werden.

Selbst wenn wir Meereswasser nicht trinken, ist es für das menschliche Leben ungeheuer wichtig. Hier sind drei einfache Maßnahmen, mit denen jeder von uns etwas gegen die zunehmende Wasserbelastung unternehmen kann:

1. Wenn du zum Strand gehst, nimm immer eine Mülltüte mit, in die du deinen eigenen Abfall tun kannst, oder auch Abfälle, die am Strand herumliegen. Falls es dort keinen Mülleimer gibt, nimm die Tüte mit und entsorge den Unrat daheim.
2. Getränkedosen im Sechserpack werden oft mit Plastikringen zusammengehalten. Diese Ringe landen zum Schluss oft im Meer und haben schon so manchem Seevogel und anderen Meerestieren das Leben gekostet, die sich darin verfangen haben und qualvoll erstickt sind. Das kannst du verhindern, wenn du diese Ringe immer gleich zerschneidest.
3. Bitte deine Eltern, biologisch abbaubare Seife und Reinigungsmittel zu kaufen, welche die Meere nicht vergiften. Normale Seifen verschmutzen die Abwässer, die von den Kläranlagen oft ins Meer gepumpt werden und dort für viele Meerestiere und -pflanzen tödlich sein können. Auch wer nicht in der Nähe vom Meer lebt, sollte biologisch abbaubare Produkte verwenden.

234 Dreckiger als du ahnst!

WAS DU BRAUCHST

deine Augen und deine Nase
sauberer Behälter
ein Assistent

Wenn es in deiner Gegend einen Fluss gibt, kannst du mithilfe dieses Experimentes herausfinden, wie es um seine Wasserqualität bestellt ist.

So wirds gemacht: Gehe mit deinem Assistenten zu einem nahe gelegenen Fluss. Beuge dich hinunter und sieh dir genau das vorbeifließende Wasser an. Schnuppere die Luft. Tauche den Behälter in das Wasser und halte ihn dir vor die Nase. Rieche an dem Inhalt.

Das passiert: Trifft eines der folgenden Merkmale auf das Wasser zu?

Riecht das Wasser nach faulen Eiern? Dies ist der Fall, wenn der Fluss durch große Mengen Abwasser verseucht wurde, die direkt in den Fluss geleitet wurden.

Schwimmt auf der Wasseroberfläche ein dünner, farbig schillernder Film? Dann ist irgendwo Öl oder Benzin in das Wasser gelangt ist.

Ist die Farbe des Wassers auffällig grün? Dann befinden sich darin vermutlich große Mengen von Algen. Das bedeutet, dass das Wasser nicht genügend Sauerstoff für Fische und andere Tiere enthält.

Gibt es Schaum oder schaumige Ablagerungen auf der Wasseroberfläche? Dann werden wahrscheinlich aus nahe gelegenen Fabrikanlagen oder auch Privathaushalten seifenhaltige Abwässer in den Fluss geleitet.

Erscheint das Wasser trübe oder schlammig? Dann enthält es wahrscheinlich große Mengen von Schlamm, Schlick oder schmutzige Schwebstoffe. Das bedeutet leider, dass die Tiere und Pflanzen in dem Fluss nicht genügend Sauerstoff bekommen. Möglicherweise findet flussaufwärts eine starke Bodenerosion statt. Kannst du etwas dagegen unternehmen?

Sind auf der Wasseroberfläche deutlich Farben erkennbar, z. B. rot oder orange? Dann werden von Fabriken und Industrieanlagen irgendwo Chemieabfälle in den Fluss geleitet.

Erscheint das Wasser sauber, durchsichtig und weist keinen besonderen Geruch auf? Dann bietet es den darin lebenden Tieren und Pflanzen einen optimalen Lebensraum – und ist auch für uns Menschen am besten.

Warum? Auch wenn man lange auf die Selbstreinigungskraft der Flüsse und Bäche vertraut hat: Wasser reinigt sich nicht von allein. Die Leute warfen allen möglichen Abfall ins Wasser in dem Glauben, dass das Wasser schon alles forttragen würde – ohne sich darüber Gedanken zu machen, was dies langfristig für Folgen haben könnte. Heute wissen wir, das alles, was in einen Fluss gelangt, das Leben der Pflanzen, Tiere und Menschen flussabwärts gefährden kann. Wir müssen unsere Flüsse rein halten und dafür Sorge tragen, dass nichts hineingelangt, was nicht von Natur aus darin vorkommt. Nur wenn wir dies beherzigen, können wir uns diese wichtigen, lebenserhaltenden Wasserressourcen erhalten.

235

WAS DU BRAUCHST

saubere Plastikflasche
Speiseöl
Wasser
blaue Lebensmittelfarbe

Ozeanwellen

Wie wär's mit einem Mini-Ozean in deinen eigenen vier Wänden?

So wirds gemacht: Gieße Öl in die Flasche, bis sie zu einem Drittel gefüllt ist und fülle sie dann vollständig mit Wasser. Gib ein paar Tropfen Lebensmittelfarbe hinein. Nun ganz fest den Deckel zudrehen, die Flasche seitlich hinlegen und leicht hin und her schaukeln.

Das passiert: Die Öl-Wasser-Mischung beginnt sich träge zu bewegen und schlägt Wellen wie in einem richtigen Ozean!

Warum? Wellen sind Bewegungsenergien im Wasser. Das Wasser in den Wellen selbst bewegt sich nicht – Wellen entstehen vielmehr dadurch, dass ein Wassermolekül Energie an ein anderes überträgt. Ozeanwellen werden durch drei Faktoren verursacht: Die Anziehungskraft des Mondes, die auf das Oberflächenwasser der Erdkugel einwirkt; die Gestaltung (geologische Formation) der Meeresböden und die Rotation der Erde um ihre eigene Achse. In einer Flasche kannst du diese Gegebenheiten annähernd nachahmen und die Bewegung der Wellenbewegungen beobachten, wie sie auch in den großen Weltmeeren stattfinden.

236

Spalt-reaktion

Dieses Experiment führt anschaulich vor Augen, wie allein durch die Kraft des Wassers große Gesteinsbrocken in winzige Bruchstücke zerkleinert werden.

WAS DU BRAUCHST

Sandsteinbruch (Baumarkt oder Fachhandel für Baumaterial)
dicht verschließbare Plastiktüten
Wasser

So wirds gemacht: Tauche die Steinbrocken in Wasser und lasse sie über Nacht darin liegen. Am nächsten Tag packst du ein paar davon nass in die Tüten, verschließt diese und legst sie über Nacht ins Tiefkühlfach. Am nächsten Tag nimmst du sie heraus und untersuchst sie.

Das passiert: Der Sandstein zerspringt in kleinere Stücke.

Warum? Gefrierendes Wasser dehnt sich aus. Der Sandstein hat einen Teil des Wassers aufgesogen und in den Hohlräumen zwischen den Sandkörnchen gespeichert. Im Tiefkühlfach gefriert dieses Wasser zu Eis und dehnt sich dabei aus, der Stein zerspringt.

Ähnliches passiert in der Natur. Dort versickert das Wasser in Felsspalten, wo es im Winter gefriert und das Gestein förmlich auseinandersprengt. Nach einer Weile sind dann von einem großen Felsen nur noch kleine Brocken übrig, die schließlich zu Sand zerbröseln.

237

Tropf, tropf, tropf …

Bei diesem Experiment verwandelst du Salzwasser in Trinkwasser …

WAS DU BRAUCHST

große Schüssel
kleine Tasse
Wasser
Tafelsalz
Messbecher
Messlöffel
Lebensmittelfolie
kleiner Stein

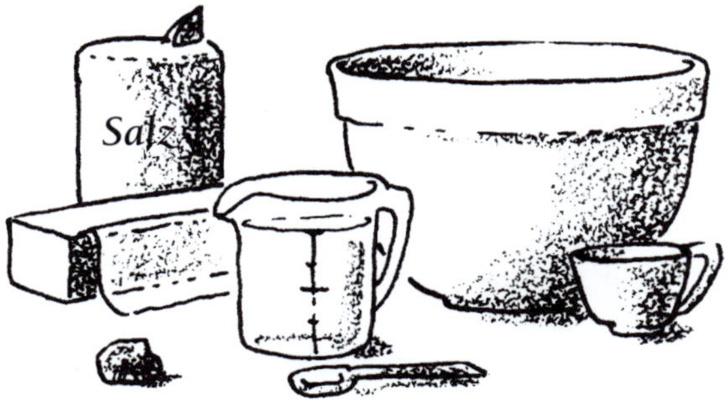

So wirds gemacht: Gieße 2 Tassen Wasser in die Schüssel, füge 3 Teelöffel Salz hinzu und rühre um, bis sich alle Körnchen aufgelöst haben. Nimm einen Löffel voll und probiere, wie es schmeckt. Nun stellst du die kleine Tasse mitten in die Schüssel hinein, deckst die Schüssel mit Folie ab und legst einen kleinen Stein darauf (direkt über der Tasse), damit die Folie dort leicht nach unten durchhängt.

Trage die Schüssel vorsichtig nach draußen und stelle sie für einige Stunden in die Sonne. Nach einer Weile kannst du bereits nachsehen, ob sich an der Unterseite der Folie schon kleine Wasserperlen gebildet haben und in die Tasse tropfen. Später nimmst du behutsam die Folie ab und probierst von dem Wasser, das sich in der Tasse gesammelt hat.

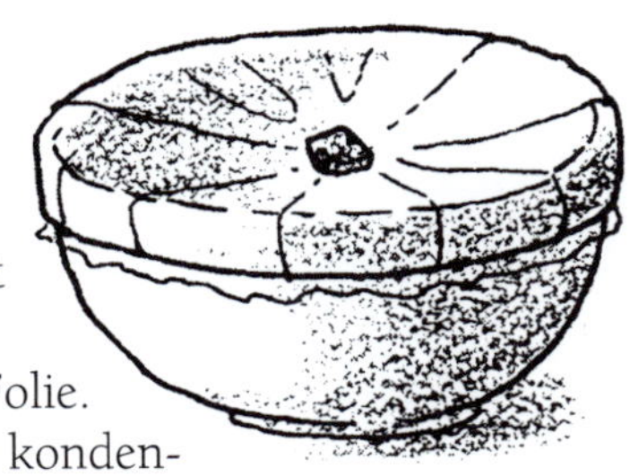

Das passiert: Das Salzwasser in der großen Schüssel verdunstet in die Luft zwischen Wasseroberfläche und Folie. An der Folienunterseite kondensiert es zu Wassertröpfchen. Da die Folie in der Mitte etwas durchhängt, rollen die Tropfen zum niedrigsten Punkt und tropfen von dort in Tasse, die direkt darunter steht. Und das Wasser, das sich dort sammelt, schmeckt nicht mehr salzig!

Warum? Dieses Experiment veranschaulicht den natürlichen Prozess der Salzdestillation. Bei einer Destillation wird eine Flüssigkeit durch Wärmeeinwirkung und Verdunstung in ein Gas umgewandelt und durch Abkühlung wieder in eine Flüssigkeit (Kondensation). Die Sonnenenergie kann Wasser verdunsten, aber nicht Salz (Salzmoleküle sind schwerer als Wassermoleküle) – deswegen bleibt das Salz in der großen Schüssel zurück. Diesen Vorgang bezeichnet man auch als Entsalzung. Er wird in vielen Ländern – zum Beispiel im Mittleren Osten – zur Gewinnung von Trinkwasser aus Meerwasser angewendet.

238

Saure Reaktion

WAS DU BRAUCHST

kleine Gläser (z. B. von Babynahrung)
pH-Papier und Farbkarte (Aquarien- oder Zoohandlung)
verschiedene Wasserproben
Pinzette

Saurer Regen ist insbesondere in den Industrieländern zu einem ernsten Problem geworden. Finde heraus, ob es in eurer Gegend sauren Regen gibt.

So wirds gemacht: Zunächst musst du jedes Glas sehr sorgfältig ausspülen und abtrocknen. Lass dir von einem Erwachsenen dabei helfen, mehrere Wasserproben zu sammeln (aus dem Wasserhahn, aus dem Regenfass, aus Brunnen, Teichen etc.). Verwende für jede Probe ein eigenes Glas. Später hältst du einen Streifen pH-Papier mit der Pinzette fest, tauchst ihn in ein Glas und vergleichst die Verfärbung rasch mit der Farbkarte. Kontrolliere auf die gleiche Weise die übrigen Wasserproben, schreibe alle Ergebnisse auf. (Falls sich die Gelegenheit ergibt, kannst du etwas Regenwasser vor und nach einem Gewitter sammeln und die beiden Proben hinterher vergleichen.)

Das passiert: Die Wasserproben haben jeweils unterschiedliche pH-Werte.

Warum? Der pH-Wert ist die Maßeinheit für den Säuregehalt einer Substanz. Die pH-Skala geht von 0 bis 14. Reines Wasser ist neutral und hat einen pH-Wert von 7. Substanzen mit einem pH-Wert unter 7 bezeichnet man als Säuren, Substanzen mit einem pH-Wert über 7 als Basen. Säuren und Basen sind gewöhnliche Chemikalien, die sich in jedem Haushalt finden. Essig und Zitronensaft sind zum Beispiel Säuren, Natron und Backpulver sind Basen. Die Stärke einer Säure oder Base wird durch ihren pH-Wert bestimmt (je niedriger, desto saurer; je höher, desto basischer oder alkalischer).

Saurer Regen hat einen pH-Wert von 5,6 oder darunter. Regenwasser, dessen pH-Wert erheblich unter 5,6 liegt, schadet also der Umwelt mehr als Regenwasser mit einem pH-Wert von über 5,6. Der Regen, der zu Anfang eines Gewitters fällt, ist in der Regel saurer als der Regen gegen Ende. Im Osten der USA zum Beispiel ist der Regen aufgrund der dort vorherrschenden Winde insgesamt saurer als in der westlichen Hälfte der USA.

239

WAS DU BRAUCHST

kleine Gläser (z. B. von Babynahrung)
destilliertes Wasser (Supermarkt, Apotheke)
pH-Papier und Farbkarte (Aquarien- oder Zoohandlung
verschiedene Bodenproben

Saure Erde

Es gibt viele verschiedene Bodenarten. Bestimmte Pflanzen (Heidelbeeren) gedeihen am besten auf sauren Böden, während andere Gewächse (Kartoffel, Pfirsich) basische Böden bevorzugen. Mit diesem Experiment kannst du den pH-Wert von Erde testen.

Sammle mehrere Bodenproben von unterschiedlichen Stellen in deiner Umgebung (jeweils etwa eine Tasse voll genügt). Diese Proben schüttest du dann jeweils in ein eigenes, sauber gespültes Glas und fügst eine Tasse destilliertes Wasser hinzu (destilliertes Wasser ist neutral und hat einen pH-Wert von 7). Auf jedes Glas fest den Deckel aufschrauben und kräftig schütteln. Nach ein paar Minuten tauchst du in jede Probe jeweils einen eigenen pH-Teststreifen und vergleichst die Verfärbung mit der Farbkarte. Selbst wenn die Bodenproben alle aus der unmittelbaren Nachbarschaft stammen, dürften sich dabei unterschiedliche pH-Werte ergeben. Bitte deine Freunde und Bekannten, dir Bodenproben aus ihrer Gegend mitzubringen.

240 Schon gewusst?

- Jährlich werden rund 6 Milliarden Kilogramm Müll und Abfall in die Ozeane gekippt.
- Allein in den USA werden pro Tag etwa 1 710 Milliarden Liter Trinkwasser konsumiert.
- Über 99 % der gesamten Trinkwasservorräte der Erde liegen in Form von Eisbergen, Polkappen und Gletschern vor!
- Der Mount Waialeale auf Hawaii verzeichnet eine durchschnittliche jährliche Regenmenge von 1 146 cm und ist somit das größte Regenloch der Erde.
- In den Weltmeeren befinden sich rund 9 Millionen Tonnen Gold – leider in aufgelöstem Zustand.
- Im Mündungsgebiet des Amazonas in Brasilien befindet sich ein Fünftel des gesamten fließenden Süßwasservorrates der Erde.
- Kanada beherbergt ein Drittel der gesamten Süßwassermenge der Erde.
- Nordamerika besitzt über 304 000 Kilometer Küstenlinie – mehr als jeder andere Kontinent.
- Würde das gesamte Eis der Welt schmelzen, stiegen die Meeresspiegel um 600 bis 900 Meter an.
- In den USA werden pro Jahr rund 8,74 Billionen Liter flüssige Abfallstoffe direkt ins Meer geleitet.
- Saurer Regen verursacht in der amerikanischen Landwirtschaft Schäden von jährlich etwa 4 Milliarden Dollar, also etwa 4,5 Milliarden Euro.
- Selbst die paar Tröpfchen aus einem undichten Wasserhahn summieren sich auf 190 Liter unnütz verschwendetes Wasser pro Tag.

Pflanzen in Hülle und Fülle

Pflanzen sind ein wichtiger Bestandteil unseres Lebensraumes – ohne sie könnten weder Tiere noch Menschen überleben. Pflanzen liefern uns Nahrung, Sauerstoff, Medikamente, Baumaterial, Gewürze, Süßigkeiten, Getränke, Industrieprodukte, Farbstoffe, Papier … und noch vieles mehr.

Wissenswertes über Pflanzen

Pflanzen sind Selbstversorger – die einzigen Lebewesen auf der Erde, die ihre Nahrung selbst produzieren können. Grüne Pflanzen brauchen zum Wachsen Sonnenlicht; ihre Energie speichern sie in Blättern und Stängeln. Mithilfe des Sonnenlichts können Pflanzen aus Wasser und dem Kohlendioxid, das Tiere und Menschen ausatmen, ihre Nährstoffe zusammenbauen. Dieser bemerkenswerte Prozess heißt Photosynthese. Darüber hinaus produzieren Pflanzen Sauerstoff, der für die meisten Tiere und natürlich auch für uns Menschen lebensnotwendig ist. Da Pflanzen Wasserdampf abgeben, tragen sie außerdem zur Erhöhung der relativen Luftfeuchtigkeit bei. Ihre Wurzeln verfestigen das Erdreich und verhindern somit Wind- und Bodenerosion. Ihr abgefallenes Laub verbessert die Bodenqualität und liefert wiederum anderen Pflanzen wertvolle Nährstoffe.

Wenn wir den Lebenszyklus der Pflanzen durch Luftverschmutzung bedrohen, wenn wir immer mehr Wälder abholzen, die Flora in bestimmten Gebieten zerstören oder unsere Ackerböden ausbeuten, schaden wir uns damit selbst. Pflanzen spielen in unserem Leben eine ganz wichtige Rolle.

241 Was steckt da wohl drin?

Wusstest du, dass in jedem Samen ein winziges Pflänzchen steckt, das nur darauf wartet groß zu werden? Unter entsprechenden Bedingungen steht dem nichts im Wege. Was braucht so ein »Pflanzenembryo« zum Wachsen?

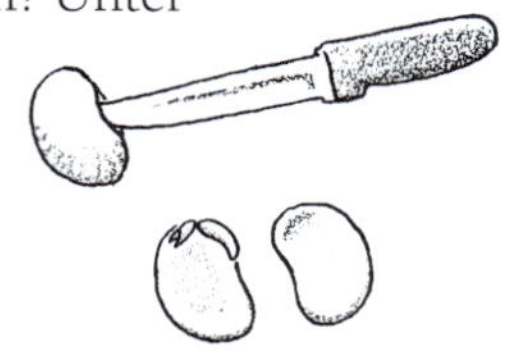

WAS DU BRAUCHST

- getrocknete weiße Bohnen (aus dem Supermarkt oder Reformhaus)
- Behälter mit Wasser
- ein Erwachsener als Assistent
- Tafelmesser
- Lupe

So wirds gemacht: Weiche die Bohnen über Nacht in Wasser ein. Am nächsten Tag suchst du einige aus und legst sie auf den Küchentisch oder auf ein Blatt Papier. Lass dir von einem Erwachsenen dabei helfen, die harten Außenschalen mit dem Messer aufzubrechen (Messer sind gefährlich und müssen mit Vorsicht verwendet werden). Sobald die beiden Schalenhälften voneinander getrennt sind, kannst du den Pflanzenembryo unter der Lupe genauer untersuchen (es sieht aus wie eine Pflanze im Miniaturformat). Wer mag, kann sich auch die Embryos in anderen Samen ansehen.

Das passiert: Du siehst die drei wichtigsten Teile eines Samens – die Samenschale, das Nährgewebe und den Pflanzenembryo.

Warum? Viele Pflanzen, darunter die Bohnen, pflanzen sich geschlechtlich fort. Das bedeutet, dass sich in der Blüte eine Samenzelle aus einer männlichen Pflanze und eine Eizelle aus einer weiblichen Pflanze vereinigen (Befruchtung), woraus ein Samen entsteht. Im Innern dieses Samens befindet sich der Pflanzenembryo.

Außerdem enthält der Samen etwas Nährgewebe, damit das Pflanzenbaby gleich zu Beginn seines Lebens mit Nährstoffen versorgt ist. Pflanzenembryo und Nährgewebe sind von der harten Samenschale umschlossen, die den Embryo schützen, bis er startbereit ist. Bei günstigen Bedingungen, d. h. wenn genügend Wärme und Feuchtigkeit vorhanden sind, beginnt der Samen zu keimen, also zu wachsen. Der Embryo sprengt die Samenschale auf und schlüpft heraus wie ein kleiner Vogel aus seiner Eischale. Ein neues Pflanzenleben hat begonnen!

242

Hilfe!

Weißt du, was Samen zum Wachsen brauchen? Hier kannst du es erfahren.

So wirds gemacht: Nummeriere die Tüten von 1 bis 6. Schneide die drei Küchenpapierstücke jeweils zur Hälfte durch. Befeuchte vier davon mit Wasser. Lege die Küchenpapierstücke wie unten angegeben unten in die Tüten. Gib in jede Tüte sechs Radieschensamen; richte die Tüten folgendermaßen her:
Tüte Nr. 1: feuchtes Küchenpapier (Wasser); kein Licht (kommt später in eine Schublade oder einen Schrank); Raumtemperatur.
Tüte Nr. 2: feuchtes Küchenpapier (Wasser); Licht; Raumtemperatur.
Tüte Nr. 3: trockenes Küchenpapier (kein Wasser); Licht; Raumtemperatur.
Tüte Nr. 4: kein Küchenpapier; nur Wasser (die Samen schwimmen); Licht; Raumtemperatur.
Tüte Nr. 5: feuchtes Küchenpapier (Wasser); kein Licht; kommt in den Kühlschrank oder ins Gefrierfach
Tüte Nr. 6: feuchtes Küchenpapier (Wasser); kein Licht; Raumtemperatur; Samen mit Nagellack bepinseln.

WAS DU BRAUCHST

46 Radieschensamen
6 kleine, dicht verschließbare Plastiktüten
3 Stück Küchenpapier
Schere
Wasser
Fläschchen mit Nagellack
Filzstift

Schreibe genau auf, wann du mit diesem Experiment beginnst und kontrolliere jede Tüte zweimal täglich auf Veränderungen.

Das passiert: Die Samen in Tüte Nr. 1 und Nr. 2 beginnen zu keimen. Bei den Samen in Tüte Nr. 4 sind möglicherweise geringe Veränderungen zu beobachten. Die Samen in den anderen Tüten bleiben gänzlich unverändert. Was fehlt ihnen?

Warum? Samen brauchen zum Keimen eine günstige Temperatur, ausreichend Feuchtigkeit sowie Sauerstoff. Licht ist noch nicht erforderlich, erst später zum Wachsen. Die lackierten Samen in Tüte Nr. 6 bekommen weder Licht noch Feuchtigkeit und keimen deshalb nicht.

Das brauchen Pflanzen

Luft: Pflanzen benötigen Kohlenstoff, um durch Photoysnthese ihre eigenen Nährstoffe zu produzieren und Sauerstoff als Brennstoff für die Atmung.
Wasser: hilft Pflanzen, Nährstoffe zusammenzubauen und die enthaltenen Mineralien fördern ihr Wachstum und reparieren beschädigte Zellen.
Temperatur: Jede Pflanzenart überlebt nur in einem bestimmten Temperaturbereich. Viele Pflanzen haben sich an ihre Umgebung angepasst und gedeihen an Orten, an denen andere absterben.
Sonnenlicht: ist zum Wachsen vor allem für grünblättrige Pflanzen unverzichtbar. Mithilfe des Lichtes werden die Pflanzennährstoffe in verwertbare Energie umgewandelt.
Erde: Landpflanzen brauchen zum Wachsen Erde, Humus, Sand und Lehm zum Wurzeln und um aus ihr Nährstoffe und Mineralien zu beziehen.

243 So wachsen Samen

WAS DU BRAUCHST

1 kleine, dicht verschließbare Plastiktüte
trockene Samenkörner
Wasser
Topf oder Schale

Um ihren Wachstumsprozess beginnen zu können, müssen sich die Samen mit Wasser vollsaugen. Was passiert dabei?

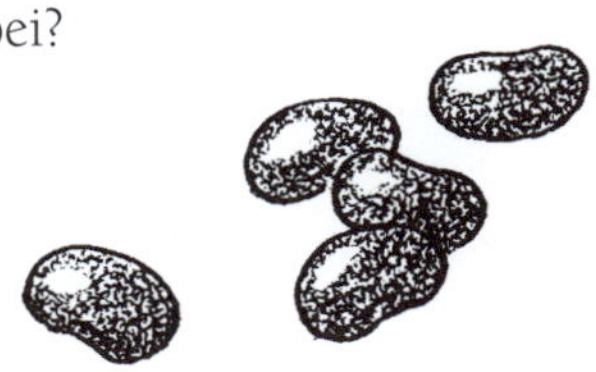

So wirds gemacht: Fülle in die Tüte eine Hand voll Samen (am besten funktioniert es mit Bohnen). Gib so viel Wasser in die Tüte, wie hineinpasst. Dann die Tüte dicht verschließen und auf einem Tablett oder einem Behälter ins Freie oder an einen sonnigen Ort stellen.

Das passiert: Nach einigen Stunden beginnen die Samen in der Tüte mit dem Wasser aufzuquellen. Schließlich werden sie sich so stark ausdehnen, dass sie die Tüte zum Platzen bringen und die Samen überall herumfliegen.

Warum? Zu Beginn des Wachstumsprozesses oder dem Keimen müssen die Samen Wasser aufnehmen. Die Wasseraufnahme erfolgt durch die Samenschale. Die Samen beginnen daraufhin aufzuquellen. Da die Samen in der Tüte getrocknet waren und nun alle Samen Wasser aufnehmen und dadurch größer werden, ist in der Tüte irgendwann nicht mehr genügend Platz. Die Keimlinge haben sie deshalb regelrecht aufgesprengt.
Auch in der Natur nehmen die Samen Wasser auf und werden dadurch größer. Meistens ist jedoch ihre eigene Samenschale das Einzige, was sie dann aufsprengen müssen.

244 Rauf und runter

WAS DU BRAUCHST

mehrere große Samenkörner
2 kleine Glasscheiben oder dicke durchsichtige Plastikfolie
Löschpapier
Bindfaden
Backform
Wasser
Ziegelsteine

Um sich richtig zu entwickeln, brauchen Pflanzen sowohl Wurzeln als auch Triebe. Hier kannst du beobachten, wie sich diese beiden Pflanzenteile gleichzeitig entwickeln!

So wirds gemacht:
Schneide das Löschpapier auf die Größe der Glasscheiben zu. Feuchte das Papier gut an, lege es auf eine der Scheiben und verteile ein paar Samen darauf – jeweils mindestens 5 cm vom Glasrand entfernt. Lege die andere Glasscheibe darüber. Schnüre dieses »Samen-Sandwich« mit dem Bindfaden fest zusammen und stelle es hochkant in die Backform. Lehne es im Winkel von etwa 45° gegen einen oder zwei Ziegel (siehe Abb.). so dass es steil, aber nicht senkrecht liegt. Dann füllst du die Backform etwa 1 cm hoch mit Wasser. Das Löschpapier muss immer feucht bleiben – also bei Bedarf Wasser nachgießen!

Das passiert: Innerhalb weniger Tage werden die Samen zu keimen beginnen, wobei die Keimlinge nach oben und die Würzelchen nach unten wachsen.

Warum? Die Samen sprießen, weil sie von dir Wasser, Licht und Luft bekommen. Die Wurzeln wachsen immer nach unten und der Rest der Pflanze nach oben. Je nach Pflanzenart bilden sich vielleicht sogar winzige Blättchen. In der Natur entwickeln sich alle pflanzlichen Samen auf diese Art.

245 Wachstumsunternehmen

Einige Samen kann man ganz leicht zum Keimen bringen, bei anderen ist das ziemlich mühsam. Frucht tragende Pflanzen zum Beispiel lassen sich nur ganz schwer aus Samen ziehen. Aus diesem Grund ziehen die Obstbauern neue Bäume entweder aus den Wurzelstöcken bereits ausgewachsener Bäume oder durch Pfropfen oder Veredelung (dabei wird der Teil einer Pflanze auf eine andere Pflanze aufgesetzt).

Wenn du daheim Obstpflanzen ziehen willst (sei aber nicht allzu enttäuscht, wenn dieses Experiment nicht von Erfolg gekrönt ist), brauchst du zunächst einmal ein paar Samen. Am besten kaufst du dir einfach ein paar deiner Lieblingsfrüchte (aber natürlich keine kernlosen Sorten!). Entferne deren Samen, spüle sie mit Wasser ab (ohne Spülmittel) und lasse sie an einem warmen Ort trocknen.

Hier einige Pflanzen, die du mit etwas Glück aus Samen ziehen kannst: Apfel, Birne, Kürbis, Orange, Weintraube, Kirsche, Pfirsich, Banane, Feige, Aprikose, Pflaume, Quitte, Nektarine, Zitrone, Limone, Tomate, Melone, Dattelpflaume, Grapefruit.

Besorge dir ein paar kleine Plastikbecher und fülle in jeden etwas Erde. Befeuchte sie und setze dann in jeden Becher vier oder fünf Samen von einer bestimmten Frucht. Versuche es mit möglichst vielen verschiedenen Sorten und beobachte, welche am schnellsten und welche am langsamsten keimt. Sobald eine oder mehrere Pflanzen etwa 13–15 cm hoch sind, kannst du sie ins Freie setzen.

Hawaiianische Ernte 246

Die Ananas ist bei jedermann sehr beliebt – und jetzt kannst du diese köstliche Frucht sogar selber ziehen!

Kaufe eine reife Annas und lasse von einem Erwachsenen den oberen Teil mit den grünen Blättern abschneiden – an dem Stück sollen sich aber noch 3 bis 5 cm Fruchtfleisch befinden. (Selbst mit einem scharfen Messer ist es nicht ganz einfach, eine Ananas durchzuschneiden). Lass das abgekappte Stück 36 Stunden trocknen und setze es dann zum Wurzeln in einen Topf mit Erde. Stelle diesen an einen warmen Ort – die Idealtemperatur wäre etwa 2 °C. Halte die Erde gleichmäßig feucht, aber nicht zu nass.

Ananas wachsen am Ende eines langen Strunks, der mit Stöcken abgestützt oder mit Schnüren hochgebunden wird, wenn die schweren Früchte heranwachsen. Sollten sich keine Früchte bilden, stellst du die Pflanze samt Topf in eine große Plastiktüte, legst einen angefaulten Apfel oder eine Zitrone dazu, bindest die Tüte zu und lässt sie einige Tage lang ruhen (das von der faulenden Frucht ausströmende Ethylengas regt die Fruchtbildung an.)

Später kannst du deine Ananas in einen größeren Behälter umtopfen oder, wenn du in einer warmen Gegend lebst, sogar in lockeren, sandigen Boden im Freien pflanzen.

247

WAS DU BRAUCHST

frische Selleriestange
2 Gläser mit Wasser
rote Lebensmittelfarbe
Tafelmesser

Grüne Autobahn

Um zu wachsen, müssen Pflanzen Wasser und Nährstoffe bis in die kleinsten Triebe transportieren. Aber lässt sich beweisen, dass sie das tatsächlich tun? Klar doch! Wir sagen dir, wie das geht.

So wirds gemacht: Stelle die beiden Wassergläser nebeneinander. In eines davon gibst du vier Tropfen Lebensmittelfarbe. Dann kappst du von einer Selleriestange das angetrocknete Ende ab und schneidest die Stange der Länge nach durch – von unten bis oben zum grünen Kraut. Die eine Stangenhälfte stellst du in das Glas mit dem ungefärbten Wasser, die andere in das Glas mit dem roten Wasser. Sieh in den nächsten Stunden gelegentlich nach, was sich tut.

Das passiert: Bei der Selleriestange in dem Glas mit dem ungefärbten Wasser ist keine Veränderung zu beobachten, aber in der Stange in dem roten Wasser wandern verräterische rote Spuren nach oben.

Warum? Alle Pflanzenstängel sind von röhrenartigen Gebilden durchzogen, die ähnlich wie Trinkhalme funktionieren. Darin wird das Wasser und die darin gelösten Nährstoffe transportiert – von den Wurzeln bis hinauf in die letzten Blattspitzen. Die Beförderung erfolgt mittels kleiner Druckunterschiede – die langen, röhrenförmigen Leitungsbahnen »saugen« das Wasser osmotisch durch den Stängel nach oben. Auf diese Weise gelangen Wasser und Nährstoffe, die eine Pflanze zum Leben und Wachsen braucht, überall hin. Dank der roten Farbe kannst du den Weg des Wassers den Stängel hinauf verfolgen – und somit ist die Theorie bewiesen.

248

Blumige Namen

Dein Name in Pflanzenschrift – wäre das nicht was? Es geht ganz einfach!

Fülle eine große, flache Backform mit Erde. Drücke sie gut fest, damit sie gleichmäßig flach ist, und gieße sie kräftig. Nun »schreibe« mit einem Zahnstocher oder einem Löffelstiel deinen Namen in die Erde. Öffne ein Päckchen mit Radieschensamen und setze die Körnchen vorsichtig eins nach dem anderen in die Rillen, mit denen dein Namen in die Erde geritzt ist. Befolge die Hinweise auf der Packung, was Samentiefe und -abstand betrifft. Bedecke die Samen leicht mit Erde und stelle die Form an einen sonnigen Ort. Gieße die Samen gelegentlich. Nach wenigen Tagen werden die Radieschensamen keimen – und deinen Namen schreiben!

Vielleicht hast du später Lust, deinen Namen auch mit anderen Pflanzen zu schreiben, mit Gras- und Bohnensamen geht das ebenso gut.

249 Wasser rein, Wasser raus

WAS DU BRAUCHST
kleine Topfpflanze
durchsichtige Plastiktüte
Wasser
Klebeband oder Bindfaden

Pflanzen nehmen Wasser auf, um zu wachsen – aber sie geben auch welches ab!

So wirds gemacht: Gieße die Pflanze gründlich und stülpe dann die Plastiktüte über die Blätter. Binde die Tüte mit dem Klebeband oder Bindfaden rings um den Stängel vorsichtig zusammen und stelle das Ganze ein paar Stunden an einen sonnigen Ort.

Das passiert: Im Inneren der Tüte bilden sich Wassertröpfchen.

Warum? Pflanzenblätter besitzen winzige Spaltöffnungen, so genannte Stomata. Meistens befinden sie sich auf der Blattunterseite. Während die Pflanze Nährstoffe aufbaut, wird durch diese »Poren« Luft aufgenommen und wieder abgegeben. Auch das Wasser gibt die Pflanze auf diesem Wege in Form von Wasserdampf wieder an die Atmosphäre ab. Dieser Wasserdampf kondensiert innen an der Plastiktüte in Form von Tröpfchen.

Hier liegt auch einer der Gründe, warum es im Urwald so feucht ist – die üppige Vegetation erzeugt enorm viel Wasserdampf. Die Wassermenge, die eine Pflanze verdunstet, hängt von den Witterungsbedingungen und von der Form und Größe ihrer Blätter ab.

250 Ich will allein sein!

WAS DU BRAUCHST
Schuhkarton
Blumenerde
Wasser
Bohnenkerne

Sitzen Pflanzen lieber eng aufeinander oder brauchen sie eher Freiraum?

So wirds gemacht: Fülle den Schuhkarton mit Erde. An einem Ende des Kartons säst du dann sehr nahe nebeneinander sechs Bohnen aus. Auch am anderen Kartonende setzt du sechs Bohnen in die Erde, hier aber jeweils im Abstand von etwa 4 cm. Feuchte die Erde gut durch, aber passe auf, dass die Erde dabei nicht von den Samen fortgeschwemmt wird. Stelle den Karton beiseite und schaue ab und zu nach, was sich darin tut. Schreibe auf, wie viele Samen an jedem Kartonende aufgehen und weiterwachsen.

Das passiert: Dort, wo du die Samen ganz eng nebeneinander gepflanzt hast, bilden sich nicht nur weniger Keimlinge, sondern diese wachsen auch langsamer als die am anderen Kartonende.

Warum? Pflanzen brauchen Platz, um sich gut entwickeln und kräftig heranwachsen zu können. Stehen sie zu dicht, müssen sie um die begrenzten Nährstoffe kämpfen. Einige Keimlinge bekommen dann nicht genügend ab – und auch nicht ausreichend Sonnenlicht und Wasser. In der Natur werden die Samen über ein weites Gebiet verstreut, so dass die meisten genug Platz zum Keimen und Wachsen finden. Aus diesem Grund achten Gärtner und Landwirte darauf, ihre Pflanzen nicht zu eng zu setzen.

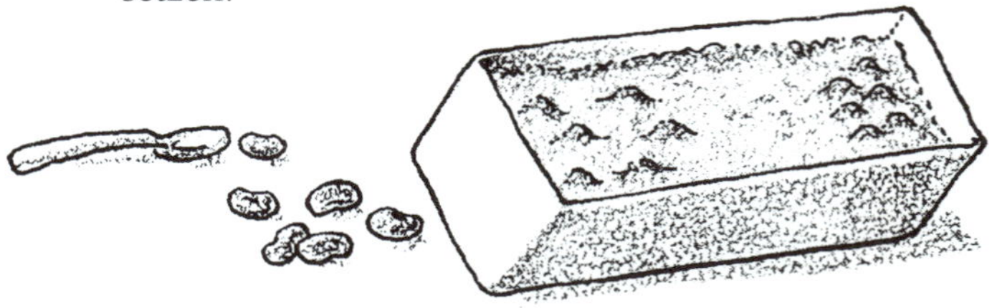

Tief durchatmen! 251

WAS DU BRAUCHST

Elodea-Pflanzen (Aquarien- oder Zoohandlung)
Aquarium oder tiefer Glasbehälter
Glastrichter
Reagenzglas

Atmen Pflanzen eigentlich? Und wenn ja – wie?

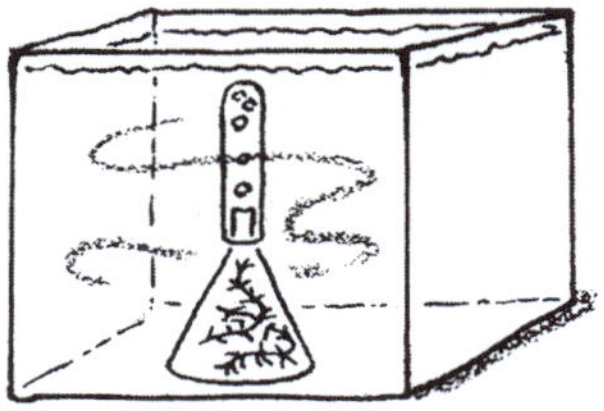

So wirds gemacht: Fülle den Behälter bis unter den Rand mit Wasser. Setze einige Elodea-Pflanzen hinein – möglichst in die Mitte und dicht beieinander. Stülpe den Glastrichter über die Pflanzen (der Trichterstiel zeigt nach oben). Tauche das Reagenzglas ins Wasser, bis es sich mit Wasser füllt. Halte es weiter unter Wasser und stecke es auf den Trichterstiel. Dabei darf kein Wasser entweichen! Stelle den Behälter ein paar Tage an einen sonnigen Ort und beobachte, was im Reagenzglas geschieht.

Das passiert: Oben im Reagenzglas bilden sich kleine Luftbläschen.

Warum? Die Elodea-Pflanzen (wie auch andere Aquarienpflanzen) produzieren Sauerstoff. Diesen geben sie ans Wasser ab, wo er den anderen Wasserbewohnern zugute kommt, zum Beispiel Fischen. In diesem Versuch sammelt sich der Sauerstoff oben in dem Reagenzglas an und verdrängt dort das Wasser.

252 Folge dem Licht ...

Wachsen Pflanzen immer dem Licht entgegen? Hier ist ein tolles Experiment, um das zu beweisen.

WAS DU BRAUCHST

2 Schuhkartons
kräftige Pflanze im Topf

So wirds gemacht: Entferne von dem einen Karton die beiden Schmalseiten und klebe sie im anderen Karton fest (siehe Abb.). In eine Schmalseite von diesem zweiten Karton schneidest du ein Loch. Stelle den Karton hochkant hin, stelle die Pflanze (zum Beispiel eine junge Bohne) hinein und verschließe die offene Seite mit dem Kartondeckel. Setze den Karton vorsichtig an einen sonnigen Ort. Alle paar Tage öffnest du ihn rasch, gibst der Pflanze etwas Wasser und schließt ihn gleich wieder.

Das passiert: Die Pflanze strebt dem Licht zu, wobei sie sich sogar um die Hindernisse herumwindet.

Warum? Um Nahrung aufzubauen, sind grüne Pflanzen auf Licht angewiesen. Sie wenden sich daher stets dem Licht zu und verändern dabei notfalls ihre Wachstumsbewegung. Dies nennt man Phototropismus. Bei deinem Experiment wuchs die Pflanze unbeirrt dem Sonnenlicht entgegen, obwohl ihr dabei die Kartonwände im Weg waren. Das ist der Grund, warum Topfpflanzen in Zimmern gelegentlich gedreht werden – auf diese Weise bekommen sie von allen Seiten genügend Licht ab und wachsen schön gerade. Täte man das nicht, würden sie einseitig in Richtung Licht streben – und schief werden.

253 Durchhänger

WAS DU BRAUCHST

kleine Topfpflanze mit kräftigem Wurzelballen
2 große Schwämme
Bindfaden

Das vorangegangene Experiment hat gezeigt, dass sich Pflanzen immer zum Licht wenden. Dieses hier führt anschaulich vor Augen, wie stark dieses Bestreben ist.

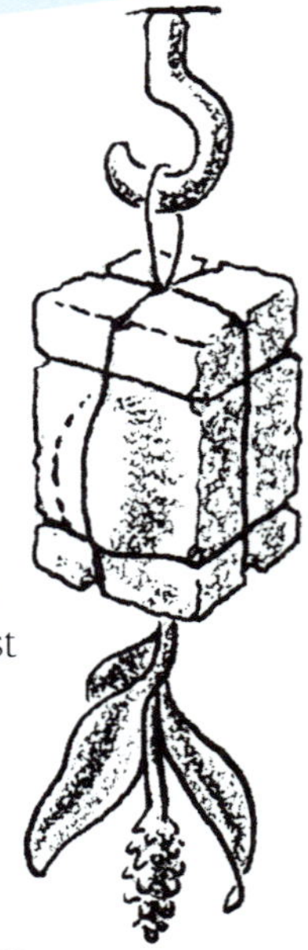

So wirds gemacht: Hole die Pflanze vorsichtig aus dem Topf (dabei soll möglichst viel Erde an den Wurzeln haften bleiben). Befeuchte die Schwämme, lege sie um den Wurzelballen herum und binde sie zusammen. Dann drehst du die Pflanze um, so dass sich die Wurzeln oben befinden, und hängst sie in der Nähe eines sonnigen Fensters an die Decke. Schaue ab und zu nach und halte die Schwämme immer gut feucht.

Das passiert: Nach einigen Tagen drehen sich der Stängel und der obere Teil der Pflanze um und beginnen in die andere Richtung zu wachsen!

Warum? Die Blätter und Stängel einer Pflanze bewegen sich immer in Richtung Licht (Phototropismus) – selbst wenn die Pflanze auf dem Kopf steht! Wurzeln dagegen streben stets nach unten, weil sich im Boden die lebensnotwendigen Nährstoffe befinden.

254 Im Untergrund

WAS DU BRAUCHST

Schuhkarton
Stück durchsichtige Plastikfolie
Schere
Klebeband
verschiedene Samen
Kiesel
Blumenerde
Wasser

Hast du dich schon einmal gefragt, wie Pflanzen unter der Erde eigentlich wachsen? Hier ist eine clevere Methode, mit der man genau hinsehen kann.

So wirds gemacht: Schneide von einer Längsseite des Kartons ein Stück heraus, lasse aber unten und seitlich jeweils etwa 2,5 cm Kartonwand stehen (siehe Abb.). Klebe die Plastikfolie von innen dagegen, so dass sie die ausgeschnittene Öffnung vollständig abdeckt. Stich in den Kartonboden ein paar kleine Löcher. Bedecke den Kartonboden mit einer Lage Kieselsteinchen und fülle den Karton dann bis obenhin mit Erde auf. Setze einige Samen in die Erde, und zwar direkt an der durchsichtigen Folie, wo du sie sehen kannst. Befeuchte die Erde und setze den Karton ins Freie oder auf einen Untersatz aufs Fensterbrett. Beobachte die Samen ein paar Tage lang.

Das passiert: Die Samen keimen und wachsen zu kleinen Pflänzchen heran. Dabei kannst du genau mitverfolgen, wie der Spross nach oben und die Würzelchen nach unten wachsen.

Warum? Pflanzen brauchen Wurzeln, um Wasser und Nährstoffe aus der Erde aufzusaugen. Dazu dienen ihre feinen Wurzelhärchen. Wurzeln wachsen in der Regel nach unten, da sich die Nährstoffe und Mineralien, die die Pflanze zum Wachsen braucht, im Boden befinden.

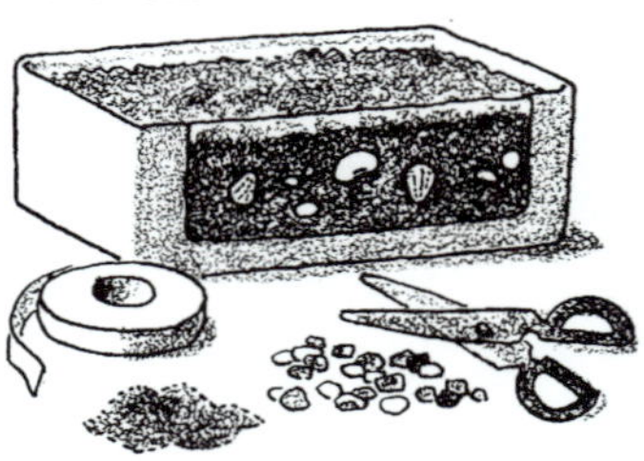

255

Flower Power

Wie schafft es eine zarte Pflanze, durch harte Gehsteigplatten nach oben zu wachsen? Teste das doch mal aus …

WAS DU BRAUCHST

kräftige Topfpflanze
2 kleine Kartons
durchsichtige Plastikfolie
Büroklammern

So wirds gemacht: Stelle die Pflanze auf ein sonniges Fensterbrett. Die Kartons stellst du rechts und links daneben (sie sollten ein kleines Stück höher sein als die Pflanze). Achte darauf, dass die Pflanze nicht im Schatten steht. Lege die Plastikfolie über die beiden Kartons. Setze die Büroklammern zu zwei gleich langen Ketten zusammen und lege sie über die Plastikfolie, so dass die Enden rechts und links an den Kartons herabhängen (siehe Abb.). Richte die Ketten genau gleich aus und markiere seitlich an den Kartonwänden, wo sie aufhören. Gieße die Pflanze normal weiter und kontrolliere von Zeit zu Zeit, wo sich die Kettenenden befinden.

Das passiert: Während die Pflanze wächst, drückt sie die Plastikfolie immer mehr nach oben. Ihr Wachstumsprozess lässt sich an den Kartonmarkierungen mitverfolgen, denn die Enden der Büroklammerketten wandern dabei nach oben.

Warum? Pflanzen können unglaubliche Kräfte entwickeln. Sie durchstoßen den zähesten Boden und drängen sich durch Felsspalten und Zement, nur um nach oben zu gelangen. Deshalb findet Unkraut selbst durch die kleinsten Risse im Gehweg den Weg ans Leben spendende Sonnenlicht.

Respekt!

256

WAS DU BRAUCHST

Gips (Hobby- oder Bastelladen)
Plastikbecher
getrocknete weiße Bohnen
Wasser

Pflanzen schaffen es, durch winzige Risse in Gestein oder Gehwegplatten nach oben in Richtung Licht zu wachsen, wobei sie diese harten Materialien oft regelrecht aufsprengen. Auf diese Weise tragen auch Pflanzen dazu bei, große Felsen zu zerkleinern.

Hierzu gibt es ein anschauliches Experiment. Dafür besorgst du zunächst etwas Gips aus einem Hobby- oder Bastelladen. Weiche ein paar Bohnen über Nacht ein und setze sie am nächsten Tag in einen mit Erde gefüllten Plastikbecher. Die Erde gut durchfeuchten.

Mische den Gips nach den Anweisungen auf der Packung an, bis er die Beschaffenheit eines dickflüssigen Milchshakes hat. Gieße eine etwa 0,5 cm hohe Schicht davon in den Becher. Stelle diesen an einen sonnigen Ort und beobachte, was sich tut (wenn der Becher durchsichtig ist und ein paar Samen direkt an der Becherwand liegen, kannst du sogar beobachten, wie die Keimlinge wachsen). Die Keimlinge werden nach oben drängen und die Gipsschicht durchbrechen – genau wie Unkraut, das durch kleinste Ritzen in Steinplatten emporwächst.

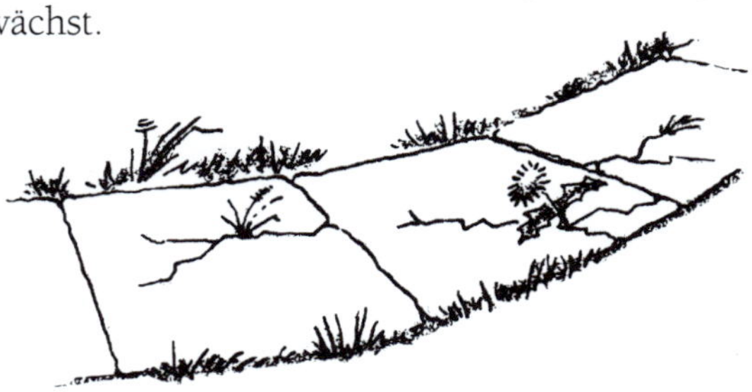

257 Schimmelige Sache

Hast du gewusst, dass es in eurer Küche von Millionen von Pflanzen wimmelt?

WAS DU BRAUCHST

3 Scheiben Toastbrot
3 kleine dicht verschließbare Plastiktüten
Wasser
Lupe

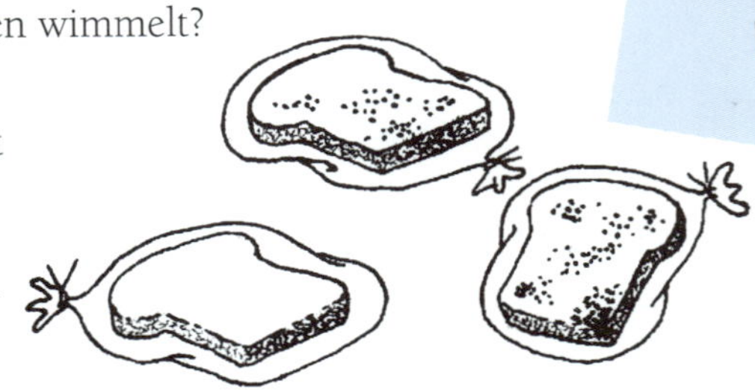

So wirds gemacht: Feuchte zwei Scheiben Toast leicht mit Wasser an . Dann reibe mit einer Toastscheibe vorsichtig über die Küchenplatte. Lege die Scheibe in eine durchsichtige Plastiktüte, die du danach dicht verschließt. Mit der zweiten Toastscheibe fährst du über den Küchenfußboden und verschließt sie dann in der zweiten Tüte. Die dritte Toastscheibe wird in der dritten Plastiktüte verschlossen. Lass alle drei Tüten ein paar Tage lang an einem dunklen Ort liegen.

Das passiert: Auf den beiden Toastscheiben, die du angefeuchtet und mit denen du über die Küchenplatte bzw. über den Boden gewischt hast, ist ein Schimmelbelag. Auch die trockene Toastscheibe könnte trotz Konservierungsstofffe etwas schimmelig geworden sein. Untersuche den Schimmel mit der Lupe oder unter dem Mikroskop. Experimentiere auch mit anderen Brotarten (Hafer, Roggen) und anderen Oberflächen (Zaun, Wand, Gehsteig etc.).

Warum? Schimmelpilze und andere mikroskopisch kleine Pflanzen befinden sich überall. Zum Vermehren brauchen sie Feuchtigkeit, Wärme und – anders als andere Pflanzen – Dunkelheit!

258 Treibende Kraft

Hefepilze werden zum Kochen und Backen verwendet. Die Art und Weise, wie sie sich vermehren, machen sie zu Pflanzen ganz besonderer Art.

WAS DU BRAUCHST

2 Päckchen Trockenhefe
2 kleine, dicht verschließbare Plastiktüten
1 Teelöffel Zucker
1 Tasse lauwarmes Wasser

So wirds gemacht: Gib in jede der Plastiktüten eine halbe Tasse lauwarmes Wasser und jeweils ein Päckchen Trockenhefe. In eine Tüte füllst du zusätzlich einen Teelöffel Zucker. Versuche beim Verschließen der Tüten möglichst viel Luft herauszupressen. Schüttele die Tüten eine Minute lang kräftig und lege sie dann an einen warmen, sonnigen Ort.

Das passiert: In der Tüte ohne Zuckerzugabe tut sich nicht viel. Dafür ist in der anderen Tüte eine Menge los: Es haben sich Bläschen gebildet und die Tüte ist ganz prall!

Warum? Zucker ist eine gute Nahrungsquelle für Hefepilze. Diese Pflanzen wachsen, indem sie eine oder mehrere Ausstülpungen bilden, die sich dann von der Mutterzelle abschnüren und zu neuen Hefepilzen werden. Während ihres Wachstumsprozesses geben Hefepilze Kohlendioxidgas ab. Hefe mischt man oft in Brot- und Kuchenteige, damit sie schön aufgehen.

Zum Wachsen brauchen alle Pflanzen bestimmte Nährstoffe – das gilt für die einzelligen Hefepilze ebenso wie für komplexe Pflanzen wie Mammutbäume.

259 Adoptiere einen Baum!

WAS DU BRAUCHST
Schnur
Maßband
Plastiktüten
Zeichenpapier
Bleistift und Buntstifte
Baum-Tagebuch

Bäume gehören zu den eindrucksvollsten Pflanzen der Erde – aber an die meisten haben wir uns so gewöhnt, dass sie uns gar nicht mehr auffallen. In diesem Langzeitexperiment kannst du über einen besonderen Baum mehr erfahren.

So wirds gemacht: Suche dir einen Baum in der Nähe eurer Wohnung – möglichst einen, der im Herbst seine Blätter abwirft. Außerdem sollte er leicht erreichbar sein, weil du ihn ein ganzes Jahr lang häufig besuchen wirst. Als Erstes machst du ein Foto von deinem Baum oder malst ein Bild und schreibst in deinem Baum-Tagebuch alles auf, was dir an ihm auffällt (Wuchsform, Markierungen, Verletzungen etc.). Miss an seinem Stamm von unten nach oben etwa 90 cm ab und binde auf dieser Höhe eine Schnur um den Baum. Dann ermittelst du anhand der Schnurlänge den Stammumfang. Sammle ein paar Blätter von deinem Baum und bewahre sie in kleinen Plastiktüten auf. Lege ein Blatt Papier an die Rinde und male mit dem Bleistift darüber, bis das Muster der Rinde erscheint. Überlege dir noch andere Dinge, die du machen kannst, um mehr über deinen Baum zu erfahren!

Das passiert: Bäume verändern sich im Laufe des Jahres – sie wachsen ein Stück, werfen ihre Blätter ab, treiben neue Blätter, dienen allen möglichen Tieren und Insekten als Wohn- und Aufenthaltsort und tragen zum ökologischen Gleichgewicht ihres Standortes bei.

Warum? Da du dich ein ganzes Jahr lang intensiv mit diesem einen Baum befassen wirst, fallen dir während dieser Zeit sicherlich Veränderungen auf, die du an anderen Bäumen vorher nie bemerkt hast – ja, an die du nicht einmal gedacht hättest. Selbst ein einziger Baum kann die Umwelt beeinflussen – selbst dieses kleine Fleckchen Erde, an dem du wohnst.

260 Auch Pflanzen müssen atmen!

WAS DU BRAUCHST

3 Bohnenpflanzen (eventuell aus Samen gezogen)
Filzstift
Vaseline
Maßband oder Lineal
Zeichenpapier
Buntstifte

Was passiert wohl mit Pflanzen, wenn die Luft stark verschmutzt ist? Finde es heraus!

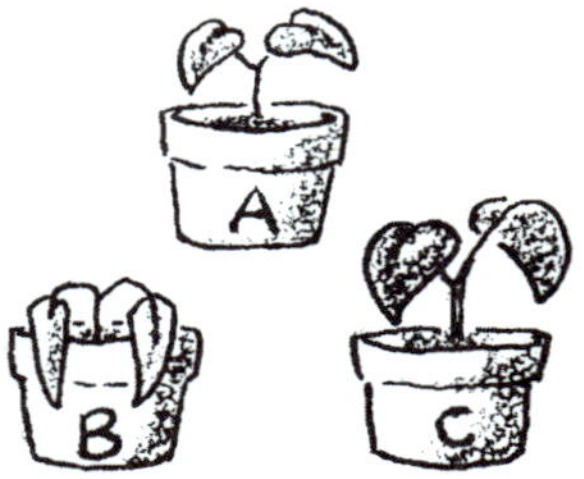

So wirds gemacht: Stelle die Bohnenpflanzen so auf eine Fensterbank, dass sie alle möglichst gleich viel Licht abbekommen. Markiere die Töpfe mit »A«, »B« und »C«. Zeichne jede Bohnenpflanze ab und miss ihre Höhe. Schmiere etwas Vaseline auf die Oberseite aller Blätter von Pflanze »A« und auf die Unterseite aller Blätter von Pflanze »B«. Mit Pflanze »C« machst du nichts. Gieße die Bohnenpflanzen ganz normal weiter. Miss und notiere alle zwei Tage die Höhe der drei Pflanzen und male weiterhin Bilder von jeder einzelnen von ihnen, um zu dokumentieren, wie sie sich verändern.

Das passiert: Pflanze C wächst besonders gut. Pflanze A wächst nicht so stark, während Pflanze B abzusterben beginnt.

Warum? Für die Photosynthese (das ist der Prozess, mit dem Pflanzen ihre Nährstoffe aufbauen) ist saubere Luft erforderlich. Die Pflanze nimmt die Luft durch die Spaltöffnungen auf ihren Blattunterseiten auf. Ist die Luft verschmutzt oder werden die Blattöffnungen durch etwas verstopft (hier die Vaseline), kann keine Photosynthese stattfinden und die Pflanze stirbt ab.

261 Schon gewusst?

- Die Blätter der Venusfliegenfalle, einer Fleisch fressenden Pflanze, können sich in weniger als einer halben Sekunde um ein Insekt schließen.
- Der Mammutbaum beginnt erst nach 175 oder 200 Jahren zum allerersten Mal zu blühen.
- Die Wurzeln des kalifornischen Redwoodbaums können mehr als 494 000 Liter Wasser speichern.
- Auf der Welt gibt es über 250 000 Arten von Blütenpflanzen.
- Der pazifische Seetang kann pro Tag bis zu 43 cm wachsen und insgesamt bis zu 60 m lang werden.
- Bambus wächst bis zu 90 cm pro Tag.
- Ein durchschnittlicher Apfelbaum gibt über seine Blätter täglich bis zu 19 Liter Wasser ab.
- Alle Meerespflanzen zusammen machen etwa 85 % aller Grünpflanzen der Erde aus.
- An den Jahresringen von Bäumen kann man Erdbeben ablesen.
- In tropischen Regenwäldern wachsen an den Stämmen der höchsten Bäume so genannte Epiphyten. Sie haben keine Wurzeln, sondern nehmen Wasser und Sauerstoff direkt aus der Umgebungsluft auf.
- Ein ausgewachsener Sagurokaktus kann bis zu 10 Tonnen wiegen – wobei 80 % seines Gewichtes nur Wasser ist.
- Die Kokosnuss ist der größte Samen der Erde.
- Zitronen enthalten mehr Zucker als Melonen oder Pfirsiche.

262

Da bin ich ja platt!

Die Blüten und Blätter, die du im Laufe der Zeit sammelst, kannst du mit dieser einfachen Pflanzenpresse konservieren. Lass dir dabei von jemandem helfen.

WAS DU BRAUCHST

- ein Erwachsener als Assistent
- Hand- oder Elektrobohrer
- 2 Span- oder Sperrholzplatten (25 x 33 cm)
- mehrere mittelgroße Kartonstücke (aus einem Karton ausgeschnitten)
- weißes Bastelpapier
- 4 Schrauben und 4 Flügelmuttern

So wirds gemacht: Bitte einen Erwachsenen, in die Ecken der beiden Holzplatten etwa 2,5 cm von der Außenkante entfernt jeweils ein Loch zu bohren. Wenn die Holzplatten übereinander gelegt und gleichzeitig durchbohrt werden, dann liegen die Löcher später genau aufeinander.

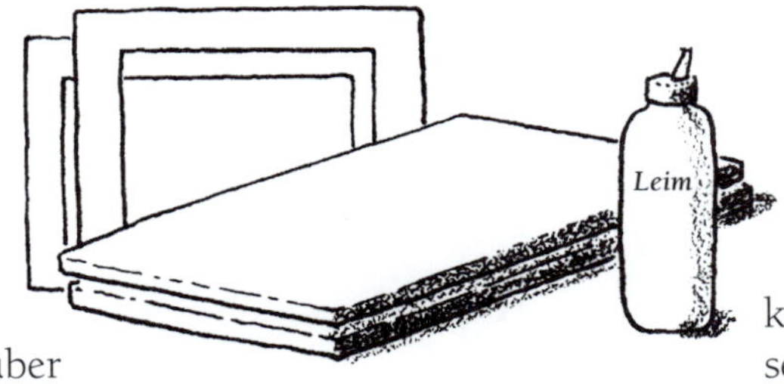

Stecke die Schrauben durch die Löcher der einen Platte und lege diese so hin, dass die Schraubenschäfte nach oben zeigen. Lege ein Stück Karton auf die Platte und darüber einen Bogen Bastelpapier. Darauf legst du das Pflanzenteil (z. B. Blüte oder Blatt), das du pressen willst. Direkt darauf kommt wieder ein Bogen Bastelpapier und darauf ein weiteres Stück Karton.

Lege nach diesem Muster so lange Papier, Karton und Pflanzenteile übereinander, bis sich mehrere Schichten ergeben. Zuletzt legst du die zweite Holzplatte auf, indem du sie mit den Löchern auf die vier Schrauben von der unteren Platte setzt. Stecke auf jedes Schraubenende eine Flügelschraube und drehe alle einzeln so weit, bis du einen Widerstand spürst. Danach schraubst du alle zu so fest du kannst – am besten über Kreuz, damit der Kartonstapel gleichmäßig fest zusammengedrückt wird.

Die Blumen werden nun flach gepresst und trocknen innerhalb weniger Wochen (wer möchte, kann zwischendurch nachsehen, ob es schon so weit ist). Später kannst du deine selbst gepressten Blumen mit etwas Klebstoff auf buntes Bastelpapier kleben, einrahmen und dein Zimmer damit dekorieren.

Das passiert: Die Holzpresse drückt die Pflanzenteile platt. Der Druck ist nicht sehr stark, aber gleichmäßig. Die austretenden Pflanzensäfte werden von dem Bastelpapier aufgesaugt, so dass die Pflanzen rasch austrocknen.

Warum? Auf diese Weise lässt sich die natürliche Schönheit einer Pflanze noch lange Zeit erhalten, nachdem sie normalerweise tot und verwelkt wäre. Schon seit langer Zeit werden Blüten und Blätter gepresst und zu dekorativen Zwecken verwendet – zum Beispiel auf Grußkarten.

Wundervolle Wildnis

Habt ihr daheim ein Haustier? Warst du schon mal in einem Zoo? Hast du schon mal einen Vogelschwarm über deinen Kopf hinwegfliegen sehen und Bienen summen gehört – oder eine Schlange, die durchs Gras raschelt? Bestimmt bist du schon vielen verschiedenen Tieren begegnet, denn Tiere gehören einfach zu unserem Leben – und sie spielen auch in der Natur eine wichtige Rolle.

Wissenswertes über die Natur – und dich

Menschen waren schon immer von Tieren fasziniert. Wir halten uns Haustiere und beobachten Tiere an besonderen Orten, zum Beispiel in Tiergärten und Naturschutzparks. Man darf allerdings nicht vergessen, dass die Natur durch das Handeln der Menschen beeinflusst wird. Wenn wir Müll in einen Fluss kippen, schadet das den darin lebenden Fischen und Wasserinsekten. Wenn bei Bauprojekten Nester und Tierhöhlen zerstört werden, haben viele Tiere keine Schlupfwinkel mehr und wenn wir die Luft verpesten, leiden nicht nur die Vögel, sondern alle atmenden Tiere darunter. Mit anderen Worten, der Mensch beeinflusst das Überleben jedes anderen lebendigen Wesens.

Wer mehr über die Tiere um sich herum weiß, wird die vielgestaltige Natur mehr schätzen lernen und erkennen, wie er dazu beitragen kann, sie zu erhalten.

263 Gefiederte Freunde

Heiß!

Vögel sind ein wichtiger Teil der Natur und es macht Spaß, sie zu beobachten. Hier ein paar Möglichkeiten, wie du mehr Vögel in deine Gegend locken kannst.

WAS DU BRAUCHST

sauberer Plastik-Kanister
spitze Schere
ein Erwachsener als Assistent
Vogelfutter (Kerne)
feste Schnur

So wirds gemacht: Lass von einem Erwachsenen aus einer Seite des Kanisters eine Art Fenster herausschneiden. Wickle die Schnur fest um den Behälterhals, lege etwas Vogelfutter hinein und hänge diesen Futterspender an einen Baum, den du von deinem Fenster aus gut sehen kannst. Beobachte die Vögel, die ihn aufsuchen. Zu welcher Vogelart gehören sie? Wie viele sind es und wann kommen sie? Schreibe deine Beobachtungen in dein Tagebuch.

Das passiert: Wenn sie die Kerne mögen, werden viele verschiedene Vögel zum Fressen kommen. Mit einem Bestimmungsbuch kannst du herausfinden, welche Vogelarten in deiner Gegend leben. Vielleicht hast du nach einer Weile sogar Stammgäste!

Warum? Vögel halten sich dort auf, wo sie genügend zu fressen finden und wo ein günstiges Klima herrscht. Sie können sich an ihre Umgebung anpassen oder eingewöhnt werden und werden an einem Ort bleiben, so lange sie dort Nahrung, Wasser und Unterschlupf finden, um zu brüten und ihre Jungen aufzuziehen. Wenn du ihnen sauberes Wasser bereitstellst (Vogelbad) und während der Brutzeit etwas Nistmaterial wie Bindfadenstücke und Haare, kannst du sie sicher dazu bewegen, in deiner Umgebung zu bleiben.

Gut genährt 264

Damit in der kalten Jahreszeit ihre Körpertemperatur nicht stark absinkt, müssen Vögel Fett ansetzen. Dabei kannst du ihnen helfen – hier erfährst du wie.

WAS DU BRAUCHST

Fett, Schweineschmalz oder Talg (Metzger oder Supermarkt)
Herdbenutzung (um Erlaubnis oder Hilfe bitten!)
Topf
ein Erwachsener als Assistent
Vogelfutter
Blechdose
Hammer und Nagel
Bindfaden (90 cm)
Pappkreis (gleicher Durchmesser wie die Dose)

So wirds gemacht: Lass das Fett von einem Erwachsenen in einem schweren Topf schmelzen. Er soll auch das Vogelfutter in das flüssige Fett streuen und vorsichtig umrühren. Alles über Nacht abkühlen und eindicken lassen.

Schlage mit Hammer und Nagel vorsichtig ein kleines Loch in die Mitte des Dosenbodens (lass dir auch hierbei am besten von einem Erwachsenen helfen) und auch in die Mitte des Pappkreises. Fädele den Bindfaden von unten durch das Loch in der Dose und ziehe ihn nach oben. Dann gießt du die Fett-Körner-Masse in die Dose (wenn sie noch zu flüssig ist, musst du das Loch in der Dose vorher eventuell mit Modellierton oder Knetmasse abdichten). Sobald die Masse hart geworden ist, ziehst du vorsichtig die Dose ab und führst den Faden durch den Pappkreis. Verknote das Fadenende und binde deinen Futterspender an einen Ast. Beobachte, welche Vögel ihn besuchen.

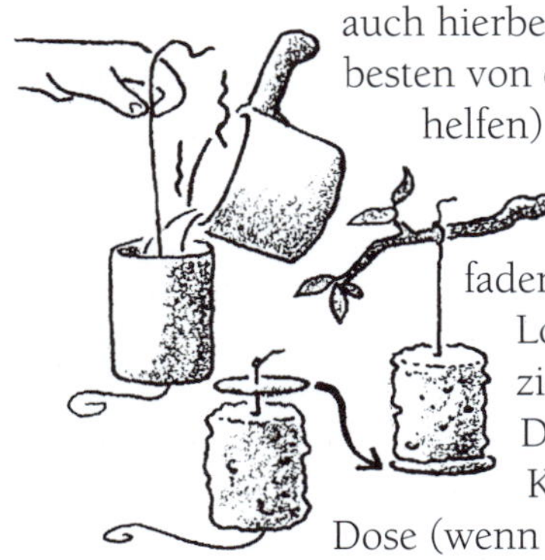

265

Füttere mich!

Mit ein bisschen Fantasie lassen sich aus allen möglichen Gegenständen, die du bei euch im Haus finden kannst, originelle Futterspender machen. Die folgenden fünf Vorschläge sollen dich zum Basteln anregen. Binde die Spender draußen an einem Baum fest und beobachte, was geschieht. Hast du noch andere Ideen für Futterspender?

1. Schneide aus dem Plastikdeckel einer Dose einen Halbkreis aus. Nagle oder klebe seitlich an die Dose eine kleine Ablage und lege ein paar Körner in die Dose hinein. Setze den Deckel wieder auf die Dose, so dass die untere Hälfte geschlossen ist und lege den Spender ins Freie.
2. Schneide eine Orange zur Hälfte durch, höhle sie aus und bohre ringsum in den Rand vier Löcher. Knüpfe daran jeweils ein Stück Bindfaden fest. Fülle die Orangenhälfte mit Körnern und hänge sie in einen Baum oder einen Strauch.
3. Befestige einen Bindfaden an einem Pinienzapfen. Schmiere Erdnussbutter zwischen die Schuppen des Zapfens und wälze ihn anschließend in Vogelfutter. Hänge diesen Leckerbissen dann an einen Ast.
4. Knote mehrere ungesalzene Erdnüsse an verschieden langen Bindfäden fest und hänge sie zwischen ein paar Äste.
5. Binde ein Stück Bindfaden an einen Apfelstiel. Wälze den Apfel in etwas Fett oder Speck und danach in Vogelfutter. Danach hängst du den Apfel an einen Ast.

266

Vogel-restaurant

Das wird ein toller Futterspender für deine gefiederten Freunde! Du kannst ihn mit selbst zubereiteten Leckereien füllen oder unser Superrezept ausprobieren (siehe S. 125) – so kann dein Vogel-Imbiss rund ums Jahr geöffnet sein! Nimm ein 30 bis 40 cm langes Holzstück mit einem Durchmesser von etwa 5 cm. Bitte einen Erwachsenen, mit einem 2,5-cm-Bohrer seitlich in das Holzstück mehrere Löcher zu bohren. Diese Löcher sollten etwa 2 cm tief und versetzt angeordnet sein. Bohre eine Ösenschraube in ein Ende des Holzstücks und ziehe einen langen, festen Bindfaden hindurch. Stopfe Vogelfutter, es sollte möglichst zäh-klebrig sein, in die Löcher. Hänge den Spender an einen nahe gelegenen Baum – aber mindestens 1,25 Meter über dem Boden, damit die Vögel beim Naschen nicht von Katzen überrascht werden. Dann warte ab, wer deinen Spender besucht.

Nicht vergessen – ab und zu musst du Futter nachfüllen, damit deine gefiederten Stammgäste immer gerne wiederkommen!

Super-Vogelfutter

267

Mit diesem nahrhaften Futter kannst du das ganze Jahr über Vögel anlocken – besonders natürlich im Winter.

WAS DU BRAUCHST

Tasse zerlassener Talg (Metzger oder Supermarkt)
Messer
jeweils eine Tasse Erdnussbutter, gehackte Nüsse, Sonnenblumenkerne und Maismehl
1 Esslöffel zerstoßene Eierschalen
Bratpfanne
ein Erwachsener als Assistent
Herdbenutzung (um Erlaubnis oder Hilfe bitten!)

So wirds gemacht: Schneide den Talg in kleine Stückchen (am besten mit Hilfe eines Erwachsenen) und bitte den Erwachsenen, die Fettstückchen dann langsam in der Pfanne zergehen zu lassen (dabei muss sehr vorsichtig hantiert werden, denn an heißen Fettspritzern kann man sich höllisch verbrennen!). Das zerlassene Fett abkühlen und hart werden lassen, dann erneut erwärmen und erneut abkühlen lassen.

Jetzt werden die übrigen Zutaten gründlich mit dem weichen Fett vermischt. Löffele die Masse anschließend in kleine Plastikbecher und stelle sie in den Kühlschrank. Sobald die Masse ganz hart geworden ist, kannst du sie in die Löcher in deinem Luxus-Vogelrestaurant (S. 214) stopfen oder in einem anderen Vogelfutterspender verwenden. Der Rest wird kühl gestellt, bis dein Spender nachgefüllt werden muss.

Hinweis: Je nach Preis und Verfügbarkeit musst du die Menge der einen oder anderen Zutat eventuell verändern. Du kannst zum Beispiel im Sommer nur Erdnussbutter und Sonnenblumenkerne vermischen und den Talg nur im Winter dazugeben.

268

»My nest is my castle«

WAS DU BRAUCHST

Fernglas
Pinzette
Lupe

Vögel gehören zu den geschicktesten Baumeistern der Tierwelt. Willst du herausfinden, wie sie ihre kunstvollen Nester bauen?

So wirds gemacht: Gehe Ende Herbst oder Anfang Winter mit einem Fernglas nach draußen und suche ein oder mehrere verlassene Vogelnester. Wenn sich ein Nest sehr hoch in einem Baum befindet, bitte einen Erwachsenen, es dir herunterzuholen. Fasse ein Nest nur vorsichtig an, damit es nicht kaputt geht und vergewissere dich, dass keine Eier mehr drin sind! Daheim zerpflückst du das Nest sehr vorsichtig mit einer Pinzette. Untersuche die Bestandteile ganz genau mit der Lupe und schreibe auf, was der Vogel alles zum Nestbau verwendet hat.

Das passiert: Du wirst sehen, dass so ein Vogelnest aus vielen unterschiedlichen Materialien besteht – kleine Zweige, Gräser, Stroh, Fäden, Blätter, Tierhaare, Federn usw.

Warum? Vögel haben ganz unterschiedliche Nestbaumethoden und verwenden dazu auch ganz verschiedene Materialien. Wie ein Nest aussieht hängt davon ab, welche Baustoffe verfügbar sind und wie sehr die Eier und später die Jungvögel geschützt werden müssen, solange sie noch nicht flügge sind. Wenn du die Nester von vielen verschiedenen Vogelarten untersuchst, wirst du feststellen, dass jedes anders gebaut ist.

269

Und alles ohne Hände …

Das kann doch gar nicht so schwer sein, aus kleinen Zweigen, Grashalmen und Federn, die auf der Erde herumliegen, ein Nest zu basteln – oder? Wenn du dich da mal nicht täuschst …

WAS DU BRAUCHST

Zweige
getrocknete Grashalme
Nähgarn
Papierschnipsel

So wirds gemacht: Halte bei einem Spaziergang durch deine Nachbarschaft oder einen nahe gelegenen Park Ausschau nach Vogelnestern. Sieh dir genau an, aus was sie gebaut sind (aber ohne die Bewohner dabei zu stören!). Versuche aus den oben aufgelisteten Materialien ein Vogelnest nachzubauen. (Du kannst auch andere Materialien verwenden, die man draußen so findet – benutze aber keinen Klebstoff!). Nimm zum Nestbau nur deine Hände. In dem möglichst runden Nest sollten zwei oder drei Eier Platz finden können.

Das passiert: Du wirst merken, dass es viel schwieriger ist als man denkt, so ein Nest zu bauen. Diese Vögel müssen echt ganz schön geschickt sein …

Warum? Vögel können Nester nur mithilfe ihres Schnabels und ihrer Krallen bauen (also gewissermaßen freihändig). Und die meisten Vögel scheinen diese Fertigkeit zu lernen, indem sie einfach nur das Nest sehen, in dem sie aufwachsen und das ihre Eltern für sie gebaut haben! Vogelnester gehören zu den kompliziertesten Behausungen des Tierreichs. Sie sind erstaunlich widerstandsfähig gegen Wind und Wetter und bieten den langsam flügge werdenden Jungvögeln zuverlässigen Schutz. Wenn also das nächste Mal jemand behauptet, du hättest ein »Spatzenhirn«, kannst du das eigentlich als Kompliment auffassen und dich höflich bedanken!

270 Wurmlöcher

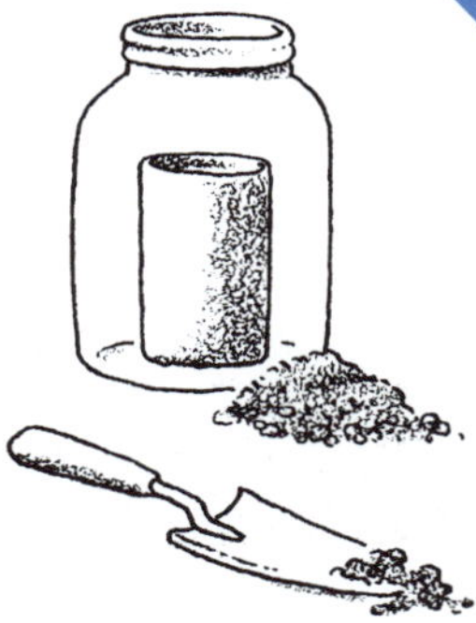

Würdest du uns glauben, wenn wir sagen, dass Regenwürmer für uns Menschen zu den nützlichsten Tieren gehören, die es überhaupt gibt? Wenn nicht, dann mache dich auf eine Überraschung gefasst.

WAS DU BRAUCHST

Konservenglas mit weiter Öffnung
Blechdose
Kies oder kleine Steinchen
Erde
5 oder 6 Regenwürmer (Garten, Anglerladen, Zoohandlung, Gartenbedarf)
dunkles Zeichenpapier

So wirds gemacht: Stelle die Dose in die Mitte des Glases und schütte vorsichtig eine etwa 1,2 cm hohe Kiesschicht zwischen Dose und Glaswand. Dann fülle das Glas bis zur Oberkante der Dose mit Erde auf. Darauf legst du die Regenwürmer. Zum Schluss umklebst du das Glas von außen mit dem schwarzen Zeichenpapier, damit es im Glas dunkel ist.

Hinweis: Kontrolliere gelegentlich, ob die Erde noch feucht genug ist und gebe bei Bedarf etwas Wasser in das Glas.

Das passiert: Die Würmer beginnen sich durch die Erde zu wühlen. Nach einigen Tagen haben sie bereits mehrere unterirdische Tunnel gegraben. Die kannst du dir anschauen, wenn du vorsichtig das schwarze Papier wegnimmst. (Klebe es aber danach wieder an, damit die Regenwürmer im Dunkeln weiterarbeiten können.) Du kannst das Verhalten der Regenwürmer drei oder vier Wochen lang in dieser künstlichen Behausung beobachten, ohne dass ihnen dadurch Schaden zugefügt wird, aber danach solltest du sie wieder frei lassen.

Warum? Würmer ernähren sich von Erde! Sie fressen sie in sich hinein und hinterlassen dabei Tunnel. Dabei lockern und belüften sie den Boden und liefern den Pflanzen Sauerstoff, den diese zum Wachsen brauchen. Ohne Regenwürmer könnten viele Pflanzenarten gar nicht überleben! Besonders Gärtner und Landwirte wissen diese nützlichen Gehilfen sehr zu schätzen.

271 Kriechtiere mit Eigenheim

WAS DU BRAUCHST

lebende Landschnecken
Salatblätter, Apfel- und Selleriestückchen oder Getreideflocken
schwarzes Zeichenpapier
großes Glas mit weiter Öffnung
feuchte Erde
Lupe
Baumwollstoff
Gummiring oder Bindfaden

Was machen Schnecken den lieben langen Tag? Was fressen sie? Wie bewegen sie sich fort?

So wirds gemacht: Sammle ein paar Landschnecken – in einem Park oder in eurem Garten (am frühen Morgen findest du sie im taufeuchten Gras). Fülle den Glasbehälter etwa 5 cm hoch mit feuchter Erde und setze die Schnecken hinein. Spanne den Baumwollstoff über die Glasöffnung und befestige ihn mit einem Gummiring oder mit Bindfaden, damit die Schnecken nicht ausreißen (sie können nämlich an glatten Glaswänden hochkriechen).

Stelle das Glas an einen schattigen Ort, besprühe die Erde gelegentlich mit Wasser, damit sie schön feucht bleibt und lege ab und zu ein Salatblatt hinein – dann kannst du die Schnecken ein paar Tage lang beobachten.

Um die Tiere genauer unter die Lupe zu nehmen, legst du sie auf einen Bogen schwarzes Zeichenpapier – am besten genau in die Mitte, umgeben von Apfel- und Selleriestückchen und ein paar Getreideflocken. Beobachte, was sie tun.

Das passiert: Die Schnecken hinterlassen auf dem Papier Spuren, während sie langsam auf ihre Lieblingsspeise zukriechen. Hast du mal eine umgedreht um nachzuschauen, wie sie sich übers Papier bewegt?

Warum? Schnecken bewegen sich mithilfe wellenförmiger Bewegungen ihres kräftigen Fußes fort und hinterlassen dabei eine Schleimspur. Die Schleimschicht schützt sie vor scharfkantigen Steinen und anderen gefährlichen Dingen, über die sie hinweggleiten. (Eine Schnecke kann sogar eine Rasierklinge überqueren, ohne sich dabei zu verletzen.) Die meisten Schnecken mögen am liebsten Nahrung, die viel Wasser enthält wie frische Blätter und anderes Grünzeug. Aus diesem Grund sind sie bei Gärtnern höchst unbeliebt. Lass die Schnecken nach dem Experiment trotzdem wieder frei.

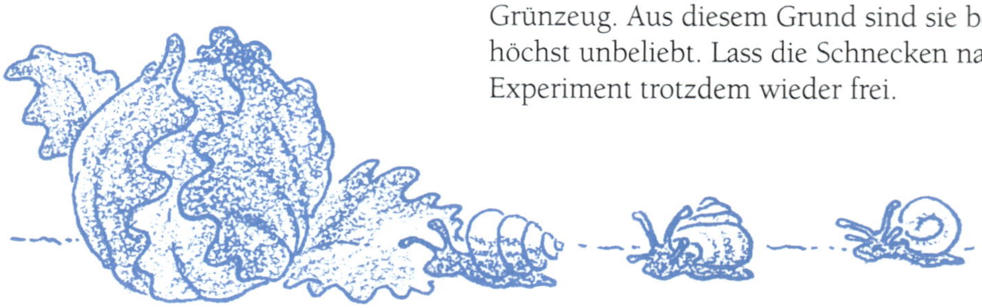

272 Ameisen auf der Pirsch

WAS DU BRAUCHST

großes, bauchiges Glas mit Schraubdeckel
kleine Schaufel oder Pflanzkelle
lockerer oder sandiger Boden mit Ameisen
schwarzes Zeichenpapier
Wasser
Untertasse
Zuckerwasser (2–3 große Löffel voll in einer Tasse Wasser aufgelöst)
große Kuchenform
kleine Obststücke

Bei einem Picknick sind Ameisen eher ungebetene Gäste – aber du kannst sie ja mal auf einen Kurzbesuch zu dir nach Hause einladen und genauer studieren.

So wirds gemacht: Sieh dich in deiner Gegend um – vielleicht findest du irgendwo ein verrottetes Stück Holz, in dem sich Ameisen sehr gerne aufhalten, oder eine Stelle, an der besonders viele Ameisen herumkrabbeln. Fülle etwas Erde in das Glas und gib möglichst viele Ameisen dazu. Schraube den Deckel auf das Glas. Zuhause umklebst du es von außen mit schwarzem Zeichenpapier, damit es im Glas ganz dunkel ist. Gieße etwas Wasser in die Kuchenform, stelle die Untertasse umgedreht mitten hinein und darauf das Glas. Dann erst schraubst du den Deckel ab. (Das Wasser hält die Ameisen davon ab auszureißen). Sprenkle etwas Zuckerwasser über die Erde und gebe ein oder zwei kleine Obststücke ins Glas.

Das passiert: Die Ameisen beginnen in der Erde Gänge zu graben. Sofern es dunkel genug ist, tun sie das ganz dicht an der Glaswand. Wenn du einmal pro Woche kurz das schwarze Papier abnimmst, kannst du genau sehen, welche Fortschritte die emsigen Tunnelbauer gemacht haben.

Warum? Viele Ameisen leben unter der Erde in großen Kolonien. Jede Ameise hat eine bestimmte Aufgabe, damit das Leben in der Kolonie geregelt ablaufen kann. Die meisten Ameisen, die so genannten »Arbeiterinnen«, sind für den Bau der Gänge und der kleinen Höhlen zuständig, in denen sich das Leben der Kolonie abspielt. Dort fressen, schlafen und arbeiten die Ameisen. Wusstest du, dass es auf der Erde über 12 000 verschiedene Ameisenarten gibt?

Hinweis: Lass die Ameisen nach diesem Experiment wieder frei.

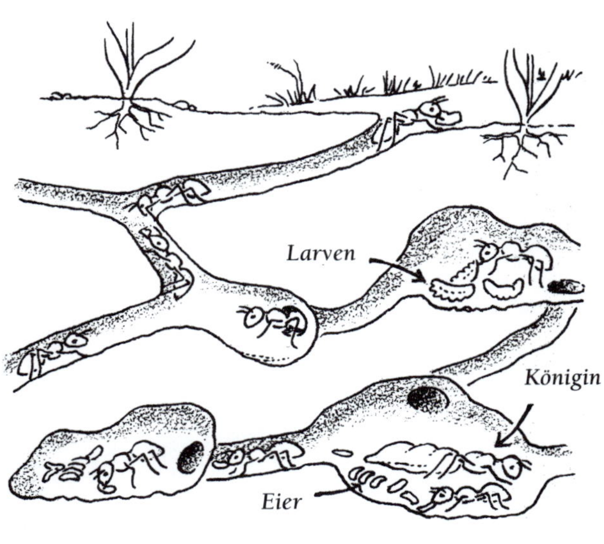

273 Oh Schreck – Heuschrecken!

Wahrscheinlich wäre es dir nie in den Sinn gekommen, Heuschrecken als Haustiere in der Wohnung zu halten – aber in einigen Ländern, zum Beispiel in Japan, sind sie hoch geschätzte Mitbewohner.

WAS DU BRAUCHST

große runde Pappdose
scharfes Messer oder Cutter
ein Erwachsener als Assistent
Seidenstrumpf (hellfarbig)
Farbmarkierer oder Plakafarben
trockene Erde
kleine Zweige
Kronkorken
kleine Schüssel
Pappröhren (von Klopapierrollen)
zerrissene Papierstücke
Heuschrecken (Zoohandlung)
Kleie- oder Haferflocken
Apfel- oder Kartoffelscheibchen

So wirds gemacht: Male auf die Außenwand der leeren Dose große »Fenster« auf (siehe Abb.). Lass diese Fenster von einem Erwachsenen mit einem scharfen Messer ausschneiden (das ist ziemlich schwer und du könntest dich dabei leicht verletzen, also überlasse diese Arbeit lieber deinem Assistenten). Entferne die Reste von dem Klebeetikett auf der Dose und bemale den »Käfig« mit Plakafarbe oder mit Farbmarkern.

Stelle eine kleine Schüssel hinein und fülle den Käfigboden und das Schüsselchen mit trockener Erde, bis gerade noch der Schüsselrand herausragt. Drücke den Kronkorken mit der beschichteten Seite nach unten in die Erde und ziehe von unten einen Seidenstrumpf über den Käfig. Gib noch ein paar Papierschnitzel und eine oder zwei Pappröhren in den Käfig. Besprenge die Erde mit etwas Wasser und halte sie von nun an stets leicht feucht! Fülle den Kronkorken mit Wasser – er dient den Bewohnern als Tränke. Dann setzt du sechs oder sieben Heuschrecken in den Käfig und knotest den Seidenstrumpf oben zu, damit sie nicht entwischen können. Heuschrecken sind sehr genügsam; sie brauchen nur ab und zu etwas Kleie oder Haferflocken, regelmäßig frisches Wasser und ab und zu ein Stückchen Apfel oder Kartoffel.

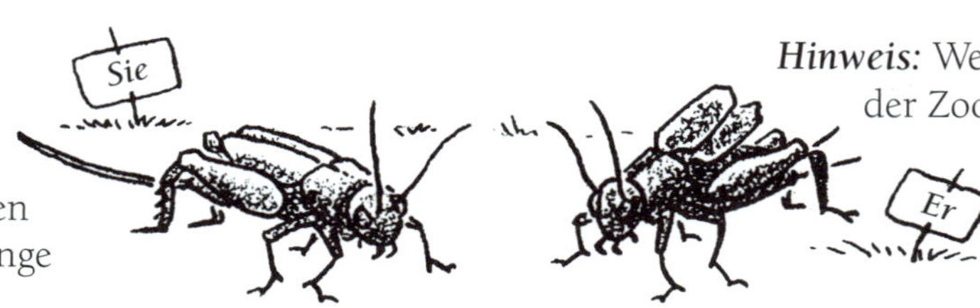

Das passiert: Die Heuschrecken werden sich dieser Behausung pudelwohl fühlen! Die Weibchen legen womöglich Eier in die feuchte Erde legen, deshalb solltest du darauf achten, dass sie nicht austrocknet! Mit etwas Glück kannst du beobachten, wie die Jungen (»Nymphen« genannt) ausschlüpfen und sich in etwa acht Wochen zu ausgewachsenen Heuschrecken entwickeln.

Warum? Heuschrecken stellen keine hohen Ansprüche an ihre Umgebung. Sie sind zufrieden, wenn es feucht ist und sie genug zu fressen haben.

Hinweis: Wenn du die Heuschrecken in der Zoohandlung besorgst, achte darauf, dass du Männchen und Weibchen erhältst. Die Weibchen erkennst du daran, dass sie am Hinterleib eine Art langen Stachel tragen (den nennt man Ovipositor) – mit dem legen sie ihre Eier ab.

274 Die spinnen!

Spinnennetze gibt es in allen nur denkbaren Formen und Größen. Hier zeigen wir dir, wie du sie dauerhaft präparieren kannst.

WAS DU BRAUCHST

- durchsichtige Klebefolie (Bucheinbandfolie)
- Klebeband
- schwarzes Zeichenpapier
- Haarspray

So wirds gemacht: Packe das Haarspray, das Klebeband und das schwarze Zeichenpapier ein und mache dich draußen auf die Suche nach einem Spinnennetz. (Vergewissere dich, dass die Spinne nicht daheim ist.) Wickle dir aus Klebebandstreifen fünf Ringe um die Fingerkuppen, mit der klebrigen Seite nach außen. Damit kannst du das schwarze Zeichenpapier senkrecht halten ohne dass es herunterfällt. Führe das Papier nun langsam von hinten gegen das Spinnennetz und besprühe es von vorne vorsichtig mit Haarspray, so dass es gegen das Papier gedrückt wird. Dann bewegst du das Papier mit dem daran haftenden Spinnennetz sehr behutsam nach hinten weg. Sei sehr vorsichtig – so ein Spinnennetz ist sehr zart und kann leicht zerreißen.

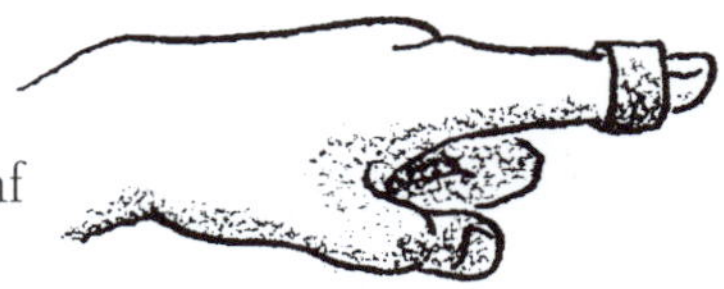

Daheim überklebst du das Spinnennetz und das schwarze Papier mit einem Stück durchsichtiger Plastikfolie und schlägst diese wie bei einem Bucheinband nach hinten um. Auf diese Weise kannst du mehrere Spinnennetze sammeln und sie dann miteinander vergleichen.

Hinweis: Diese Methode braucht etwas Übung – verliere also nicht den Mut, wenn es nicht gleich beim ersten Mal klappt.

Das passiert: Das Haarspray drückt das Gespinst gegen das Papier und sorgt gleichzeitig dafür, dass es daran haften bleibt. Unter der transparenten Klebefolie ist das Netz gut geschützt. Wenn du die Folienränder auf die Rückseite des schwarzen Papiers umschlägst, ist das Spinnennetz sogar luftdicht abgeschlossen und kann nicht beschädigt werden.

Warum? Fast jede Spinnenart baut ihr ganz eigenes Netz. Es dient den Tieren als Behausung und als Fangvorrichtung für ihre Beute. Insekten und andere kleine Tiere, die sich in den Fäden des Netzes verfangen, dienen der Spinne als Nahrung. Wenn sie gerade keinen Hunger hat, spinnt sie die Beute einfach ein und hebt sie für später auf.

Wusstest du, dass ein Spinnennetz,an dessen einzelnen Fäden am frühen Morgen überall Tautropfen glitzern, als eines der schönsten Kunstwerke der Natur gilt?

275 Fangnetz

Mit diesem praktischen Netz kannst du fliegende oder hüpfende Insekten ganz leicht einfangen.

WAS DU BRAUCHST

Drahtbügel
Stab, 125 cm lang und etwa 5 cm dick
selbstklebendes Gewebeband
Maßband
Nylongaze (feinmaschiges Netzgewebe)
Schere
Baumwollstreifen, etwa 5 cm breit
Nadel und Faden

So wirds gemacht: Forme den unteren Teil des Drahtbügels zu einem Kreis und biege den Haken zu einem geraden Stiel. Diesen befestigst du mit dem Gewebeband an einem Ende des Stabes. Messe den Umfang des Drahtkreises aus. Schneide aus der Nylongaze ein Stück aus, das die gleiche Form hat wie auf unserer Abbildung. Die Länge der geraden Kante muss dem Umfang des Drahtkreises entsprechen. An diese Längskante wird der Baumwollstreifen angenäht. Anschließend nähst du die runden Seitenteile zusammen. Lege das Netz über den Drahtkreis und falte den Baumwollstreifen um, so dass der Draht ringsum eingeschlossen wird. Nun wird noch einmal um den Baumwollstreifen herum genäht, damit der Draht nicht herausrutscht. Mit diesem Netz kannst du die unterschiedlichsten Insekten einfangen – aber halte dich fern von Bienen oder Wespen, weil du sonst leicht gestochen werden kannst! Wenn du etwas im Netz hast, drehe rasch den Stab herum, damit sich das Netz »schließt« und das Insekt nicht mehr herauskann. (Diese Bewegung solltest du vielleicht vorher ein paarmal üben.)

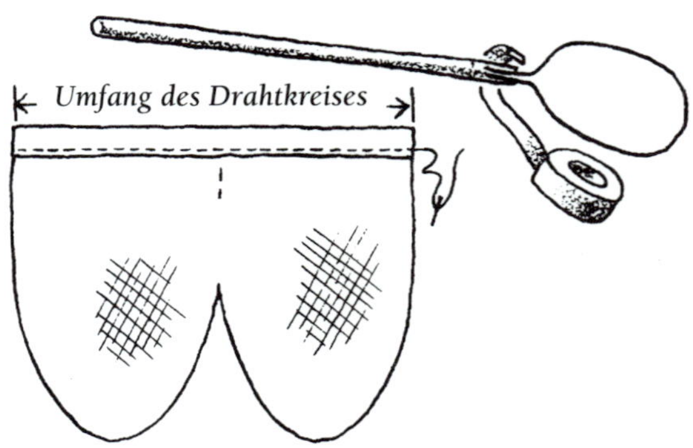

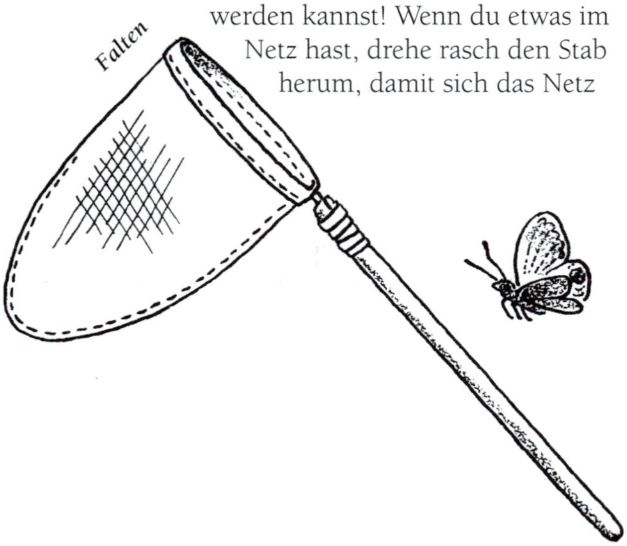

Das passiert: Mit diesem Netz wirst du viele interessante Tiere einfangen. Einige davon willst du sicher ein paar Tage lang beobachten um herauszufinden, wie sie genau aussehen und wie sie sich verhalten. Aber dann solltest du sie wieder freilassen.

276 Mehlwurm-Kolonie

WAS DU BRAUCHST

Mehlwürmer (Zoohandlung; sie werden in verschiedenen Größen angeboten)
kastenförmiger Plastikbehälter mit Abdeckung
Kleie
Mehl
Brot
Äpfel

Dieses Tier kommt dir wahrscheinlich eher unscheinbar vor, aber du kannst es ja mal eine Weile bei dir daheim beobachten. Da könnten so einige merkwürdige Dinge passieren …

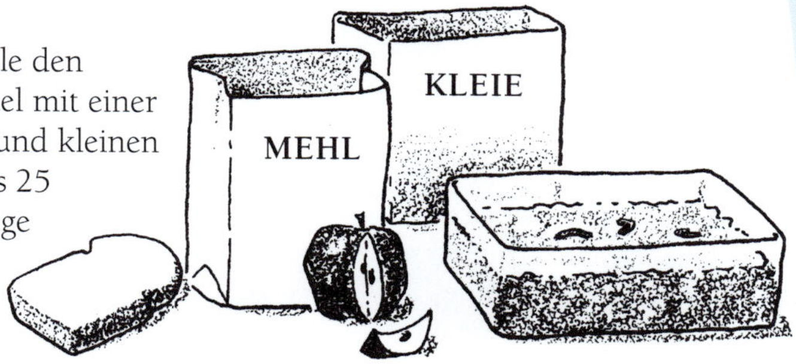

So wirds gemacht: Fülle den Behälter zu etwa zwei Drittel mit einer Mischung aus Kleie, Mehl und kleinen Brotstückchen. Setze 20 bis 25 Mehlwürmer hinein und lege den Deckel auf. Hebe den Deckel alle paar Tage ab oder lass von einem Erwachsenen ein paar Luftlöcher hineinbohren. Stelle den Behälter an einen warmen Ort – ideal wäre eine Temperatur von 24–26 °C. Gib alle paar Tage eine frische Apfelscheibe hinein.

Das passiert: Es hängt davon ab, wie lange du die Mehlwürmer hältst und beobachtest und wie alt sie sind.

Warum? Der Mehlwurm ist die Larve des Schwarzkäfers. (Eine Larve ist ein Tier in einem frühen Entwicklungsstadium.) Die jungen Mehlwürmer wachsen etwa 6 Monate, bevor sie sich verpuppen. In diesem Puppenstadium verharren sie etwa drei Wochen. Danach schlüpfen sie als fertige Käfer aus ihrem Kokon (Schutzhülle) heraus – und es beginnt ein neuer Lebenszyklus: Käfermännchen und -weibchen paaren sich, das Weibchen legt Eier, aus den Eiern schlüpfen Larven (Mehlwürmer), aus den Mehlwürmern werden Puppen und aus den Puppen entwickeln sich wieder Käfer. Wenn du durch die Wände in den Behälter hineinschaust oder die Mehl-Kleie-Mischung vorsichtig mit den Fingern durchsuchst, kannst du alle Entwicklungsstadien dieses Insektes mitverfolgen (Ei, Larve, Puppe, Käfer). Die Kleieflocken liefern den Tieren alle Nährstoffe, die sie brauchen und die Apfelstückchen die notwendige Feuchtigkeit.

Mehlwürmer werden oft als Futter für andere Tiere gezüchtet (Eidechsen und Salamander sind ganz wild darauf). Sie sind in der Natur in vielen Gegenden reichlich vertreten und tummeln sich tief in der Erde. Wenn du deine Mehlwurm-Kolonie regelmäßig mit Kleie und Apfelstückchen versorgst, kannst du diese Tiere eine ganze Weile lang beobachten. Später solltest du sie dann an einem warmen, feuchten Ort freilassen – zum Beispiel neben einem verrottenden Baumstamm.

277

Bienenhaus

Bienenstiche können gefährlich sein, aber für Natur und Umwelt sind Bienen sehr wichtig.
Hier ist eine Möglichkeit, wie man ihnen das Leben etwas erleichtern kann.

WAS DU BRAUCHST

25 dicke Trinkhalme
Klebeband
Modellierton
Bindfaden
ein Erwachsener als Assistent (eventuell)

So wirds gemacht: Verstopfe ein Ende von jedem Trinkhalm mit Modellierton. Fasse die Halme so zu einem Bündel zusammen, dass ein paar zugestopfte Enden in die eine und ein paar in die andere Richtung zeigen. Klebe das Bündel fest zusammen und bringe es mit Klebeband oder Bindfaden quer liegend unter einem Fensterbrett, einer Regenrinne oder unter dem Vordach eures Hauses an (wenn das zu hoch ist, lass dir von einem Erwachsenen dabei helfen). Die Stelle sollte möglichst sonnig sein. Wer Lust hat, kann gleich mehrere solcher Bündel an verschiedenen Stellen im Freien anbringen.

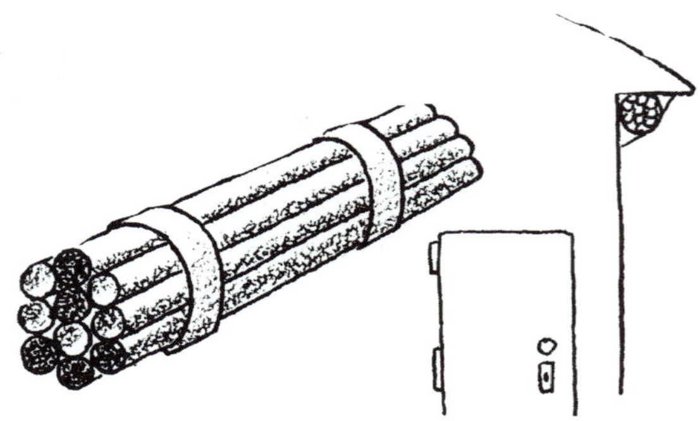

Das passiert: Wahrscheinlich werden sich Bienen einfinden und es sich in diesem bequemen Fertigbau häuslich einrichten. Dann kannst du ihr geschäftiges Treiben gut beobachten.

Hinweis: Aber störe sie nicht, sonst könntest du gestochen werden!

Warum? Ein Bienenstock besteht aus vielen kleinen Zellen und Gängen. Darin versorgen die Bienen ihre Jungen und bewahren den Honig auf. Dein »Trinkhalmbau« kommt den Wohnbedürfnissen der Bienen also sehr entgegen. Ob jedoch tatsächlich Bienen kommen, hängt davon ab, wo du wohnst, welche Art von Bienen es in eurer Gegend gibt und welche Jahreszeit gerade ist (der günstigste Zeitpunkt ist Anfang Frühling). Manche Bienenarten sind außerdem sehr eigen, was ihre Behausung betrifft.

278

Eigene Krebszucht

WAS DU BRAUCHST

Artemia-Eier von Salinenkrebschen (aus dem Zoogeschäft)
nicht jodiertes Speisesalz (oder Salz für Meerwasseraquarien)
Topf oder Eimer (2 l)
Wasser
Teelöffel
Pipette
Lupe oder Mikroskop
abgestandenes Leitungswasser (siehe Text)

Diese Krebstierchen sind winzig klein, aber höchst bemerkenswert! Und es macht Spaß, sie zu züchten.

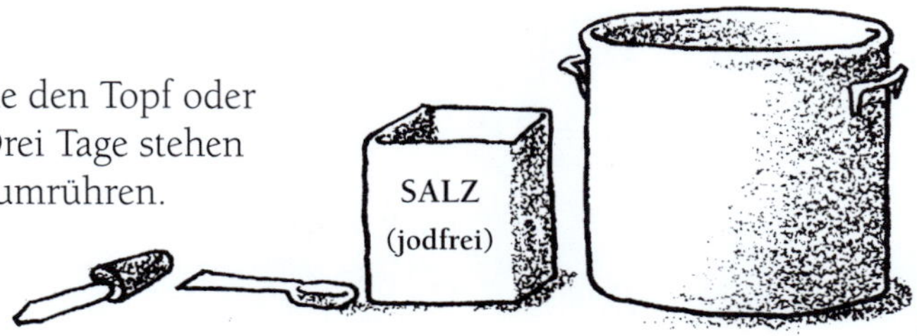

So wirds gemacht: Fülle den Topf oder Eimer mit 2 Liter Wasser. Drei Tage stehen lassen und zwischendurch umrühren. (Leitungswasser enthält oft Chlor, das für die Krebschen tödlich ist. Wenn das Wasser eine Weile steht, kann sich das Chlorgas verflüchtigen.) Löse dann 5 Teelöffel nicht jodiertes Salz in dem Wasser auf. Gib einen halben Teelöffel Artemia-Eier in das Salzwasser und stelle den Topf an einen sonnigen Ort. Nimm mit der Pipette ein paar Eier aus dem Wasser und sieh sie dir sie unter der Lupe oder dem Mikroskop an. Untersuche jeden Tag einen Tropfen Wasser. Wenn du Zeichnungen anfertigst, kannst du in deinem Tagebuch die verschiedenen Wachstumsstadien der Krebschen dokumentieren.

Das passiert: Die Krebschen beginnen nach etwa zwei Tagen zu schlüpfen. Sie entwickeln sich im Salzwasser, bis sie ausgewachsen sind. Diesen Wachstumsprozess kannst du viele Tage lang beobachten.

Warum? Die Artemia-Eier aus dem Zoogeschäft enthalten Salinenkrebs-Embyros. Diese befinden sich in einem so genannten »Trockenschlafstadium«, in dem sie lange Zeit überleben können – besonders wenn sie trocken gelagert werden. Sobald sie in Salzwasser gelangen, »erwachen« sie und schlüpfen aus. Obwohl sie so winzig sind, kannst du beobachten, dass sie nach einigen Tagen größer werden.

Hinweis: Artemia-Eier dienen als Aufzucht- und Lebendfutter vor allem für Aquarienfische.

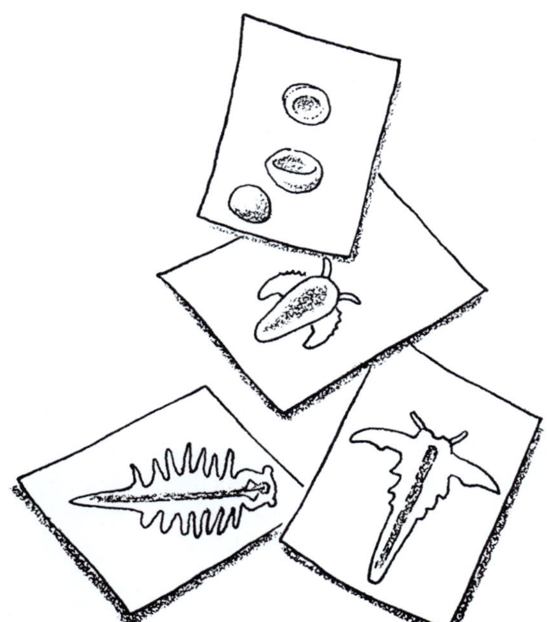

279 Gut getarnt!

Um nicht gefressen zu werden, müssen sich kleinere Tiere oft vor größeren verstecken. Manche Tiere schützen sich, indem sie sich eine Tarnfärbung zulegen – das heißt sie passen ihre Körperfarbe so den Farben ihrer Umgebung an, dass sie kaum mehr wahrzunehmen sind.

WAS DU BRAUCHST

100 grüne und 100 rote Zahnstocher (Partybedarf, Haushaltsabteilung oder Supermarkt)
Assistent
Uhr oder Stoppuhr

So wirds gemacht: Bitte deinen Assistenten, die 200 Zahnstocher zu vermischen und auf einer Fläche von etwa 20 Quadratmetern auf einer Grasfläche zu verstreuen (in eurem Garten oder im Park). Dann sammelst du die Zahnstocher auf und lässt von deinem Assistenten währenddessen 1 Minute, 2 Minuten und 3 Minuten abstoppen. Nach jeder Minute legst du die bis dahin gefundenen Zahnstocher auf einen kleinen Haufen beiseite.

Das passiert: Nach einigen Minuten stellst du wahrscheinlich fest, dass du mehr rote als grüne Zahnstocher findest. Zähle später genau nach, wie viele rote und wie viele grüne du in welcher Zeit gefunden hast.

Warum? Die grünen Zahnstocher sind im grünen Gras schwerer zu sehen. Tiere, die sich farblich an ihre Umgebung anpassen können, schützen sich damit also vor ihren Feinden. Grüne Eidechsen können sich in einer Umgebung mit grünen Büschen und Pflanzen leichter verstecken als gelbe oder rote. Diese würden von ihren Fressfeinden (anderen Tieren, die sie jagen und fressen würden) sofort gesehen.

Du siehst mich nicht ...

Tarnung ist die Fähigkeit eines Lebewesens (Pflanze oder Tier), sich farblich oder durch seine Gestalt an seine Umgebung anzugleichen. So wird es nicht so leicht entdeckt. Eine bestimmte Insektenart mit dem Namen »Wandelndes Blatt« imitiert in Form und Farbe ein Blatt und ist daher auf einem Baum oder Ast kaum erkennbar. Manche Raupenarten rollen sich bei Gefahr zusammen und sehen dann aufgrund ihrer Färbung aus wie Vogelkot. Einige Spinnenarten haben Körpermerkmale, die wie Blütenteile einer Pflanze aussehen. Sie können somit gut getarnt auf einer Blume sitzen und auf Beute lauern, ohne selbst zur Beute zu werden. Wüstenpflanzen aus der Gattung Lithops – auch »Lebende Steine« genannt – ähneln in Form und Farbe verblüffend kleinen Steinen und werden daher nicht so leicht gefressen.

Auch Mimikry – dabei wird die Färbung bzw. Gestalt eines anderen Lebewesen nachgeahmt – ist eine gute Art, sich zu schützen. Es gibt etliche Tiere, die giftig oder ungenießbar sind, so dass sie von größeren Tieren wohlweislich gemieden werden. Dies machen sich andere kleine Tiere zunutze, die eigentlich ungefährlich und genießbar sind: Sie ahmen Farbe, Körperzeichnung oder Verhalten der gefährlichen Arten nach und halten sich auf diese Weise Fressfeinde vom Leibe. Eine bestimmte Fliegenart sieht zum Beispiel wie eine gefährliche Stechwespe aus, ein wohlschmeckender Schmetterling hat sich das Aussehen einer ungenießbaren Mottenart zugelegt und eine Raupenart hat auf ihrem Körper ein Muster, das aussieht wie die Augen eines riesigen Vogels.

280 Tierpatenschaft

Wie wäre es, wenn du ein Tier adoptierst, das vom Aussterben bedroht ist?

Wende dich an den nächst gelegenen Zoo und erkundige dich, ob dort Tierpatenschaften angeboten werden. (Bespreche dich aber vorher mit deinen Eltern.) Für ein paar Euro kannst du die Patenschaft für ein Tier übernehmen; oft bekommst du auch ein Foto und interessante Informationen über dein »Patentier«. Mit deiner Spende trägst du zu den Futter- und Unterhaltskosten bei.

Du kannst auch deinem Lehrer und deinen Schulkameraden davon erzählen. Vielleicht wollt ihr ja die Patenschaft gemeinsam übernehmen? Ihr könnt Geld sammeln oder jeder einen kleinen Betrag beisteuern – und euer Patentier vielleicht sogar besuchen.

281 Auf Schritt und Tritt

Tiere hinterlassen überall Spuren. Hier erfährst du, wie du diese Abdrücke konservieren kannst.

WAS DU BRAUCHST

großer Milchkarton, in etwa 2,5 cm hohe Vierecke zerschnitten (Oberteil und Unterteil wegwerfen)

ausgediente Schüssel oder alter Topf

Gips (Bastel- oder Hobbybedarf)

Wasser

So wirds gemacht: Suche deine Gegend nach einer Spur ab, die ein Tier in weichem Boden hinterlassen hat (Katzen- oder Hundespur, Rehspur im Wald usw.) Lege ein Kartonviereck um den Abdruck und drücke es etwas in den Boden (passe auf, dass die Spur dabei nicht zerstört wird).

Mische das Gipspulver nach Herstellerangaben in der Schüssel mit Wasser an, bis die Masse etwa so dickflüssig ist wie ein Milchshake. Gieße die Gipsmasse bis zur Oberkante in das Kartonviereck und warte etwa eine Stunde ab, bis sie hart geworden ist. Dann hebst du die »Gussform« vom Boden und schälst den Karton ab.

Das passiert: Du hast nun einen Gipsabdruck bzw. ein Model von der Tierspur. (Der Gipsabdruck ist die erhöhte Nachbildung des Fußabdrucks). Wer mag, kann Gipsabdrücke von unterschiedlichen Tierspuren anfertigen und auf einem Regal ausstellen.

Warum? Wenn Tiere über feuchten Boden laufen, hinterlassen ihre Pfoten oder Krallen Spuren. Untersucht man diese Spuren einmal genauer, kann man Einiges über das betreffende Tier erfahren, wie es sich fortbewegt und manchmal sogar warum es diesen Weg genommen hat. Sind die Spuren im vorderen Teil des Abdrucks tiefer eingegraben als hinten, hatte es das Tier sehr eilig. Sind bei einem Vierfüßler die vier Abdrücke unterschiedlich tief, ist es womöglich gehumpelt. Das kann ebenso gut von einer alten wie von einer frischen Verletzung herrühren.

282 Tierischer Soundtrack

Du wirst verblüfft sein, wie viele verschiedene Tiergeräusche du in eurer Nachbarschaft wahrnehmen kannst!

WAS DU BRAUCHST

Kassettenrekorder (mit Mikrofon an einem langen Kabel)

Besenstiel oder langer Stock

So wirds gemacht: Befestige das Mikro mit Klebeband am Ende des Besenstiels. Gehe an einem trockenen, windstillen Tag ins Freie und halte das Mikrofon in die Nähe von verschiedenen Tierbehausungen (zum Beispiel Vogelnest, Bienenstock, Wespennest etc.).

Du kannst das Mikro entweder nahe an die Behausung halten oder den Stiel einfach in die Erde stecken. Passe aber auf, dass du keine anderen Tiere störst, die sich in der Nähe aufhalten. Schalte das Mikro ein und nimm die Töne und Geräusche auf. Notiere, von wie vielen oder welchen Tierarten du Geräusche aufgenommen hast und zu welcher Tageszeit.

Hinweis: Es ist wichtig, dass kein Wind weht, weil empfindliche Mikrofone die Windgeräusche oft mit aufnehmen, wodurch die Tierlaute überdeckt werden können.

Das passiert: Auf deinen Kassetten wirst du die vielen verschiedenen Geräusche hören, die die Tiere in deiner Nachbarschaft von sich geben.

Warum? Insekten und Vögel geben bei ihren Aktivitäten alle möglichen Laute und Geräusche von sich: Sie »unterhalten« sich mit Artgenossen, warnen sie, rufen nach ihrem Partner oder informieren darüber, wo es gerade reichlich zu fressen gibt. Fange mit dem Rekorder möglichst viele Tiergeräusche ein und kombiniere sie mit Fotos, Zeichnungen und Informationen über Verhalten und Gewohnheiten der jeweiligen Tiere.

283 Schon gewusst?

- Ein Spulwurm lebt nur 12 Tage; ein Stör (ein Meeresfisch) dagegen kann über 150 Jahre alt werden.
- Bei den Heuschrecken liegen die Gehörorgane an den Hinterbeinen.
- Eine Ameise kann das 50fache ihres eigenen Körpergewichtes transportieren – zwischen den Kiefern.
- Eine gewöhnliche Schnecke besitzt bis zu 10 000 raspelartige Zähne, die alle auf ihrer Zunge sitzen.
- Um schlucken zu können, muss ein Frosch die Augen schließen.
- Die Texas-Krötenechse vermag aus ihren Augenwinkeln Blut zu spritzen.
- Die Rollertaube kann während des Fliegens einen Rückwärtssalto schlagen.
- Die Gottesanbeterin ist die einzige Insektenart, die ihren Kopf drehen kann, ohne irgendeinen anderen Körperteil dabei zu bewegen.
- Könnte man alle Landtiere der Erde wiegen, dann würden Ameisen 10 bis 15 % des Gesamtgewichtes ausmachen.
- Wissenschaftler haben herausgefunden, dass die gewöhnliche Hausfliege in der Tonart »F« summt.
- Um 2,2 kg Honig zu produzieren, müssen Bienen den Nektar von 2 Millionen Blüten sammeln.
- Die meisten Säugetiere leben etwa 1 Milliarde Herzschläge lang.
- Ein Moskito hat 46 Zähne.

Ökosysteme nah und fern

Ein ökologisches System, oder kurz Ökosystem, ist eine Lebensgemeinschaft von Organismen. In einem solchen Ökosystem leben zum Beispiel Tiere und Pflanzen.

Wissenswertes über Ökosysteme

Alle Lebewesen, die in einem bestimmten Gebiet beheimatet sind, bilden dort eine Gemeinschaft. Ob Tier oder Pflanze – alle sind jeweils voneinander abhängig und brauchen die anderen zum Überleben. Manche Tiere ernähren sich von Pflanzen, die wiederum auf andere Pflanzen angewiesen sind, und einige Tiere fressen andere Tiere. Somit sind alle Lebewesen eines Ökosystems Teil einer oder mehrerer Nahrungsketten. Dabei werden Energie und Stoffe in Form von Nahrung von einer Stufe des Ökosystems an die nächste weitergegeben.

Der Mensch benötigt zum Überleben eine Vielzahl von Tieren und Pflanzen. Die Wechselbeziehungen zwischen den Lebewesen untereinander zu verstehen, ist ein wesentlicher Teil der Naturwissenschaft. Mit den Experimenten im folgenden Kapitel kannst du eine spannende Reise in die Ökosysteme deines eigenen Lebensraums unternehmen.

284 Artenreichtum

WAS DU BRAUCHST

4 angespitzte Bleistifte oder Stöckchen
Bindfaden (etwa 130 cm lang)
Lupe oder Vergrößerungsglas

Du wirst erstaunt sein, wie viele verschiedene Lebewesen es in deiner Umgebung gibt!

So wirds gemacht: Gehe in euren Garten oder einen nahe gelegenen Park. Stecke die Stifte an einer geeigneten Stelle in den Boden, so dass sie eine etwa 30 x 30 cm große quadratische Fläche markieren. Binde den Faden um die Stifte, so dass ein »Mini-Boxring« entsteht. Hocke oder lege dich hin und beobachte genau, was sich darin tut. Schreibe auf, welche Pflanzenarten dort wachsen, welche Tiere sich darin befinden und wie sie sich fortbewegen (hüpfend, kriechend, krabbelnd, gleitend). Kehre in den nächsten Wochen regelmäßig zu diesem Fleckchen Erde zurück, um es zu beobachten und Aufzeichnungen zu machen.

Das passiert: Zum Schluss hast du eine lange Liste von Tieren und Pflanzen. Wahrscheinlich bist du selbst überrascht über die große Anzahl verschiedener Lebensformen, die sich allein auf dieser kleinen Fläche befinden oder durch sie hindurchspaziert sind!

Warum? Überall wimmelt es von Leben! Man muss sich nur die Zeit nehmen, einmal stehen zu bleiben und sich etwas umzuschauen, um all die Lebewesen wahrzunehmen, mit denen man denselben Lebensraum teilt. Vielleicht entdeckst du dabei Tiere und Pflanzen, von denen du nicht einmal wusstest, dass es sie gibt!

285 Schlupfwinkel überall

WAS DU BRAUCHST

Notizblock
Fotoapparat
Film
ein Erwachsener

Wo halten sich Tiere auf? In welchen Schlupfwinkeln leben und schlafen sie? Sieh dich einmal in deiner Nachbarschaft um!

So wirds gemacht: Gehe mit einem älteren Freund oder einem Erwachsenen deine Umgebung ab und halte nach Orten Ausschau, wo sich Tiere aufhalten könnten. Achte dabei auf Nester, Baumstümpfe, Löcher, Höhlen, Ameisenhügel, Baumrinde, Risse in Gehsteigplatten und sieh auch unter Steinen nach. Von jedem »Wohnort«, an dem du ein Tier ausfindig gemacht hast, kannst du ein Foto aufnehmen oder eine Zeichnung anfertigen. Später kannst du die jeweiligen Tierarten bestimmen und Darstellungen von ihnen den Bildern ihrer »Wohnstätten« zuordnen. Vielleicht können dir deine Geschwister, deine Eltern oder ein Freund, der an der Uni studiert dabei helfen, die lateinischen Namen der Tiere herauszufinden. Die kannst du dann entweder in dein Tagebuch oder deinen »Feldbericht« eintragen.

Das passiert: Du wirst dich wundern, wie viele verschiedene Tierarten in deiner unmittelbaren Umgebung leben! Wahrscheinlich hast du viel mehr gefunden, als du am Anfang vermutet hattest.

Warum? Tiere sind einfach überall – ob hoch droben in den Baumwipfeln oder tief unter der Erde. Ihre Schlupfwinkel dienen ihnen dazu, ihre Jungen und sich selbst vor Wind und Wetter und vor ihren Feinden zu schützen. Meistens halten sie sich natürlich dort auf, wo sie reichlich Nahrung finden. Wohnen nicht auch wir Menschen aus diesen Gründen dort, wo wir wohnen?

286 Perfektes Heim

Hast du Lust, dein eigenes Miniatur-Ökosystem zu erschaffen?

WAS DU BRAUCHST

bauchige Plastikflasche (2 bis 3 l Fassungsvermögen)
scharfes Messer
ein Erwachsener als Assistent
Kieselsteine
Aquarienkohle (Zoogeschäft)
Erde
Wasser
kleine Pflänzchen (siehe Text)
kleine Tiere (siehe Text)
Gummiring oder Bindfaden
Tuch aus leichtem Stoff

So wirds gemacht: Lass von einem Erwachsenen den oberen Flaschenteil abschneiden. Gib auf den Boden eine Schicht Kieselsteinchen, vermischt mit Aquarienkohlestückchen. Darüber kommt eine etwa doppelt so hohe Schicht aus Erde. Die Erde musst du feucht halten, darfst sie aber nicht durchnässen (einfach ab und zu etwas frisches Wasser darübersprenkeln).

Setze kleine Pflanzen in die Erde – z. B. Moosstückchen, Farne, Flechten oder Lebermoos (erhältlich im Zoo- oder Aquariengeschäft). Wer mag, kann ein paar Grassamen aussäen. Lege auch ein paar Holzstückchen und Steine in die Flasche. Dann kommen ein paar kleine Tiere dazu – vielleicht Schnecken, Regenwürmer, eine kleine Schildkröte oder ein Fröschlein. Decke die Flasche eine Weile ab, damit sich darin eine feuchte Atmosphäre bildet; danach öffnest du sie spannst mit dem Gummiring oder dem Bindfaden ein dünnes, luftdurchlässiges Stofftuch über die Öffnung, damit Frischluft hinein gelangen kann. Die Flasche darf nicht direkt in der Sonne stehen. Und nicht vergessen, die Bewohner deines Mini-Ökosystems regelmäßig zu füttern!

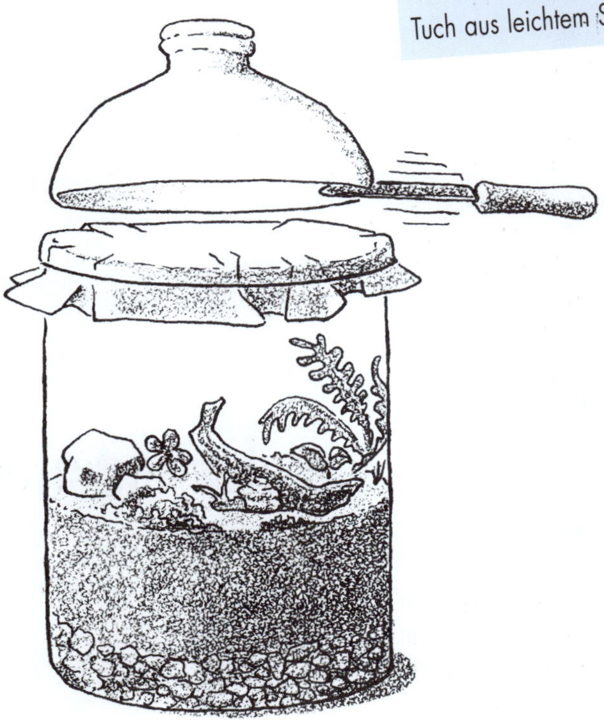

Das passiert: Solange du es feucht hältst, wird dein Ökosystem prächtig gedeihen. Wenn du Tiere darin hältst, solltest du vorher herausfinden, ob du in deinem Zoogeschäft geeignete Nahrung für sie bekommst.

Warum? Dieses Ökosystem ist eine Miniaturausführung eines natürlichen Feuchtgebietes. Tiere und Pflanzen können darin überleben, weil sie voneinander abhängig sind und weil alle ihre Bedürfnisse (Luft, Nahrung, Feuchtigkeit) in ihrem unmittelbaren Lebensraum erfüllt werden.

287 Miniaquarium

Hier zeigen wir dir, wie du dir aus ganz einfachen Mitteln preisgünstig ein eigenes kleines Heimaquarium bauen kannst.

WAS DU BRAUCHST

großer Mayonnaise-Behälter (frage in deiner Schul-Cafeteria oder in einem Restaurant danach)
Kies
gewaschener Sand (Aquariengeschäft)
Wasserpflanzen (siehe Text)
Guppies oder Goldfische
Wasserschnecken
Drahtgeflecht

So wirds gemacht: Wasche und spüle den Behälter sehr sorgfältig; ebenso den Kies und den Sand. (Gebrauchsfertigen, bereits vorgewaschenen Sand gibts im Aquariengeschäft.) Auf den Boden des Behälters kommt zunächst eine etwa 1 cm hohe Kiesschicht und darauf eine etwa 3 cm hohe Sandschicht. Anschließend füllst du den Behälter bis obenhin vorsichtig mit Leitungswasser und lässt das Ganze drei oder vier Tage stehen, damit sich das im Wasser enthaltene Chlorgas verflüchtigen kann.

Besorge dir in einem Aquariengeschäft zwei oder drei Wasserpflanzen (z. B. Elodea) und stecke sie in den Boden (achte darauf, dass sich die Wurzeln in der Sand-Kies-Schicht gut verankern können). Dann setzt du zwei oder drei Fische und ein paar Wasserschnecken in dein Aquarium. Zum Schluss deckst du den Behälter oben mit einem Stück Drahtgeflecht ab, damit die Schnecken nicht entwischen!

Das passiert: Auch dieses kleine Ökosystem wird sich eine Zeit lang selbst erhalten (solange du gelegentlich etwas Fischfutter hineingibst). Die Pflanzen und Tiere werden wachsen und gedeihen, aber auf Dauer wirst du eine preisgünstige Belüftungsvorrichtung brauchen, um die Sauerstoffversorgung sicherzustellen.

Warum? Pflanzen und Tiere brauchen einander, um zu überleben. In einer Wasserumgebung wie in deinem Aquarium liefern die Pflanzen Sauerstoff, den die Fische und Schnecken zum Atmen brauchen. Die Ausscheidungen der Fische liefern den Pflanzen Nahrung und fördern das Wachstum von Algen. Von diesen wiederum ernähren sich die Schnecken. Bei guter Pflege wird dieses Miniatur-Ökosystem in einem »natürlichen Gleichgewicht« bleiben.

288 Vor der eigenen Haustür

Wusstest du, dass man in Amerika seinen Garten oder Hof zu einem Naturschutzgebiet für Tiere und Pflanzen erklären lassen kann?

Die National Wildlife Federation betreibt ein »Wildlife Habitat Program« (»Projekt Natürlicher Lebensraum«). Auf Anfrage gibt sie Interessierten Informationen darüber, wie sie aus ihrem Garten ein Naturschutzgebiet machen können. Gegen eine geringe Gebühr senden Teilnehmer der Organisation einen Aktionsplan zu und bekommen dann ein Zertifikat, das ihren Garten oder Hof offiziell als »Backyard Wildlife Habitat« ausweist.

289

Dufter Versuch

Nach dem Absterben beginnen organische Stoffe zu verfaulen – solche Zersetzungsprozesse finden in der freien Natur fortlaufend statt. Mit diesem Experiment kannst du herausfinden, was dabei geschieht.

WAS DU BRAUCHST

4 kleine, luftdicht verschließbare Plastiktüten
1 Banane
Messer
2 Päckchen Trockenhefe
Wasser

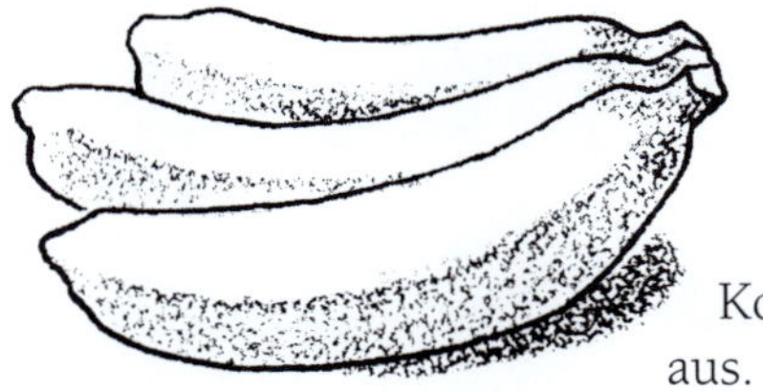

So wirds gemacht: Beschrifte die Tüten mit den Buchstaben A, B, C und D. In Tüte »A« kommen ein paar Bananenscheiben; in Tüte »B« ebenfalls und dazu ein Päckchen Trockenhefe; in Tüte »C« gibst du ein paar Bananenscheiben und etwas Wasser und in Tüte »D« kommen Bananenscheiben, etwas Wasser und das zweite Päckchen Trockenhefe. Alle Tüten dicht verschließen und ein paar Tage auf einem sonnigen Fensterbrett liegen lassen.

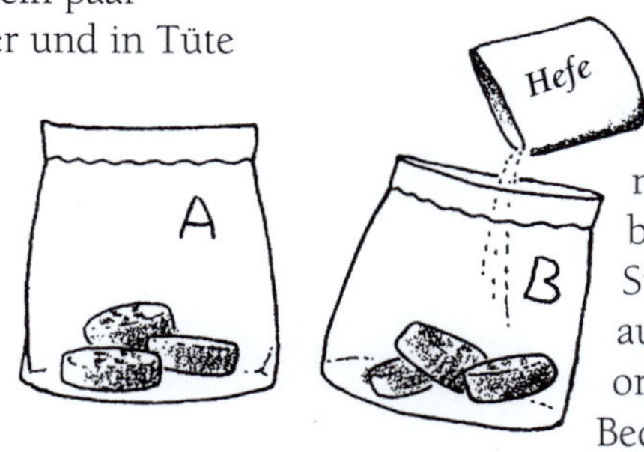

Das passiert: Die Bananenscheiben in Tüte »A« haben sich leicht dunkel verfärbt. Die Hefe in Tüte »B« vermehrt sich nur langsam, aber die Bananenscheiben haben sich etwas verändert. Die Bananenscheiben in Tüte »C« wirken bereits etwas angefault und haben leicht Schimmel angesetzt. In Tüte »C« haben sich die Bananenscheiben am meisten verändert – hier hat der Fäulnisprozess voll eingesetzt. Die Flüssigkeit schäumt etwas und das Kohlendioxidgas dehnt die Tüte bereits aus. Sollte sie aufplatzen, wird sich im Zimmer ein bestialischer Gestank verbreiten.

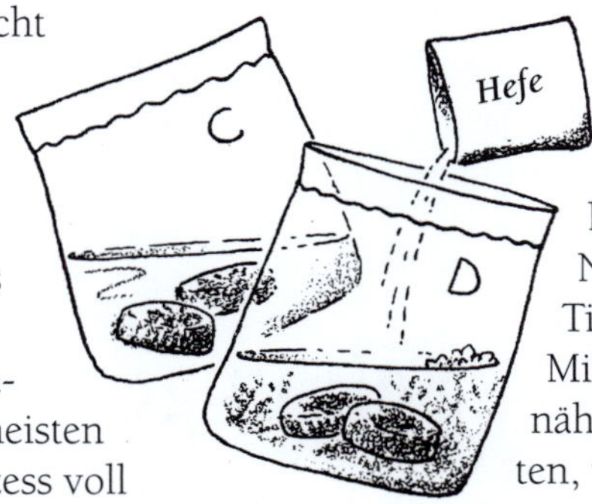

Warum? Wenn Pflanzen und Tiere sterben, bilden sie für Mikroorganismen willkommene Nahrung. Diese leben von abgestorbenen organischen Stoffen und zersetzen sie. Hefe besteht aus Millionen solcher kleiner Mikroorganismen, die sich unter günstigen Bedingungen – Vorhandensein von Feuchtigkeit, Wärme und Nährstoffen – rasend schnell vermehren. Und dabei zersetzen sie z. B. die Bananenscheiben in Tüte »D«. Die gleichen Prozesse finden auch draußen in der Natur statt. Auf diese Weise werden Tiere und Pflanzen nach ihrem Tod von Mikroorganismen in wertvolle Bodennährstoffe verwandelt. Mit anderen Worten, wenn ein Lebewesen stirbt, dient es einem anderen als Nahrung.

290 Biologisch abbaubar

WAS DU BRAUCHST

Apfel-, Orangen- oder Pfirsichscheibe
Brotscheibe
Salatblatt
Plastik- oder Styroporbecher
ein Stück Alufolie
Schaufel
Wasser
Eisstiele
Bleistift oder Filzstift

Weißt du eigentlich, was »biologisch abbaubar« bedeutet? Mit einem Experiment kannst du herausfinden, wie dieser Prozess funktioniert, der ständig um uns herum abläuft.

So wirds gemacht: Suche in eurem Garten eine Stelle, wo du fünf Löcher graben darfst, die jeweils etwa 20 bis 30 cm tief sind. In das erste Loch kommt die Obstscheibe, in das zweite die Brotscheibe, in das dritte das Salatblatt, in das vierte der Becher und in das fünfte das Stück Alufolie. Dann füllst du jedes Loch mit Erde auf, die du anschließend gründlich wässerst. Stecke an jedes Loch ein Fähnchen mit der Aufschrift des jeweils darin vergrabenen Versuchsobjektes. Nach vier der fünf Wochen gräbst du alles wieder aus und siehst nach, was daraus geworden ist.

Das passiert: Die Obstscheibe, das Brot und der Salat haben sich völlig zersetzt – wahrscheinlich sind sie gar nicht mehr auffindbar. Wie rasch diese organischen Stoffe biologisch abgebaut wurden, hängt von der Bodenfeuchtigkeit und -temperatur ab. Der Becher und die Alufolie sind intakt geblieben.

Warum? Wenn sich organische Stoffe (Obst, Salat, Brot, auch Tierkadaver und abgestorbene Pflanzen) auf oder im Boden befinden, beginnen sie sich zu zersetzen oder zu verrotten. Bei diesem natürlichen Vorgang, der durch Mikroorganismen verursacht wird, werden wertvolle Nährstoffe in den Boden freigesetzt, die nun anderen Organismen als Nahrung dienen. Der Plastikbecher und die Alufolie sind nicht biologisch abbaubar, d. h. an ihnen beißen sich die Mikroorganismen sozusagen die Zähne aus. Die Müllhalden sind voll von solchen Materialien. Sie nehmen wertvollen Platz weg, ohne der Umwelt zu nützen.

291 Schon gewusst?

- Die US-Bevölkerung konsumiert pro Jahr 55 Millionen Tonnen Nahrung, die aus dem Meer stammt und entsorgen 90 % ihrer Abfälle auf Müllhalden.
- In den USA verbrauchen die Eigentümer von Privathäusern 10-mal mehr giftige Stoffe für ihre Garten- und Rasenflächen als Landwirte.
- Pro Jahr werden 10,8 Millionen Hektar tropischer Regenwald zerstört – eine Fläche, die ungefähr der Größe von Island entspricht.
- Obwohl die Regenwälder nur 6 % der Erdoberfläche bedecken, leben darin über die Hälfte aller Tier- und Pflanzenarten.
- Die Regenwälder im Amazonasgebiet produzieren etwa 40 % des Sauerstoffs der Welt.

Umweltprobleme – Packen wir sie an!

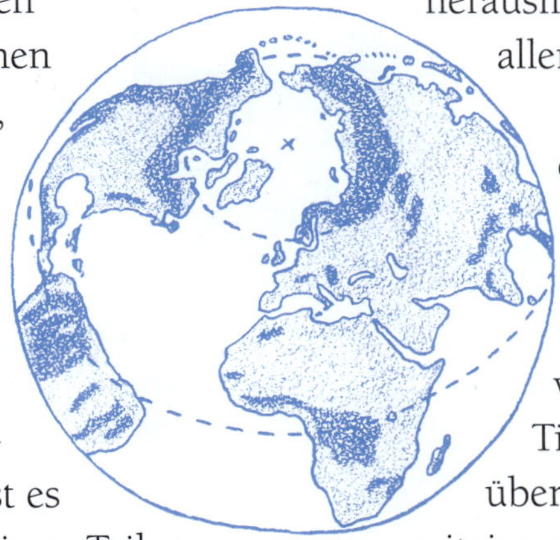

Wie wir mit der Erde und ihren Bewohnern umgehen wird einen großen Einfluss darauf haben, in was für einer Welt wir in zwanzig oder fünfzig Jahren leben werden. Unser Verhalten von heute bestimmt die Qualität der Nahrungsmittel, und die Freizeit- und Lebensqualität von morgen. Daher ist es wichtig, dass jeder Mensch seinen Teil zum Schutz und Erhalt unserer Erde beiträgt.

Wissenswertes über Umweltprobleme

Wir haben heute mit schwer wiegenden Problemen zu kämpfen, die unsere Lebensweise und auch die Lebensweise der Pflanzen und der Tiere, mit denen wir diesen Planeten teilen, beeinträchtigen. Luft- und Wasserverschmutzung, giftige Schadstoffe, Müllberge und die schleichende Zerstörung der Ozonschicht (welche die schädlichen Sonnenstrahlen herausfiltert) könnten eines Tages unser aller Leben bedrohen.

Dies alles sind keine einfachen Probleme – und sie erfordern mehr als einfache Lösungen. Aber wenn uns die Umwelt am Herzen liegt und wir begreifen, dass Menschen, Tiere und Pflanzen nur dann überleben, wenn sie im Einklang miteinander leben, dann müssen wir jetzt und heute damit beginnen, uns für die Erhaltung von Natur und Umwelt aktiv einzusetzen.

Die Umwelt zu erhalten wird keine leichte Aufgabe werden. Es erfordert sehr viel Planung und entschlossene Zusammenarbeit, uns und unseren Mitgeschöpfen eine natürliche und gesunde Lebensgrundlage zu sichern. Die Experimente in diesem Kapitel sollen dich auf einige Probleme aufmerksam machen und zeigen auch Möglichkeiten auf, was du und deine Freunde dazu beitragen könnt, um unsere Umwelt intakt zu halten.

292 Jede Menge Schadstoffe

Umweltverschmutzung kann sich in vielerlei Form bemerkbar machen. Manchmal ist sie ganz offensichtlich – aber manchmal nimmt man die Gefahren auf den ersten Blick gar nicht wahr.

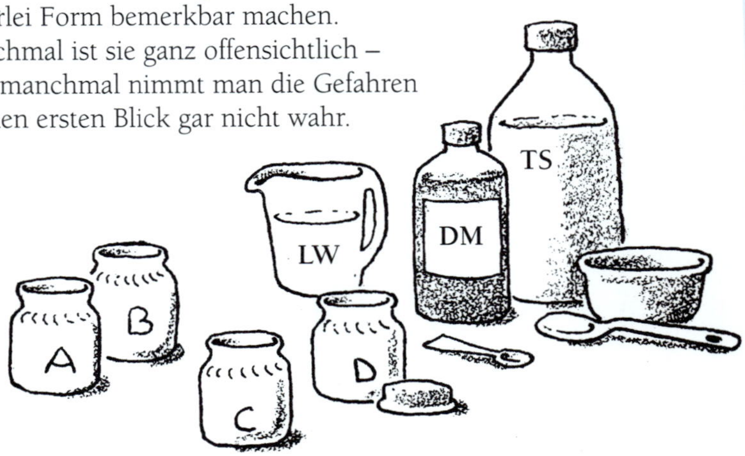

WAS DU BRAUCHST

4 kleine Gläschen ohne Deckel (z. B. von Babynahrung)
Klebeband und Filzstift
abgestandenes Wasser (aus dem das Chlorgas sich schon verflüchtigen konnte)
Teichschlamm
Teichwasser mit Algenschlamm
flüssiger Pflanzendünger
flüssiges Spülmittel
Motoröl
Essig

So wirds gemacht: Beschrifte die vier Gläschen mit A, B, C und D. Fülle zunächst jedes zur Hälfte mit abgestandenem Leitungswasser. Darauf kommt eine 12 cm dicke Schicht Teichschlamm und ein Teelöffel Flüssigdünger. Anschließend füllst du die Gläser bis obenhin mit Teichwasser und Algenschlamm. Dann lässt du die Gläser zwei Wochen an einem sonnigen Fenster stehen.

Nach den zwei Wochen gibst du in Glas »A« 2 Esslöffel Spülmittel. In Glas »B« füllst du soviel Motoröl, dass die Oberfläche davon bedeckt ist. In Glas »C« kommt eine halbe Tasse Essig. In Glas »D« gibst du nichts. Lass die Gläser weitere vier Wochen stehen.

Das passiert: Die Zugabe von Spülmittel, Motoröl und Essig hat das starke Wachstum, das in den ersten zwei Wochen zu beobachten war, erheblich gebremst. In diesen Gläsern wächst so gut wie nichts mehr, während sich die Lebewesen in Glas »D« munter weiter entwickeln und vermehren.

Warum? Spülmittel, Motoröl und Essig sind Schadstoffe, die verhindern, dass Mikroorganismen an ihre Nahrung gelangen. Das Glas mit dem Spülmittel führt dir vor Augen, was passiert, wenn große Mengen von seifigen Abwässern in Gewässer eingeleitet werden. Das Glas mit dem Motoröl demonstriert, wie sich eine Ölpest auf Lebewesen auswirkt und der Essig veranschaulicht, wie hohe Säuregehalte einem Ökosystem wie einem Teich oder einem See schaden können. Wenn Fabriken, Hausbesitzer und Verbraucher diese und andere Schadstoffe in Flüsse, Seen, Teiche und andere Gewässer gelangen lassen, wird dadurch die Tier- und Pflanzenwelt darin ernsthaft gefährdet oder sogar zerstört.

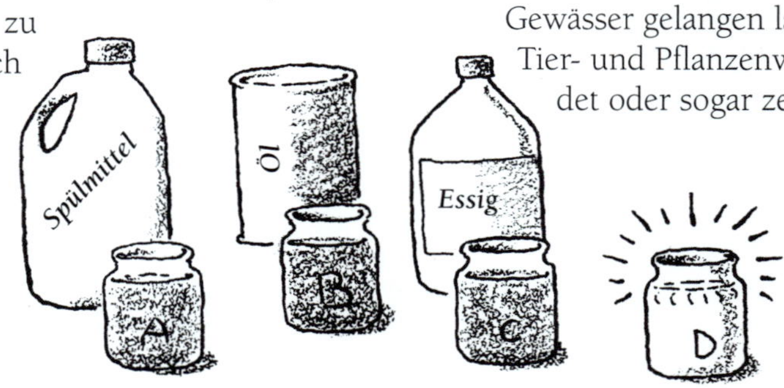

293 Ölverseuchte Eier

WAS DU BRAUCHST

Motoröl (am besten gebrauchtes)
Wasser
4 luftdicht verschließbare Plastiktüten
Klebeband
Filzstift
4 hart gekochte Eier
Uhr oder Eieruhr

Umweltverschmutzung ist ein weltweites Problem. In diesem Experiment befassen wir uns mit der Umweltsünde Ölverseuchung.

So wirds gemacht: Beschrifte die Tüten jeweils mit den Buchstaben A, B, C und D. Gib in jede Tüte eine halbe Tasse Wasser, eine halbe Tasse Motoröl und ein hart gekochtes Ei (mit Schale).
Aus Tüte »A« nimmst du das Ei nach 15 Minuten heraus.
Aus Tüte »B« nimmst du das Ei nach 30 Minuten heraus.
Aus Tüte »C« nimmst du das Ei nach 60 Minuten heraus.
Aus Tüte »D« nimmst du das Ei nach 120 Minuten heraus.
Jedesmal, wenn du ein Ei aus einer Tüte nimmst, entfernst du vorsichtig die Schale.

Das passiert: Die beiden Eier, die am längsten in dem ölverseuchten Wasser lagen, sind am stärksten verschmutzt. Das heißt, bei dem Ei aus Tüte »D« befindet sich mehr Öl zwischen Eihaut und Schale als bei dem Ei aus Tüte »A«.

Warum? Wenn bei einem Tankerunfall Öl ins Meer ausfließt, entsteht ein Ölteppich, der für zahlreiche Lebewesen zu einer großen Gefahr werden kann. Das Öl setzt sich an Meeressäugern, Pflanzen, Vögeln und anderen Meeresbewohnern fest und schränkt sie in ihrem natürlichen Verhalten drastisch ein (Vögel können nicht mehr fliegen, Fische nicht mehr atmen, Pflanzen keine Nährstoffe mehr produzieren). Je länger das Öl an diesen Lebewesen kleben bleibt, umso mehr werden sie im Mitleidenschaft gezogen. Infolge von Tankerunglücken sind schon viele Lebewesen getötet worden.

294 Ölwechsel

Wiederhole das Experiment »Ölverseuchte Eier«, gib aber diesmal in jede Tüte zusätzlich eine halbe Tasse Reinigungs- oder Flüssigwaschmittel. Die Tüten leicht schütteln und für die jeweils angegebene Dauer liegen lassen. Beobachte, wie sich die seifige Lösung jeweils auf die Verschmutzung der Eier auswirkt.

Du kannst noch eine weitere Versuchsvariante ausprobieren, indem du die halbe Tasse Reinigungs- oder Waschmittel jeweils erst kurz vor dem Herausnehmen der Eier aus den Tüten hinzugibst. Durch die Seifenwirkung wird möglicherweise etwas von der Ölschicht außen an den Eiern entfernt, aber hat das Mittel auch eine Wirkung auf die Eier selbst?

295

Unsere Luft ist sauber!

WAS DU BRAUCHST

Vaseline
3 Karteikarten
Klebeband

Oder? Willst du wissen, ob die Luft in eurer Gegend verschmutzt ist – und wenn ja wie stark? Hier ist eine Möglichkeit, das herauszufinden.

So wirds gemacht: Schmiere eine dünne Vaselineschicht auf jeweils eine Seite der Karteikarten. Dann klebst du zwei der Karten draußen irgendwo fest – z. B. an eine Hauswand oder einen Baum, am Briefkasten, am Gartenzaun oder an der Garage. Die dritte Karte befestigst du an irgendeiner Stelle bei euch im Haus. Überprüfe ungefähr alle zwei Wochen, ob auf den Karten Schmutzstoffe haften geblieben sind (Staub, Fussel, Pollen, winzige Körnchen verschiedener Materialien und andere Teilchen, die in der Luft schweben).

Das passiert: Je nachdem, wo du wohnst, wirst du über kurz oder lang feststellen, dass sich an den beiden im Freien angebrachten Karten eine ganze Menge kleiner Schwebeteilchen angesammelt hat, während die im Haus noch wesentlich »sauberer« ist. Die Anzahl der Schmutzteilchen auf den beiden Karten, die draußen hingen, weist auf den Verschmutzungsgrad in der Luft hin – und führt dir vor Augen, was du tagsüber so alles mit einatmest!

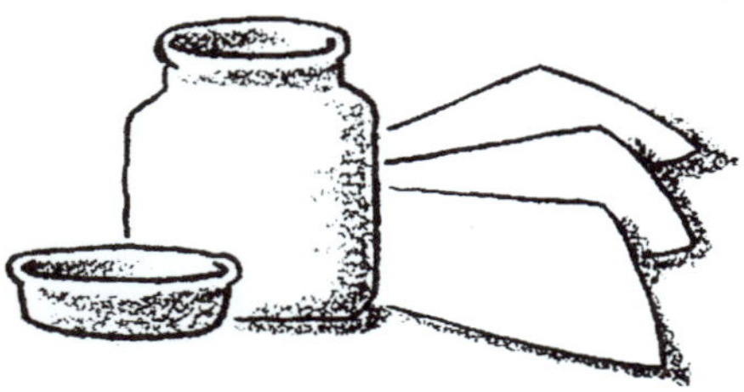

Führe diesen Versuch mehrmals und zu verschiedenen Jahreszeiten durch um herauszufinden, ob die Luftverschmutzung zu bestimmten Zeiten stärker ist als zu anderen.

Warum? In den industrialisierten Gebieten ist die Verunreinigung der Luft zu einem ernsten Problem geworden. Dazu tragen vor allem Fabriken, Lastwagen, Autos und Müllverbrennungsanlagen bei. Die Schadstoffpartikel können der Umwelt in der unmittelbaren Umgebung, aber auch noch in weit entfernten Gebieten schaden (mit dem Wind werden sie oft über sehr weite Strecken transportiert). Sie setzen sich überall auf dem Boden und auf Gebäuden ab – und viele atmen wir ein. Das Kartenexperiment veranschaulicht, wie es um die Luft bei euch bestellt ist.

296

Die Luft spricht Bände …

Hier ein weiteres Experiment und herauszufinden, ob die Luft an deinem Wohnort verunreinigt ist.

WAS DU BRAUCHST

8 Gummibänder (alle gleich groß und gleich breit)

2 Drahtbügel

sehr große, luftdicht verschließbare Gefriertüte

Lupe

So wirds gemacht: Biege die dreieckigen Teile der beiden Drahtbügel zu Vierecken (manche lassen sich nur recht schwer verbiegen; vielleicht bittest du jemand, dir zu helfen). Danach führst du bei jedem Bügel über die schmalen Enden jeweils zwei Gummibänder. Sie sollten einigermaßen straff sitzen, damit sie nicht abrutschen können.

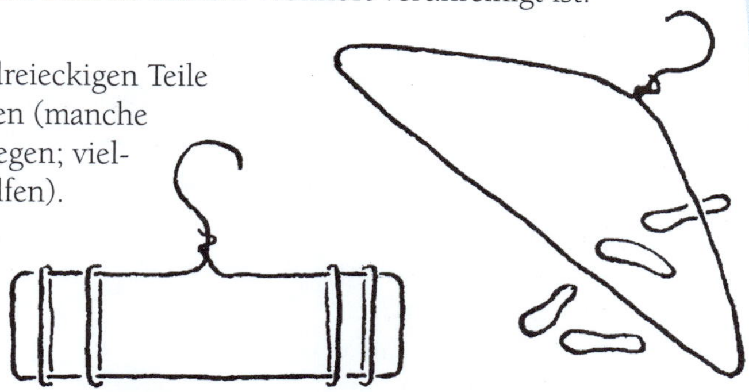

Den einen Bügel hängst du ins Freie (z. B. an einen Baumast, aber nicht direkt der Sonne ausgesetzt). Den anderen steckst du in eine Plastiktüte, die du danach dicht verschlossen in deinem Zimmer aufbewahrst.

Das passiert: Je nach dem Grad der Luftverschmutzung in eurer Gegend beginnen sich die Gummibänder im Freien zu zersetzen – sie werden spröde, bekommen Risse oder reißen auseinander.

Warum? Die Schmutzstoffe in der Luft greifen alle möglichen Materialien an – selbst Gummi. Der Zustand der Gummibänder ist also ein recht guter Anhaltspunkt dafür, wie schlimm die Luftverschmutzung an deinem Wohnort ist. Gehen die Gummibänder bereits nach ein paar Wochen kaputt, ist die Luft bei euch wahrscheinlich nicht besonders sauber. Dauert es jedoch länger, bis die Gummibänder »aufgeben«, dürfte die Luft bei euch relativ rein sein. Bei den Gummibändern in der Plastiktüte wirst du feststellen, das sie auch nach langer Zeit noch wie neu aussehen. Das zeigt, was passiert, wenn Luftverschmutzung verringert oder verhindert wird.

297 Saures vom Himmel

WAS DU BRAUCHST

3 Gläser mit Deckel
Klebeband
Markierstift
Zitronensaft
Wasser
3 Bohnenpflänzchen
Esslöffel

In vielen Teilen der Welt sind Pflanzen von saurem Regen bedroht. Warum?

So wirds gemacht: Beschrifte die drei Gläser mit A, B und C und gib in jedes Glas eine halbe Tasse Zitronensaft. Fülle Glas »A« mit einer halben, »B« mit einer ganzen und »C« mit anderthalb Tassen Wasser auf. Kennzeichne die Bohnenpflanzen mit A, B und C und stelle sie auf ein sonniges Fensterbrett. »Gieße« dann jede Pflanze täglich mit vier Esslöffeln der ihr zugeordneten Wasser-Zitronensaft-Mischung.

Das passiert: Bei Pflanze »A« zeigen sich die Auswirkungen des »sauren Regens« als Erstes. Die Blätter rollen sich ein und verschrumpeln. Sie wächst nur noch langsam oder gar nicht mehr und wirkt krank. Nach einer Weile sehen auch die beiden anderen Pflanzen immer mitgenommener aus.

Warum? Saurer Regen wird durch Schadstoffe aus Fabrikschornsteinen und Industrieschloten verursacht. Diese gasförmigen Verunreinigungen reichern sich in Wolken an, wo sie zu Salpetersäure und Schwefelsäure oxidieren, und fallen dann mit den Regentropfen zurück auf die Erde. Diese Stoffe sind nun sauer (so wie dein Zitronensaft), gelangen in den Boden und beeinträchtigen das Pflanzenwachstum. Je saurer der Regen (wie Lösung »A«), umso rascher werden die Pflanzen geschädigt.

298 »Minen«-Spiele

Wirkt es sich eigentlich auf die Landschaft aus, wenn Bodenschätze wie Kohle in Minen abgebaut werden?

WAS DU BRAUCHST

2 Schokoladenkekse mit Schokostückchen
Gefrierfach
sonniges Fenster
Zahnstocher
Uhr oder Eieruhr

So wirds gemacht: Lege einen der Kekse eine Stunde lang ins Gefrierfach und den anderen an ein sonniges Fenster. Nun stelle dir vor, du wärst ein Minenarbeiter: Nimm einen Zahnstocher und »schürfe« aus dem kalten Keks vier Minuten lang so viel Kohle (»Schokostückchen) wie möglich. Anschließend machst du das Gleiche mit dem Keks, der am Fenster lag. Wie viele Schokostückchen hast du innerhalb von vier Minuten aus jedem der Kekse »gefördert«?

Das passiert: In beiden Fällen musstest du die Keks-»Landschaft« stark verändern, um an die Stückchen zu kommen. Außerdem hast du sicher festgestellt, dass der kalte, harte Keks leichter zu bearbeiten war als der weiche.

Warum? Die harten und die weichen Schokostückchen in den Keksen entsprechen den zwei wichtigsten Kohlearten: Anthrazit (hart) und bituminöse oder Fettkohle (weich). Durch Kohleabbau kann die Umwelt über Jahre hinweg erheblich geschädigt werden. Diese Schäden zu beheben ist nahezu aussichtslos – etwa so wie einen zerkrümelten Kekse wieder zusammenzusetzen!

299 Kaugummi-Schwamm

WAS DU BRAUCHST

»Bubble Gum«-Kaugummi
Pastetenform oder flache Pfanne
Wasser
Maschinenöl
Zahnstocher
Handraspel
ein Erwachsener als Assistent
Papier

Ins Meer ausgelaufenes Öl fügt der Umwelt beträchtlichen Schaden zu – deshalb wird viel darüber nachgedacht, wie sich solche Katastrophen verhindern oder eindämmen lassen. Was könnte hier funktionieren? Versuche es mal mit Kaugummi!

So wirds gemacht: Lege den Kaugummi über Nacht ins Gefrierfach. Fülle die Form bis zur Hälfte mit Wasser. Gib vorsichtig etwa zehn Tropfen Maschinenöl in die Mitte der Wasserfläche (ziehe die Öltropfen mit dem Zahnstocher vorsichtig dorthin). Hole den Kaugummi aus dem Gefrierfach und bitte einen Erwachsenen, ihn auf einem Stück Papier in dünne Späne zu raspeln. Dann hebst du das Papier behutsam auf und streust die Kaugummispäne auf den Ölfilm. Ein paar können auch ins Wasser fallen. Dann wartest du 30 Minuten.

Das passiert: Der Kaugummi beginnt das auf dem Wasser schwimmende Öl aufzusaugen. Je nach dem, wie viel du hineingestreut hast, wird das Öl teilweise oder vollständig absorbiert. Die Kaugummispäne, die im Wasser landeten, haben aber nichts aufgenommen.

Warum? Gummi besteht aus so genannten unpolaren Molekülen. Ein solches Molekül nimmt andere Arten von unpolaren Molekülen auf. Wasser dagegen besteht aus polaren Molekülen. Aus diesem Grund wird Kaugummi (unpolar) kein Wasser (polar) binden, wohl aber Öl (unpolar). Um demnach einen Ölteppich auf dem Meer einzudämmen oder zu entfernen, muss man ein unpolares, aufnahmefähiges Mittel aufbringen. Auf diese Weise wird nur das Öl aufgesaugt, nicht aber das Meerwasser. Aufnahmemittel und Öl können dann von der Wasseroberfläche abgeschöpft oder abgepumpt werden.

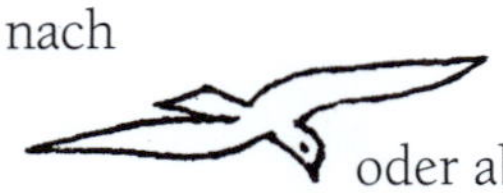

300

Schon gewusst?

- Eine amerikanische Durchschnittsfamilie produziert pro Woche rund 45 kg Müll.
- Laut einigen Wissenschaftlern sind über 99 % aller Tier- und Pflanzenarten, die die Erde jemals bevölkert haben, heute ausgestorben.
- Allein in Kalifornien werden jährlich über 200 Millionen Tonnen Pestizide verwendet.
- In einem Kraftwerk im Imperial Valley, Kalifornien, werden täglich über 900 Tonnen Kuhdung verbrannt.
- Jährlich landen auf amerikanischen Mülldeponien über 24 Millionen Tonnen Gras- und Laubabfälle, die man im eigenen Garten hätte kompostieren und wiederverwerten können.
- Durch Recycling von nur einer Tonne Papier könnten wir auf einer Mülldeponie knapp 0,28 m3 Raum einsparen – und 17 Bäume erhalten!
- Jedes Jahr gelangen 6 Milliarden Tonnen Kohlendioxid in die Atmosphäre, die zum größten Teil aus der Verfeuerung fossiler Brennstoffe wie Kohle und Erdöl stammen.

301

Jeder kann mithelfen!

Kinder können was tun – und viele tun auch schon was! Wenn dir und deinen Freunden und Klassenkameraden die Erhaltung der Natur am Herzen liegt, könnt ihr alle zusammen helfen, um Pflanzen, Tiere und die Umwelt zu schützen.

Manchmal genügt es schon, wenn ihr ein Vogelhäuschen aufhängt, in eurer Nachbarschaft Abfall von den Gehwegen aufsammelt oder an Umwelt- und Naturschutzorganisationen schreibt und Broschüren anfordert, die darüber informieren, wie jeder Einzelne aktiv zum Erhalt der Umwelt beitragen kann. Jeder Beitrag ist wichtig, denn wenn wir uns nicht um die Natur kümmern – wer sollte es sonst tun?

In Deutschland bieten verschiedene Umweltschutzorganisationen (World Wildlife Fund, Greenpeace; NABU, BUND) Mitmachaktionen und Naturschutzprojekte für Kinder an. Informiert euch, etwa im Internet, über die spannenden Kampagnen.

Es liegt was in der Luft

Mit diesem Kapitel verlassen wir den Erdboden … und gleich zu Beginn erfährst du etwas über die Grundlagen des Fliegens, oder das Bernoulli-Prinzip. Wenn du das erst einmal verstanden hast, weißt du, wie sich ein Flugzeug in der Luft hält!

Wissenswertes über das Fliegen und den Luftverkehr

In den folgenden Experimenten wirst du viele verschiedene Tragflügel-Modelle bauen und erfährst interessante Dinge über Luftströmungen – wie diese um die Oberflächen eines Flugzeuges zirkulieren und was dabei passiert. Diese mal langsamen, mal beschleunigten Luftströmungen erzeugen den Auftrieb, der ein Flugzeug nach oben trägt.

Außerdem wirst du Modell-Hubschrauber anfertigen, Kreiselmotoren, Propellerflügel und Flugzeuge aus Pappe, die du sogar richtig fliegen lassen kannst!

Die dazu benötigten Materialien sind ganz einfach zu beschaffen und alles wird genau erklärt. Solltest du trotzdem Probleme haben, bestimmte Teile abzumessen oder auszuschneiden, bitte einfach jemanden um Hilfe.

Mit ganz alltäglichem Material und ein bisschen Geschick kannst du im Handumdrehen abheben!

302 Fliegendes Lineal

WAS DU BRAUCHST

dünner Kartonstreifen, etwa so breit wie das Lineal und halb so lang
Lineal
Bleistift
Klebeband
Schere
Tisch

Dieses Lineal erhebt sich nicht nur in die Luft, es schlägt dabei auch noch einen Rückwärtssalto! Dabei gehorcht es einfach nur dem Bernoulli-Prinzip.

So wirds gemacht: Lege den Kartonstreifen so auf das Lineal, dass an einer Seite beide Enden aufeinander liegen und der Rest des Kartonstreifens auf dem Lineal. Biege den Streifen etwas hoch, so dass er eine etwa 1,5 cm hohe Brücke bildet. Dann klebst du beide Streifenenden am Lineal fest. Lege das Lineal auf die Tischplatte und balanciere es auf dem Bleistift. Das Lineal sollte dabei etwa 8 cm über die Tischkante hinausragen. Puste gleichmäßig über den Kartonstreifen und am Lineal entlang. Falls nichts geschieht oder das Lineal lediglich von dem Bleistift herunterrutscht, suche einen neuen Balancierpunkt auf dem Bleistift und probiere es noch einmal.

Das passiert: Der Bleistift hüpft nach oben und macht einen Salto rückwärts.

Warum? Wenn sich ein Flugzeug in die Luft erhebt, beruht dies auf dem Bernoulli-Prinzip. Das gleiche physikalische Gesetz gilt für die am Lineal festgeklebte Karton-»Tragflügel«. Die Luft, die über ein Flugzeug (oder einen Karton-Tragflügel) hinwegströmt, bewegt sich dabei schneller und weiter, so dass der Druck oberhalb des Tragflügels geringer ist. Da der Luftstrom an der flachen Unterseite des Tragflügels langsamer ist, erzeugt er einen höheren Druck. Dieser Druckunterschied zwingt das Luftfahrzeug nach oben.

303 Außer Puste

WAS DU BRAUCHST

Papierstreifen

Wenn du einmal ganz kräftigst pustest, kannst du das Bernoulli-Prinzip ausprobieren! In diesem buchstäblich »erhebenden« Experiment wird der Tragflügel eines Flugzeugs nachgeahmt.

So wirds gemacht: Halte das eine Ende des Papierstreifens direkt unter deine Unterlippe und blase kräftig über die Oberfläche.

Das passiert: Das Papier hebt und senkt sich – es flattert.

Warum? Oberhalb des Papierstreifens strömt die Luft schneller als an seiner Unterseite, d. h. oben herrscht ein geringerer Druck als unten. Dieser Druckunterschied erzeugt einen Auftrieb, der den Papierstreifen nach oben drängt.

304

Luft verleiht Flügel

WAS DU BRAUCHST

Notizblätter oder DIN A4-Papierbogen
große Büroklammer
Klebeband
ein Erwachsener als Assistent

Dieses Experiment wird dir besonders gefallen! Mit einem selbstgebastelten Tragflügel kannst du beobachten, wie sich dieses Flugzeugteil in einem schnellen Luftstrom verhält.

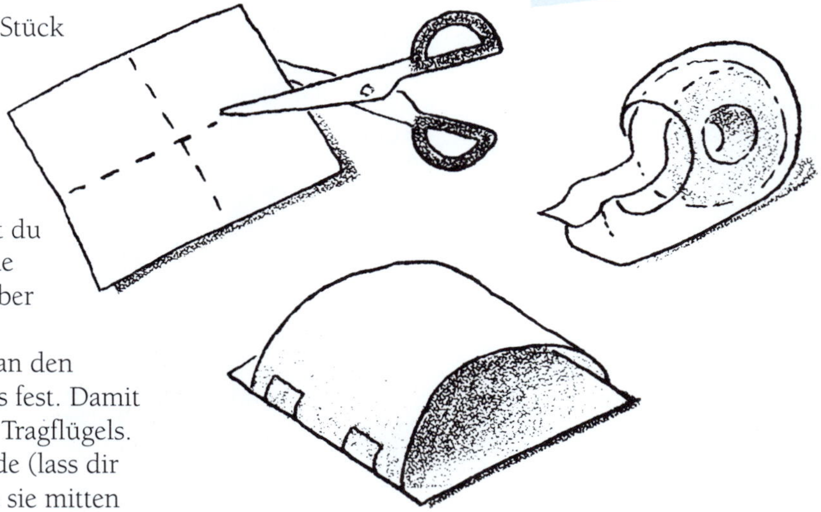

So wirds gemacht: Schneide zwei Stück Papier zurecht (jeweils 11 x 14 cm groß). Du kannst auch einfach einen DIN A4-Papierbogen vierteln. Zwei Stücke kannst du gleich verwenden und die übrigen zwei im nächsten Experiment. Das eine Papierstück legst du flach auf den Tisch, das andere wie eine halbrunde Brücke leicht gebogen darüber (siehe Abb.).

Klebe das aufgebogene Papierstück an den Außenkanten des flachen Papierbogens fest. Damit hast du ein vereinfachtes Modell eines Tragflügels.

Biege eine große Büroklammer gerade (lass dir dabei von jemandem helfen) und stich sie mitten durch beide Papierstücke hindurch. An der Unterseite biegst du die Klammer etwas um, damit sie nicht herausrutschen kann.

Nun puste sanft, aber gleichmäßig etwas Luft über die vordere, kurze Seite deines Tragflügels und danach knapp an der Unterseite entlang. Blase jedesmal nur für eine kurze Zeit und mach zwischendurch eine kleine Pause (dein Körper braucht schließlich auch Luft!)

Das passiert: Wenn du einen kurzen Luftstoß über die gekrümmte Oberfläche des Tragflügels pustest, hebt sich dieser nach oben; bläst du jedoch entlang der Unterseite, bewegt sich nichts.

Warum? Auch dies lässt sich wieder mit dem Bernoulli'schen Gesetz erklären: Druckunterschied (geringerer Druck an der Oberseite, höherer Druck an der Unterseite) erzeugt Auftrieb.

305

Rund und eckig

Erst gehts rund und dann wirds quadratisch – zudem wird wieder kräftig gepustet! Mal sehen, was passiert …

WAS DU BRAUCHST

Notizblätter
die geradegebogene Büroklammer aus dem vorigen Experiment
Klebeband
ein Erwachsener als Assistent

So wirds gemacht: Rolle ein Stück Notizpapier zu einer zylindrischen Röhre und klebe die Seiten zusammen. Nimm ein weiteres Stück Papier und falze es einmal quer zur Hälfte. Falte es wieder auf und knicke die beiden Endstücke so um, dass ihre Außenkante jeweils auf dem Mittelfalz liegt. Forme das Blatt zu einem rechteckigen Kasten und klebe die Enden zusammen.

Nun wird die geradegebogene Klammer durch den Mittelpunkt eines der Gebilde gestoßen (lass dir dabei helfen). Achte darauf, dass das Loch groß genug ist, so dass sich der dreidimensionale Tragflügel an dem Drahtstück auf und ab bewegen kann.

Nun bläst du wieder Luft darüber – erst über die Oberseite und dann über die Unterseite. Und nicht vergessen: Zwischendurch kurz Pause machen! Sind dir zwischen dem streifenförmigen, dem zylinderförmigen und dem kastenförmigen Tragflügel Unterschiede aufgefallen? Meinst du, es kommt darauf an, wie ein Tragflügel konstruiert ist?

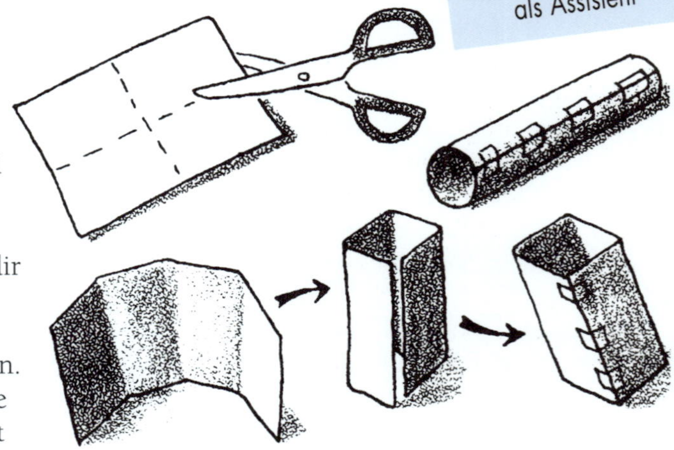

Das passiert: Der zylinderförmige Tragflügel hebt sich nur sehr wenig nach oben, während sich der eckige überhaupt nicht rührt.

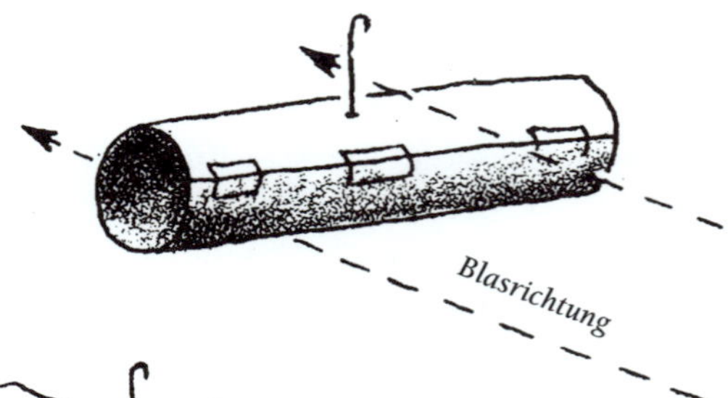

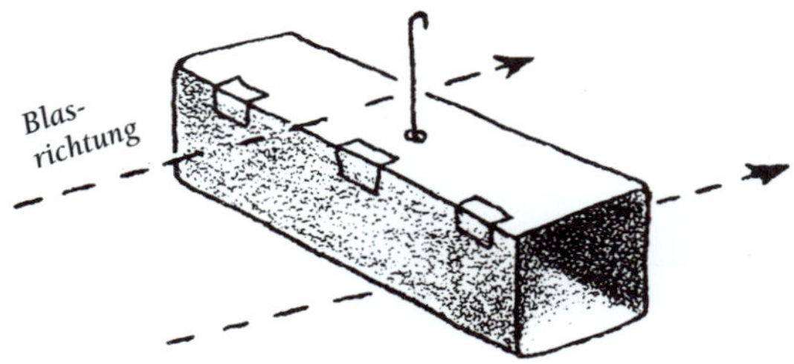

Warum? Der Druck, den die Luft auf einen Tragflügel ausübt, wird als Strömungswiderstand bezeichnet. Dieser führt dazu, dass der Luftstrom »abbricht« oder gehemmt wird, was das Flugzeug daran hindert, sich gleichmäßig durch die Luft zu bewegen.

Aus diesem Grund ist die Form und Konstruktion eines Tragflügels enorm wichtig. Bei deinem ersten Modell wurde ein gleichmäßiger Luftstrom rings um den Flügel erzeugt, während die Rundungen bzw. Kanten der beiden anderen Modelle einen hohen Strömungswiderstand hervorrufen. Wie sich das auswirkt, hast du ja erlebt.

306 Komische Ballons

WAS DU BRAUCHST

2 Luftballons

1 m langer Bindfaden

So wirds gemacht: Blase die Ballons auf, bis sie etwa die Größe einer großen Orange haben und knote sie dann zu. Knüpfe sie an die Bindfadenenden. Halte den mittleren Teil des Bindfadens vor dein Gesicht und lege diesen so über eine Lampe oder eine Armatur, dass die beiden Ballons auf gleicher Höhe in einem Abstand von etwa 5 cm nebeneinander hängen.

Nun blase kräftig zwischen den beiden Ballons hindurch und versuche sie auseinanderzubringen. Zwischen jedem Versuch ein paar Minuten wieder ruhig durchatmen. Du willst ja nicht außer Puste kommen!

Das passiert: Der schnelle Luftstrom wird die Ballons nicht, wie du wahrscheinlich erwartet hast, einfach nach rechts und links wegdrängen, sondern bewirkt vielmehr eine Annäherung!

Warum? Wenn du zwischen die Ballons Luft hindurchgebläst, erzeugt der Luftstoß in diesem Bereich eine Verringerung des Luftdrucks, so dass der höhere Druck an den Außenseiten der Ballons diese zusammendrücken kann.

307 In trauter Zweisamkeit

Klingt wie ein Kitschroman? Keine Bange … in diesem einfachen Experiment geht es wieder um das gute alte Bernoulli-Prinzip.

WAS DU BRAUCHST

2 Pappröhren (von Klopapierrollen)

Trinkhalm

flache, stabile Tischplatte

So wirds gemacht: Lege die beiden Röhren im Abstand von 2,5 cm nebeneinander. Blase durch den Trinkhalm gleichmäßig Luft in den Zwischenraum. (Wenn du die beiden Rollen auf ein dickes Buch legst und auf diese Weise etwas erhöhst, wird das Ganze für dich einfacher.)

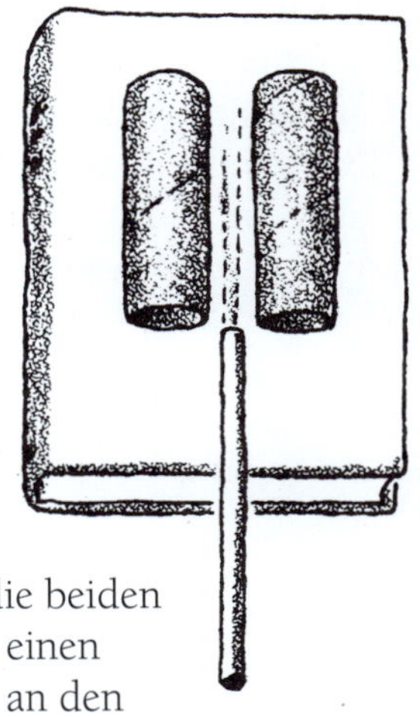

Das passiert: Die beiden Röhren rollen aufeinander zu (jetzt weißt du auch, woher dieses Experiment seinen Namen hat).

Warum? Die Luft, die aus dem Trinkhalm mit hoher Geschwindigkeit ausgestoßen wird und zwischen die beiden Röhren strömt, erzeugt dort einen niedrigeren Luftdruck als er an den Außenseiten der Röhren herrscht. Dieser Druckunterschied bewirkt, dass sich die beiden »in die Arme fallen«.

308 Trudelflügel

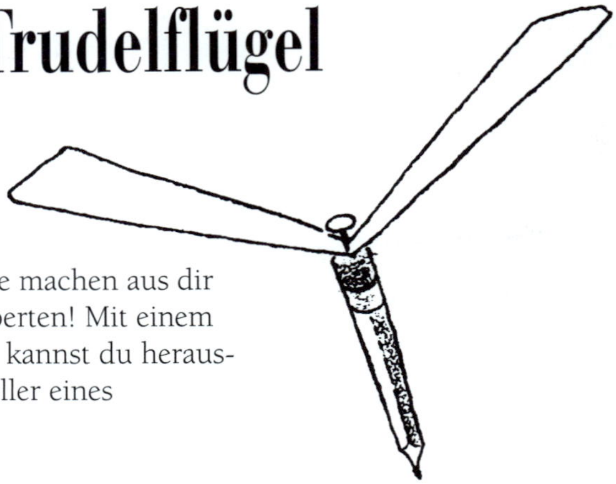

WAS DU BRAUCHST

Schere
dünner Karton (etwa 3 x 40 cm)
Bleistift mit Radiergummi am Ende
Reißzwecke
ein Erwachsener als Assistent

Die nächsten beiden Experimente machen aus dir einen wahren Hubschrauber-Experten! Mit einem Bleistift und einem Stück Karton kannst du herausfinden, wie der Rotor bzw. Propeller eines Hubschraubers funktioniert!

So wirds gemacht: Lege den Mittelpunkt des Kartonstreifens oben auf den Radiergummiteil des Bleistifts und befestige ihn an dem Stift, indem du die Reißzwecke durch den Karton hindurch fest in den Radiergummi drückst. Halte den Kartonstreifen jetzt an diesem Punkt gut fest und biege die beiden Kartonenden nach oben. Der Kartonstreifen sollte an der Stelle, wo er am Radiergummiteil befestigt ist, nun eine leichte V-Form haben.

Jetzt kannst du deinen »Propellerflügel« ausprobieren – entweder bei euch in der Wohnung oder im Freien. Am besten startest du ihn aus einiger Höhe, zum Beispiel vom obersten Treppenabsatz. Da hoch gelegene Stellen manchmal gefährlich sind, bitte am besten einen Erwachsenen, dir zu helfen. Es macht ohnehin mehr Spaß, wenn jemand zuschaut!

Um den Propeller auf die richtige Weise in Schwung zu bringen, musst du den Bleistift möglichst schnell zwischen den Handflächen drehen und dann loslassen. Wiederhole das bei jedem Versuch. Der Propellerflügel sollte sich beim Abwärtsflug um sich selbst drehen.

Um das Flugverhalten deines Modell-Propellers richtig kennen zu lernen, musst du mit ihm viele Flugversuche durchführen!

Das passiert: Übung macht den Meister! Irgendwann wirst du es schaffen, dass dein Karton-Propeller beim Abwärtsflug sanft durch die Luft wirbelt.

Warum? Die Rotoren oder Propellerflügel eines Hubschraubers sind genauso Tragflächen wie die eines Flugzeuges. Man hat sie allerdings so konstruiert, dass sie eher die langsameren Luftströme an ihrer Unterseite ausnutzen als die schnellen Luftströme an ihrer Oberseite.

Diese dicht gepackten Luftmoleküle drücken die Rotoren und mit ihm den Hubschrauber nach oben. Der kleine Ausgleichsrotor am Heck eines Hubschraubers gleicht das so genannte Drehmoment aus und verhindert, dass sich die Maschine im Kreis dreht. Der Hauptrotor sorgt dafür, dass der Hubschrauber je nach Position aufsteigen oder wenden kann.

Obwohl unser Karton-Bleistift-Propellerflügel mit seinem handbetriebenen Schubmotor keinen großen Auftrieb erfährt, vermag er doch beim Abwärtsflug immerhin die Fallgeschwindigkeit zu bremsen.

309

Wirbeltrudler

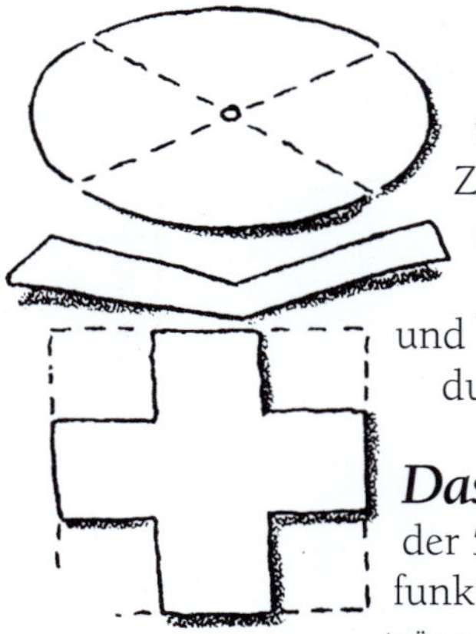

Wirbel … was? Trudler! Im vorigen Experiment hast du dir aus einem Bleistift und einem Kartonstreifen ein einfaches Propellermodell gebastelt. Jetzt wollen wir statt dieses simplen Einzelflügels einen kreisförmigen Windrad-Kreuzrotor bauen. Kann das Modell mit diesen anders geformten Rotoren länger in der Luft bleiben? Besser wenden und fliegen?

Hat die Länge und Breite der Rotoren einen Einfluss auf das Flugverhalten? Probiere einfach unterschiedliche Formen und Größen aus und beobachte selbst, was am besten funktioniert!

So wirds gemacht: Für den ersten Rotor schneidest du aus dem Karton einen Kreis mit einem Durchmesser von 11 bis 20 cm aus. Nun schneide vom Außenrand vier einander gegenüberliegende Schlitze nach innen, die aber nicht ganz bis zur Mitte reichen. Von den so entstandenen vier Segmenten biegst du jeweils eine Hälfte nach oben, so dass eine Art Windrad entsteht.

Für den zweiten Rotor schneidest du einen 5 x 20 cm großen Kartonstreifen zu und biegst ihn in der Mitte, so dass ein »V« entsteht.

Für den dritten Rotor schneidest du ein 15 x 15 cm großes Kartonquadrat aus, von dem du an jeder Ecke ein 5 cm großes Viereck herausschneidest, so dass ein Kreuz entsteht. Biege die Kreuzteile nach oben.

Nun befestige jeden dieser Rotoren mit einer Reißzwecke am Radiergummiteil eines Bleistiftes. Achte darauf, dass die Reißzwecke richtig fest drinsteckt. Zum Starten rollst du einen Bleistift möglichst schnell zwischen den Handflächen und lässt ihn dann los. Weitere Tipps findest du beim »Trudelflügel«-Experiment!

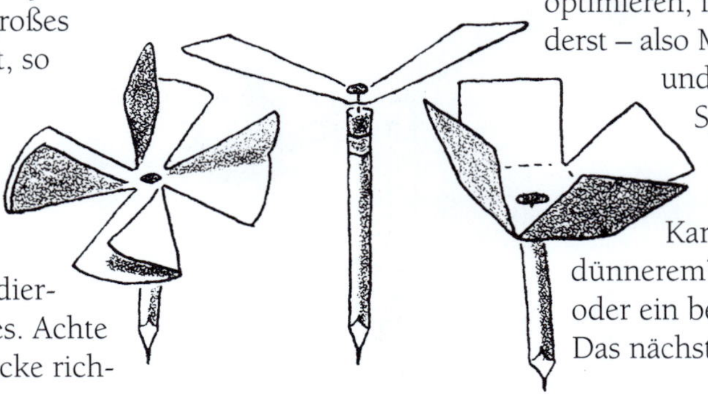

Das passiert: Bei unseren Testmodellen hat der 5 x 20 cm-Einzelflügel einigermaßen gut funktioniert, war aber insgesamt eher etwas träge. Der runde »Windrad«-Rotor flog äußerst schwerfällig; er konnte die Luftströme kaum ausnutzen und ging zu Boden, ohne sich dabei zu drehen. Der 15-cm-Kreuzrotor dagegen zeigte sehr gute Flugeigenschaften; er segelte sanft trudelnd zur Erde.

Warum? Der Kreuzrotor entspricht den Propellerflügeln eines echten Hubschraubers vermutlich eher als die anderen Modelle. Die breiten Blätter mit den vier nach oben gebogenen Enden fangen nach dem Handantrieb die dichtere Luft an ihrer Unterseite ein und verringern so den Luftwiderstand, der das Rotormodell beim Abwärtsflug zurückhält. Näheres siehe bei »Trudelflügel«.

Und weiter? Mache das gleiche Experiment noch einmal, aber versuche nun, die Flugeigenschaften zu optimieren, indem du die Variablen veränderst – also Merkmale, die sich auf die Flug- und Drehbewegungen auswirken. Spielt zum Beispiel die Länge oder Breite der Rotoren eine Rolle? Geht es mit dickerem Karton vielleicht besser als mit dünnerem? Könnte eine Antriebswelle oder ein besserer Kreiselantrieb helfen? Das nächste Experiment wirds zeigen!

310

Rotormotor

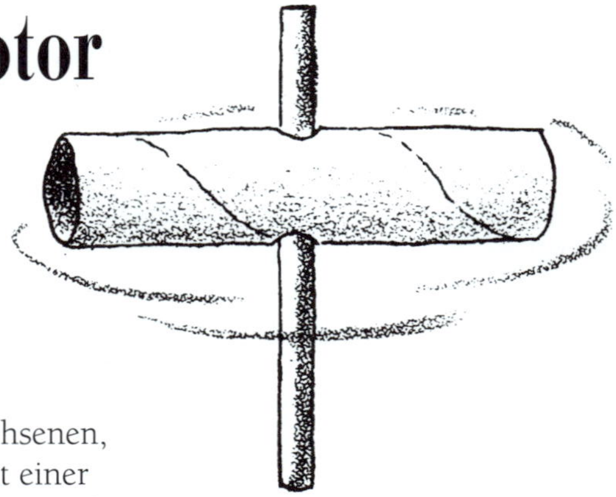

Wie wärs mit einem hubschrauberähnlichen Propeller mit 100 % Ballonantrieb?

WAS DU BRAUCHST

Papprӧhre von einer Küchenrolle
Schere
2 große längliche Ballons
Büroklammern
Holzstab (etwa 1 cm dick und 45 cm lang
Klebeband
ein Erwachsener als Assistent

So wirds gemacht: Bitte einen Erwachsenen, mitten durch die Papprӧhre hindurch mit einer scharfen Schere zwei Löcher zu stoßen. Die Löcher müssen genau übereinander liegen, damit der Holzstab senkrecht hindurchpasst. Schiebe den Stab durch die beiden Löcher und drehe die Röhre mehrmals, bis sich der Stab ungehindert drehen kann.

Blase einen der Ballons auf, verdrille das Mundstück, klemme es mit einer Büroklammer ab und klebe es vorsichtig an einem Ende der Papprӧhre fest (es ist wichtig, dass der Ballon wirklich sicher befestigt ist).

Nun wird der zweite Ballon aufgeblasen, verdrillt, ebenfalls mit einer Büroklammer zugehalten und am anderen Ende der Papprӧhre festgeklebt. Wichtig – sein Mundstück muss in die andere Richtung zeigen als das von dem anderen Ballon!

Nun kanns losgehen! Um den Propeller in Gang zu setzen, brauchst du einen Assistenten. Er soll von einem Ballonmundstück vorsichtig die Büroklammer entfernen und das Mundstück mit den Fingern zuhalten. Das Gleiche machst du mit dem anderen Ballon. Auf ein Signal lässt jeder seinen Ballon los.

Das passiert: Sobald die Luft aus den Ballons entweichen kann, beginnt die Papprӧhre wie wild zu rotieren!

Warum? Die Luft, die aus den Ballons herausschießt, treibt die Ballons an und versetzt die Papprӧhre um den Stab herum in Drehung. Diese Schubkraft wird von der Luft erzeugt, die stoßartig aus den Ballons entweicht. Sie lässt sich am besten erklären durch den 3. Bewegungssatz von Isaac Newton: Jede Kraft, die auf einen Körper wirkt, ruft eine gleich große Gegenkraft hervor, die in der entgegengesetzten Richtung wirkt. Die Reaktion der Ballons ist die Vorwärtsbewegung. Was würde passieren, wenn die Mundstücke der beiden Ballons in die gleiche Richtung zeigen würden?

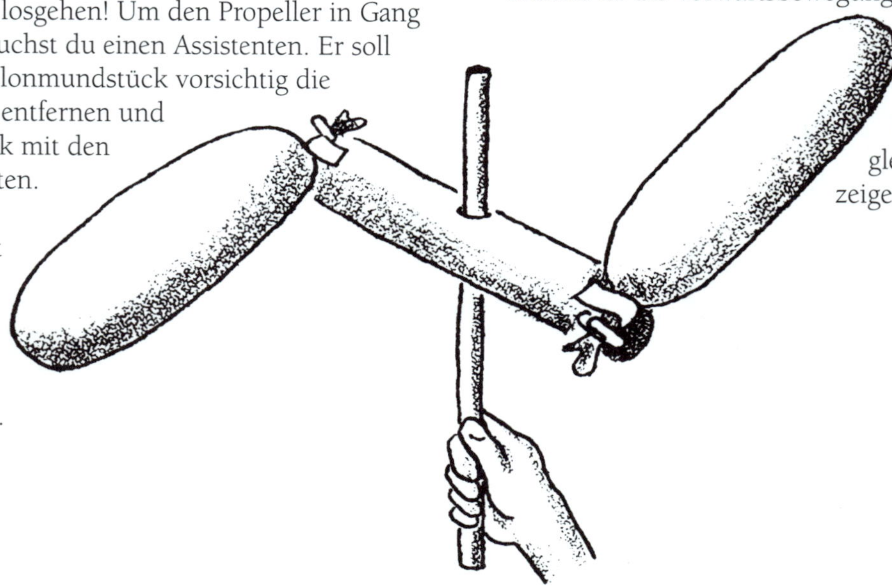

WAS DU BRAUCHST

Faden, etwa 70 cm lang
Schere
Bleistift mit Radiergummi an einem Ende
dünner Karton, 5 x 7 cm
Reißzwecke
Klebeband
Quadrat aus Zeichenpapier, 15 x 15 cm
ein Erwachsener als Assistent

Ab die Post!

311

Wenn du die folgenden einfachen Anweisungen genau befolgst, wird dich dieses Wirbelrad nie im Stich lassen! Gib ihm einen ordentlichen Schub und sieh zu, wie er abhebt und in die Lüfte steigt.

So wirds gemacht: Wickle das rechteckige Kartonstück um den Bleistift und klebe es zu einer Hülse zusammen. Der Bleistift muss sich darin ungehindert drehen können (er dient als Antriebswelle).

Als Nächstes schneidest du aus den Ecken des Zeichenpapier-Quadrats jeweils 5 cm große Vierecke aus (siehe »Wirbeltrudler«). Das so entstandene Kreuz legst du mit der Mitte auf den Radiergummi des Bleistifts und befestigst es mit der Reißzwecke. Sie muss wirklich fest drinstecken, damit sich der Rotor nicht lösen kann. Biege die vier Kreuzteile nach oben.

Zum Schluss schiebst du den Bleistift etwa 2,5 cm weit in die Kartonhülse hinein und wickelst den Faden um den Rest des Bleistiftes – wie um eine Spule für einen Drachen, also fest, gerade und gleichmäßig.

Obwohl es nicht unbedingt notwendig ist, solltest du deinen Testflugkörper von einer erhöhten Stelle aus starten. Wenn nötig, bitte jemanden um Hilfe. Und nun ist es soweit: Ziehe schnell, aber gleichmäßig an dem Faden und beobachte, wie dein »Hubschrauber« surrend rotiert – und abhebt!

Falls er nicht so funktioniert wie er sollte, kann das folgende Ursachen haben:

1. Der Faden wurde zu straff um den Bleistift gewickelt.
2. Der Bleistift steckt zu tief in der Kartonhülse (Antriebswelle).
3. Die Reißzwecke hat sich gelockert oder steckt schief im Radiergummi.
4. Die Kartonhülse liegt zu eng am Bleistift an und hemmt seine Drehbewegung.
5. Es wurde ein Faden aus groben Fasern verwendet – diese können am Bleistift hängen bleiben und dessen Drehbewegung bremsen.

Das passiert: Während du den Faden vom Bleistift abziehst, wird der Bleistift in Rotation versetzt. Du hörst ein schwirrendes Geräusch und kurz danach hebt der Propeller ab.

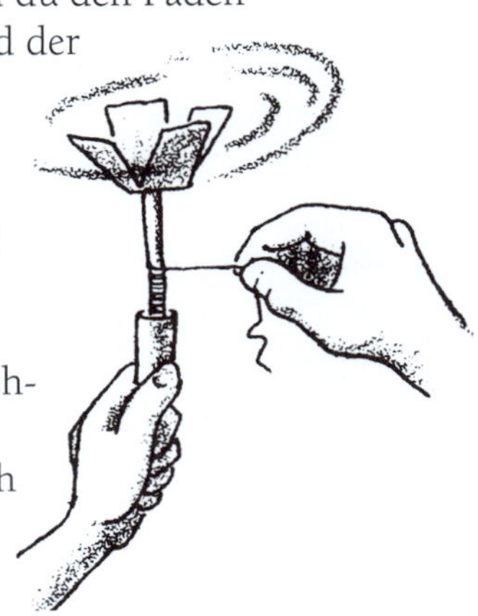

Warum? Die rasche Drehbewegung des Bleistiftes treibt die Rotorblätter nach oben – als Reaktion auf den nach unten gedrückten Luftstrom.

312

Kippmanöver

WAS DU BRAUCHST

- Deckel von einem Schuhkarton
- kurze Schraube mit Mutter oder ein anderes Befestigungsteil
- Gefriertüte aus Plastik
- Locher
- 2 wasserfeste Filzstifte (verschiedene Farben)
- Klebeband
- Schere
- Lineal

Möchtest du dir ein Modell des Instruments bauen, mit dem Piloten während des Fluges die Lage ihrer Maschine ermitteln? Mithilfe des so genannten »künstlichen Horizonts« kann man erkennen, ob ein Flugzeug geradeaus fliegt, eine Kurve macht oder zur Seite kippt.

So wirds gemacht: Drücke den Kartondeckel flach und schneide die Außenkanten entlang der Falzlinien ab. Schneide das Kartonstück zur Hälfte durch und kürze eine der Hälften um 2,5 cm (Abb. 1).

Aus der Plastiktüte schneidest du einen Kreis mit einem Durchmesser von etwa 8 cm aus. Mit einem Filzstift ziehst du quer durch die Kreismitte eine gerade Linie (Abb. 2).

Aus der größeren Kartonhälfte schneidest du genau in der Mitte ein kreisförmiges Fenster aus, mit einem Durchmesser von etwa 7 cm. Auf eine Seite dieses Kartonstücks klebst du den Plastikkreis mit der horizontalen Linie, welche genau durch die Mitte verlaufen muss (Abb. 3).

Male auf die zweite, kürzere Kartonhälfte eine Linie in einer anderen Farbe, die das Kartonstück genau in zwei Hälften unterteilt. Von der Mitte dieser Linie malst du eine senkrechte Linie nach oben, sodass ein umgedrehtes »T« entsteht (Abb. 4).

Lege das Kartonstück mit dem Plastikfenster auf das Kartonstück mit dem umgedrehten »T«. Die beiden horizontalen Linien müssen genau aufeinander liegen.

Lasse von jemandem am oberen Rand ein Loch durch beide Kartonstücke bohren. Dann steckst du den Bolzen mit der Mutter hindurch und schraubst sie zu – aber nur so weit, dass das hintere, kürzere Kartonstück frei nach rechts und links pendeln kann (Abb. 5). Jetzt kannst du dein Fluginstrument ausprobieren! Die Linie auf dem Plastikkreis entspricht den Tragflügeln, während die Linie auf dem Kartonstück dahinter den Horizont darstellt, also die Grenzlinie zwischen Himmel und Erde. Halte das größere Kartonstück parallel zum Fußboden und neige das Instrument dann langsam, aber stetig nach rechts und dann nach links.

Das passiert: In Schräglage weicht das Flugzeug nach rechts oder links ab. Im Steigflug befindet es sich, wenn die Horizontlinie unterhalb der Tragflügel liegt, im Sinkflug, wenn sich die Horizontlinie darüber befindet.

Warum? Ein künstlicher Horizont ermöglicht es dem Piloten, sein Flugzeug in der richtigen Lage zu halten, selbst wenn er vorne nichts sieht. Er kann daran ablesen, ob das Flugzeug steigt, sinkt oder geradeaus fliegt. Das Instrument hat zwei Linien – eine für den Horizont, die andere für die Tragflügel. Die Horizontlinie wird von einem Kreisel ausgerichtet, der den künstlichen auf gleicher Höhe mit dem echten Horizont hält. Dieses Instrument arbeitet so präzise, dass es die beiden Horizontlinien selbst dann stabil hält, wenn sich das Flugzeug nicht in einer stabilen Lage befindet.

Hinweis: Damit dein Modell die Flugposition genau anzeigt, müssen alle Linien sehr sorgfältig aufeinander ausgerichtet sein.

313 Druck von oben

WAS DU BRAUCHST

großer Luftballon
großes Glas, Fassungsvermögen etwa 450 g
Schere
Trinkhalm
Lineal
Klebeband
Modellierton

Wie wärs mit einem Aneroidbarometer? Dieses Instrument funktioniert ähnlich wie der Höhenmesser eines Flugzeuges. Obwohl dein Barometer keine Flüssigkeiten enthält und daher nicht die Höhe über dem Meeresspiegel anzeigen kann, lassen sich damit durchaus Luftdruckunterschiede feststellen.

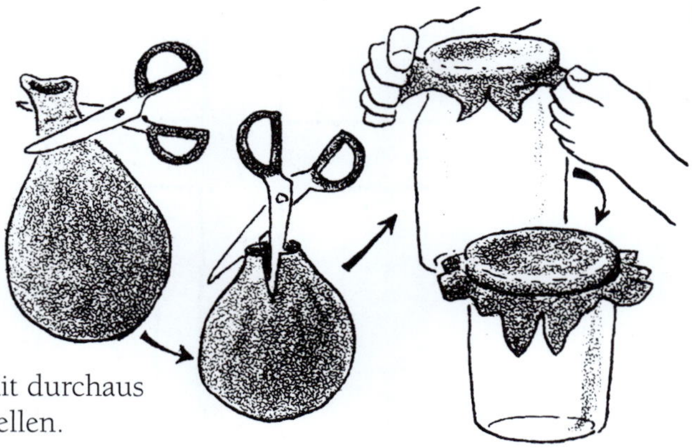

So wirds gemacht: Trenne von dem Ballon das Mundstück ab und schneide es am Rand etwa 3 cm tief ein. Dehne den Ballon und stülpe ihn über die Glasöffnung, so als ob du eine Trommel bespannen würdest. Die Ballonhaut sollte straff sitzen, aber nicht allzu sehr gespannt sein. Sie darf nicht von der Öffnung herunterrutschen und muss das Glas luftdicht verschließen – dann sitzt sie genau richtig.

Lege den Trinkhalm in die Mitte der Ballonhaut und klebe ihn behutsam daran fest.

Forme aus dem Modellierton eine Kugel und stecke senkrecht das Lineal hinein, mit der »1« ganz unten. Stelle das Lineal nahe an das Trinkhalmende und beobachte dessen Auf- und Abbewegungen, die an der Messskala angezeigt werden.

Das passiert: Sobald sich der Luftdruck im Glas ändert, bewegt sich der »Trinkhalm-Zeiger« nach oben bzw. nach unten.

Warum? Wenn der Trinkhalm auf der Messskala nach oben wandert, steigt der Druck. Bewegt er sich nach unten, sinkt der Druck.

Das Aneroidbarometer – oder der Luftdruckmesser – arbeitet ähnlich wie ein Flugzeug-Höhenmesser, enthält aber im Gegensatz zu diesem keine Flüssigkeit und zeigt auch nicht die Höhe über dem Meeresspiegel an.

Je höher ein Flugzeug steigt, umso geringer wird der Luftdruck. Dies kann der Pilot am Höhenmesser ablesen. Auf Meereshöhe herrscht ein höherer Luftdruck, der sich auf alle Körper auf der Erde auswirkt.

Hinweis: Damit dein Instrument die Luftdruckänderungen genau anzeigen kann, solltest du es über einen längeren Zeitraum an einem ungestörten, geschützten Ort stehen lassen.

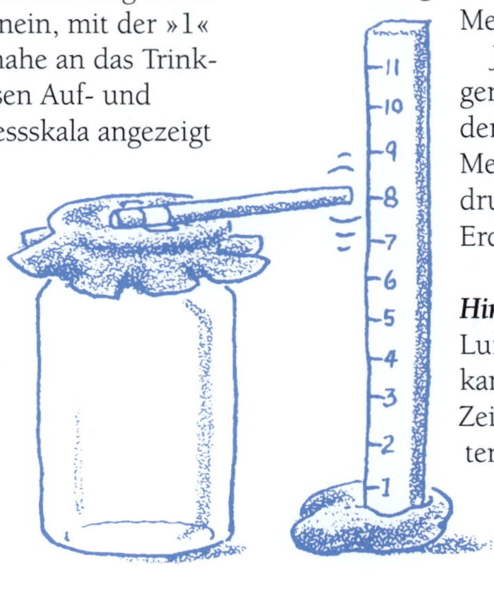

314

Dem Ruder nach

WAS DU BRAUCHST

dünner Karton, 25 x 30 cm
Lineal und Bleistift
Schere
2 Reißzwecken
mittelgroßer bis großer Nagel
Karton von einer Zahnpastatube
2 Büroklammern
ein Erwachsener als Assistent

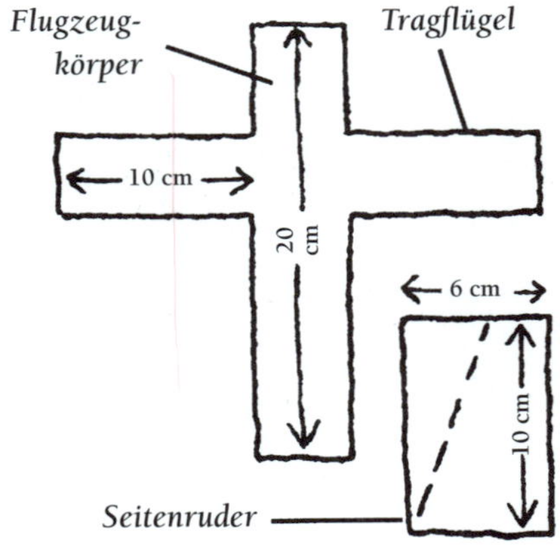

Wenn du erst mal verstanden hast, wie ein Seitenruder den Kurs eines Flugzeugs nach links oder rechts verändert, weißt du wo es lang geht!

So wirds gemacht: Zeichne in die Mitte des Kartonstücks eine 20 cm lange Linie. Lege das Lineal an dieser Linie an und male die Umrisse des Lineals nach, so dass ein langes Rechteck entsteht.

Jetzt brauchst du noch die Tragflügel. Dazu ziehst du etwa 5 cm vom oberen Rand des Rechtecks entfernt eine jeweils 10 cm lange waagrechte Linie nach rechts und nach links. Ziehe von den Endpunkten dieser beiden Linien rechts und links eine 5 cm lange senkrechte Linie nach unten und von den neuen Endpunkten eine 10 cm lange waagrechte Linie zurück zu dem langen Rechteck in der Mitte. Auf diese Weise entsteht ein Kreuz, von dem die Seitenarme die Tragflügel und der lange Mittelteil den Flugzeugrumpf darstellen.

Markiere auf dem restlichen Kartonstück ein 6 x 10 cm großes Rechteck. Dies wird das Seitenruder.

Schneide nun das Kreuz und das kleine Rechteck aus dem Karton aus. Schneide eine Seite des Seitenruders schräg ab (siehe Abb.).

Lege das Kreuz auf die schmale Seite des Zahnpastakartons und befestige es mit den Reißzwecken.

Ziehe die Laschen am Ende des Kartons (am »Flugzeugende«) heraus und befestige daran mit einer Büroklammer das Seitenruder. Dessen gerade Kante muss vom Flugzeug weg nach hinten zeigen (siehe Abb.).

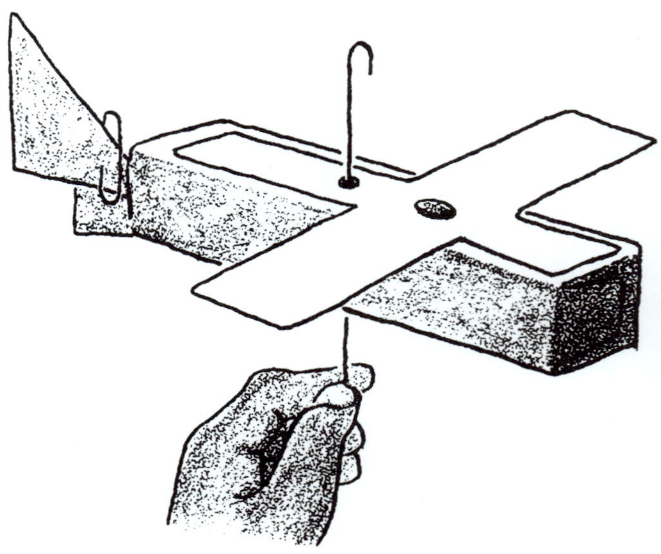

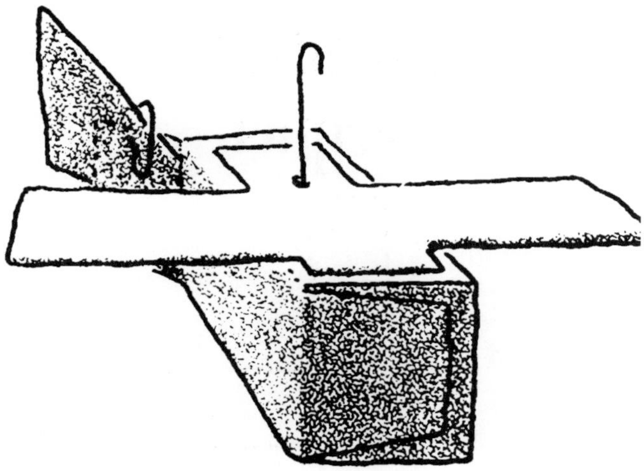

Lass von deinem Assistenten den oberen Teil der anderen Büroklammer geradebiegen. Das gerade Drahtende muss von unten durch den Mittelpunkt des Kartons nach oben gesteckt werden und auf der Kartonoberseite hinter den Tragflügeln herauskommen. (Mit einem Nagel lassen sich die Löcher vorstechen, dann gehts leichter).
Aus Sicherheitsgründen – und damit der Draht nicht aus dem Flugzeugkörper herausrutschen kann – sollte das frei liegende Drahtende umgebogen werden. Jetzt ist dein Flugzeugmodell fertig und startklar!

Halte es so, dass du von hinten draufschaust und drehe das Ruder in Richtung des rechten Tragflügels. Dann drehst du das Flugzeug so, dass du von vorne draufschaust, hältst es nur am unteren Teil der Büroklammer am Unterteil des Kartons und bläst vorsichtig gegen das Seitenruder.

Nun wiederholst du das Ganze, wobei das Seitenruder diesmal nach links zeigen muss. (Da es an der rechten Kartonlasche befestigt ist, musst du es ziemlich fest und weit nach links drücken).

Das passiert: Je nachdem, in welchem Winkel sich das Ruder befindet, wird der Luftstrom das Flugzeug nach links oder nach rechts bewegen.

Warum? Wenn das Ruder nach rechts gedreht ist und du bläst dagegen, trifft der Luftstrom auf seine rechte Seite und die Flugzeugnase wendet sich nach rechts. Wenn das Ruder nach links gedreht ist und du bläst dagegen, bewirkt der gegen die Oberfläche drückende Luftstrom eine Linkswendung.

Und weiter? Hebe dieses Flugzeugmodell für weitere Experimente auf – zum Beispiel für »Ziemlich verquer«.

315

Ziemlich verquer

WAS DU BRAUCHST

Flugzeugmodell aus dem Experiment »Dem Ruder nach«
Bleistift
Schere
Lineal

In dem Experiment »Dem Ruder nach« hast du aus einem Zahnpastakarton ein Modellflugzeug mit einem Seitenruder gebastelt, das ein Flugzeug Rechts- und Linkskurven fliegen lässt. Jetzt gehst du noch einen Schritt weiter und stattest die Tragflügel mit Querrudern bzw. Klappen aus, mit denen man Kurvenlagen noch genauer aussteuern kann. Außerdem lernst du eine Menge über Lagebefehle nach rechts und links … da legt sich das Hirn manchmal ganz schön quer!

So wirds gemacht: Markiere auf der hinteren Kante jedes Tragflügels einen 4 cm breiten Abschnitt. Er muss auf beiden Tragflügeln jeweils an der gleichen Stelle liegen. Ziehe von jedem der vier Punkte senkrecht von der Kante weg eine 2 cm lange Linie auf den jeweiligen Tragflügel. Diese 2-cm-Linien unschneidest du ein (zwei Schnitte auf dem rechten und zwei Schnitte auf dem linken Tragflügel). Wenn du nun die Teile umbiegst, hat dein Flugzeug zwei Querruder!

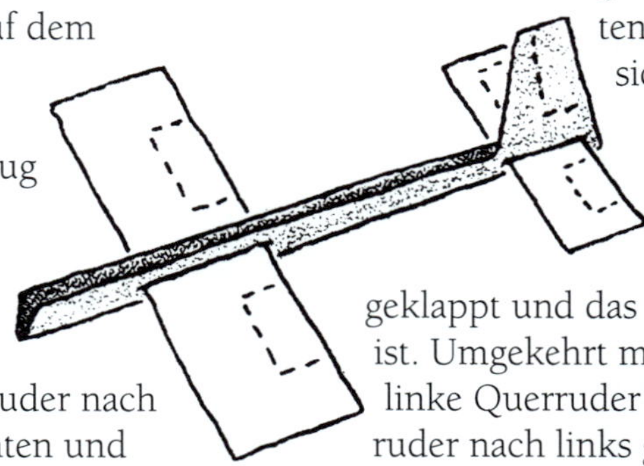

Sieh dir dein Flugzeug von hinten an und merke dir, welches der rechte und welches der linke Flügel ist. Klappe das rechte Querruder nach oben, das linke Querruder nach unten und das Seitenruder nach rechts. Blase gleichmäßig auf das rechte Querruder. In welche Richtung bewegt sich das Flugzeug? Überlege, welcher Tragflügel von wo aus betrachtet der rechte bzw. der linke ist und bestimme die Wenderichtung von der Rückseite des Flugzeugs aus und nicht von vorne. Berücksichtige auch, ob du das Modell mit der rechten und mit der linken Hand hältst.

Nun klappe das linke Querruder nach oben, das rechte nach unten und die Seitenflosse nach links und blase dann gleichmäßig in Richtung Vorderteil des Flugzeugs. Wohin wendet es sich nun?

Das passiert: Wenn das rechte Querruder oben steht, das linke unten und das Seitenruder rechts, dreht sich das Flugzeug nach rechts. Wenn das linke Querruder oben steht, das rechte unten und das Seitenruder links, dreht sich das Flugzeug nach links.

Warum? Das Flugzeug dreht sich nach rechts, wenn das rechte Querruder nach oben geklappt und das Seitenruder nach rechts gedreht ist. Umgekehrt macht es eine Linkskurve, wenn das linke Querruder hochgeklappt und das Seitenruder nach links gedreht ist.

In beiden Fällen trifft der Luftstrom auf die ihm zugewandte Fläche und drückt das Flugzeug deshalb in die betreffende Richtung.

316 Testflüge

Wenn du eins deiner Flugobjekte im Freien ausprobierst, darfst du nicht vergessen, dass es immer ein Experiment ist. Du solltest deine Testflüge also von einem wissenschaftlichem Standpunkt aus betrachten, wie es auch ein richtiger Forscher tun würde. Das heißt, wenn dein Flugzeug nicht richtig oder überhaupt nicht fliegt, gibt es dafür höchstwahrscheinlich eine Erklärung.

Hier nun einige Anmerkungen zum Bau des Fliegers im Experiment Nr. 317: Du musst die Gewichte an deinem Flugzeug korrekt verteilen und stabilisieren. Runde die Ecken der Tragflügel, des Flugzeugrumpfes und der Höhen- und Seitenruder ab, damit sie stromlinienförmiger werden. Tust du das nicht, ist dein Flugzeug möglicherweise zu schwerfällig und kann dann nicht richtig fliegen.

Verteile die Büroklammern an der Flugzeugnase anders, füge weitere hinzu oder nehme welche weg oder versuche es mit leichteren oder schwereren Büroklammern.

Nicht vergessen – dies ist in erster Linie ein Test um herauszufinden, welche Merkmale dein Flugzeug aufweisen muss, um optimal zu fliegen. Sei mutig probiere einfach verschiedene Möglichkeiten aus, durch die dein Flugzeug weiter, höher und geradliniger fliegen könnte.

Vielleicht hast du auch Lust, eine Flotte von mehreren unterschiedlich gestalteten Flugzeugen zu bauen. Dann wandle die in Experiment Nr. 317 angegebenen Abmessungen leicht ab. Größere Modelle gleiten meistens über längere Strecken und machen weniger Kurven. Du hast endlos viele Möglichkeiten, dein Flugzeug dazu zu bringen, so zu fliegen, wie du es dir vorstellst.

Um ein Modell möglichst erfolgreich zu starten, findest du am besten seinen Schwerpunkt. Wenn es vorne an der Nase Büroklammern hat, stütze die Tragflügeln mit einem Finger und dem Daumen ab. Wenn es darauf genau waagrecht liegen bleibt und nicht herunterkippt, hast du den Schwerpunkt gefunden, an dem du es festhalten musst. Bei unserem Beispiel wäre das knapp hinter den Tragflügeln. Wenn du dein Flugzeug vor dem Starten an seinem Schwerpunkt hältst, wird es jedesmal gerader, ruhiger und länger dahinsegeln.

Also dann viel Spaß! Diese Flugtests werden dir sicher nie langweilig werden – gehe nur nicht gleich in die Luft, wenn nicht alles sofort klappt!

317

Klappts mit den Klappen?

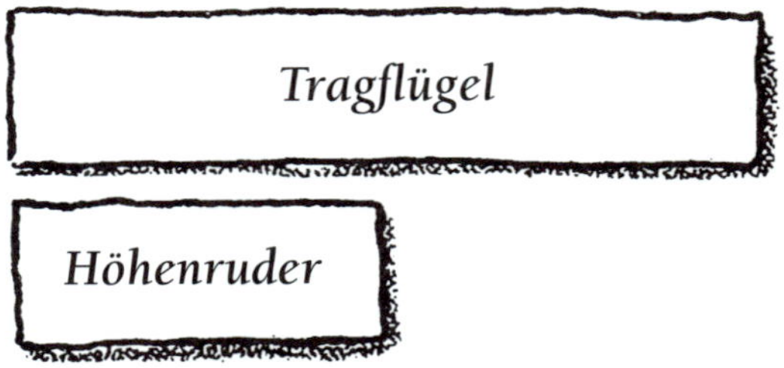

WAS DU BRAUCHST

dünnes Kartonquadrat, 30 cm Seitenlänge
Schere
Büroklammern
Bleistift
Klebeband
Lineal

Jetzt baust du einen noch beweglicheren Flieger. Neben dem Seitenruder bekommt er ein Höhenruder – das ist der waagrechte Teil des Leitwerks am Flugzeugheck – mit Klappen.

So wirds gemacht: Zunächst zeichnest du quer durch die Mitte des Kartons eine 25 cm lange Linie, legst an dieser das Lineal an und ummalst dessen Kanten, so dass auf dem Karton ein langes Rechteck entsteht, dass so breit ist wie das Lineal. Es bildet später den Flugzeugrumpf.

Für das Seitenruder ziehst du vom linken oberen Eckpunkt des (quer, nicht hochkant liegenden!) Rechtecks aus eine 8 cm lange Linie nach oben und daran anschließend eine 5 cm lange Linie nach rechts in Richtung Rumpfvorderteil. Daran fügst du eine Linie an, die schräg zur Oberkante des liegenden Rechtecks zurückführt.

Für die Tragflügel malst du ein 25 cm langes Rechteck in Breite des Lineals.

Schneide für das Höhenruder ein 5 x 12,5 cm großes Rechteck zu und alle anderen Flugzeugteile aus dem Karton aus.

Falte den Rumpfteil mit der daran angefügten Seitenflosse längs zur Hälfte um und halte ihn mit einer Büroklammer zusammen (die wird später wieder entfernt). Ziehe jeweils eine etwa 4 cm lange Linie entlang der Mitte des zusammengefalteten Rumpfteils, 4 cm von der Flugzeugnase entfernt und am Rumpfende unterhalb des Seitenruders. Lass deinen Assistenten durch beide Kartonlagen hindurch einen Schlitz schneiden.
Durch den hinteren Schlitz schiebst du die Höhenflosse und durch den vorderen die Tragflügel. Richte die Teile gleichmäßig aus und klebe sie am Rumpfteil fest.
Bevor du Ruder oder Klappen in die Tragflügel, das Seiten- und Höhenruder schneidest, machst du im Freien erst einmal einen Testflug. Danach kannst du die Flugeigenschaften noch verbessern (Tipps siehe Experiment 316 – »Testflüge«).

Wenn es mit dem Fliegen gut klappt, kannst du in die Tragflügel, die Höhenflosse und die Seitenflosse in gleichen Abständen Klappen schneiden. Je nach Stellung der Klappen am Höhenruder wird das Flugzeug steigen (Klappe zeigt nach oben) oder sinken (Klappe zeigt nach unten). Von der Positionierung der Querruder bzw. der Klappen an den Tragflügeln und der Klappen am Seitenruder am Heck hängt es ab, ob sich das Flugzeug nach rechts oder nach links bewegt. Los gehts!

Das passiert: Je nach Stellung der Klappen zeigt der Modellflieger ein unterschiedliches Flugverhalten.

Warum? Wenn du das Querruder an der linken Tragflügel nach oben klappst und das Seitenruder nach links drehst, drückt der Luftstrom von vorne gegen die Klappenflächen und das Flugzeug macht eine Linkskurve. Das Gegenteil ist der Fall, wenn das Querruder an der rechten Tragflügel nach oben geklappt und die Seitenflosse nach rechts gedreht ist. Zeigen die Klappen des Höhenruders nach unten, macht das Flugzeug einen Sturzflug, sind sie nach oben geklappt, steigt es.

318 Vorwärts marsch!

WAS DU BRAUCHST

Luftballons
ein Blatt Papier
Klebeband
Schere

Die Newton'schen Bewegungsgesetze besagen, dass jede Kraft eine gleich große Gegenkraft hervorruft, die in entgegengesetzter Richtung wirkt.

So ist es auch, wenn sich im Triebwerk eines Düsenflugzeuges Kraftstoff entzündet, verbrennt und als erhitztes Gas am Heck des Flugzeugs mit hoher Geschwindigkeit austritt: Das Flugzeug wird vorangetrieben. Nach dem gleichen Prinzip funktioniert die Schubkraft, mit der Raketen in den Weltraum geschossen werden. Die folgenden Versuche führen dir dieses wichtige Bewegungsgesetz anschaulich vor Augen.

So wirds gemacht: Blase ein paar Luftballons auf und lass sie dann los.

Das passiert: Die Luft, die nun plötzlich durch die enge Öffnung entweichen kann, treibt den Ballon vorwärts. Nach dem gleichen Prinzip werden Flugzeuge und Raketen angetrieben.

Und weiter? Bastle eine einfache Rakete. Klebe ein Blatt Papier zu einer Röhre zusammen und einen etwa 15 cm langen Klebestreifen rings um das Mundstück des noch luftleeren Ballons. Die Enden des Klebestreifens befestigst du wie eine Art Brücke seitlich an der Papierröhre (siehe Abb.). Zwischen Klebestreifen und Papierrolle muss noch ein Finger passen. Das Mundstück des Ballons muss in die Röhre hineingerichtet, aber noch für dich erreichbar sein. Blase einmal tief in den Ballon und halte das Mundstück mit den Fingern zu. Lass den aufgeblasenen Ballon los und beobachte, was passiert.

Die Luft entweicht aus dem Ballon, strömt mit hoher Geschwindigkeit durch die Röhre hindurch und treibt die Papierrakete vorwärts.

319

Nichts als heiße Luft?

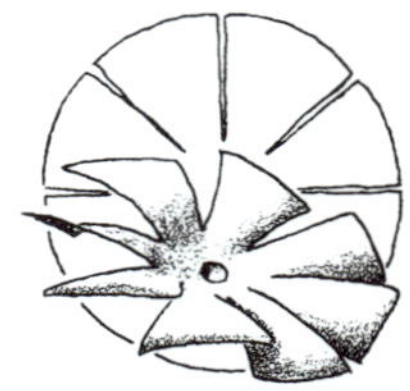

WAS DU BRAUCHST

mittelgroßer Trinkbecher mit Plastikdeckel (aus einem Schnellimbiss/Fastfood-Restaurant)
Karton
Schere
Lineal
Modellierton (murmelgroß)
Trinkhalm
Klebeband
Gummiring

In den Triebwerken moderner Düsenflugzeuge versetzen die heißen, verdichteten Verbrennungsgase mehrere auf Wellen gelagerte Radschaufeln in Drehung – die so genannten Turbinen. Die durch Turboverdichter stark komprimierten, d. h. zusammengepressten Gase werden dann am Heck des Flugzeugs mit hoher Geschwindigkeit ausgestoßen und treiben das Flugzeug dadurch vorwärts. Auch die frühen Turboprop-Flugzeuge besaßen als Antriebselemente einen beschleunigten Gasstrahl sowie Turbinen und Propeller, die aber weit weniger leistungsfähig waren als die heutigen. In diesem einfachen Experiment findest du heraus, wie diese Turbo-Propeller damals funktionierten. Drehen wir das Rad der Geschichte ein bisschen zurück!

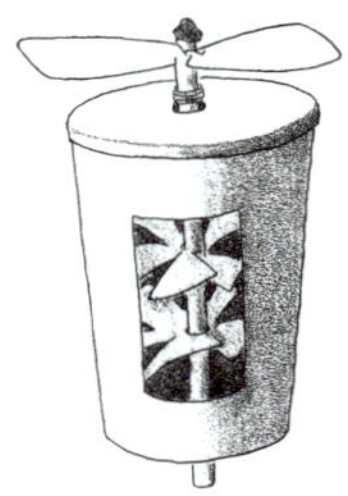

So wirds gemacht: Schneide aus der Seitenwand des Bechers ein rechteckiges Fenster aus, in gleicher Entfernung von Ober- und Unterkante. Bohre ein Loch durch den Mittelpunkt des Becherbodens und schneide von dem Trinkhalmloch im Becherdeckel die kleinen Laschen ab.

Zeichne auf den Karton zwei Kreise mit einem Durchmesser von jeweils 8 cm und markiere auf jedem Kreis mit dem Bleistift acht gleich große Segmente.

Schneide die Kreise entlang der zur Mitte führenden Linien etwa 6,5 cm tief ein und biege die einzelnen Segmente um, bis eine Art Windrad entsteht. Verstärke die Schnittränder mit Klebeband.

Bohre ein Loch durch den Mittelpunkt der beiden »Windräder« und schiebe den Trinkhalm hindurch. Schiebe die Räder in die Mitte des Halms, wo sie etwa 5 cm Abstand voneinander haben sollten.

Führe das untere Trinkhalmende von oben durch das Loch im Becherboden und den oberen Teil des Halmes durch das Loch im Deckel. Der Trinkhalm soll sich in den Löchern frei bewegen können.

Für den Propeller schneidest du ein 2,5 x 13 cm großes Kartonstück in Propellerform aus. Schneide am Mittelpunkt kleine Schlitze ein und biege die beiden Hälften behutsam in entgegengesetzte Richtungen. So wird der Propeller dreidimensional. Befestige den Propeller, indem du den Gummiring fest um den Trinkhalmteil wickelst, der oben aus dem Becherdeckel herausragt. (Dieser »Gummipuffer« zwischen Deckel und Propeller sorgt dafür, dass der Propeller später aufrecht bleibt und sich ungehindert drehen kann.) Stecke den Propeller auf den Trinkhalm (dazu musst du durch den Propeller hindurch in der Mitte ein Loch bohren).

Sichere den Propeller, indem du aus Modellierton eine »Flugzeugnase« formst und sie oberhalb des Propellers fest auf die Spitze des Trinkhalms drückst.

Blase nun von der Seite gleichmäßig auf den Propeller und beobachte, was geschieht.

Das passiert: Die »Turbinen-Verdichterschaufeln« im Becher drehen sich.

Warum? Obwohl es Spaß macht, dieses kleine Turboprop-Modell zu basteln und auszuprobieren, kann man damit die Funktionsweise eines echten Turboprop-Antriebs natürlich nicht ganz genau nachahmen. Das Modell zeigt nur, wie die Bewegung der Turbinenteile für den Antrieb ausgenutzt wird. Bei einem echten Turboprop-Triebwerk versetzen die Turbinen den Propeller in Bewegung, während es bei unserem Modell genau andersherum ist.

Freiluftballons: In schwindelnden Höhen

Der Traum vom Fliegen ist uralt. Schon immer wollten die Menschen es den Vögeln gleichtun, die mühelos vom Boden abheben und hoch in die Lüfte entschweben. Und sie haben nie aufgegeben, damit sich dieser Traum erfüllt.

Wissenswertes über Heißluftballons

Bereits im 17. Jahrhundert, also lange vor der Erfindung des Flugzeugs, kam die Idee auf, ob man nicht vielleicht einen Korb an eine fliegende Luftkugel oder einen Ball hängen könnte. Jahrelang wurde dann mit allen möglichen riesigen Behältnissen experimentiert – und mit Gasen, die leichter sind als Luft. Im Jahre 1783 gelang es schließlich dem französischen Papiermacher Etienne Montgolfier den ersten Heißluftballon aufsteigen zu lassen.

Erhitzte Luft dehnt sich aus und hat dann im Vergleich zu ihrer Umgebung ein geringeres spezifisches Gewicht. Allerdings hatten die frühen Heißluftballons einen Haken: Die Luft kühlte sich allmählich wieder ab. Dieses Problem wurde jedoch dadurch behoben, dass man einen Propangasbrenner unter die Ballonöffnung hängte.

Bis in unsere Tage schweben Freiluftballonfahrer mit Begeisterung durch die Lüfte. Heutzutage dienen Heliumballons aber auch zur Erforschung der Atmosphäre, zum Sammeln von Wetterdaten, ja sogar zu Kommunikationszwecken.

Also, hole tief Luft und mache dich auf Experimente gefasst, bei denen es um Luftdruck, heiße Luft und Luftausdehnung geht.

320

Luftiger Balanceakt

WAS DU BRAUCHST

2 Frühstückstüten
Schnur, 30 cm lang
4 Büroklammern
Schere
ein Erwachsener als Assistent
Bleistift
Lineal
Tischlampe

Wie verhält sich erhitzte Luft? Dieses Experiment ist nicht nur spannend, sondern macht auch Spaß. Die Materialien, die dazu benötigt werden, findest du wahrscheinlich alle in eurem Haushalt. Allerdings brauchst du einen Assistenten – und eine ruhige Hand!

Hinweis: Da bei diesem Experiment eine brennende Glühbirne verwendet wird, solltest du dir zur Sicherheit von einem Erwachsenen helfen lassen. Hebe die Materialien für das nächste Experiment auf!

So wirds gemacht: Öffne die beiden Frühstückstüten und stecke auf den flachen Teil des Bodens von außen jeweils zwei Büroklammern.

Zerschneide den Bindfaden in zwei Hälften und knüpfe diese an die beiden Büroklammern. Klebe die beiden Tüten jeweils an einem Linealende fest. Nun hast du eine einfache Waage.

Bitte deinen Assistenten, den Lampenschirm abzunehmen. Die Lampe sollte so niedrig sein, dass dein Assistent ein Ende der »Tütenwaage« darüber halten kann.

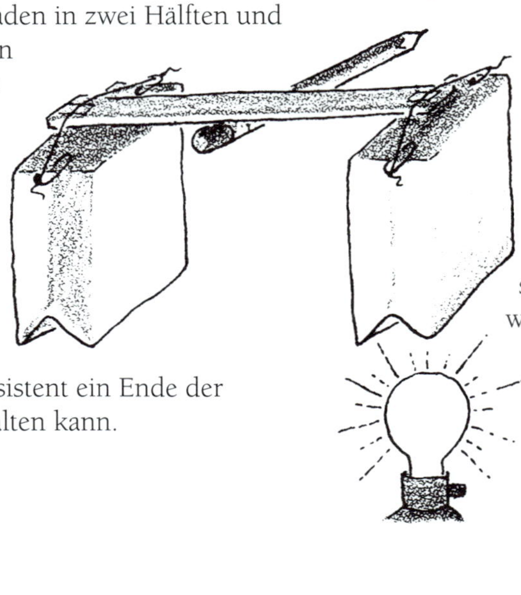

Nun balancierst du oder dein Assistent das Lineal auf einem Bleistiftende. Wenn die beiden Tüten auf gleicher Höhe hängen, befinden sie sich genau im Gleichgewicht.

Nun wird eine der Tüten ein paar Minuten lang über die brennende Glühbirne gehalten. Dies erfordert wieder eine ruhige Hand! Ihr müsst nun genau beobachten, was passiert. Kannst du oder dein Assistent mithilfe der Glühbirne eine Seite der Waage zum Kippen bringen?

Das passiert: Nach einigen Minuten wird sich eine Hälfte der Waage leicht zur Seite neigen und die ganze Waage schließlich vom Bleistift fallen.

Warum? Die von der Glühbirne erwärmten Luftmoleküle bewegen sich rascher und streben danach, sich weiträumiger zu verteilen. Dabei dehnt sich die Luft aus, drückt von innen gegen die Tüte – und hebt sie dabei leicht an.

321 Für Schlankheitskuren ungeeignet ...

WAS DU BRAUCHST

Luftballons
Bindfaden
Maßband
Lampe oder andere Wärmequelle
ein Erwachsener als Assistent
Bleistift
Papier

Mit dieser Methode kannst du ganz leicht beweisen, dass sich erwärmte Luft ausdehnt! Also los, blase ein paar Luftballons auf und messe nach, was heiße Luft so alles bewirken kann.

So wirds gemacht: Blase einen Ballon auf und binde ihn mit einem Stück Bindfaden zu. Messe den Umfang des Ballons an seiner weitesten Stelle und schreibe das Ergebnis auf. Nun lässt du den Ballon mit Hilfe deines Assistenten 2 bis 3 Minuten über einer brennenden Lampe baumeln (diesmal ist es nicht notwendig, den Lampenschirm dafür extra abzunehmen).

Um den Ballon rundum aufzuwärmen, sollte er über der Lampe gedreht werden. Danach misst du an der weitesten Stelle erneut den Umfang des Ballons nach – aber während er noch über der Lampe hängt (dabei bist du in jedem Fall auf Hilfe angewiesen). Schreibe das Ergebnis auf.

Das passiert: Der Ballon ist dicker geworden!

Warum? Beim Erwärmen des Ballons wird auch die darin befindliche Luft erwärmt. Das führt dazu, dass die Luftmoleküle rascher herumflitzen, gegeneinander prallen und mehr Raum für sich in Anspruch nehmen. Da die Ballonhaut elastisch ist, kann sie sich deshalb mit der erwärmten Luft ausdehnen.

322

Dampf machen

WAS DU BRAUCHST

Kreis aus Alufolie (Durchmesser 10–13 cm)
Näh- oder Stecknadel
Schere
abknickbarer Trinkhalm
ein Erwachsener als Assistent
Topf mit kochendem Wasser

Da sich Luftmoleküle bei Erwärmung ausdehnen, hat die erhitzte Luft in einem Heißluftballon ein viel geringeres Gewicht als die Luft in der Umgebung. Nur deshalb kann ein solcher Ballon überhaupt vom Boden abheben!

In diesem Experiment kannst du beobachten, dass ein Gas ganz anderer Art eine ähnliche Wirkung hat wie Heißluft …

So wirds gemacht: Schneide vom Rand des Kreises aus sechs jeweils etwa 2,5 cm lange, Schlitze in Richtung Mittelpunkt. Sie sollen alle den gleichen Abstand voneinander haben. Biege die Segmente nach unten und leicht nach innen, so dass eine Art umgedrehtes Windrädchen mit Flügeln entsteht. Stich mit der Nadel ein kleines Loch genau durch den Kreismittelpunkt.

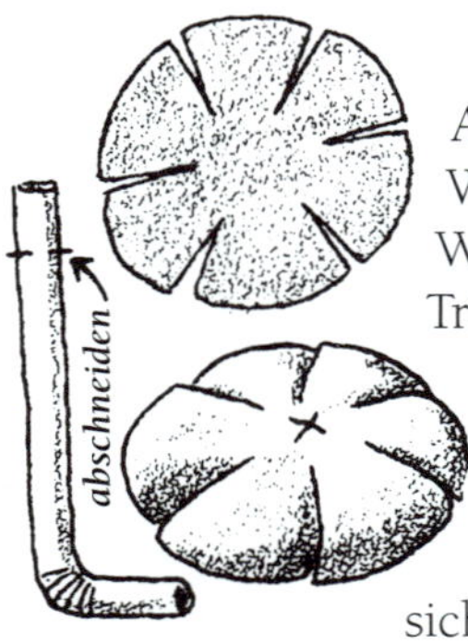

Schneide von dem abknickbaren Trinkhalm 2,5 cm ab – dieses Röhrchen dient als »Balancierstange«. Lass deinen Assistenten die Nadel durch den Mittelpunkt dieses Röhrchens bohren, so dass eine »T«-Form entsteht, d. h. nur noch das Öhr bzw. der Stecknadelkopf oben herausragt.

Nun legst du das »Alurädchen« mit der glänzenden Seite nach unten auf den Stecknadelkopf bzw. das Nadelöhr. Biege die Flügel nochmal zurecht – sie müssen gleichmäßig und etwas nach unten gekrümmt sein. Knicke den Trinkhalm so, dass er aussieht wie eine Pfeife und stecke das Nadelende in den »Pfeifenkopf« hinein.

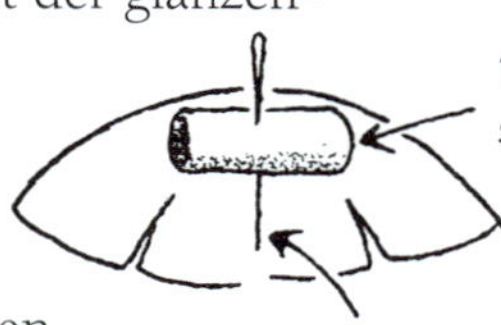

Der nächste Schritt erfordert viel Umsicht – du solltest dir hier auf jeden Fall helfen lassen. Bitte deinen Assistenten, in einem Topf etwa eine Tasse Wasser zum Kochen zu bringen. Sobald das Wasser zu brodeln anfängt, lässt du ihn den Trinkhalm mit dem »Alurädchen« über das kochende Wasser halten. Beobachte, was nun geschieht!

Das passiert: Das »Alurädchen« beginnt sich langsam, aber sicher zu drehen!

Warum? Obwohl erhitzte Luft und Dampf nicht das Gleiche sind, handelt es sich doch bei beiden um Gase. Das bedeutet, beide können sich im erwärmten Zustand nach oben bewegen (z. B. in Heißluftballons) oder Arbeit verrichten (z. B. in Dampfmaschinen). Der Dampf hat hier die Form von heißem Wasserdampf – das ist Wasser in gasförmigem Zustand. Und genau wie bei der Luft bewegen sich Dampfmoleküle schneller und nehmen mehr Raum ein.

In diesem Zustand besitzen sie viel Energie und können Gegenstände in Bewegung versetzen. Hier bringen die erhitzten Dampf- bzw. Gasmoleküle, die aus dem Topf entweichen und in die Luft emporsteigen, dein »Alurädchen« in Drehung.

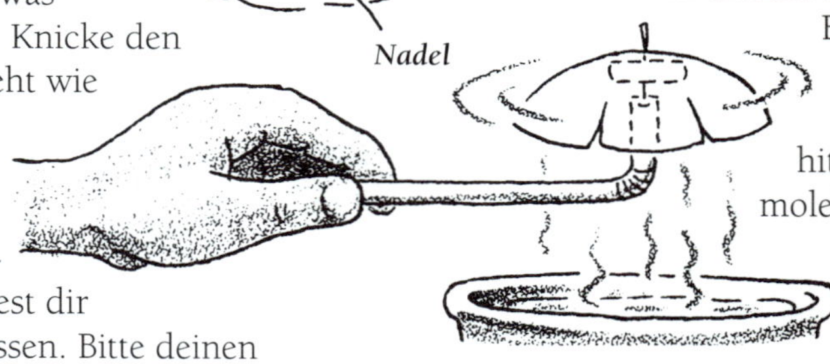

Alles nur eine Sache der Schwerkraft …

Astronomen, Mathematiker und Wissenschaftler gingen früher einmal davon aus, dass sich die Planeten auf kreisförmigen Umlaufbahnen – auch Orbits genannt – und jeweils mit konstanter Geschwindigkeit um die Sonne bewegen. Inzwischen wissen wir, dass sich die Planeten auf ovalen, also ellipsenförmigen Umlaufbahnen bewegen und sich je nachdem, wie weit sie von der Sonne und deren Gravitation entfernt sind, schneller oder langsamer bewegen – gerade um so viel, dass sie nicht von ihr angezogen und verschlungen werden!

Aber kommen wir zurück auf die Erde … Als Erdbewohner wird dein Körper zum Mittelpunkt des Planeten gezogen. Diese Anziehungskraft drückt sich darin aus, was du auf der Erdoberfläche wiegst.

Wissenswertes über Gravitation

Mit anderen Worten, dein Gewicht entspricht der Gravitation, die die Erde auf deinen Körper ausübt. Auf dem Mars würdest du nur ein Drittel von dem wiegen, was du auf der Erde wiegst, weil der Mars kleiner ist. Und auf dem Mond, der nur ein Sechstel der Schwerkraft der Erde besitzt, wärst du sogar noch leichter. Man kann also folgende Faustregel aufstellen: Je größer ein Planet oder Mond ist, umso mehr Masse und Gravitation besitzt er und umso mehr würde man auf ihm wiegen.

In den folgenden Experimenten lernst du nicht nur etwas über die Geschwindigkeiten, Umlaufbahnen und Anziehungskräfte anderer Planeten, sondern auch darüber, wie all diese Kräfte unsere Erde beeinflussen. Wir sind sicher, dass du dieses Thema ebenso spannend wie anziehend findest!

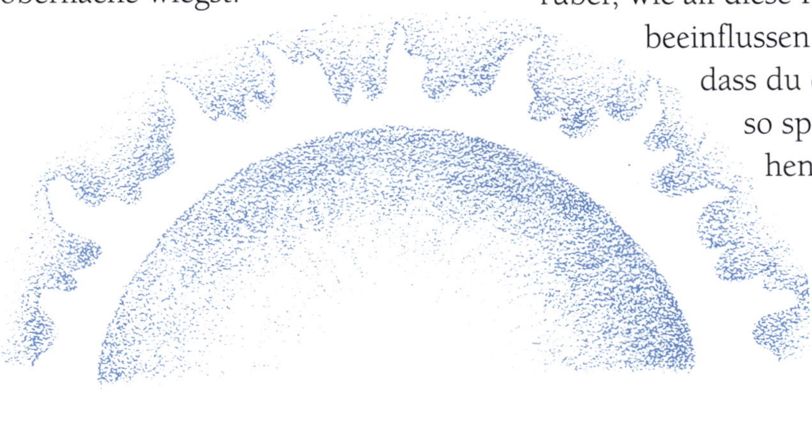

323

Krumme Touren

WAS DU BRAUCHST

leichter, weicher Ball

ein Assistent zum Werfen und Zurückholen der Bälle (eventuell)

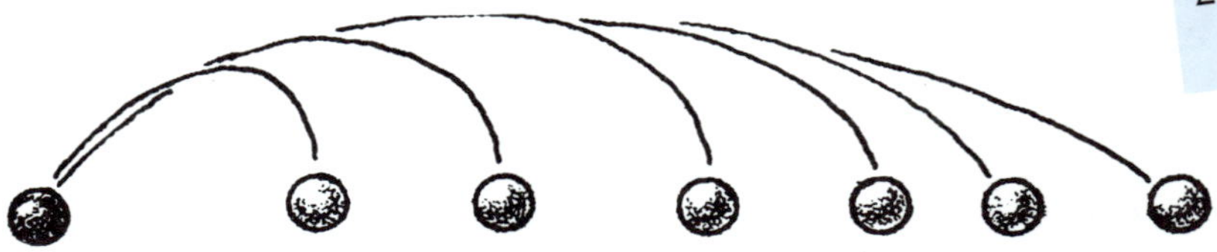

Wirf einen Ball mal schneller und mal langsamer und beobachte, auf welcher Flugbahn er sich bewegt.

So wirds gemacht: Wirf einen Ball in die Luft und verfolge die Flugbahn, die er dabei beschreibt. Wiederhole das Ganze einige Male und wirf den Ball jedesmal mit unterschiedlicher Geschwindigkeit – zum Beispiel langsam, noch langsamer und zum Schluss ganz sanft.

Danach wirfst du ein paar schnellere Bälle – vielleicht erst mit Schwung, dann etwas heftiger und schließlich mit aller Kraft. Beobachte, ob der Verlauf der Flugbahn von der Wurfgeschwindigkeit abhängt.

Das passiert: Alle geworfenen Bälle fliegen nach dem Loslassen auf einer gekrümmten Bahn durch die Luft, wobei einige steiler zu Boden fallen als andere.

Warum? Die Bälle, die du in die Luft wirfst, beschreiben eine Kurve und werden dann von der Erdanziehungskraft wieder nach unten gezogen. Diese gekrümmte Flugbahn entspricht in etwa der Erdkrümmung.

Wenn du den Ball langsam loswirfst, kannst du den Verlauf seiner Flugbahn besser mitverfolgen, als wenn du ihn mit viel Schwung wirfst. Bei einer geringen Anfangsgeschwindigkeit beschreibt der Ball bestimmt eine steilere Flugbahn, ehe er zu Boden fällt.

324 Spulen-Spielerei

Radiergummi
Büroklammer
50 cm langer Bindfaden
leere Nähgarnspule

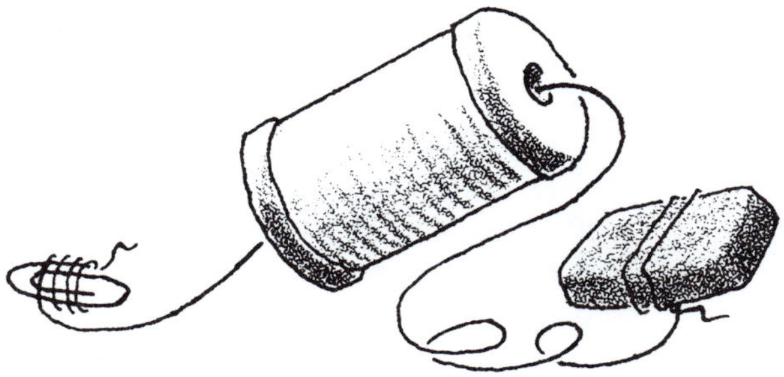

Aus einem Radiergummi, einer Garnspule und einem Stück Bindfaden kannst du dir ein lustiges Drehspielzeug basteln – und so ganz nebenbei etwas über die Zentripetalkraft erfahren!

So wirds gemacht: Wickle den Faden ein paarmal fest um den Mittelteil des Radiergummis. Dann fädle das Fadenende durch die Spule hindurch und befestige es an der Büroklammer. Die Klammer wird später wie ein Anker verhindern, dass der Faden durch die Spulenöffnung herausrutscht.

Nun kann der Test losgehen! Halte die Spule am ausgestreckten Arm über deinen Kopf und vergewissere dich, dass sich niemand in der Nähe aufhält oder in die »Schusslinie« gelangen kann.

Nun drehe die Spule eine Weile rasch und gleichmäßig im Kreis, lass sie dann wieder langsamer werden und schließlich zur Ruhe kommen.

Wiederhole das einige Male und verfolge genau, was dabei passiert. Und noch etwas: Es ist nicht notwendig, dass du dabei viel Kraft aufwendest oder etwa den Arm heftig bewegst.

Das passiert: Wenn du die Spule herumwirbelst, wird sich der Radiergummi von ihr weg und nach oben bewegen. Wenn die Drehbewegung langsamer wird oder die Spule anhält, fällt der Radiergummi nach unten und kommt dann ebenfalls zur Ruhe.

Warum? Der an dem Faden festgebundene Radiergummi entspricht einem Objekt, das der Schwerkraft der Erde unterliegt. Der Faden (Erdanziehung) zieht den Radiergummi in Richtung Spule (Erdmittelzentrum). Die Kraft, die dabei zur Wirkung kommt, nennt man Zentripetalkraft. Sie wirkt bei einer Kreisbewegung auf ein bewegtes Objekt ein und ist auf den Mittelpunkt gerichtet. Wenn du die Spule, den Faden und den Radiergummi kreisförmig um dich herumschleuderst, zieht es den Radiergummi auf dich als Mittelpunkt zu und diese Kraft bewirkt, dass sich Faden und Radiergummi nach oben und weg vom Mittelpunkt bewegen.

325

Bloß nicht den Faden verlieren …

WAS DU BRAUCHST

5 ähnliche Radiergummis
Papier und Bleistift
Schere
ein Assistent
etwa 1 m langer Faden
Uhr mit Sekundenzeiger
Spule

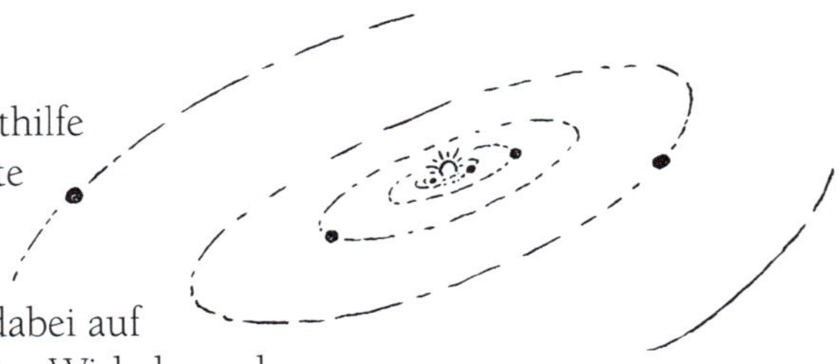

Diese Experimente sollen dir mithilfe unterschiedlich schwerer Objekte vor Augen führen, wie die Planeten um die Sonne kreisen und welche Anziehungskräfte dabei auf sie einwirken. Also viel Spaß beim Wirbeln und Schleudern – hier hast du die Fäden in der Hand!

So wirds gemacht: Wie in dem vorigen Experiment befestigst du zunächst einen Radiergummi an einem Fadenende und fädelst das andere Ende des Fadens durch die Spule hindurch. An diesem Fadenende wird aber diesmal keine Büroklammer, sondern ein zweiter Radiergummi festgebunden. Bei jedem Versuch kommt ein weiterer Radiergummi hinzu. Die Aufgabe deines Assistenten besteht darin, anhand der Uhr die einzelnen Versuchszeiten zu stoppen (jeweils 15 Sekunden) sowie bei jedem Versuch die Anzahl der Gewichte und die jeweiligen Ergebnisse zu notieren.

Wenn ihr soweit seid, sollte sich dein Assistent in einiger Entfernung mit der Uhr bereit halten. Vor der offiziellen Startzeit musst du deine Wirbelspule erst einmal ordentlich in Drehung versetzen. Achte darauf, den am unteren Ende beschwerten Faden bei jedem Versuch auf der gleichen Lage oder Ebene zu halten.

Nach dem Startsignal soll dein Assistent 15 Sekunden abstoppen, während du im Kopf die Anzahl der Umdrehungen mitzählst, die der Radiergummi um die Spule herum vollführt – bis dein Assistent »Stop!« ruft. Teile ihm die Anzahl der Umdrehungen mit und binde dann den zweiten, später den dritten und schließlich den vierten Radiergummi an das Fadenende und wiederhole den Versuch.

Das passiert: Je mehr Gewichte – oder Radiergummis – du unten an deiner Wirbelspule befestigst, desto mehr Umdrehungen vollführt der obere Radiergummi innerhalb der 15 Sekunden.

Warum? Die Planeten, die der Sonne am nächsten liegen – Merkur und Venus – müssen schneller um sie kreisen als die weiter entfernten. Täten sie das nicht, würden sie von der starken Gravitation der Sonne an- und schließlich in sie hineingezogen.

Wenn sich an deiner Wirbelspule viele Gewichte befinden, entspricht das der stärkeren Anziehungskraft der Sonne auf die ihr am nächsten gelegenen Planeten. Aus diesem Grund müssen Merkur und Venus schneller kreisen, also mehr Umdrehungen machen. Die sonnenfernen Planeten – Uranus, Neptun und Pluto – sind der Anziehungskraft der Sonne nicht so stark ausgesetzt wie Merkur und Venus und können sich daher langsamer bewegen.

Hängt an deiner Wirbelspule unten nur ein einziger Radiergummi (nicht vergessen – das Gewicht stellt die Gravitation der Sonne dar), dann entspricht dieses Modell dem Pluto. Der vollführt um die Spule (»Sonne«) die wenigsten Umdrehungen.

326 Das große Trio: Merkur, Jupiter, Neptun

WAS DU BRAUCHST

leichter Karton oder Plakatpapier, mindestens 56 x 71 cm
Schere
Murmeln
Klebeband
Uhr mit Sekundenzeiger
Bleistift und Papier

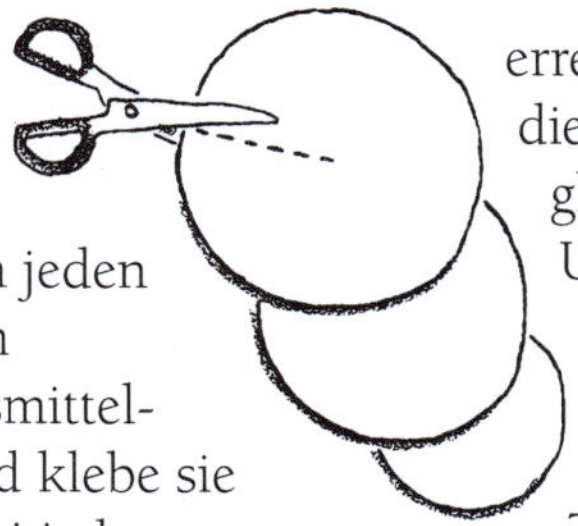

So wirds gemacht: Schneide aus dem Karton drei Kreise aus, deren Durchmesser 25,5 cm, 30,5 cm oder 35,5 cm beträgt. Dann schneidest du in jeden dieser Kreise vom Außenrand aus einen Schlitz in Richtung des jeweiligen Kreismittelpunktes. Biege die Kreise zu Kegeln und klebe sie jeweils außen am Schlitz zusammen. Bei jedem Kegel muss der Winkel bzw. die Höhe der Wände gleich sein. Das lässt sich mit einem Trick sicherstellen: Schiebe einfach den zweiten und den dritten Kegel in den ersten Kegel und passe die Wände an diesen an. Nun kanns losgehen!

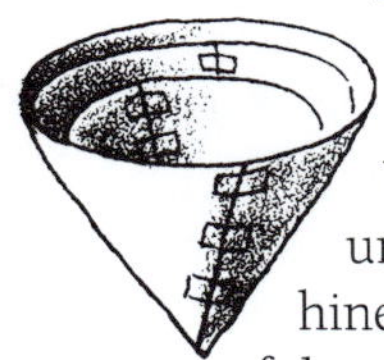

Orbiter I: Operation Merkur

Lass eine Murmel in den kleinsten Kegel fallen. Der Mittelpunkt, also die Kegelspitze, stellt die Sonne dar, die Murmel den Planeten Merkur und der Kegel die Umlaufbahn des Merkur um die Sonne. Halte den Kegel gut fest und drehe ihn langsam im Kreis, so dass die Murmel darin möglichst nahe um den Mittelpunkt kreist, ohne ihn jedoch zu erreichen. Sobald die Murmel ruhige, gleichmäßige Umdrehungen oder Kreise beschreibt, stoppst du mithilfe der Uhr 15 Sekunden ab und zählst während dieser Zeitspanne die Anzahl der Umdrehungen mit.

Da der Merkur der Sonne am nächsten steht, können wir die Hypothese – oder die Vermutung – aufstellen, dass er sich rascher um die Sonne bewegen muss, um nicht in sie hineingezogen zu werden. Führe auch die beiden folgenden Experimente durch und vergleiche dann alle Ergebnisse miteinander.

327 Orbiter II: Operation Jupiter

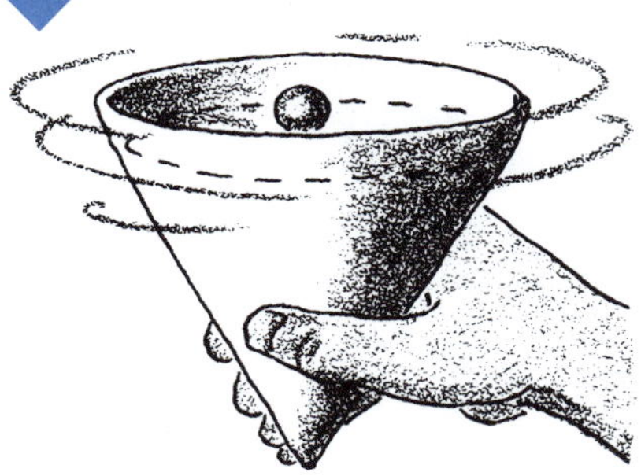

Als Nächstes legst du die Murmel (Jupiter) in den zweiten Kegel (aus dem Kreis mit dem Durchmesser 30,5 cm).

Versetze ihn in Drehung, wie im Experiment »Orbiter I« beschrieben, wobei die Murmel diesmal jedoch möglichst nahe am oberen Kegelrand kreisen soll. Diese größere Kreisbahn entspricht der größeren Umlaufbahn des Jupiters, der die Sonne in einer viel weiteren Entfernung umkreist als der Merkur.

328 Das große Trio: Countdown!

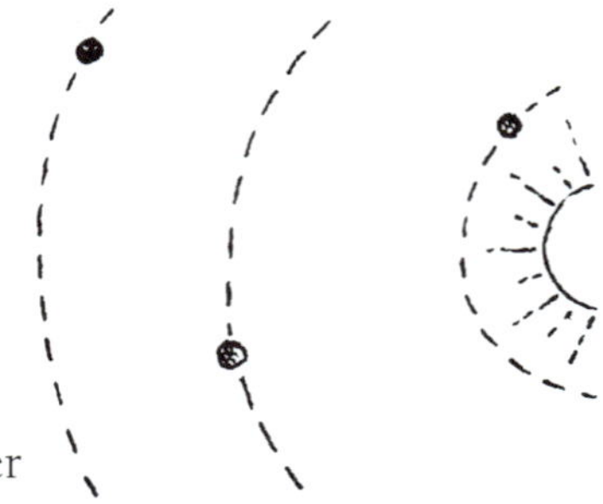

Anhand dessen, was du inzwischen über die Umlaufbahnen dieser drei Planeten weißt, kannst du nun die Versuchsergebnisse, die du dir bisher notiert hast, mit den geschätzten Durchschnittsgeschwindigkeiten der tatsächlichen Planetenbewegungen vergleichen

Der Planet Merkur umkreist die Sonne mit einer Geschwindigkeit von 172 800 km/h und braucht für eine Umrundung 88 Erdentage.

Der Planet Jupiter umkreist die Sonne mit einer Geschwindigkeit von 47 040 km/h und braucht für eine Umrundung 12 Erdenjahre.

Der Neptun umkreist die Sonne mit einer Geschwindigkeit von 19 520 km/h und braucht für eine Umrundung 160 Erdenjahre.

Ist zwischen den Umlaufgeschwindigkeiten und den Abständen der Umlaufbahnen von der Sonne aus deinen Murmelexperimenten und den tatsächlichen Durchschnittsgeschwindigkeiten der Planeten ein Zusammenhang erkennbar?

Um sicherzugehen, dass keine weiteren Variablen vorliegen – also Merkmale, welche die Versuchsergebnisse verfälschen könnten – solltest du nochmal überprüfen, ob die drei Kegel alle fest zusammengeklebt sind und die Innenwände wirklich gleichmäßig und kreisförmig verlaufen. Am besten führst du die Murmelversuche jeweils mindestens drei oder viermal durch und vergleichst sie dann mit den tatsächlichen Umlaufgeschwindigkeiten.

329 Orbiter III: Operation Neptun

Führe dieses Experiment nun auch mit dem dritten Kegel (Durchmesser 35,5 cm) durch. Diesmal stellt die Murmel – du hast es wahrscheinlich bereits erraten! – den Neptun dar. Er ist am weitesten von der Sonne entfernt und hat somit die größte Umlaufbahn. Lasse die Murmel in dem Kegel kreisen – auch hier wieder möglichst nahe am oberen Rand.

330 Immer im Kreis

WAS DU BRAUCHST

1,5 l-Plastikflasche
kleine Murmel

Eine Murmel in einer Flasche. Die Flasche wird umgedreht … aber die Murmel fällt nicht heraus! Wie kann das sein? Bei diesem tollen Trick werden deine Freunde ganz schön Augen machen.

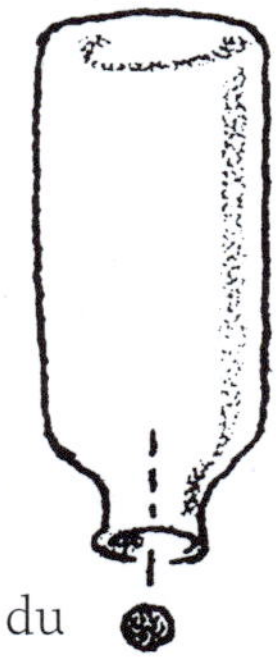

So wirds gemacht: Lass die Murmel in die Flasche fallen und frage deine Freunde, ob sie es schaffen, die Flasche umzudrehen, ohne dass die Murmel herausfällt. Natürlich wird das keinem gelingen!

Unmöglich, sagen sie. Aber nun bist du an der Reihe! Halte die Flasche zunächst mit der Öffnung nach oben in einer Hand und beginne sie dann zu drehen, bis sich die Murmel darin mitdreht und an den Innenwand entlangkreist. Während du nun die Flasche samt Murmel weiter in Drehung hältst, bewegst du sie langsam in die Waagrechte und weiter, bis sie auf dem Kopf steht.

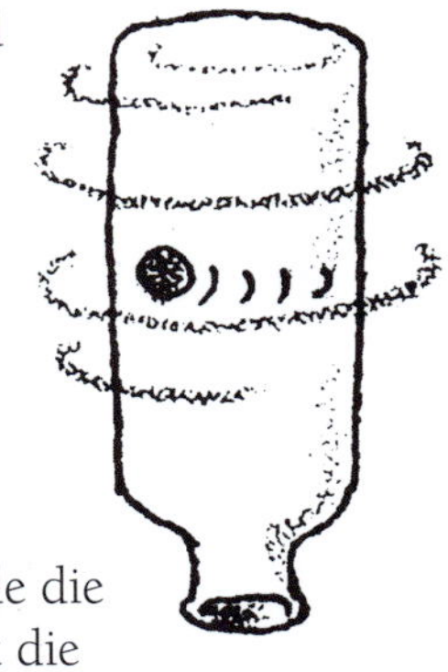

Das passiert: Die kreisende Murmel bleibt in der Flasche drin, obwohl deren Öffnung nun nach unten zeigt!

Warum? Wenn deine Freunde die Flasche einfach umdrehen, fällt die Murmel aufgrund der Erdanziehung auf den Boden. Wenn man die Flasche aber im Kreis dreht, wird die Murmel aufgrund der Zentrifugalkraft von der Flaschenöffnung weg an die Innenwände der Flasche gezogen – und bleibt drin!

331 Abwärts!

WAS DU BRAUCHST

großes Buch mit hartem Einband
2 Lineale
Tischplatte
2 Münzen

Die Gravitation zieht alles nach unten. Um fliegen und sich überhaupt in der Luft halten zu können, muss der Auftrieb eines Flugzeugs größer sein als die Gravitation, die es eigentlich die ganze Zeit nach unten ziehen will. Dieses Experiment beweist, dass die Gravitation ziemlich hartnäckig ist – das Ergebnis ist immer das Gleiche, selbst wenn du versuchst sie zu ändern.

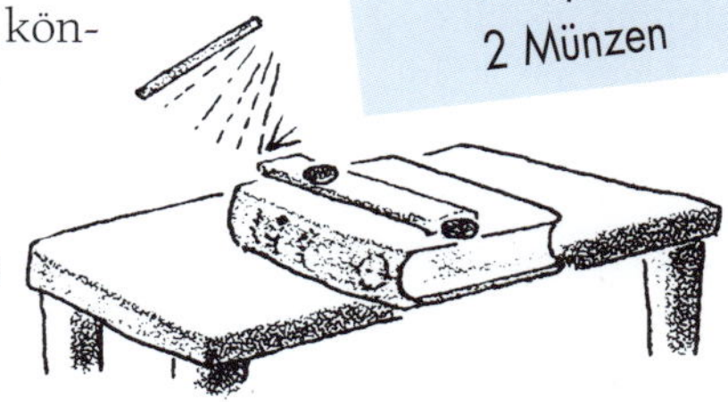

So wirds gemacht: Lege das Buch so auf den Tisch, dass es mit einem Ende etwas über die Tischplatte hinausragt. Lege ein Lineal auf das Buch etwa 2,5 cm entfernt von einem Buchrand, so dass es mit dem anderen Ende etwas über das Buch hinausragt. Gib eine Münze auf den überstehenden Teil des Lineals und die andere Münze oben auf das Buchende auf die Stelle neben dem Lineal. Nun haue mit dem zweiten Lineal kräftig gegen das überstehende Ende des liegenden Lineals, so dass beide Münzen auf den Boden gestoßen werden.

Das passiert: Beide Münzen treffen zur gleichen Zeit auf dem Boden auf.

Warum? Die Gravitation ist immer gleich groß. In unserem Experiment ist der heftige »Seitenhieb« mit dem Lineal auf die Münze zwar größer als die Kraft, die die Münze am überstehenden Ende zum Herunterfallen bringt. Aber selbst dieser Kräfteunterschied bewirkt keine Änderung der Fallgeschwindigkeit.

332

Freier Fall

WAS DU BRAUCHST

Radiergummi
Blatt Papier
Blatt Alufolie
Büroklammer

Kommt ein großer Radiergummi schneller auf dem Boden an als eine kleine Büroklammer? Und wie sieht es mit einem Bogen Papier oder Alufolie aus? Hängt die Fallgeschwindigkeit von Größe, Form oder Gewicht eines Gegenstandes ab? Nach diesem Experiment sind alle Zweifel ausradiert!

So wirds gemacht: Lege dir auf eine Hand ein Blatt Alufolie und auf die andere ein Blatt Papier. Strecke dann beide Arme gerade nach vorne aus und lass beide Blätter gleichzeitig zu Boden fallen. Beobachte, was passiert.

Wiederhole den Versuch zunächst mit einem der Blätter und einem Radiergummi, dann mit einem Blatt und einer Büroklammer und zum Schluss mit einem Radiergummi und einer Büroklammer.

Das passiert: Papier und Alufolie schweben normalerweise gleich schnell zu Boden, während der Radiergummi und die Büroklammer schneller unten ankommen als Papier und Alufolie. Radiergummi und Büroklammern treffen gleichzeitig auf.

Warum? Die Größe und das Gewicht der Büroklammer und des Radiergummis haben keinen Einfluss auf die Fallgeschwindigkeit, weil der größte Teil ihrer Masse kompakt ist: Metall und Gummi bilden insgesamt eine relativ kleine Oberfläche, so dass der Luftwiderstand nur gering ist. Die Gravitation übt auf beide Gegenstände Gramm für Gramm eine gleich große Kraft aus.

Anders bei den flachen Papier- und Alublättern. Deren Massen bilden erheblich größere Oberflächen und treffen daher auf viel mehr Luftwiderstand. Dieser beeinflusst ihre Fallgeschwindigkeit.

Schwebebalken & Hohlköpfe

333

WAS DU BRAUCHST

Dübelstange (Durchmesser: 0,5 cm)
Bindfaden
4 Luftballons
Sicherheitsnadel
Vorrichtung, an der die Stange balanciert werden kann

Hier kannst du zwei Experimente in einem durchführen. Mit der »Balancierstange« findest du den Schwerpunkt und danach sind die »Höhlköpfe« am Zuge!

So wirds gemacht: Binde das Ende eines langen Stück Bindfadens an einer hoch gelegenen Vorrichtung fest. Das lose herabhängende Ende knüpfst du an die Dübelstange und zwar so – genau, du hast es erahnt! – dass sie perfekt im Gleichgewicht hängt. Mit anderen Worten, du musst ihren Schwerpunkt ausfindig machen. Das ist jene Stelle auf der Dübelstange, an der sich ihr Massenmittelpunkt befindet. Sobald du den gefunden hast, baumelt die Stange genau waagrecht am Faden. Dieser Punkt dürfte sich etwa in der Mitte befinden.

Hohlköpfe

So wirds gemacht: Schneide vier weitere Schnurstücke ab, jeweils etwa 40 cm lang. Binde zwei davon an einem Ende der Dübelstange fest und die anderen beiden am anderen Ende.

Blase die vier Ballons auf, bis sie alle gleich groß sind. Binde sie ab, so dass keine Luft entweichen kann und knüpfe sie dann an die vier herabhängenden Bindfadenstücke. Die Ballons sollten gleichmäßig verteilt sein, sodass die Stange nach wie vor perfekt waagrecht hängt.

Nun bringe einen Ballon mit der Nadel zum Platzen. Verschiebe den Faden in der Mitte der Stange nun so lange, bis die Stange wieder im Gleichgewicht hängt. Bringe einen zweiten Ballon zum Platzen und suche erneut den Schwerpunkt der Stange. Danach stichst du in einen dritten Ballon.

Das passiert: Wenn der dritte Ballon platzt, kippt die Dübelstange samt dem letzten Ballon seitlich nach unten.

Das beweist, dass man Luft nie »wie Luft behandeln« sollte! So leicht und unsichtbar sie auch scheinen mag, sie besitzt durchaus Gewicht und kann die Dinge ganz schön beeinflussen! Und das ist nicht aus der Luft gegriffen …

Papierflieger

Eines Tages nahm irgendjemand ein Blatt Papier zur Hand, faltete es ein paarmal, zielte und warf es in die Luft. Damit war der erste Papierflieger geboren!

Nun hast du Gelegenheit, eine ganze Flotte davon zu bauen und da es ja im Interesse der Wissenschaft ist, werden deine Eltern und Lehrer kaum etwas dagegen einzuwenden haben! Finde heraus, welche Materialien und Formen am besten funktionieren und welche zusätzlichen Teile oder Anbauten (Klappen, Tragflügel usw.) die Flugeigenschaften deiner Flugzeugmodelle beeinflussen. Probiere verschiedene Möglichkeiten aus.

334 Fliegt prima … oder?

WAS DU BRAUCHST

ein Blatt Papier
Maßband oder Messstab (Zollstock)

Fragst du dich immer noch, warum manche Flieger richtig gut fliegen und andere überhaupt nicht? Kein Problem! Fange ganz einfach mit einem simplen Modell an und füge dann etwas hinzu oder lass etwas weg. Von diesen Variablen, die das Flugverhalten beeinflussen, hängt es ab, ob dein Flieger formidabel, passabel oder miserabel fliegt. Ehe du dich versiehst, wirst du den Bogen heraus haben!

So wirds gemacht: Falte das Papier längs zur Hälfte um und fahre mit dem Daumennagel entlang der Falzlinie. Falte es wieder auf und knicke dann von einem Blattende aus zwei Ecken nach innen (Abb. 2) zum Mittelfalz. Danach faltest du die beiden äußeren Kanten der so entstandenen Dreiecke nach innen, legst sie längs am Mittelfalz an (Abb. 3) und kniffst sie fest. Drehe das Ganze nun um und knicke erneut eine Falte nach innen und am Mittelfalz entlang. Dasselbe machst du auf der gegenüberliegenden Seite. Halte den Flieger nach oben und biege die Flügel nach außen. Wenn du alles richtig gemacht hast, zeigt die Nase des Papierfliegers ein wenig nach unten.

Nun kannst du deinen Flieger ausprobieren! Er sollte immer auf die gleiche Weise geworfen werden. Nach jedem Wurf wird die zurückgelegte Entfernung genau gemessen und notiert.

Das passiert: Bei jedem Wurf müsste der Flieger aufsteigen, kreisen und wieder zügig nach unten segeln – und dabei eine ordentliche Entfernung zurücklegen.

Warum? Dein Papierflieger ist ein sehr gutes Beispiel für einen Tragflügel. Wenn du die Flügel einmal näher betrachtest, wirst du feststellen, dass sie oben leicht gekrümmt, auf der Unterseite aber flach sind. Die über die Flügeloberseite strömende Luft muss sich daher rascher bewegen und ist somit weniger stark verdichtet als die Luft, die unter dem Flügel vorbeiströmt.

Da die Luft an der Unterseite langsamer und somit dichter ist, drückt sie das Flugzeug nach oben in Richtung der »dünneren« Luft. Aufgrund dieses Naturgesetzes der Luftbewegung kann dein Flieger aufsteigen und durch die Luft segeln.

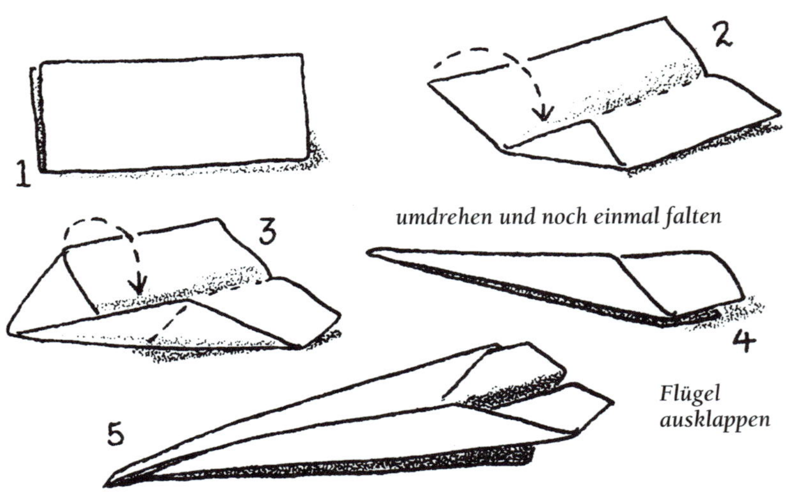

335 Flieger-Gewichte

Klappen oder Klammern, was erscheint dir erfolgversprechender? Vielleicht sogar beides? Teste es einfach aus, indem du deine Papierflieger an unterschiedlichen Stellen beschwerst, bis sie gleichmäßiger und geradliniger fliegen.

Vergleiche jedes Modell mit deinem Basisflieger, der ganz simpel und ohne Beiwerk ist. Achte bei jedem Testflug auf die erreichte Entfernung und die Flugstabilität. Lass erst dein Basismodell fliegen und dann ein anderes Modell, bei dem du die Enden der beiden Tragflügel jeweils mit einer Büroklammer beschwert hast. Danach probierst du es mit einem weiteren Modell, bei dem du wieder ein anderes Merkmal verändert hast, und so weiter. Wird ein Basismodell gegen andere Modelle getestet, die jeweils eine einzige Veränderung aufweisen, spricht man von einer kontrollierten Versuchsreihe.

Du könntest auch bei einem Modell die Tragflügel zusammenkleben, bei einem anderen Klappen in die Tragflügel schneiden und an bei wieder einem anderen eine Heckflosse anbringen.

Es gibt unzählige Möglichkeiten, das Flugverhalten zu beeinflussen. Du kannst so viele durchprobieren, wie du Lust hast.

Nachdem du mit deinen veränderten Modellen ausgiebig experimentiert und sie mit deinem Basismodell verglichen hast, kannst du Hypothesen aufstellen, warum einige Modelle besser fliegen als andere und warum. Notiere bei jedem Testflug genau Entfernung sowie Flug- und Landeverhalten des betreffenden Modells. Nicht vergessen – aus Fehlern und missglückten Flügen kannst du mehr lernen, als wenn ein Flieger gleich perfekt dahinsegelt. Jedes Problem und jede Panne bietet die Möglichkeit hinzuzulernen. Bei diesen Testflügen wirst du eine Menge über das Fliegen erfahren – versprochen!

Drachenlegenden

Nach einer Legende lebte in der chinesischen Provinz Woo einstmals ein Mann mit Namen Sun-Wing, der sich sehr allein fühlte. Auch Waion, der Gott des Windes, war sehr einsam. Um Waion aufzuheitern, band Sun-Wing zwei leichte Birkenäste auf einen hauchdünnen Bogen Papier und knüpfte daran eine lange Schnur fest. Dann ließ er diesen papiernen Vogel von einem Windstoß erfassen und hoch in die Lüfte tragen. Da erkannten Sun-Wing und Waion, dass sie nicht mehr einsam waren. Ihr Windvogel stieg auf und schwebte und tanzte und flog, wie es Waion gerade einfiel und zur Freude von Sun-Wing.

Auch du kannst dir so einen Windvogel aus Papier basteln und wer weiß – vielleicht wird auch er von Waion emporgetragen und vollführt einen Himmelstanz!

336

Mini-Kastendrachen

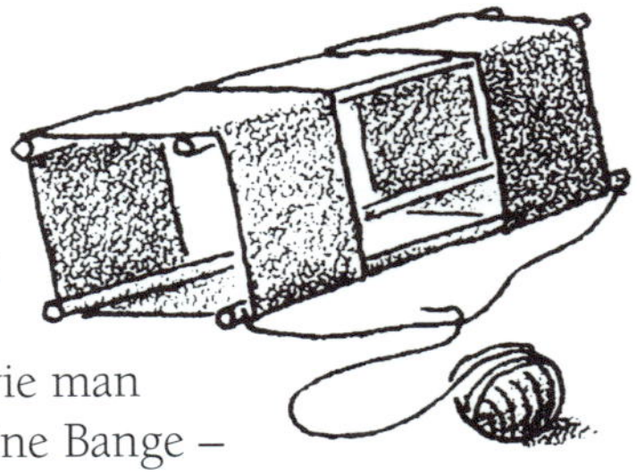

WAS DU BRAUCHST

- ein Bogen Papier
- Schere
- Locher oder Nagel
- Lineal
- Klebeband
- Bindfaden

Es macht Spaß, diesen Drachen zu basteln und das dazu erforderliche Material ist ganz einfach zu beschaffen. Du musst allerdings wissen, wie man etwas richtig abmisst, aber keine Bange – hier findest du alles ganz genau beschrieben!

So wirds gemacht:

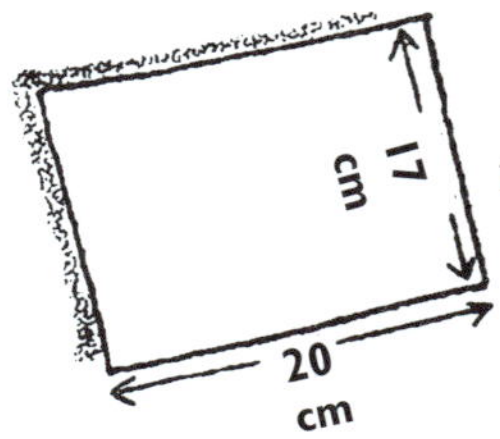

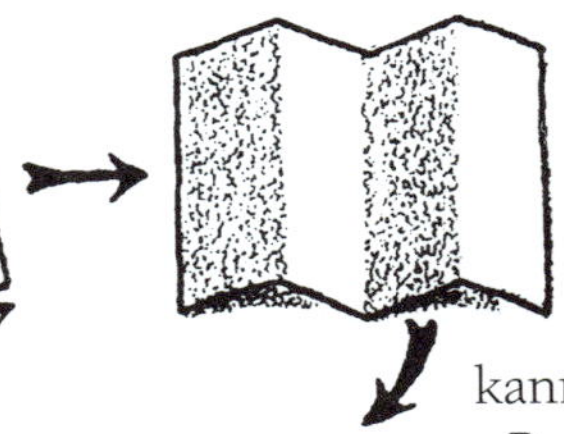

Markiere auf dem Papier ein 17 x 20 cm großes Rechteck. Schneide es aus, falte es zur Hälfte um und fahre mit dem Daumennagel am Falz entlang. Dann faltest du es wieder auf, legst beide Enden nach innen an den Mittelfalz und drückst sie fest. Danach den Bogen wieder auffalten und glatt streichen.

Nun schneidest du die Fenster aus. Dazu legst du das Lineal gegen die Innenseite jeder Falzlinie und zeichnest die Falze nach (Hilfslinien; auf der Abbildung gestrichelt). Jeweils 1 cm von jeder Hilfslinie und 2 cm von den Außenkanten des Papierbogens entfernt markierst du nun die vier Fenster. Prüfe mit dem Lineal nach, ob sie auch gerade verlaufen und richtig in der Mitte sitzen. Wenn alles stimmt, kannst du sie ausschneiden.

Baue aus dem Papier eine viereckige Röhre mit 5 cm Seitenlänge. Bohre in eine Kante auf jeder Seite zwei Löcher und verknüpfe sie mit Bindfaden. Daran befestigst du die Schnur, mit der du den Drachen steigen lässt. Wer Lust hat, kann mit Trinkhalmen und langen Papierstreifen ein noch kleineres Modell nachbauen – oder vielleicht sogar eins aus Zahnstochern und Mini-Papierstreifen! Wer schaffts noch kleiner?

337 Drachen basteln – nichts leichter als das!

Trommle deine Familie zusammen! Einen Drachen zu basteln erfordert nicht nur handwerkliches Geschick, sondern auch viel Präzision und gemeinsam macht es ohnehin mehr Spaß! Drachen gehören zu den ältesten Flugobjekten, die sich Menschen ausgedacht haben! Wer ein solches Gebilde selber baut und fliegen lässt, kann dabei viel über die Prinzipien der Aerodynamik lernen.

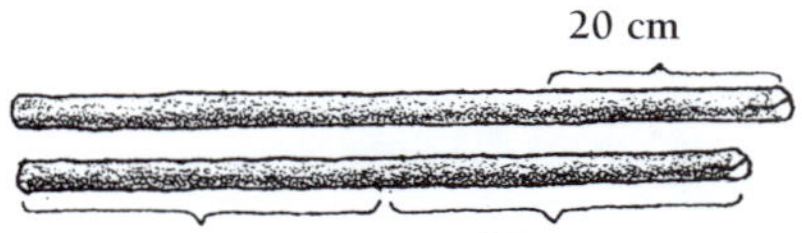

2

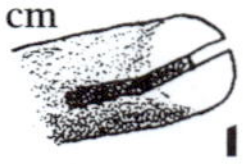

1

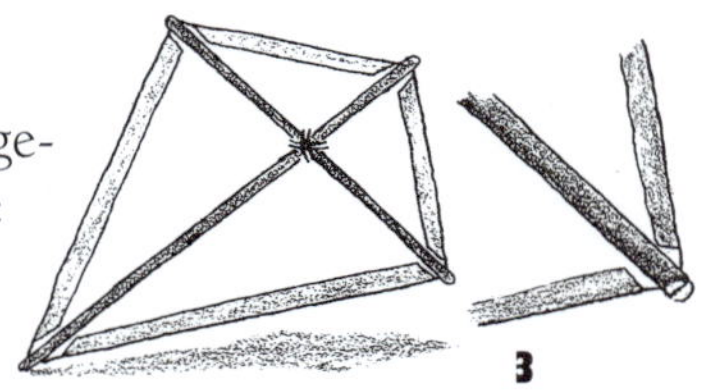

3

WAS DU BRAUCHST

zwei Dübelstangen/ runde Holzstäbe (Durchmesser: 0,5 cm; Länge: 75 und 70 cm)
Werkzeug zum Schneiden und Einkerben der Dübelstangen
große Arbeitsfläche
alte Zeitungen
Seidenpapier
Schere
Bindfaden
Klebeband
Klebstoff
Bleistift
Maßband
ein Erwachsener als Assistent

So wirds gemacht: Bitte deinen Assistenten, in das Ende jedes Holzstabes eine Rille bzw. Kerbe einzuschneiden – so tief, dass du später beim Bauen des Drachenrahmens den Bindfaden hindurchführen kannst (Abb. 1).

Messe den Mittelpunkt des kleineren Holzstabes (Querteil) ab und markiere ihn (35 cm von den Stabenden entfernt). Messe 20 cm von einem Ende des längeren Holzstabes ab und markiere die Stelle (Abb. 2). Dort legst du die beiden Stäbe zu einem Kreuz und bindest sie zusammen, indem du sie mit dem Bindfaden »8«-förmig umwickelst und ihn fest verknotest.

Führe einen langen Bindfaden durch die vier Schlitze an den Stabenden und ziehe ihn dabei jedesmal vorsichtig straff (Abb. 3). Allmählich nimmt das Drachengerüst Gestalt an! Verknote die beiden Fadenenden und schneide sie ab.

Für die Drachensegel brauchst du wahrscheinlich zwei Seidenpapierstücke. Lege sie beide flach hin, sodass sie sich an einer Kante etwa 2,5 cm weit überlappen und klebe sie dann vorne und hinten vorsichtig mit Klebeband zusammen.

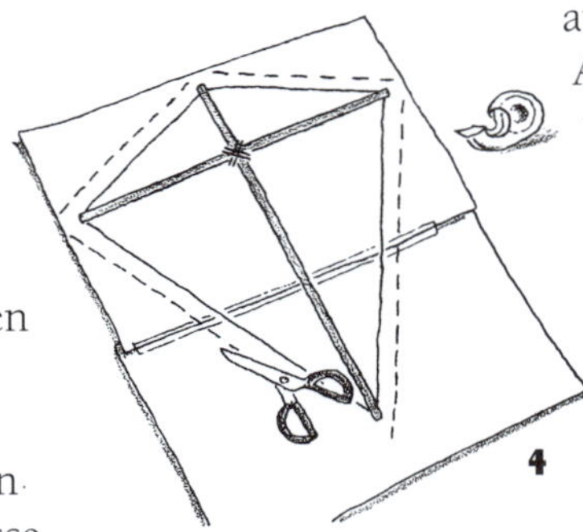

4

Lege das Drachengerüst so auf das Seidenpapier, dass um den Bindfadenrahmen herum mindestens 5 cm Seidenpapier überstehen. Schneide das Seidenpapier aus (Abb. 4). Anschließend werden die überstehenden Kanten umgelegt und auf dem Bindfadenrahmen festklebt. Da die Stabenden frei liegen müssen, werden eventuell überstehende Seidenpapierreste dort weggeschnitten. Ziehe das Seidenpapier beim Umlegen und Festkleben straff.

Das passiert: Wenn alle Variablen stimmen (Drachenkonstruktion, Verschnürung, Schwanz, Windrichtung und Windgeschwindigkeit), fliegt dein Drache.

Warum? Der Luftauftrieb wirkt auf einen Drachen auf ähnliche Weise wie auf einen Flugzeugtragflügel. Die oberhalb des Drachens fließende Luft hat einen längeren Weg und daher weniger Kraft als die Luft, die näher an seiner Oberfläche strömt. Auf das Vorderteil des Drachens übt die Luft demnach eine stärkere Kraft aus als auf seine Rückseite, so dass er einen Auftrieb erfährt. Mit der Schnur kannst du den Drachen steuern und in der Luft halten.

338 Operation Familiendrachen

Das wird ein Spaß für die ganze Familie – erst bastelt ihr den Drachen zuende und dann lasst ihr ihn alle gemeinsam fliegen! Die Anbringung von Schwanz und Verschnürung erfordert einige Sorgfalt – aber jetzt, wo du schon so viel über Aerodynamik weißt, ist das für dich sicher ein Kinderspiel!

Für die Verschnürung am Drachengerüst wird zunächst an einem Ende des Längsstabes ein langer Bindfaden festgeknüpft, zum anderen Ende geführt und dort befestigt. Es muss lose sitzen, so dass er sich leicht nach außen ziehen lässt, um mit dem Längsstab ein Dreieck zu bilden.

Als Nächstes knüpfst du ein kürzeres Stück Bindfaden an den Enden des Querstabes fest. Richte die Schnüre am Drachengerüst so aus, dass sie gleichmäßig und straff liegen. Befestige die Flugschnur an der Stelle, wo sich die Schnüre treffen.

Nun solltest du erst einmal ausprobieren, ob sich in dem Drachen der Wind richtig fängt – ist das nicht der Fall, wird der Drachen nämlich später nur schlecht oder überhaupt nicht fliegen. Stelle dich in den Wind und ziehe den Drachen zu dir her. Wenn das Oberteil Auftrieb erhält und sich der Drachen beim Aufsteigen im Wind neigt, ist die Verschnürung genau richtig angebracht – andernfalls solltest du das Schnurkreuz etwas nach oben oder unten schieben und einen neuen Testflug machen.

Ein Schwanz hält den Drachen beim Fliegen im Gleichgewicht. Hierzu schneidest du aus Seidenpapier mehrere rechteckige Stücke zu (am besten in verschiedenen Farben, das sieht später besonders toll aus). Diese knüpfst du mit kleinen Bindfadenstücken und Abständen von ca. 18–20 cm an einer 2–3 m langen Schnur fest.

Befestige den Schwanz mit einem Ende am Längsstab des Drachengerüstes. Und nun viel Spaß beim Steigenlassen eures eigenen Drachens!

Erforschung des Weltraums – Ready for Takeoff!

Die Erkundung des Alls gehört zu den größten Abenteuern der Menschheit – von der Raumstation »Skylab«, die von den Amerikanern 1973 auf die Erdumlaufbahn geschossen wurde über den Spaceshuttle »Endeavour«, der 1993 startete, die russische Raumstation »Mir« und die Marssonde »Pathfinder« bis zu der noch im Bau befindlichen Internationalen Raumstation ISS unserer Tage.

Bei den in diesem Kapitel beschriebenen Experimenten lernst du eine Menge über das Weltall. Du beobachtest eine »Raumkapsel« beim Wiedereintritt in die Erdatmosphäre, bereitest spezielle Astronautennahrung, gestaltest eine Mondoberfläche und baust sogar eine bemannte Raumstation!

Außerdem zeigen wir dir, wie du dir tolle Astronauten-Plaketten basteln kannst.

339 Astronauten-Plaketten: Symbole für besondere Missionen

Astronauten tragen an ihren Anzügen häufig Plaketten – das sind symbolhafte Abzeichen, aus denen in Wort und Bild hervorgeht, zu welcher Einheit sie gehören und für welche Weltraummission sie im Einsatz sind. Die Gemini- und Apollo-Astronauten hatten solche Plaketten zum Beispiel an ihren Ärmeln und auch künftige Astronauten werden solche Symbole sicher stolz zur Schau tragen!

Mit einfachen Mitteln kannst du solche Weltraum-Plaketten selbst anfertigen. Als Erstes besorgst du dir dafür ein Stück festen Plakatkarton (erhältlich im Schreibwarenfachgeschäft oder Künstlerbedarf). Auf diesen malst du dann mit farbigen Filzstiften, Malkreide oder Buntstiften verschiedene Weltraumabzeichen. Dabei kannst du deiner Fantasie freien Lauf lassen!

Wie wärs mit einem originellen Crew-Abzeichen, das eine Szene aus dem Weltraum, einen fremden Stern, Planeten oder Aliens zeigt? Oder eine außerirdische Landschaft mit Riesenkratern, Gebirgen und Vulkanen? Du kannst dein Abzeichen auch mit einer Rakete, einem futuristischen Spaceshuttle oder mit einer Raumsonde verzieren. Es gibt unendlich viele Möglichkeiten und du brauchst dich bestimmt nur etwas umzuschauen, um auf gute Ideen zu kommen!

Gebe deinen Weltraummissionen auch jeweils einen Namen – du erinnerst dich doch sicher noch an die Columbia- und Discovery-Mission? – und beschrifte die Abzeichen damit. Selbst erfundene Fantasiebuchstaben verleihen den Plaketten später einen »Special Effect«. Überlege dir auch verschiedene Formen – zum Beispiel rund, oval, eckig, dreieckig, rautenförmig oder was immer dir gerade einfällt! Wenn du alle Abzeichen fertig gemalt hast, schneidest du sie aus und befestigst auf der Rückseite mit einem kleinen Streifen Klebeband jeweils eine Sicherheitsnadel. Nun ist deine Crew startklar für die nächsten Weltraumabenteuer!

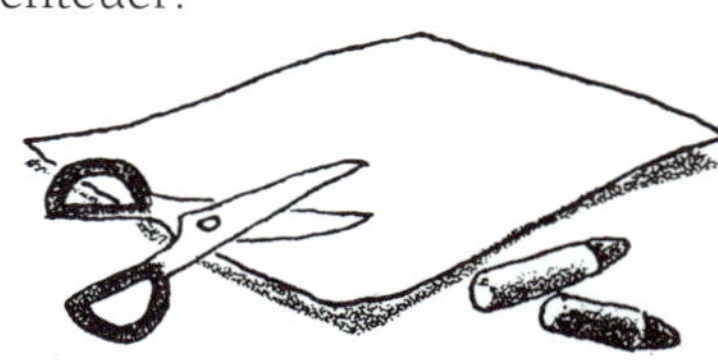

340

Wiedereintritt und Bergung

WAS DU BRAUCHST

Einwegbecher aus einem Schnellimbiss
Radiergummi
Küchenpapier
Bindfaden, 2 m lang
Locher
Bindfadenstücke, jeweils 30 cm lang
Schere

Hast du dich schon mal gefragt, wie die Astronauten früher, bevor es den Spaceshuttle gab, wieder heil auf der Erde landeten? Dieses Experiment zeigt dir, wie das damals funktionierte.

So wirds gemacht: Schneide den Oberteil des Plastikbechers ab, so dass er vom Boden aus gemessen nur noch 5 cm hoch ist. Drücke ein etwa 1 cm großes Loch in den oberen Rand und binde den langen Bindfaden daran fest.

Als Nächstes baust du den Fallschirm und die Raumkapsel. Hierzu klebst du die vier kürzeren Bindfadenstücke an den Ecken von einem Stück Küchenpapier fest. Fasse die vier Fadenenden zusammen, wickle sie ein Stück um den Radiergummi und verknote sie. Nun kommt der erste Test! Knülle das Tuch und den daran hängenden Radiergummi vorsichtig zusammen und werfe das Ganze ein paarmal in die Luft. Der »Fallschirm« sollte sich problemlos entfalten und der Radiergummi sicher und gerade zu Boden schweben.

Packe nun alle Teile ein und suche im Freien eine Stelle, an der du deine »Raumkapsel« über dem Kopf herumwirbeln kannst, ohne dabei irgendwelche Gegenstände zu treffen oder jemand in der Nähe zu gefährden.

Lege den Radiergummi in den Bodenteil des Bechers und knülle dann vorsichtig den »Fallschirm«, so dass er ebenfalls in den Becher passt. Du brauchst ihn aber nicht fest nach unten zu drücken – der Versuch funktioniert besser, wenn er nur lose zusammengeknüllt im Becher liegt.

Jetzt wirbelst du die Weltraumkapsel an der Schnur über deinem Kopf. Beginne langsam und erhöhe dann allmählich die Geschwindigkeit. Solange du die Schnur gleichmäßig im Kreis bewegst, wird der Fallschirm im Becher bleiben. Nun verlangsame die Geschwindigkeit ein wenig und ziehe dann kurz und kräftig an der Schnur. Eventuell musst du das mehrmals und jedesmal auf etwas andere Art probieren, bevor die Kapsel herauskatapultiert wird und sich der Fallschirm problemlos öffnet.

Denke immer daran – Wissenschaftler experimentieren oft mit ganz verschiedenen Methoden, bevor sie eine finden, die nicht nur einigermaßen, sondern sehr gut funktioniert. Sollte es auch nach mehreren Versuchen noch nicht richtig klappen, musst du überprüfen, ob der Radiergummi vielleicht zu schwer ist oder womöglich im Becherboden festklemmt und dann den Versuch wiederholen.

Das passiert: Wenn du die Kreisbewegung verlangsamst und abrupt an der Schnur ziehst, werden Fallschirm und Kapsel aus dem Becher geschleudert. Der Fallschirm öffnet sich und die Kapsel schwebt daran sanft und sicher zu Boden.

Warum? Dieses Experiment veranschaulicht, wie eine Weltraumkapsel früher aus der Erdumlaufbahn wieder auf die Erde zurückgebracht wurde und dabei eine sanfte Landung hinlegte. Die verlangsamte

Kreisbewegung und das heftige Ziehen an der Schnur entspricht der Zündung der Bremsraketen, welche die Vorwärtsbewegung der Raumkapsel soweit verlangsamten, dass die Kapsel wieder unter den Einfluss der Gravitation der Erde, ihrer Schwerkraft geriet und nach unten gezogen wurde.

Die Schnur stellt das Gleichgewicht zwischen Zentrifugalkraft und Gravitation dar. Dank dieses Kräfteausgleichs konnte eine Weltraumkapsel überhaupt auf der Erdumlaufbahn bleiben; andernfalls wäre sie in den Weltraum davongesaust. Die Umlaufbahn der Raumkapsel entspricht der kreisenden Bewegung des Bechers mit der darin befindlichen Fallschirm-Kapsel-Einheit.

Um Kapsel und Fallschirm auf den Wiedereintritt in die Erdatmosphäre vorzubereiten, musstest du die Kreisbewegung erst verlangsamen und dann ruckartig an der Schnur ziehen. Damit hast du gewissermaßen die Bremsraketen gezündet. Sobald eine Raumkapsel wieder in die Erdatmosphäre eintauchte, öffnete sich automatisch der Fallschirm und die Kapsel samt der darin befindlichen Astronauten schwebte auf die Erde.

Früher ließ man die Kapseln meistens auf dem Meer landen bzw. »wassern«. Heutzutage reisen die Astronauten in modernen Raumschiffen, auch Raumfähren oder Raumtransporter genannt, den Shuttles, ins All. Die Orbiter und Starttriebwerke, mit denen sie in den Weltraum geschossen werden, können nach der Bergung wiederverwendet werden. Die Raumfähren selbst lassen sich inzwischen wie Flugzeuge steuern und sind im Gegensatz zu den früheren Bergungskapseln ebenfalls wiederverwendbar. Einige dieser Kapseln, die nach ihrer Wasserung untersucht und geborgen wurden, kann man sich heute noch in Weltraummuseen anschauen.

341

Mondlandschaft I: Rang und Namen

WAS DU BRAUCHST

- 1/2 Tasse Gipspulver
- 1/2 Tasse kochendes Wasser
- flache Wegwerfschale aus Alu oder von einem Fertigmenü
- Plastiklöffel oder ähnlicher Wegwerfartikel
- ein Erwachsener als Assistent
- Herdbenutzung (um Erlaubnis oder Hilfe bitten!)
- Lupe

Heiß!

Um den »Mond« einmal ganz aus der Nähe zu betrachten und ihn sogar anzufassen, kannst du deine persönliche Mondlandschaft gestalten. Das ist gar nicht schwer und so ganz nebenbei erfährst du etwas über die Entstehung einiger Oberflächenmerkmale des Mondes. Die Krater, Gebirgszüge und Seen kannst du dann nach Lust und Laune nach allen möglichen Leuten benennen!

So wirds gemacht: Während dein Assistent die halbe Tasse Wasser auf dem Herd zum Köcheln bringt, gibst du die halbe Tasse Gipspulver in die Aluminiumschale.

Danach wird etwa die Hälfte des heißen Wasser vorsichtig darüber gegossen (am besten, du lässt dir dabei helfen). Rühre die Mischung kurz um, bis das ganze Gipspulver feucht ist – bei Bedarf einfach noch etwas mehr Wasser hinzufügen. Sollten sich Klumpen bilden, ist das überhaupt nicht schlimm – daraus werden später ganz besondere Landschaftsmerkmale!

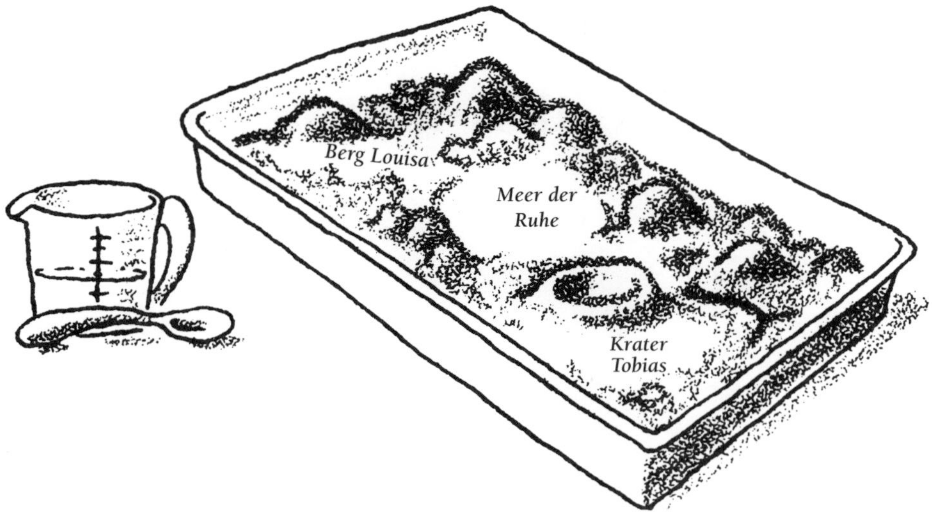

Sobald sich die Gipsmasse ausreichend abgekühlt hat und teilweise bereits anfängt hart zu werden, gießt du das überschüssige Wasser ab. Stelle die Schale dann eine Stunde lang an einen ungestörten Ort.

Das passiert: Sobald der Gips aushärtet, bilden sich aus den Gipsklumpen »Hügel« und »Gebirgszüge«, aus den Löchern »Krater« und »Einschlagslöcher« und aus den glatten, ebenen Flächen »Senken« und »Hochplateaus«.

Sieh dir die Oberflächenmerkmale deiner Mondlandschaft unter der Lupe einmal genauer an. Umgrenze und markiere besondere Bereiche mit dem Bleistift und schreibe Namen dazu. Das können Seen oder Meere sein (auf dem Mond heißen sie überigens »Mare« und im Plural »Maria«), zerklüftete Gebirgskämme, raue Hochebenen, körnige Senken oder Kraterlöcher. Betrachte deine Mondlandschaft auch einmal im frühen Morgenlicht und am Spätnachmittag oder leuchte sie mit einer Taschenlampe an: Die verschiedenen Oberflächenformationen werfen je nach den Lichtverhältnissen interessante Schatten – wie auf dem Mond!

Warum? Die Mondoberfläche ist überall von Millionen von Einschlagskratern bedeckt – die hügeligen Gebiete ebenso wie die Ebenen und die flachen »Seen« oder »Meere« (»Maria«). Bei diesen »Seen« oder »Meeren« handelt es sich allerdings nicht um ehemalige Gewässer, sondern um Senken aus Vulkangestein. Diese entstanden von Milliarden von Jahren, als sich die damals noch flüssig-heiße Mondoberfläche abkühlte und erstarrte.

Anhand der Aufnahmen der Apollo-Missionen und -Landungen wurde ermittelt, dass viele Formationen oder Landschaftsmerkmale auf der Mondoberfläche durch Ereignisse im Mondinneren zustande kamen. Hier waren Kräfte am Werk, die von dem heißen, flüssigen bzw. geschmolzenen Kern tief unter der bereits erstarrten Mondkruste ausgingen.

Als die heiße Gipsmasse hart wurde – ähnlich wie es vor langer, langer Zeit die Mondoberfläche tat – bildeten sich ebenfalls Löcher und Aufwerfungen, also »Krater« und »Gebirgszüge«. Diese Formationen entstehen, wenn heiße Oberflächen abkühlen. Dabei wird das Material bzw. die Kruste gedehnt und gestaucht, wobei es bzw. sie sich verbreitert oder zusammenzieht.

342 Mondlandschaft II: Meteoriten-Alarm!

WAS DU BRAUCHST

kleiner flacher Behälter (Wegwerf- oder Fertigmenüschale)

1 Tasse Mehl, Natron oder feiner Sand

»Meteorit« – kleiner Ball, große Murmel oder Lehmklumpen

Lineal oder Messstab (Zollstock)

Bleistift

Papier

alte Zeitungen

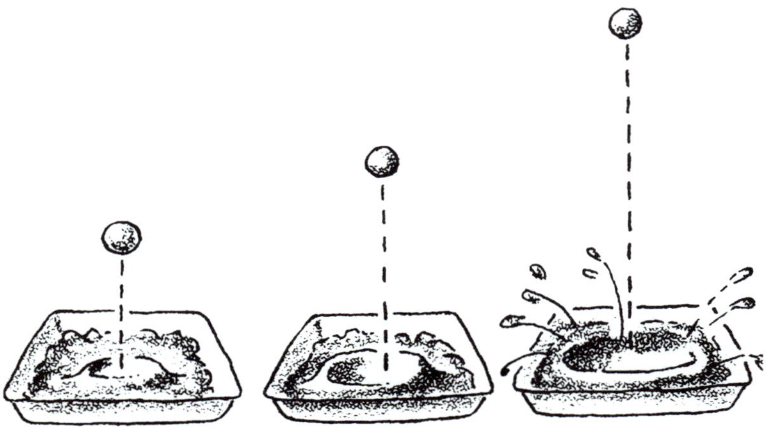

Jetzt kannst du noch einen Schritt weiter gehen und herausfinden, inwiefern die Größe, Fallhöhe und Geschwindigkeit von Meteoriten und Asteroiden die Ausdehnung und Tiefe von Mondkratern beeinflusst. Aber aufgepasst! Bei diesem Experiment wird ganz schön herumgespritzt. Mache es am besten im Freien, ziehe alte Kleidung an und breite gebrauchte Zeitungen unter der Versuchsschale aus, damit du den ganzen Dreck später leicht wegräumen kannst.

So wirds gemacht: Schütte das Mehl als Häufchen in eine Ecke der Schale und verteile es dann mit der Hand, bis es gleichmäßig den ganzen Boden bedeckt. Das ist die Mondoberfläche.

Jetzt nimmst du den »Meteoriten« und lässt ihn aus einer Höhe von 10–13 cm (Messstab oder Lineal zu Hilfe nehmen!) in die Schale plumpsen. Miss den Durchmesser der durch den Einschlag entstandenen Krateröffnung. Notiere Messwert und Fallhöhe. Du kannst auch eine Zeichnung anfertigen und die Abmessungen dort eintragen.

Streiche die Oberfläche nun wieder glatt und wiederhole den Versuch, indem du die Fallhöhe verdoppelst. Miss und notiere die Größe der Einschlagöffnung und die Fallhöhe. Wiederhole diesen Versuch noch einige Male und verändere dabei jedesmal die Höhe, aus der du den »Meteoriten« fallen lässt. Wichtig ist, dass du die Mehlfläche nach jedem Versuch wieder glatt streichst und alle Messwerte (Fallhöhe und Kraterdurchmesser) sorgfältig aufschreibst.

Was lässt sich zum Schluss anhand deiner Aufzeichnungen über den Zusammenhang zwischen Fallhöhe und Kratergröße sagen?

343 Mondlandschaft III: Bleibende Eindrücke?

WAS DU BRAUCHST

geschützter, überdachter Ort (Garten- oder Werkzeugschuppen)
flacher Kartondeckel
2 leere Wegwerfschalen (Plastik oder Aluminium, z. B. von Tiefkühlmenüs)
Objekt, das in Erde einen deutlichen Abdruck hinterlässt
Schaufel oder alter Löffel zum Mischen
Bleistift
Papier
1 Tasse Erde
2 Tassen gewaschener Sand (z. B. Aquarien- oder Gartenfachhandel)

Simuliere und vergleiche Einwirkungen auf die Oberflächen von Mond und Erde! Im Gegensatz zur Erde findet auf dem Mond so gut wie keine Erosion oder Verwitterung statt. Ein Meteoriteneinschlag, ein Fußabdruck oder andere Oberflächenverformungen sind dort auch nach Jahrmillionen noch zu sehen!

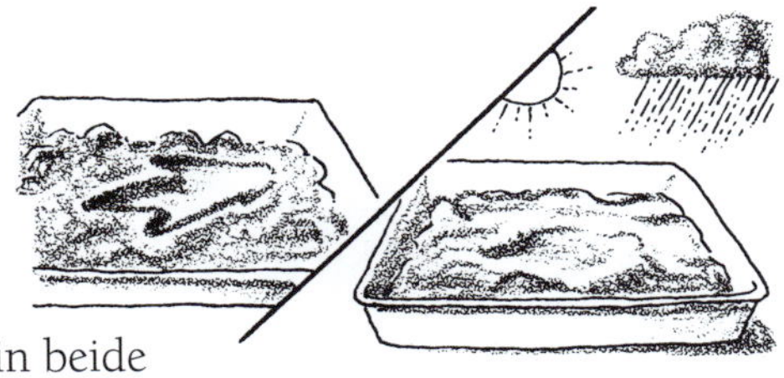

So wirds gemacht: Schütte in jede der Schalen eine halbe Tasse Erde und eine Tasse Sand. Vermenge beides mit der Schaufel oder dem Löffel und streiche die Mischung glatt. Dann drückst du in beide Schalen ein Objekt, das einen möglichst deutlichen Abdruck hinterlässt. Die eine Schale versiehst du mit der Aufschrift oder dem Etikett »Erdoberfläche« , dem Vermerk »1. Tag« und dem Datum. Um ein möglichst eindeutiges Testergebnis zu erhalten, stellst du diese Schale dann an einen möglichst ungeschützten Ort, wo sie Regen, Sonne und Wind ausgesetzt ist.

Die andere Schale beschriftest du mit »Mondoberfläche« – für diese suchst du jedoch einen möglichst geschützten Ort. Decke die Oberfläche mit dem Kartondeckel ab und beschwere diesen mit einem schweren Gegenstand. Auch hier notierst du »1. Tag« und das Datum. Beobachte beide Oberflächen über einen Zeitraum von 7 bis 14 Tagen und schreibe dann auf, was sich jeweils getan hat.

Das passiert: In der »Erdoberfläche«-Schale, die ungeschützt im Freien stand, wird je nach Witterung ziemlich rasch kaum mehr etwas von dem Abdruck zu erkennen sein. Auf der »Mondoberfläche«, die abgedeckt und an einem geschützten Ort stand, ist der Abdruck dagegen fast unversehrt erhalten geblieben und es ist kaum eine Abtragung zu erkennen.

Warum? Da der Mond keine Atmosphäre besitzt, gibt es dort weder Regen, noch Wind, noch Schnee oder andere Wettererscheinungen, die zum Zerfall oder zur Abtragung (Erosion) der Oberfläche führen könnten. Es herrschen dort in etwa die gleichen Bedingungen wie an einem geschützten, überdachten Ort.

Wenn Kometen, Asteroiden oder Meteoriten auf dem Mond einschlagen, bleiben die dabei entstandenen Einschlagskrater unverändert.

Infolge der Atmosphäre gibt es auf der Erde Witterungseinflüsse wie Wind, fließendes Wasser, Regen und Schnee. Diese führen zur Bodenerosion – der natürlichen Abtragung von Böden und Gesteinen, der auch deine »Erdoberfläche« ausgesetzt war.

344 Bewegende Probleme

Wie schafft es eigentlich ein Raumschiff, auf den Mond zu gelangen, wo dieser doch ständig die Erde umkreist? Trommle ein paar Freunde zusammen und führe mit ihnen dieses spannende Experiment durch. Es wird euch sicher zu denken geben …

WAS DU BRAUCHST

- 3 oder mehr Freunde
- Stoppuhr oder Uhr mit Sekundenzeiger
- Papier und Bleistift
- ein weites Feld oder ein großer Platz zum Laufen

So wirds gemacht: Markiere auf dem Boden einen großen Kreis – oder bitte euren Lehrer, dass ihr die runde Laufbahn auf dem Sportplatz verwenden dürft. Bitte jemanden die Zeit zu stoppen, die einer von euch braucht, um mit konstanter Geschwindigkeit einmal den ganzen Kreis abzulaufen, also eine volle Umrundung zu machen. Notiere die Zeit. Nun lässt du einen weiteren Freund einen kleineren Kreis innerhalb des großen ablaufen. Lass auch diese Zeit stoppen und notiere sie.

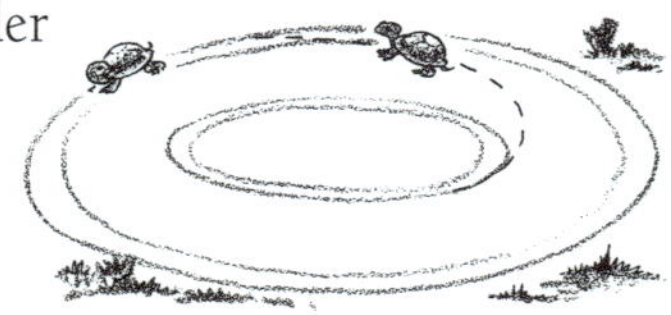

Nun sollen beide Läufer ihre Kreisbahn nochmals ablaufen, jeweils mit der gleichen Geschwindigkeit wie vorher. Auf dein Startsignal hin beschleunigt der Läufer auf dem Innenkreis seine Geschwindigkeit und vergrößert dabei allmählich seine Bahn, bis er auf den Läufer von der Außenbahn trifft. Jemand muss die Zeit stoppen, die der Innenläufer braucht, um mit dem Läufer auf dem Außenkreis zusammenzutreffen.

Das passiert: Für den Innenläufer ist es gar nicht so einfach, den Außenläufer zu treffen; wahrscheinlich muss er dazu mächtig schneller werden oder sehr viel langsamer laufen.

Warum? Eine Mondlandung erfordert ein hoch präzises Timing. Die dazu notwendigen Berechnungen werden bereits vor dem Start angestellt, damit die Astronauten während des Fluges weder Zeit noch Treibstoff vergeuden müssen, um Kursänderungen vorzunehmen bzw. ihre Geschwindigkeit je nach Bedarf zu beschleunigen oder zu drosseln. Bei diesen Berechnungen werden die Geschwindigkeiten des Raumschiffes und des Mondes berücksichtigt, ebenso wie die Geschwindigkeit, die das Raumschiff erreichen muss, um die Erdanziehung zu überwinden. Um den Mond zu »treffen«, muss das Raumschiff so gesteuert werden, dass es sich auf der Mondumlaufbahn ein Stück weit vor dem Mond befindet.

345 Äußere Planeten

Unter Nr. 346 lernst du mit dem Zirkel umzugehen und erfährst etwas über die Größen und Entfernungen der inneren Planeten. Danach ist ein großes Schaubild mit allen Planeten unseres Sonnensystems herzustellen für dich ein Kinderspiel. Du brauchst einen großen Bogen Plakatpapier und einige Angaben zu den äußeren Planeten.

Anhand der nachfolgenden Informationen, mittlere Entfernung von der Sonne und Planetendurchmesser, kannst du die maßstabgerechten Entfernungen der Umlaufbahnen und die Größe der äußeren Planeten rechnerisch ermitteln:

Jupiter	über 778 Millionen km	142 700 km
Saturn	1 400 Milliarden km	120 500 km
Uranus	2,8 Milliarden km	51 100 km
Neptun	4,5 Milliarden km	49 400 km
Pluto	5,9 Milliarden km	2 300 km

346 Innere Planeten

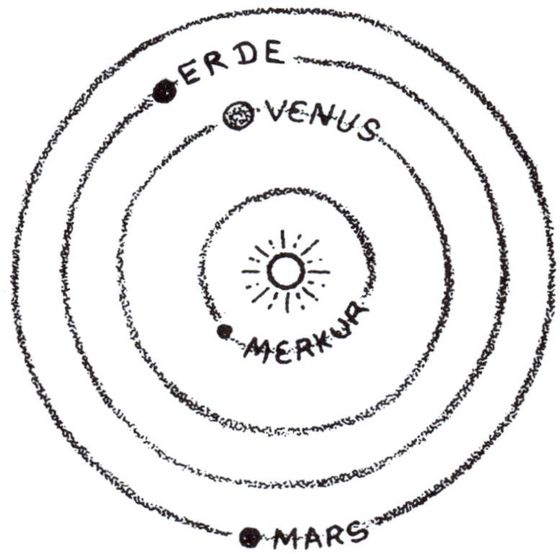

Eine große Schautafel mit einer Darstellung der inneren Planeten des Sonnensystems – wäre das nicht was? Hier findest du genau beschrieben, wie du so etwas anfertigen kannst.

Suche dir als Erstes eine freie Arbeitsfläche. An Material brauchst du nur einen einfachen Zirkel; wer es ganz akkurat mag, kann sich auch noch eine Schablone für Kreise mit unterschiedlichen Durchmessern kaufen. Wenn du das Ganze aber lieber freihändig zeichnen willst, ist das völlig okay!

Dann brauchst du noch ein normales Blatt weißes Papier. Wer mag, kann auch farbiges Papier verwenden und die Planeten und ihre Umlaufbahnen mit Buntstiften, Farbkreiden oder Filzstiften zeichnen.

Die Sonne hat einen Durchmesser von etwa 1,4 Millionen Kilometern, d. h. die Erde würde 100-mal in sie hineinpassen.

Zeichne um den Mittelpunkt des Blattes einen Kreis mit einem Durchmesser von der Größe einer 2-Euro-Münze. Wenn du eine Kreisschablone hast, kannst du einen 8-mm-Kreis verwenden. Das ist die Sonne. Wer Lust hat, kann außen herum ein paar Flammen malen, um damit die Sonnenkorona darzustellen.

Nun stellst du den Zirkel auf 2 cm ein und stichst die Nadelspitze in den Mittelpunkt der »Sonne«. Bewege das Papier oder den Zirkel langsam rund herum, so dass die Bleistiftmine eine Kreislinie beschreibt.

Nützlicher Tipp: Wenn du die Nadelspitze beim Drehen nach unten gedrückt hältst, kann nichts verrutschen. Die Kreislinie stellt die Umlaufbahn des Merkur dar. An irgendeiner Stelle auf dieser Linie malst du nun einen Kreis, der etwa so groß ist wie eine Erbse (5-mm-Kreis auf der Schablone). Dieser stellt den Planeten Merkur dar, der etwa 58 Millionen km von der Sonne entfernt ist und mit seinem Durchmesser von 4 878 km im Vergleich zu ihr eher wie ein Sandkorn wirkt.

Jetzt stellst du den Zirkel auf 4 cm ein und zeichnest auf die gleiche Weise wie eben beschrieben eine weitere Kreislinie für die Venus-Umlaufbahn. Dieser Planet ist 108 Millionen km von der Sonne entfernt und hat einen Durchmesser von etwa 12 000 km. Der Kreis auf der Umlaufbahn, der die Venus darstellt, kann daher einen Durchmesser von 8 mm haben.

Als nächster Planet ist unsere gute alte Erde an der Reihe. Stelle den Zirkel auf 5 cm ein und male unsere Umlaufbahn um die Sonne. Da die Erde mit einem Durchmesser von etwa 12 757 km nur wenig größer als die Venus ist, kannst du sie auf der Linie ebenfalls mit einem 8 mm großen Kreis einzeichnen. Unser Planet ist rund 150 Millionen km von der Sonne entfernt.

Der letzte der inneren Planeten ist der Mars. Er ist von der Erde 80 Millionen km und von der Sonne 230 Millionen km entfernt. Sein Durchmesser beträgt etwa 6 700 km. Für die Marsumlaufbahn stellst du den Zirkel auf 6,5 cm; den Planeten selbst zeichnest du ein wenig kleiner als die Erde. Wer auch die äußeren Planeten in sein Schaubild aufnehmen möchte, kann im Experiment »Äußere Planeten« nachlesen.

347 Schutzbedürftige Shuttles

WAS DU BRAUCHST

- 2 leere Getränkedosen
- Schere
- Modellierton (genug, um die Dosenöffnungen damit zu verschließen)
- 2–4 Gummibänder
- Papier
- Bleistift
- 2 kleine Gläser (Etiketten ablösen)
- heißes Wasser aus dem Wasserhahn
- ein Erwachsener als Assistent
- 2 Thermometer
- Küchenpapier
- Papiertüte
- Alufolie (genug, um damit zweimal eine Getränkedose zu umwickeln)

Wie können Raumfähren wie der Spaceshuttle eigentlich der extremen Kälte und der mörderischen Hitze widerstehen, der sie im tiefen Weltraum ausgesetzt sind? Nach diesem Experiment weißt du Bescheid – eine echt heiße Sache!

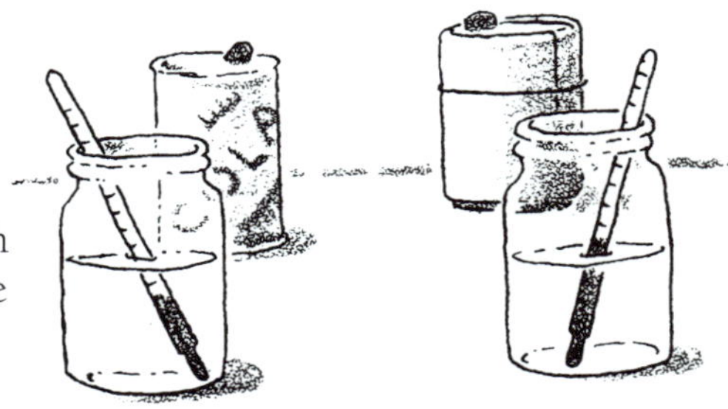

So wirds gemacht: Lege die Papiertüte flach auf die Arbeitsfläche, breite als zweite Schicht die Alufolie darüber und lege darauf ein Blatt Küchenpapier.

Lass beide Dosen mit heißem Wasser volllaufen. Dann knetest du und dein Assistent aus dem Modellierton zwei Kugeln (etwa von der Größe einer 2-Euro-Münze). Diese werden jeweils auf die Dosenöffnung gedrückt – also nicht hinein, nur darüber.

Umwickle die eine Dose möglichst schnell mit der 3-lagigen Hülle – das Küchenpapier bildet dabei die Außenschicht (siehe Abb.) – und befestige sie mit Gummibändern. Die andere Dose wird nicht umwickelt.

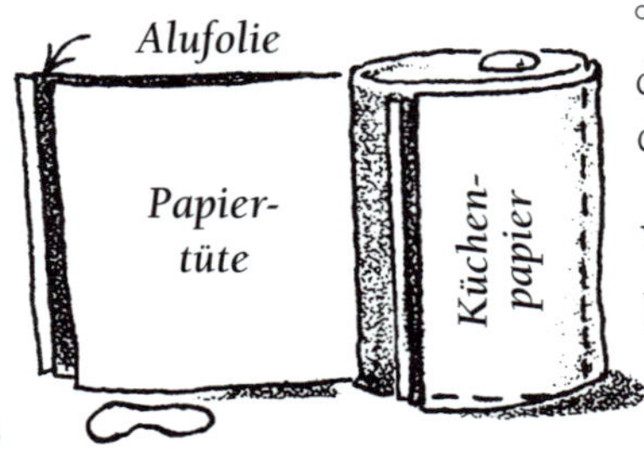

Vier Hände arbeiten rascher als zwei und bei diesem Experiment muss es fix gehen, weil sonst das Wasser zu schnell kalt wird.

Nun heißt es 30 bis 40 Minuten geduldig warten, bis das Wasser abgekühlt ist. Miss die Zeit. Um möglichst genaue Ergebnisse zu erhalten, kontrolliere vor dem Messen, ob beide Thermometer die gleiche Temperatur anzeigen. Falls nicht, halte sie unter fließendes warmes oder kaltes Wasser, bis sie es tun.

Nun entleerst du die umwickelte Dose in das eine Glas und die andere rasch in das andere. Stelle die Dosen jeweils hinter »ihr« Glas, damit es keine Verwechslung gibt. Tauche in jedes Glas ein Thermometer und lass es 2 bis 3 Minuten im Wasser stehen. Zum Ablesen der Temperaturen werden die Thermometer nicht herausgenommen!

Das passiert: Das Wasser aus der umwickelten Dose ist zwischen 1,6 °C und 3 °C wärmer als das Wasser aus der »ungeschützten« Dose.

Warum? Im tiefen Weltraum gibt es Regionen, wo es extrem kalt oder heiß ist. Aus diesem Grund müssen Raumschiffe und Sonden gut isoliert werden – oft mit mehreren Schichten verschiedener Materialien. Diese halten Hitze und Kälte ab.

Wissenschaftlich betrachtet bewegen sich Moleküle in den warmen Bereichen eines Materials schneller und übertragen dabei Wärmeenergie an ihre trägeren Kollegen in den kühleren Bereichen. Dieses Vorgang bezeichnet man als Wärmeleitung. Weltraumwissenschaftler wissen das und verwenden daher Schutzmaterialien, die Wärme entweder absorbieren oder sie reflektieren. Metalle sind im Allgemeinen sehr gute Wärmeleiter, während Holz, Papier, Kunststoff, Wasser und Luft schlechte Wärmeleiter sind.

348 Thermo-Unterwäsche

An Orten, wo es eisig kalt ist, halten sich die Leute oft mit Thermo-Unterwäsche warm – zum Beispiel Overalls, die unter der normalen Kleidung getragen werden und eingebaute Lufttaschen haben, um die Körperwärme zu speichern.

Im Experiment Nr. 347 hast du eine Dose mit einer Art Thermo-Schutzhülle umwickelt. Führe das gleiche Experiment noch einmal durch, diesmal jedoch mit andersartigen Materialien oder einer andern Schichtung. Wird das Ergebnis davon beeinflusst, welches Material ganz außen oder ganz innen liegt oder ist es egal?

Du kannst dir auch ganz neue Thermo-Versuche überlegen – etwa mit Behältern aus anderen Materialien und mit dickeren Wänden – und die Ergebnisse dann wissenschaftlich miteinander vergleichen.

349 Wärme auf Reisen

WAS DU BRAUCHST

- Gabel, langer Nagel oder anderer schmaler Metallgegenstand
- Tasse mit siedendheißem Wasser
- Bleistift, Holzstab oder anderer schmaler Holzgegenstand
- Löffel oder Trinkhalm aus Plastik
- ein Erwachsener als Assistent

Wie gut wird Wärme von Metall, Plastik oder Holz geleitet? Die Antwort auf Fragen dieser Art war für die Weltraumforschung von großer Bedeutung.

So wirds gemacht: Lass eine Tasse Wasser in einem Topf oder in der Mikrowelle eine Minute lang kochen (dabei soll dir ein Erwachsener helfen, denn an heißem Wasser kann man sich schmerzhaft verbrühen). Stelle die drei Gegenstände aus den verschiedenen Materialien in die Tasse mit dem heißen Wasser. Sie dürfen sich dabei gegenseitig nicht berühren.

Nach fünf Minuten befühlst du jeden Gegenstand in der Mitte bzw. dort, wo er am Tassenrand anlehnt. Anschließend nimmst du jeden Gegenstand heraus und berührst ihn dort, wo er im heißen Wasser stand. Welches Objekt fühlt sich am wärmsten an?

Das passiert: Der Gegenstand aus Metall fühlt sich wärmer an als die aus Holz und Plastik.

Warum? Die Elektronen in Metallen sind loser und beweglicher angeordnet und können Wärme daher besser übertragen. Aus diesem Grund sind Metalle bessere Wärmeleiter als Plastik und Holz.

Nun kannst du dir denken, warum diese Information für Weltraumtechniker, die Kälte und Hitze abweisende Isolierschichten für Raumschiffe und Thermokleidung für Astronauten anfertigen müssen, nützlich und wichtig ist.

350 Astronauten-Drink

WAS DU BRAUCHST

3-4 Esslöffel Instant-Getränkepulver
Milch
knickbarer Trinkhalm
1 luftdicht verschließbarer Gefrierbeutel (1 l Fassungsvermögen)

Möchtest du dich mal wie ein Astronaut fühlen und speisen wie im Raumschiff? Hier ein leckeres Weltraumrezept …

So wirds gemacht: Gib das Getränkepulver in den Gefrierbeutel und fülle den Beutel dann zu einem Drittel mit Milch. Den Beutel anschließend luftdicht verschließen und kräftig schütteln. Danach schneidest du eine kleine Ecke ab und steckst den Trinkhalm hinein. Guten Appetit!

Das passiert: Hier kannst du am eigenen Leibe erfahren, wie Astronauten im Weltraum Nahrung zu sich nehmen – sie saugen sie aus Beuteln heraus!

Warum? Im Weltraum müssen Lebensmittel sicher eingeschlossen sein, andernfalls würden sich aufgrund der Schwerelosigkeit nämlich feste und flüssige Bestandteile voneinander trennen und ziellos im Raumschiff herumschweben – was eine ganz schönes Geklecker geben würde! Astronautennahrung kommt dehydriert, also getrocknet an Bord (wie das Instant-Getränkepulver); erst im Weltraum wird ihm Wasser zugefügt, das heißt es wird rehydriert.

351 Bemannte Station

WAS DU BRAUCHST

4 Pappröhren (von Klopapierrollen)
Bindfaden, 90 cm lang
Zahnpastaschachtel
Schere
Klebeband
2-3 Murmeln, Radiergummis oder andere kleine Gegenstände
ein Erwachsener als Assistent

Baue dir eine simple Raumstation, bemanne sie mit einer Astronauten-Crew und wirbele sie herum um herauszufinden, wie stark die Zentrifugalkraft sein kann.

So wirds gemacht: Schneide in eine Seite der Schachtel eine lange rechteckige Öffnung hinein, lass aber rundum noch 2,5 cm bis zu dem Schachtelrand stehen. Bitte deinen Assistenten, an den beiden schmalen Enden jeweils ein Loch in die Schachtel zu bohren. Fädle den Bindfaden hindurch und knote ihn zusammen. Die Schachtel hat nun eine längliche Öffnung und einen Griff.

Nun befestigst du mit Klebeband an jeder Schachtelseite zwei Papprollen, so dass das Ganze nun aussieht wie das Modell eines lang gestreckten Raummoduls mit doppelten Sonnensegeln rechts und links.

Lass durch die Öffnung zwei bis vier Gegenstände in die Schachtel fallen. Dann hältst du die »Raumstation« an dem Bindfadengriff gut fest und bewegst sie zunächst langsam hin und her, um sie dann in einer vollen Kreisbewegung herumzuschleudern. Steigere die Geschwindigkeit erst allmählich und bremse dann ebenso langsam wieder ab.

Das passiert: Bei der langsamen Hin- und Herbewegung konntest du die Gegenstände in der Schachtel noch klappern hören. Wenn du deine Raumstation jedoch kreisförmig über dem Kopf schwingst, können sie sich nicht mehr bewegen. Bremst du die Kreisbewegung dann allmählich wieder ab, fangen sie wieder an, sich hörbar zu bewegen und werden schließlich aus der Schachtel herausgeschleudert.

Warum? Die Kraft, welche die Gegenstände in deinem Modell daran hindert, hinausgeschleudert zu werden, ist die Zentrifugalkraft. Wenn du die »Raumstation« mit hoher Geschwindigkeit kreisen lässt, ziehst du die Gegenstände dabei in deine Richtung (Zentripetalkraft, siehe Experiment 324 – »Spulen-Spielerei«), während sie gleichzeitig von dir weg nach außen gezogen werden.

352 Du willst also Astronaut werden ...

Der Weltraum erwartet dich! Wenn du es dir zum Ziel gesetzt hast, an der Zukunft der Raumfahrt teilzuhaben, solltest du dir schon jetzt ein paar Gedanken darüber machen, wie du diesen Traum verwirklichen kannst. Wir haben für dich auf S. 292 einige Informationen von Weltraumbehörden und Raumfahrtorganisationen zusammengetragen, die Auskunft darüber geben, wie man Astronaut werden kann.

353 Raumstation Marke Eigenbau

Um eine etwas wirklichkeitsgetreuere und eindrucksvollere Raumstation zu bauen als die von Experiment 351, brauchst du Filzstifte, Schere, Pappe, Pappröhren von Klo-und Küchenpapier, Klebeband, Bindfaden – und vor allem jede Menge Fantasie! Die Darstellung unten soll dir als Anregung dienen.

Als Haupt- und Nebenmodule kannst du die Pappröhre von einer Küchenpapierrolle verwenden. Da echte Raumstationen oft zylinderförmig sind, wirkt das durchaus realistisch.

Schneide von den Enden oder aus der Mitte der Rolle zwei oder drei rechteckige Stücke aus. Lass dir dabei eventuell von einem Erwachsenen helfen. Male die verschiedenen Teile der Raumstation mit Stiften in kreisförmigen oder geraden Linien auf. Mithilfe rechteckiger Kartonstücke könntest du die Sonnensegel darstellen, ohne die eine solche Weltraumstation keine Energie speichern könnte. Wenn du Lust hast, kannst du diese Raumstation ebenfalls »bemannen«, mit einem Bindfadengriff versehen und mit ihr den gleichen Zentrifugaltest veranstalten wie in Experiment 351. Viel Spaß!

Astronauten-Auswahl und Trainingslager

Die USA werden zusammen mit ihren Partnern Japan, Kanada und der Europäischen Weltraumbehörde sowie Russland künftig eine bemannte Weltraumstation betreiben. Von dieser Station aus sollen weitere Forschungsmissionen zum Mond und zum Mars starten. Und je mehr sich diese Pläne ihrer Verwirklichung nähern, desto mehr qualifizierte Astronauten müssen rekrutiert werden.

Um diesem Bedarf Rechnung zu tragen, nimmt die NASA bereits Bewerbungen für ihr »Astronaut Candidate Program« entgegen. In der Regel findet alle zwei Jahre ein Kandidaten-Auswahlverfahren für Piloten und »Mission Specialists« statt. Für diese Positionen können sich sowohl Militärangehörige als auch geeignete Zivilisten bewerben. Letztere können dies sogar jederzeit tun, während sich Militärangehörige über ihre Dienststelle bewerben müssen und nur auf Empfehlung ihres Truppenvorgesetzten die Chancen haben zur NASA versetzt zu werden.

Das Astronauten-Auswahlverfahren wurde eingerichtet, um hoch qualifizierte Kandidaten für bemannte Raumfahrtprogramme auszuwählen. »Mission Specialists« und Piloten müssen verschiedene Anforderungen bezüglich Ausbildung und Erfahrung erfüllen. Die Mindestanforderung ist ein einfacher Universitätsabschluss in Ingenieurwesen, Biowissenschaften, Physik oder Mathematik an einer zugelassenen Hochschule. Im Anschluss an seine Studium muss der Bewerber in einem einschlägigen Fachbereich drei Jahre lang berufliche Praxiserfahrung gesammelt und im Laufe dieser Zeit zunehmend Verantwortung übernommen haben. Ein höherer akademischer Abschluss ist wünschenswert und kann die geforderte Praxiserfahrung ganz oder teilweise ersetzen (z. B. Magister-Abschluss = 1 Jahr Berufserfahrung, Doktorgrad = 2 Jahre Berufserfahrung …).

Bewerber, welche die Mindestanforderungen erfüllen, werden eine Woche lang im Rahmen von persönlichen Befragungen, ärztlichen Untersuchungen und Orientierungsprogrammen von einem Prüfungsausschuss auf ihre Eignung beurteilt.

Die ausgewählten Bewerber werden dann zu Astronauten-Anwärtern ernannt und absolvieren am Johnson Space Center eine einjährige Ausbildung, wobei sie weiteren Eignungsprüfungen unterzogen werden. Während dieser Zeit nehmen die Kandidaten an einem Astronauten-Schulungsprogramm teil, das ihnen die technischen und wissenschaftlichen Kenntnisse und Fähigkeiten vermittelt, welche für das formelle Training vor Antritt einer Forschungsmission erforderlich sind. Es bis zum Astronauten-Anwärter geschafft zu haben bedeutetet jedoch noch nicht, dass man tatsächlich als Astronaut ausgewählt wird oder jemals einen Flug zugeteilt bekommt.

Die Endauswahl hängt davon ab, ob das einjährige Ausbildungsprogramm erfolgreich absolviert wurde. Zivilisten, die diese Ausbildung erfolgreich abgeschlossen haben, eine positive Beurteilung erhielten und als Astronauten ausgewählt wurden, sollten sich auf mindestens fünf Jahre bei der NASA verpflichten.

(Auszugsweiser Nachdruck mit freundlicher Genehmigung der National Aeronautics and Space Administration (NASA) und des Lyndon B. Johnson Space Center, Houston, Texas.)

Raketentechnik – Auf die Rampe! Takeoff! Neustart!

Für die in diesem Kapitel beschriebenen Raketenexperimente brauchst du nur Luftballons, Trinkhalme und eine Schnur. Zudem verwenden wir für die Raketen nicht nur Luftballons, sondern auch Gegengewichte und Ausgleichsgewichte und sogar Bremstriebwerke und Booster, um zu zeigen, auf welchen physikalischen Prinzipien Schubkraft und Beschleunigung beruhen und was sie bewirken.

Bei diesen Experimenten wirst du Raketen, Spaceshuttles und Bremsraketen konstruieren, die keine gefährlichen oder teuren Treibstoffe brauchen – alles funktioniert mit 100 % Ballonantrieb!

Also, worauf wartest du noch? Besorge dir möglichst viele längliche und runde Luftballons und vielleicht noch einen Assistenten und schon kann es abgehen – wie eine Rakete!

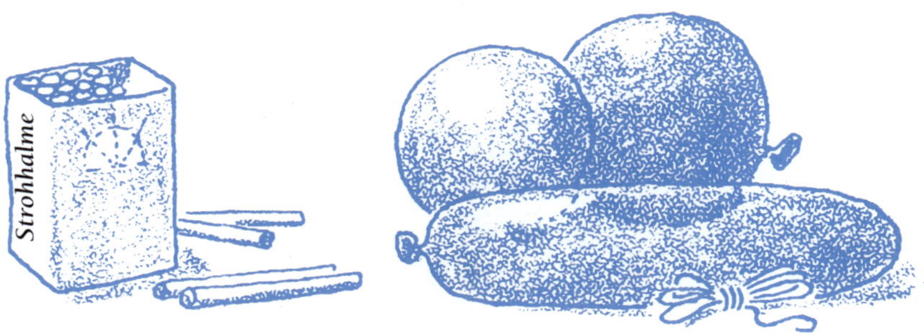

354 Treibende Kraft am Boden

Raketentechniker haben eine Menge zu bedenken, bevor eine Rakete von der Erde abheben kann – und der Treibstoff ist beim Startvorgang natürlich das A und O. Achtung – bei diesem Experiment wird es zischen und fauchen!

WAS DU BRAUCHST

- Aluminiumfolie (ausreichend für eine kompakte, etwa 13 cm lange Rakete)
- Kaffeefilterpapier
- 3 Teelöffel Natron
- 3 Gummibänder
- 500-ml-Plastikflasche, gefüllt mit Essig (Säuregehalt 5 % oder mehr)
- ein Erwachsener als Assistent

So wirds gemacht: Gib die drei Teelöffel Natron auf das Filterpapier und schiebe das Pulver zu einer Art liegenden Säule. Falte und rolle das Filterpapier möglichst gleichmäßig so darum herum, dass eine lange Röhre entsteht. Binde diese mit den Gummibändern zusammen. Das ist das Treibstoffpaket. Als Nächstes rollst und presst du die Aluminiumfolie zu einer etwa 13 cm langen, festen Rakete, von der ein Ende genau in die Flaschenöffnung passen muss. Es darf aber nicht zu fest sitzen, sondern muss sich noch etwas auf und ab bewegen lassen. Nun nimmst du die Flasche mit dem Essig, das Treibstoffpaket und die Rakete nach draußen und suchst eine Stelle, die sich hinterher gut mit Wasser abwaschen lässt.

Die nächsten Schritte müssen ebenso vorsichtig wie rasch erfolgen. Vergewissere dich noch einmal, dass aus der Treibstoffröhre nichts herausrieselt und gut in die Flaschenmündung passt.

Lass das Treibstoffpaket in die Flasche fallen und schiebe die Rakete in die Flaschenöffnung. Sobald die chemische Reaktion einsetzt, drückst du die Rakete weiter in die Flasche hinein und beobachtest, was geschieht. Schiebe die Rakete noch mehrmals nach unten, bis die chemischen Vorgänge aufhören.

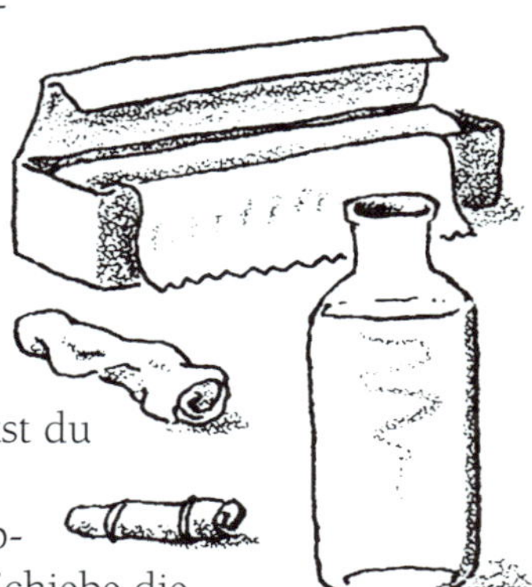

Das passiert: Essig und Natron gehen eine chemische Verbindung ein, wobei CO_2-Gas entsteht. Dieses drängt zischend und dampfend aus der Flasche heraus und versetzt die Rakete dabei etwas in Bewegung.

Warum? Mit dieser Alurakete wird simuliert oder nachgemacht, wie eine echte Rakete auf einer Startrampe (Plastikflasche) ins All abhebt. Bei einem richtigen Raumfahrzeug werden zwei flüssige Treibstoffe miteinander vermischt, die sich entzünden und explodieren. Dabei entsteht ein hoher Druck, welcher der Rakete Auftrieb bzw. Schubkraft verleiht. Die chemische Reaktion, das Zischen und Brodeln und der leichte Auftrieb beim Hineinschieben der Alurakete in die Flasche entspricht dem aufgestauten Druck, den Auspuffgasen und dem Auftrieb einer richtigen Rakete.

355

Konstruiere deine eigene Rakete!

Hast du Lust, deine silberne 13 cm-Alurakete mit einigen realistischen Merkmale auszustatten? Da das Material ja wasserfest ist, kannst du sie immer wieder verwenden. Oder besser noch – baue doch einfach weitere Raketen in unterschiedlichen Formen und Größen für künftige Startversuche!

Mit Fantasie, genügend Alufolie, wasserfesten Filzstiften, ein paar Trinkhalmen und anderen wasserfesten Haushaltsartikeln lassen sich die unterschiedlichsten Raketentypen konstruieren!

Du könntest die Rakete zum Beispiel mit Alustreifen umwickeln, um die verschiedenen Raketenstufen (= Antriebseinheiten) darzustellen. Oder ihr Seitenruder anfügen, oder ihr eine andere Nase modellieren. Damit sie noch wirklichkeitsgetreuer aussieht, könntest du sie sogar mit Boostertriebwerken (= Starthilfstriebwerken) aus Trinkhalmstücken versehen.

Zum Schluss kannst du deine Raketen mit Filzstiften bemalen – die US-Flagge, der NASA-Schriftzug oder ein selbst erfundenes Symbol sind sehr wirkungsvoll!

356

Shuttle-Partie

WAS DU BRAUCHST

geeigneter Ort im Freien
Schnur
ein Erwachsener als Assistent
Klebeband
Trinkhalm
Büroklammer
großer, länglicher Luftballon
Schere
großer Styroporbecher
Stoppuhr oder Uhr mit Sekundenzeiger
Papier
Bleistift
Klammer, Hut- oder Stecknadel

Heute werden Raumschiffe nach dem Spaceshuttle-System mit einem flugzeugähnlichen Orbiter in den Weltraum transportiert. Diese Aufgabe hatten früher Raketen. Baue ein einfaches Raumfahrzeug und erlebe, wie sich ein Teil davon als Raumkapsel ausklinkt.

So wirds gemacht: Stelle zwei Stühle im Abstand von 4 bis 5 Meter auf und verbinde sie mit einer Schnur, von der ein Ende leicht abgenommen werden kann. An diesem Ende fädelst du einen Trinkhalm auf die Schnur (siehe »Fädeltrick«). Für die nächsten Schritte solltest du jemanden bitten, dir zur Hand zu gehen.

Blase den Ballon auf, verdrille das Mundstück und klemme es mit der Büroklammer ab. Befestige den Ballon mit einem sehr langen Klebebandstreifen längs an der Unterseite des Trinkhalms. Stecke den Styroporbecher auf den Ballon, gegenüber dem Ende mit dem abgeklemmten Mundstück. Der Becher entspricht einer Raumkapsel – die waren früher am Ende der Rakete eingeklinkt.

Nun ist deine Rakete startbereit! Drücke das Mundstück des Ballons mit den Fingern fest zusammen und entferne die Büroklammer. Wenn du soweit bist, lässt du den Ballon los und stoppst die Zeit ab, die er braucht, um von seiner »Startrampe« zu seinem Ziel zu gelangen.

Das passiert: Nach dem Loslassen saust der Ballon an der Schnur entlang, bis er am Ziel ist und die »Raumkapsel« abfällt.

Warum? Die Ballonrakete beweist ein von Sir Isaac Newton aufgestelltes Bewegungsgesetz, wonach jede Kraft eine gleich große Gegenkraft hervorruft, die in entgegengesetzter Richtung wirkt. Deine Rakete veranschaulicht das Prinzip eines Düsenantriebs. Die Luft, die plötzlich aus dem Ballon entweicht, bewirkt eine rückwärts gerichtete Stoßkraft, die den Ballon nach vorne treibt.

357 Fädeltrick

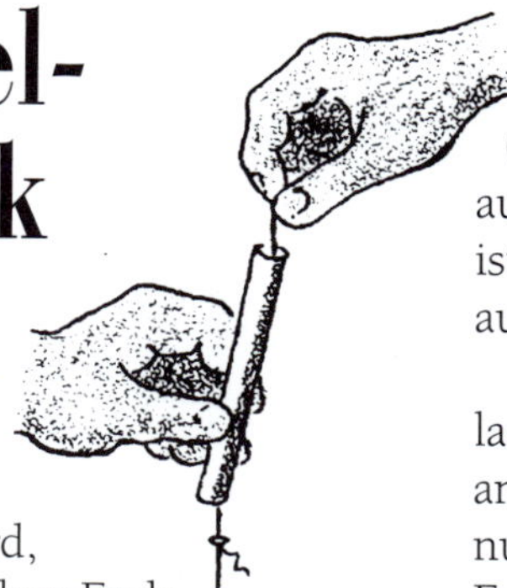

Ein Ende der Schnur, die bei diesen Raketen-Experimenten zwischen zwei Objekten – zum Beispiel zwei Stühlen – gespannt wird, kannst du anknoten, aber das andere Ende sollte mit einer Hut- oder Stecknadel befestigt werden. Das ist nützlich, damit du die Ballonraketen (sie bestehen aus einem Luftballon, der an einem auf die Schnur aufgefädelten Trinkhalm festgeklebt ist) bei Bedarf leicht abnehmen und verändern oder auswechseln kannst.

Knote ein Ende der Schnur an der Nadel fest und lasse diese durch den Trinkhalm fallen, bis sie am anderen Ende herauskommt. Dort dient die Nadel nun als Lot oder Gewichtsstück. Sie kann mit dem Faden um eine Reißzwecke gelegt oder mit einer Klammer am Stuhl befestigt werden.

358 Gib Gas!

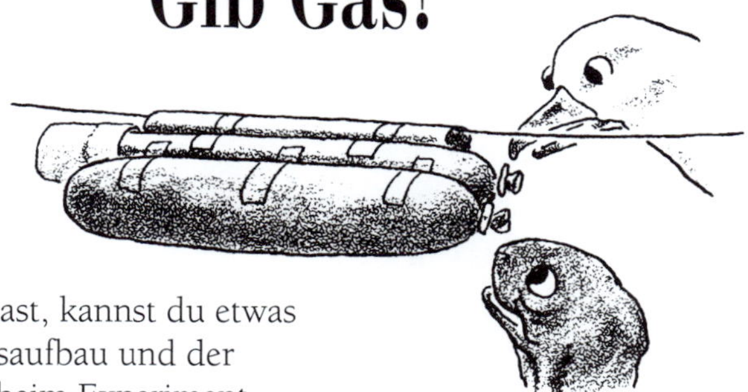

Jetzt, wo du den Bogen raus hast, kannst du etwas mehr Gas geben! Der Versuchsaufbau und der Testablauf sind dieselben wie beim Experiment »Shuttle-Partie«. Diesmal bekommt deine Ballonrakete noch zusätzlich einen Booster, also ein Starthilfstriebwerk! Ob sie damit ihr Ziel tatsächlich schneller erreichen wird? Probieren geht über Studieren!

WAS DU BRAUCHST

- Ort im Freien
- Schnur
- ein Erwachsener als Assistent
- Klebeband
- Trinkhalm
- Büroklammer
- 2 große, längliche Ballons
- Schere
- großer Styroporbecher
- Stoppuhr oder Uhr mit Sekundenzeiger
- Papier
- Bleistift
- Klammer, Hut- oder Stecknadel

So wirds gemacht: Blase den am Trinkhalm festgeklebten Ballon aus dem Experiment »Shuttle-Partie« auf. (Falls der Ballon inzwischen ausgeleiert ist oder nicht mehr gut funktioniert, ersetze ihn einfach durch einen neuen.) Verdrille das Mundstück und verschließe es mit der Büroklammer. Danach klebst du an diesem Ballon einen zweiten fest. Auch bei diesem wird das Mundstück verdrillt und abgeklemmt.

Mit Hilfe deines Assistenten werden nun bei beiden Ballons die Klammern entfernt und die Ballons gleichzeitig losgelassen. Dabei sofort auf die Stoppuhr drücken. Wie lange braucht die Ballonrakete diesmal, um ihr Ziel zu erreichen? Hast du in diesem Experiment eine andere Zeit als bei der »Shuttle-Partie« ermittelt?

Das passiert: Die Ballonrakete mit dem Starthilfstriebwerk flitzt schneller an der Schnur entlang als die einfache Shuttle-Rakete beim Experiment Nr. 356.

Warum? Bei zwei Raketentriebwerken ist die Schubleistung doppelt so stark – und dadurch erhöht sich auch die Geschwindigkeit.

359 Völlig ausgebrannt ...

WAS DU BRAUCHST

1 Esslöffel Mehl
kleiner Trichter
Löffel

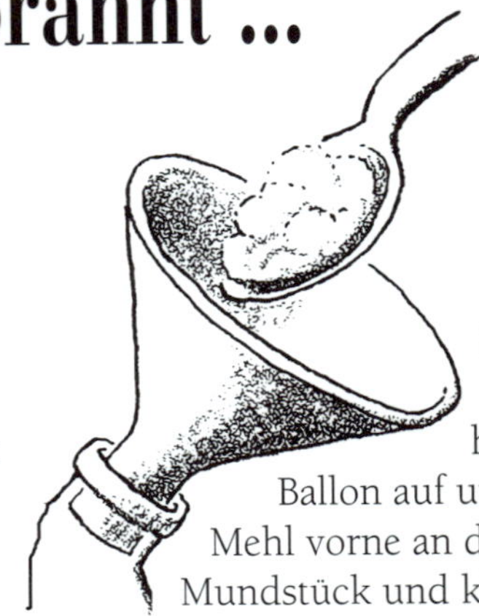

Dieses Experiment wird dir besonders viel Spaß machen! Zunächst einmal simuliert es die Schubkraft und den Antrieb eines Raketentriebwerks und vermittelt dir einen Eindruck davon, wie die verschiedenen Raketenstufen funktionieren. Aber nicht nur das ... diesmal rauchts sogar! Die Materialien sind preiswert und ganz einfach zu beschaffen – du wirst danach also nicht abgebrannt sein ...

So wirds gemacht: Der Aufbau und die Materialien sind fast die gleichen wie bei den vorangegangenen Experimenten. Bevor du den Ballon jedoch aufbläst, steckst du den Trichterstiel in das Mundstück und gibst etwa einen Teelöffel Mehl hinein. Mit dem Löffelstiel stocherst du das Mehl im Trichter etwas auf und schiebst es in den Ballon hinein. Danach bläst du den Ballon auf und schüttelst ihn, bis das Mehl vorne an der Öffnung liegt. Verdrille das Mundstück und klemme es ab. Klebe den Ballon an dem aufgefädelten Trinkhalm fest. Und nun nehme die Büroklammer vom Mundstück ab ...

Das passiert: Der Ballon saust an der Schnur entlang und hinterlässt dabei eine weiße Rauchfahne!

360 Vierfache Verzögerung

Mit dem gleichen Versuchsaufbau wie in »Shuttle-Partie« kannst du die vier folgenden Mini-Experimente starten. Bei denen geht es um Bremsraketen – jene kleinen Zusatztriebwerke, die eine dem Haupttriebwerk entgegengesetzte Schubwirkung erzeugen. Bremsraketen werden eingesetzt, um den Wiedereintritt eines Raumfahrzeuges in die Erdatmosphäre zu verlangsamen oder ihm eine sanfte Landung zu ermöglichen. Wer mag, kann den Versuchsaufbau etwas abändern – zum Beispiel eine noch längere Schnur verwenden, größere Ballons verwenden oder zusätzliche Booster-Ballons ankleben, um eine noch höhere Schubleistung zu erreichen.

Bei diesen Experimenten kann ein Freund oder vielleicht sogar deine ganze Familie mitmachen – du brauchst ohnehin jemanden, der dir dabei zur Hand geht. Und nun viel Spaß beim Abheben!

361 Bremsrakete I: Volles Rohr!

WAS DU BRAUCHST

gespannte Schnur mit einem aufgefädelten Trinkhalm

2 Papproöhren (von Klopapierrollen)

1 länglicher Ballon

Klebeband

Büroklammer

Schere

Ihre Bremstriebwerke sind zwar nur aus Karton, aber diese Rakete ist nicht von Pappe – sie verhält sich wie eine echte Weltraumrakete, die eine sanfte Landung hinlegt!

So wirds gemacht: Befestige die beiden Röhren mit Klebeband oben an dem langen Ballon mit abgeklemmtem Mundstück und klebe diesen am Trinkhalm fest.

Tipp: Die Papprröhren lassen sich leichter anbringen, wenn du einen langen Klebestreifen durch sie hindurchführst und die Enden am Ballon festklebst.

Schiebe den Ballon an das Schnurende, entferne die Büroklammer und lass ihn dann los.

Das passiert: Der Ballon bewegt sich an der Schnur entlang, aber mit relativ wenig Schubkraft – wahrscheinlich erreicht er nicht mal das andere Schnurende.

Warum? Genau wie die Bremstriebwerke bei einer echten Rakete üben die Papprröhren eine Kraft aus, die der des Hauptantriebs (Ballon) entgegenwirkt. Auf diese Weise wird dessen Schubleistung vermindert und die Rakete abgebremst.

362 Bremsrakete II: Eine Nummer größer

Probiere das gleiche Experiment gleich noch einmal – allerdings mit einer kleinen Änderung!

WAS DU BRAUCHST

gespannte Schnur mit einem aufgefädelten Trinkhalm

Klebeband

1 Papprröhre (von Klopapierrollen)

1 länglicher Ballon

3-4 Seiten aus einem Werbeprospekt

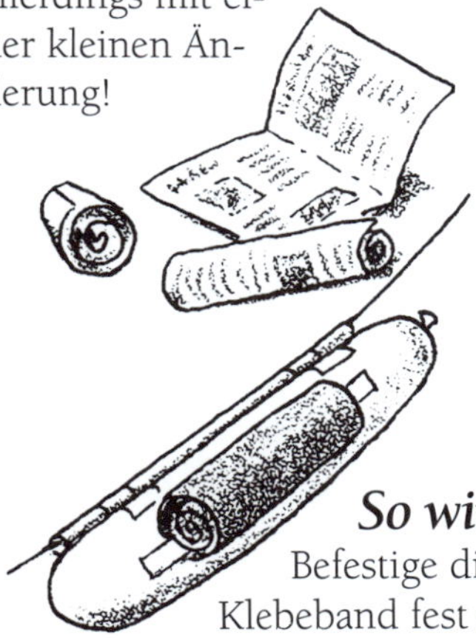

So wirds gemacht: Befestige die Papprröhre mit Klebeband fest an der Unterseite des aufgeblasenen, mit einer Büroklammer verschlossenen Ballons und klebe ihn am Trinkhalm fest. Rolle die Prospektseiten zu einem kompakten Zylinder und schiebe diesen in die Papprröhre.

Entferne die Büroklammer und lass den Ballon an einem Schnurende los. Beobachte, was er macht.

Das passiert: Der Ballon gleitet gerade einmal bis etwa zur Mitte der Schnur und bleibt dort stehen.

Warum? Die »Bremsrakete« – die Röhre mit dem Papierzylinder darin – wirkt der Stoßkraft des »Ballon-Triebwerks« entgegen. Aufgrund des höheren Gewichts der am Ballon befestigten Teile ist die Bremswirkung hier noch höher als im vorigen Experiment mit den zwei leeren Röhren.

363 Bremsrakete III – Immer mit der Ruhe!

WAS DU BRAUCHST

gespannte Schnur mit zwei aufgefädelten Trinkhalmen
Schere
3 längliche Luftballons
Klebeband
3 Büroklammern

Dieses Experiment führt dir die entgegengesetzte Schubwirkung einer Bremsrakete vor Augen.

So wirds gemacht: Als Erstes werden auf das abnehmbare, freie Ende der Schnur zwei Trinkhalme aufgefädelt.

Dann bläst du die drei Ballons auf – zwei ganz prall und einen nur zur Hälfte. Die beiden voll aufgeblasenen Ballons befestigst du – mit verdrillten und abgeklemmten Mundstücken – mit Klebebandstreifen an einem der Trinkhalme. Den dritten Ballon – ebenfalls verdrillt und abgeklemmt – klebst du an den zweiten Trinkhalm.

Wichtig: Die Ballonenden mit den Mundstücken zeigen jeweils zu den Stühlen.

Schiebe die beiden prallen Ballons ein wenig Richtung Schnurmitte, entferne die Klammern, aber halte die Ballons noch zu. Dein Assistent macht mit dem nur halb aufgeblasenen Ballon das Gleiche. Auf ein verabredetes Signal lasst ihr beide eure Ballons los.

Das passiert: Die Zwei-Ballon-Rakete schiebt den schlafferen Ballon an das Ende der Schnur.

Warum? Die beiden prallen Luftballons entsprechen einem starken Bremstriebwerk, das die Einzelrakete (das Haupttriebwerk) an ihr Schnurende zurückschiebt.

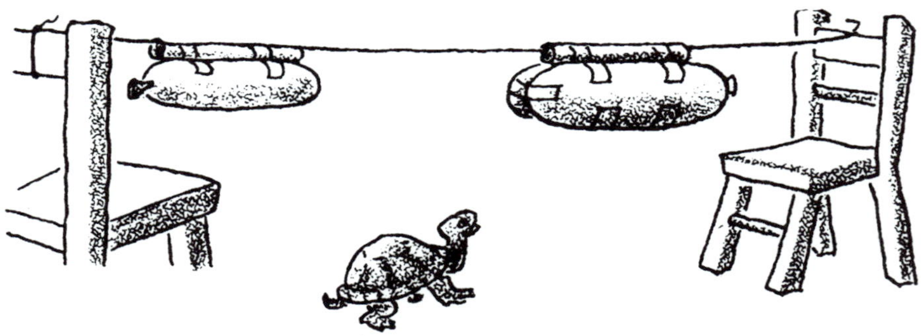

364 Bremsrakete IV: Voll ausgebremst!

WAS DU BRAUCHST

- gespannte Schnur mit zwei aufgefädelten Trinkhalmen
- Schere
- 2 längliche Luftballons
- Klebeband
- 2 Büroklammern

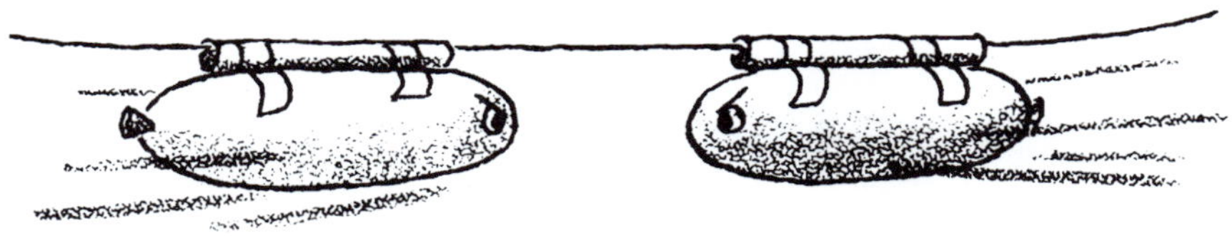

Was passiert, wenn zwei prall aufgeblasene Luftballons aufeinander zu rasen?

So wirds gemacht: Aufbau und Vorgehensweise sind wie in »Bremsrakete III: Immer mit der Ruhe« – nur dass hier die beiden Einzelballons alle prall aufgeblasen sind.

Das passiert: Die beiden Ballons flitzen bis zur Mitte der Schnur und kommen dort abrupt zum Halten.

Warum? Jeder Ballon hat die gleiche Antriebskraft. Beim Zusammenstoß heben sich die beiden Schubkräfte gegenseitig auf.

365 Rückwärts marsch!

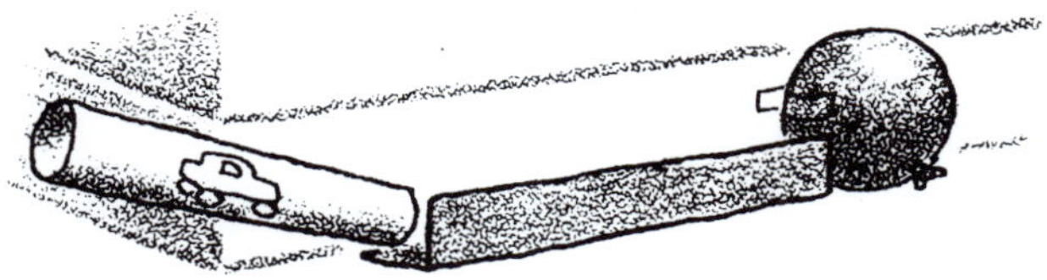

WAS DU BRAUCHST

- Mini-Spielzeugauto
- lange Pappröhre (von Küchenpapierrolle)
- Kartonstreifen, 15 cm breit
- Büroklammer
- runder Luftballon
- Stelle auf dem Fußboden in Wandnähe
- Klebeband

Ein Spielzeugauto, das sich in eine Richtung bewegt, kann in die entgegengesetzte Richtung gedrängt werden. Wie? Hier geht es nicht um Raketentechnik, sondern um die geschickte Ausnutzung von Gegenkräften.

So wirds gemacht: Falte den Kartonstreifen längs in drei gleich große Abschnitte, so dass eine Art oben offene Fahrspur entsteht. Diese drückst du längs gegen die Wand. Blase den Luftballon auf und verdrille oder verknote das Mundstück. Klebe den Ballon an der Wand und an der Karton-Fahrspur fest. Er muss die Fahrspur in jedem Fall an einem Ende blockieren.

Halte die Pappröhre schräg nach unten geneigt, so dass ein Ende genau auf den Eingang der Fahrspur zeigt. Und nun lässt du das Auto in die Röhre gleiten.

Das passiert: Das Auto rutscht durch die Röhre und saust die Fahrspur entlang. Sobald es gegen den Ballon prallt, bewegt es sich in der Fahrspur rückwärts. Dieses Verhalten hat aber nichts mit der Wirkung einer Bremsrakete zu tun – es zeigt dir lediglich eine weitere Möglichkeit, wie man ein sich vorwärts bewegendes Objekt dazu bringen kann, sich rückwärts zu bewegen.

GLOSSAR

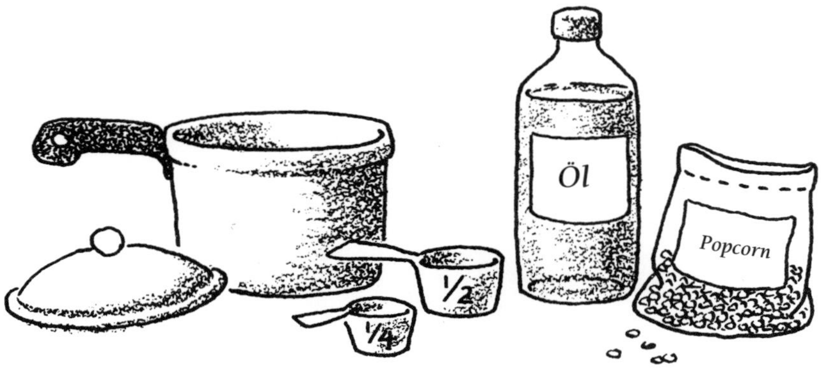

Die folgenden Begriffe tauchen in den Experimenten mit »Nahrungsmitteln« auf:

Aminosäuren – Bausteine der Eiweiße (Proteine). Neun Aminosäuren kann der Körper nicht selbst bilden; sie müssen ihm mit der Nahrung zugeführt werden. Fleisch, Fisch, Geflügel, Milchprodukte und Eier enthalten alle neun dieser essenziellen, also lebenswichtigen Aminosäuren.

Backen – Durch trockene Hitzeeinwirkung garen, meistens in einem Ofen.

Basen – (veraltet auch »Alkalien«) – Bitter schmeckende, seifige und wasserlösliche Substanzen, die Säuren neutralisieren und dabei Salze bilden. Zu den Basen zählen u. a. die Karbonate – zum Beispiel doppeltkohlensaures Natrium (Natriumhydrogenkarbonat oder Natron) und Natriumkarbonat (Waschsoda) – aber auch ätzende Hydroxide wie Laugen, Kalziumhydroxidlösung (Kalkwasser) und Ammoniak, die in Haushalt und Industrie zum Einsatz kommen.

Enzyme – Eiweißmoleküle, die Stoffe im Körper zerlegen, ohne dass sie selbst dabei verbraucht oder verändert werden (Katalysatoren). Die Verdauungsenzyme des menschlichen Körpers zerlegen Eiweiße in Aminosäuren und Stärke in ihre einzelnen Glukosebausteine (Einfachzucker).

Faserstoffe – (veraltet: auch Ballaststoffe) – Die unverdaulichen Bestandteile von Getreidekörnern, Früchten und Gemüse, Samen, Hülsenfrüchten und Nüssen. Faserstoffe binden Gift- und Abfallprodukte und scheiden diese beim Verlassen des Verdauungstrakt aus dem Körper aus; zudem nehmen sie Flüssigkeit auf und sorgen für einen weichen Stuhlgang.

Grillen – Garen durch direkte Einwirkung sehr starker Hitze, etwa über einem Grill oder unter einem Heizelement.

Hefe – Eine Gruppe von etwa 160 Arten einzelliger, winzig kleiner Pilze. Einige davon sind krankheitserregend und bringen Früchte und Gemüse zum Faulen, andere werden zum Backen und bei der Alkoholvergärung verwendet.

Kalorie – (Veraltete) Maßeinheit für den Brennwert von Nahrungsmitteln. Eine Kalorie ist die Energiemenge, die so viel Wärme und Energie enthält, wie nötig wäre, um die Temperatur von einem Liter Wasser um ein Grad Celsius zu erwärmen. Ein Gramm Eiweiß oder ein Gramm Kohlenhydrate enthalten jeweils 4,1 Kalorien, ein Gramm Fett enthält 9,3 Kalorien. Die tägliche Kalorienzufuhr einer Person hängt von deren Alter, Gewicht und körperlicher Aktivität ab.

Kohlenhydrate – Die Energielieferanten Zucker und Stärke helfen dem Körper den Eiweiß- und Fettstoffwechsel zu regulieren und liefern ihm außerdem Faserstoffe. Kohlenhydrate sind chemische Verbindungen aus Kohlenstoff, Wasserstoff und Sauerstoff und werden meistens von grünen Pflanzen gebildet. Zucker, Früchte und Honig zählen zu den einfachen Kohlenhydraten. Komplexe Kohlenhydrate sind Körner und Getreide, getrocknete Bohnen, Wurzelgemüse und Kartoffeln.

Mineralstoffe – Um gesund zu bleiben, braucht der Körper kleine Mengen von Mineralstoffen wie Magnesium, Phosphor, Fluor, Kalium, Chlor, Kupfer, Eisen, Jod, Schwefel und Zink – besonders für Zähne und Knochen. Von Kalzium und Natrium werden etwas größere Mengen benötigt.

Molekül – Teilchen aus zwei oder mehreren Atomen. Ein Molekül stellt den kleinsten Teil einer Verbindung dar, der noch die chemischen Eigenschaften dieser Substanz besitzt.

Organische Verbindung – Eine Gruppe chemischer Verbindungen, die alle den lebensnotwendigen Kohlenstoff enthalten.

Osmose – Durchgang einer Flüssigkeit durch eine sehr dünne Membran und zwar aus einer höher konzentrierten Lösung in Richtung einer niedriger konzentrierten Lösung.

Pilze – niedere Pflanzenart, zu der zum Beispiel die Speisepilze und die Hefepilze gehören. Sie können ihre Nahrung nicht selbst bilden und ernähren sich von verwesenden Tieren und Pflanzen. Pflanzen, die dies tun, bezeichnet man als Saprophyten.

Proteine – Gruppe organischer, stickstoffhaltiger Verbindungen, die unser Körper zum Bau von Zellen, roten Blutkörperchen und Enzymen braucht.

Säuren – Umfangreiche Klasse chemischer Verbindungen, die durch eine Base neutralisiert werden können. Es gibt sie als harmlose, sauer schmeckende Substanzen – etwa in Zitronen, Limonen und Orangen – bis hin zu gefährlichen, giftigen Verbindungen wie Schwefel- und Salzsäure.

Siedepunkt – Temperatur, bei der eine Flüssigkeit zu verdampfen beginnt.

Verdauung – Umwandlung von Nahrungsmitteln in Stoffe, die vom Körper aufgenommen und verwertet werden können.

Vitamine – Spezielle Nährstoffe, die nur in kleinen Mengen benötigt werden, aber lebensnotwendig sind. Vitamine A, D, E und K sind fettlöslich und lassen sich im Körper lange Zeit speichern. Acht B-Vitamine und Vitamin C sind wasserlöslich. Da sie der Körper nicht lange speichern kann, müssen sie ihm täglich mit der Nahrung zugeführt werden. Vollkornprodukte, Fleisch und Bohnen sind besonders reich an B-Vitaminen, während sich Vitamin C vor allem in Zitrusfrüchten, Melonen, Beeren und grünen Blattgemüsen findet.

Die folgenden Begriffe tauchen in den Experimenten zum Thema »Zeit« auf:

Breitengrad – Die Entfernung eines Erdpunktes vom Äquator, ausgedrückt in Winkelgraden.

Diode – Elektronisches Bauteil mit zwei Polen, das Wechselstrom in Gleichstrom umwandelt und Strom nur in einer Richtung durchlässt.

Erdachse – Gedachte Linie zwischen Nord- und Südpol. Die Erde braucht einen Tag, um sich einmal um ihre eigene Achse zu drehen.

Frequenz – Anzahl der vollständigen Zyklen oder Schwingungen pro Sekunde.

Hemmung – Uhrenteil, dass die Geschwindigkeit der Zahnräder einer Uhr reguliert. Sie besteht meist aus einem Zahnrad und einem Anker, der in bestimmten Intervallen einen Zahn freigibt.

Hertz (Hz) – Maßeinheit der Frequenz; benannt nach dem Physiker Heinrich Hertz. 1 Hz entspricht einer vollständigen Schwingung pro Sekunde.

Horologe – Alte Bezeichnung für einen Uhrmacher.

Längengrad – Entfernung auf der Erdoberfläche nach Westen oder Osten, gemessen in Winkeln bis zu 180° – bzw. der Unterschied zwischen dem Zeitpunkt, zu dem ein Meridian durch einen bestimmten Ort wandert und dem Zeitpunkt am Nullmeridian in Greenwich, England.

LCD (Flüssigkristallanzeige) – Alphanumerisches Anzeigefeld (Display), z. B. auf Digitaluhren und Taschenrechnern. Es besteht aus einer Flüssigkeit, die sich zwischen zwei Glas- oder Kunststoffscheibchen befindet und bei Stromdurchfluss an bestimmten Stellen lichtundurchlässig (opak) wird. Durch den Kontrast zwischen den opaken und den transparenten Bereichen treten sichtbare Zeichen hervor.

LED (Leuchtdiode) – Halbleiter-Elektronenröhrchen, das Strom (angelegte Spannung) in Licht umwandelt und in Digitalanzeigen, z. B. von Uhren und Taschenrechnern, verwendet wird.

M.O.Z. – Abkürzung für »Mittlere Ortszeit« (engl. L.M.T., Local Mean Time); richtet sich nach der Durchschnittsgeschwindigkeit des Mondes und der Erde auf ihren jeweiligen Umlaufbahnen. Unsere Uhren zeigen die Mittlere Ortszeit an.

Megahertz (MHz) – Maßeinheit der Frequenz. 1 MHz = 1 Million Schwingungen pro Sekunde.

Meridiane – Gedachte Linien auf der Erdoberfläche, die vom Nordpol zum Südpol verlaufen.

Oszillator – Eine Vorrichtung, die gleichmäßige Schwingungen oder Vibrationen erzeugt.

Piezoelektrischer Effekt – Erzeugung von Strom durch mechanische Druckbelastung auf einen Kristall bzw. durch elektrischen Strom erzeugter Druck, insbesondere auf Quarzkristalle.

Planetarium – Optische Vorrichtung zur Projektion astronomischer Bilder; Modell oder Darstellung des Sonnensystems.

Sommersonnenwende – Längster Tag des Jahres, an dem aufgrund der Erdneigung die Sonne besonders lange auf die Erdoberfläche strahlt (auf der nördlichen Hemisphäre fällt dieser Tag auf den 21. Juni, auf der südlichen auf den 21. Dezember).

Spiralfeder – Lange, feine Spiralfeder, welche die Schwingungsdauer der Unruh bestimmt.

Sternbild – Gruppe von Sternen, die man als Figuren deuten kann. Die Menschen früherer Zeiten gaben ihnen Namen, zum Beispiel Ursa major, (Großer Wagen oder Großer Bär), Leo (Löwe) oder Orion (Jäger) usw.

Tagundnachtgleiche – Tage, an denen die Sonne genau über dem Äquator steht und Tag und Nacht gleich lang sind. Die Frühjahrs-Tagundnachtgleiche (Frühlingsäquinoktium) ist um den 21. März, die Herbst-Tagundnachtgleiche (Herbstäquinoktium) um den 21. September.

W.O.Z. – Abkürzung für »Wahre Ortszeit« (engl. L.A.T., Local Apparent Time).Diese Zeit entspricht den tatsächlichen Bewegungen von Erde und Sonne und ist daher von Jahreszeit zu Jahreszeit unterschiedlich. Eine Sonnenuhr gibt diese Zeit an.

Zahnräder – Ringsum mit Zähnen versehene Scheiben, die ineinandergreifen, so dass ein Zahnrad das andere antreibt. Eines der Zahnräder kann auch durch eine Schraube oder eine gezähnte Welle (Zahnstange) ersetzt werden.

Register

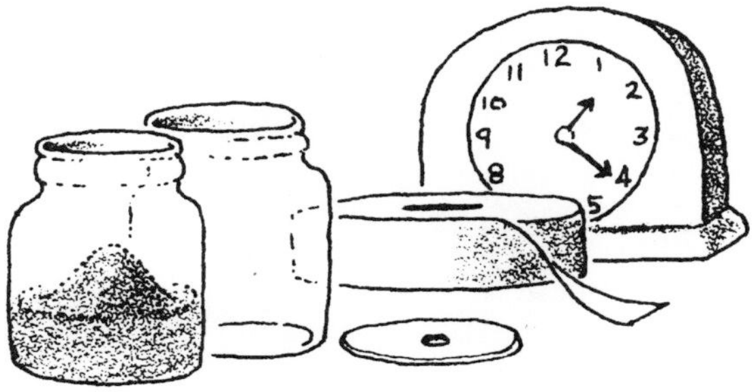

A

B

C

D

E

F

G

H

I

J

K

L

M

N

O

P

Q

R

S

T

U

V

W

Y

Z

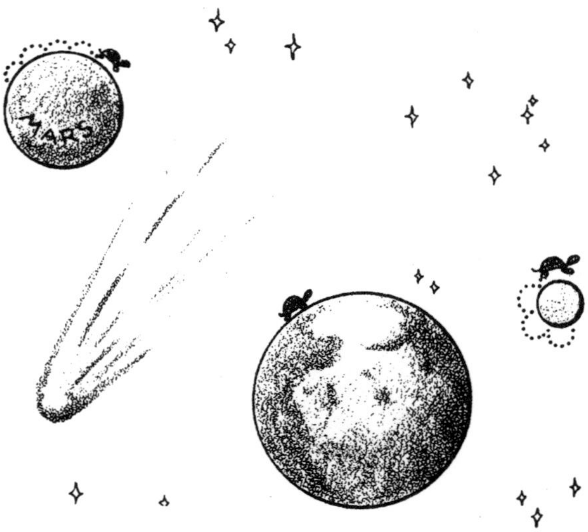